积极应对人口老龄化
研究报告
（2020）

聚 焦 医 养 结 合

中国老年学和老年医学学会　主编
杨一帆　张劲松　等　著

Annual Report on Development of
Actively Coping with Population Ageing（2020）

社会科学文献出版社
SOCIAL SCIENCES ACADEMIC PRESS (CHINA)

《积极应对人口老龄化研究报告（2020）》
编 委 会

作者简介（以篇章排列）

杨一帆 博士，西南交通大学公共管理与政法学院教授，国际老龄科学研究院（全国老龄委国家老龄科学研究基地）副院长，硕士研究生导师。主要研究领域为老龄事业与产业管理、老龄金融与保险、服务产业数字化。

张劲松 中国老年学和老年医学学会副秘书长。

康建春 西南交通大学公共管理与政法学院硕士研究生，国际老龄科学研究院科研助理。主要研究领域为社会保障、公共卫生政策。

郑志刚 博士，北京孝为先信息技术有限公司 CEO，主要研究领域为老龄大数据。

王会晴 北京孝为先信息技术有限公司研究员，主要研究领域为老龄政策。

张子维 临床医学学士，中国老年学和老年医学学会康养规划部副主任。临床医学教育背景和医疗投资从业背景，2013 年开始从事养老产业，深耕康养产业运营管理。

张雪永 博士，教授，博士生导师，西南交通大学国际老龄科学研究院院长。

孙鹃娟　中国人民大学社会与人口学院教授，主要研究领域为老年人生活质量、老龄政策。

田佳音　中国人民大学老年学研究所在读博士研究生，主要研究领域为老年照料、智慧养老。

张　铎　助理研究员，西南交通大学马克思主义学院博士研究生，国际老龄科学研究院兼职研究员，主要研究领域为人口老龄化治理。

宋　煜　中国社会科学院社会学研究所助理研究员、中国老年学和老年医学学会理事、西南交通大学国际老龄科学研究院特聘研究员。主要研究领域为社区治理与老龄化、数据治理与信息化、志愿服务与社会组织等。

臧少敏　信达风投资管理有限公司，投资总监。

胡乃军　中国科学院大学，副教授，主要研究领域为社会保障政策。

罗佳妮　中国质量认证中心现代服务业评测中心副部长，主要从事服务业标准体系建设、认证评测相关工作。

张素贤　经济学硕士，中国质量认证中心现代服务业评测中心康养总监，主要研究领域为养老服务质量、整合医疗、养老支付。

陈　璐　西南交通大学国际老龄科学研究院研究员，中国健康管理协会健康服务机构质量管理分会副会长，主要研究领域为养老机构服务质量、运营管理与风险控制。

杨　维　卫生经济学博士，伦敦国王学院全球健康和社会医学系助理教授，主要研究领域为医疗和长期照护筹资、医疗公平公正。

王一笑 伦敦国王学院全球健康和社会医学系在读博士研究生，主要研究领域为长期照护制度。

殷　婷 经济学博士，日本经济产业研究所研究员兼东京学艺大学特任副教授，主要研究领域为微观经济学、劳动经济学、健康经济学。

各章执笔人

第一章　杨一帆　张劲松　康建春

第二章　郑志刚　王会晴

第三章　张子维

第四章　张雪永

第五章　孙鹃娟　田佳音

第六章　张　铎

第七章　宋　煜

第八章　臧少敏

第九章　胡乃军

第十章　罗佳妮

第十一章　张素贤

第十二章　陈　璐

第十三章　杨　维　王一笑

第十四章　殷　婷

序

  《积极应对人口老龄化发展报告（2020）》，是中国老年学和老年医学学会认真贯彻落实党的十九大精神，围绕积极应对人口老龄化这个国家重大理论现实问题，以学会视野，坚持学术研究定位，发挥专家荟萃优势，服务党和政府重大决策，推出的一个重要成果。它立足当前人口老龄化实际，在习近平中国特色社会主义老龄化问题重要论述指导下，针对我国应对人口老龄化的一些基本问题、重点问题、热点问题和最迫切需要解决的问题，撰写研究报告和提出对策建议，旨在让全社会了解我国人口老龄化的真实状况，为政府科学决策、行业机构掌握市场情况提供真实可靠的素材和资料。本系列报告已经连续两年在学术大会期间推出，每年聚焦一个主题，2020 年的主题是"聚焦医养结合"。

（一）

  我国进入人口老龄化社会已经 20 年。截至 2019 年底，我国 60 岁及以上人口达到 2.54 亿，占总人口的 18.1%，65 岁及以上人口达到 1.76 亿，占总人口的 12.6%。据预测，至 2025 年，我国 60 岁及以上人口将达到 3 亿，2033 年将达到 4 亿，2050 年将达到 5 亿（占总人口的 35%）。中国社会将从快速老龄化，发展到急速老龄化，再到深度老龄化。

  中国的人口老龄化规模大、速度快、基础差、不平衡，人口老龄化进程和现代化进程基本同步。人口老龄化给我们带来了劳动人口减少、发展动能减弱、公共服务供给压力增大、社会保障负担加重、社会代际矛盾增加等挑战，同时也蕴藏着老年人力资源开发、老年需求特别是老年健康需求持续增大、老龄产业前景广阔等极大的发展机遇。应该看到，人口老龄化是社会发展进步的结果，发达国家率先进入老龄化社会，而中国进入老龄化社会也是新中国成立以来，特别是改革开放以来，经济社会取得巨大进步的结果。进入老龄化社会，也使我们进入了长寿时代。1949 年，我国的居民人均预期寿命为 35 岁，而国家卫健委发布的《2019 年我国卫生健康事业发展统计公报》显示，2019 年我国的居民人均预期寿命已经达到 77.3 岁，处于一个较高的水平。这充分说明，我国的经济社会发展与人民健康水平的提高是完全契合的。也要看到，虽然我国从整体上进入了长寿时代，但不同地区、不同人群的长寿状况是不平衡的，支撑长寿的因素是不同的，长寿而不健康的问题还比较突出。我国还有 4200 万失能、半失能老年人，近 1000 万失智老年人，心脑血管病、肿瘤病、糖尿病、呼吸系统疾病、骨质疏松病、疼痛病等各种慢性疾病患者人群规模大，每年发病人数、致死致残人数增加少则几百万，多则上千万。其中，糖尿病患者总人数近 1.2 亿，亚健康人数达几亿，3/4 左右的老年人患有一种或多种慢病。我国人均健康预期寿命只有 68.7 岁，老年人带病生存期高达 8 年多。总体看，我国老年人患病比例高，进入老年后患病时间早，带病时间长，生活质量不高。这些都表明，长寿但不健康是中国人生命生活的一个突出问题和短板。

建立完善的老龄健康服务体系是积极应对人口老龄化战略的核心，医养结合是我国养老服务体系的重要组成部分。党中央、国务院高度重视医养结合工作，党的十八大以来做出了一系列重大决策部署。2015 年 3 月，国务院下发了《全国医疗卫生服务体系规划纲要（2015～2020 年）》，提出统筹养老和医疗资源，加强养老服务的医疗技术支持，保证机构和社区养老内容多元化。同年 11 月，国务院转发了九部门联合发布的《关于推进医疗卫生与养老服务相结合的指导意见》，指出了医养结合的基本原则、发展目标、任务等，进一步推进医养结合发展，从政策层面进一步指导和推动医养结合发展。

医养结合养老服务已经正式成为"十三五"时期推动健康老龄化发展的工作重点，引起全社会广泛关注。医养结合政策部署提出五年来，从建立"社区居家和机构的养老服务体系"到"医养结合养老服务体系"，从"健康老龄化"到"积极老龄化",从"以健康为中心"到"健康中国2030"战略,中国积极应对人口老龄化的发展路径越来越清晰。

在上述背景下,中国老年学和老年医学学会成立"新时代积极应对人口老龄化发展"课题组,认真贯彻落实党的十九大精神,围绕积极应对人口老龄化这一国家重大理论现实问题,以学会视野,针对我国应对人口老龄化的一些基本问题、重点问题、热点问题和最迫切需要解决的问题,撰写研究报告和提出对策建议,能够为推动建设居家社区机构相协调、医养康养相结合的养老服务体系,增进人民健康福祉,让全社会了解我国人口老龄化的真实状况,为政府科学决策,行业机构掌握市场情况提供真实可靠的素材和资料。

(二)

2020年突如其来的新冠肺炎疫情是一场重大的公共卫生事件,是对我国乃至世界各国抵御重大公共卫生灾害能力的一种检验。这场新冠肺炎疫情阻击战,全国人民在习近平总书记的直接领导下,万众一心,和衷共济,迅速有效地控制了疫情,取得了阶段性胜利。这次新冠肺炎疫情的发生,正值我国人口老龄化程度进一步加深时期,二者的叠加给老龄工作者在疫情的应对与防控、诊疗与照护等方面带来了严峻挑战。当前我国已经进入疫情常态化防控阶段,快速有效地推进医养结合事业产业发展,显得尤为重要。

我国的"医养结合"事业已经过五年的发展,政策体系不断完善、服务能力不断提升,取得了很大的成绩,同时也暴露出很多问题,存在一定的痛点、堵点。在中国医养结合事业产业快速推进的背后,有一些深层次的问题值得思考:第一,医养结合在健康养老服务体系、全生命周期全人群健康等方面发挥着怎样的作用,特别是当前对国家做好"六稳"工作、落实"六保"任务能做出怎样的贡献?第二,医养结合作为直接满足民众特别是中老年民众刚性健康需求的专业行业,与既有医疗服务和养老服务有何异同,内在机理与主要特征如何?第三,是否存在一种类型的实体机构或者一系列的独立服务形态叫作医养结合?第四,中国医养结合的现状与趋势究竟如何，面临哪些瓶颈，未来如何精准发力、深化改革、提高质量？第五，医养结合在国际社会"WHO 健康老龄化十年行动"中有何定位，各个先进入老龄化社会的发达国家是否有可比的成熟模式？第六，互联网、物联网、人工智能等大数据和信息技术在医养结合提质增效进程中将扮演怎样的角色？

我们有必要对我国的医养结合事业产业五年来的情况做一下总结，更深入地研究我国的医养结合理论、政策、技术、产业、实践，以指导医养结合事业产业更好、更快地发展。

（三）

本年度报告主题为"聚焦医养结合"，对中国医养结合的概念、机理、特征、现状、趋势等问题进行分析和研究，以期为中国医养结合事业产业更好、更快地发展提供有益的启示。全书突出医养结合的体制变革、质量变革、效率变革、动力变革，按照"理论和逻辑自洽性的纵向'经度'、内容和体系完整性的横向'纬度'"这两条交织的线索来组织各个篇章。

报告的第一部分，以一章 3 万余字的篇幅从纵向"经度"重点回答业界普遍关心的若干开放性理论问题，对总体发展情况做出评价，提出政策建议。

报告的第二大部分，用八章的篇幅，主要从横向"纬度"分析医养结合的各种要素。坚持问题导向、分类施策的写作原则，针对医养结合要素的配置范围狭窄、联结不畅、体制机制障碍等问题，根据不同医养结合要素属性、市场化程度和经济社会发展需要，分类完善要素配置体制机制。重点对医养结合的发展做全国性的平描与分析（基于全国各省份的数据、案例等），反映现实发展情况（包括现状、问题与对策）。第二章从医养结合的政策要素角度，对医养结合政策的历史脉络、基本特征、未来走向、区域协同等进行梳理，对政策的发展趋势进行了研究。第三章从医养结合服务要素角度，对医养结合的服务载体、服务内容、服务支付、服务效果等进行了研究梳理。第四章从医养结合的人才要素角度，对医养人才体系建设的现状、问题、新机遇等进行梳理，指出了医养结合人才体系建设的方向和路径。第五章从资金要素方面描述主要状况，从医保、财政、试点、个人以及商业保险等角度重点分析医养结合试点地区的资金来源，并总结失能老年人的医养结合重要资金来源——长期护理保险的发展和经验，并提出政策建议。第六章从医养结合的技术要素角度，对医养结合的科学技术创新路径和实践进行论述。第七章从医养结合的数据要素角度，论述了医养结合中的数据要素市场建设现状、问题与建议。第八章从医养结合的资本要素角度，论述了金融支持医养结合事业产业发展的现状和发展趋势。第九章从医养结合的运行机制角度，总结了我国医养结合事业产业的运营平台、规则、保障等的建设现状和发展趋势，论述了各方职责划分以及医养结合的监管机制。

报告的第三大部分，用五章针对国外主流的医养结合治理体系做深度分析。第十章从医养结合的服务质量建设角度，对国际上做得有特点国家的质量管理体系进行了分析，指出我国医养服务质量体系的现状问题及发展建议。第十一章至第十四章，分别介绍了荷兰、美国、英国、日本模式。

（四）

本报告在编写组织、报告思路、写作方法等方面都有一定的创新。首先，本年度报告是在中国老年学和老年医学学会新一届老龄智库专家委员会的指导下，由来自学术界及行业实践一线的十九位中青年专家联袂完成，这些中青年专家从不同的专业视角，大胆地对我国医养结合现状、问题和发展情况进行了深入剖析。其次，在编写体例和内容组织方面，对研究思路、写作手法等进行了创新，既延续了2018年、2019年两年报告的传统，又在写作思路、内容编排等方面做出了创新，重点聚焦于对医养结合当前的难点、痛点、堵点的梳理上，思考问题、寻找解决方案。再次，本报告适应了学术研究和行业实践需要，在观点、数据等方面要求严谨性，在文字方面尽量通俗易懂，希望对行业一线的实践具有指导作用。最后，我们今年与社会科学文献出版社合作，共同出版本年度的报告，依托社会科学文献出版社多年皮书系列及学术报告书籍的出版经验，更进一步地保证了本报告的学术严谨性和权威性。

从本次成书的报告来看，基本上达到了我们在年初做年度报告编写策划时，我提出的"要做大胆的创新，要编写一本能够全面、客观地反映我国当前医养结合事业产业发展状况的行业研究报告，要在体现权威性和学术研究价值的同时，重点体现可读性和行业指导价值"的要求。

本次报告编写工作的创新实践，充分体现了学会在学术研究体系和学术人才队伍建设方面的发展思路。近年来，学会加快完善专业研究体系的建设工作，目前已经形成了覆盖老年学、老年医学的各专业学科的 50 多个专业分会，组建了新一届的老龄智库专家委员会，发展和吸纳了几千名各个专业的专家，在吸引国内各相关领域权威专家加入的同时，也积极努力地吸引中青年专家加入学会，形成老年学和老年医学领域的研究梯队。

（五）

2020 年是特殊的一年。疫情防控给本年度报告的策划、组织、编写工作带来了很多困难，也因为疫情带来的全民对健康的重视，我们的报告具有更为重要的意义。参编的各位专家，克服种种障碍，通过网络进行了多次深入沟通交流，通过网络进行调研，也充分利用自身工作中积累的资料，积极努力地工作，完成了本次报告的编写工作。

本次报告得到了国家卫生健康委员会老龄健康司的指导，得到了社会科学文献出版社的大力支持。在编写过程中，也得到了学会老龄智库专家委员会专家的悉心指导。

在此，我代表中国老年学和老年医学学会向参与本次报告编写的各位专家的辛勤工作表示感谢，向为本次报告提供支持的单位和个人表示感谢。

本年度报告就要出版了，我由衷地感到高兴。当然本书还有不少瑕疵，也有一些遗憾，但是瑕不掩瑜，总体来说，这份报告还是一份有价值、有分量的报告。我也希望社会各界能够给我们提出中肯的意见和建议，我们会继续努力，不断地推出新的成果，为我国的老龄健康事业、为我国的医养结合事业产业的发展贡献自己的力量。

"千里之行，始于足下"。我们相信，在以习近平同志为核心的党中央的坚强领导下，建设富强、民主、文明、和谐、美丽的社会主义现代化强国，积极推动医养结合事业产业发展，促进健康老龄化和"健康中国"战略实施，让广大老年人老有所养、生活幸福、健康长寿的目标一定能实现！

中国老年学和老年医学学会 会长

刘维林

2020 年 10 月

目　录

第一章
中国特色医养结合道路的基本内涵、发展脉络和行动方略*

第一节 医养结合发展背景与意义

一 医养结合的背景

健康是保障老年人独立自主和参与社会的基础，推进医养结合是实现健康老龄化和积极应对人口老龄化的长久之计。自 1999 年进入人口老龄化，中国就处于人口老龄化快速发展阶段。据统计，2019 年，我国 65 岁及以上老年人口占总人口数的比重为 12.6%，根据联合国人口老龄化统计标准，一个国家或地区 65 岁及以上老年人口占总人口数的比重达到 7% 以上，就进入老龄化社会阶段，预计到 2030 年我国将进入超级老龄化社会。与人口老龄化相伴随的，是我国人口疾病图谱的转变。我国老年人患病比例高，进入老年后患病时间早，带病时间长，生活质量不高。①

我国政府高度重视人口老龄化问题，高度重视老年健康工作。"十二五"规划期间，为进一步加强我国养老服务体系建设，国务院于 2011 年 9 月印发《中国老龄事业发展"十二五"规划》，提出要推进养护、医护型养老机构建设。各地方政府部门和科研机构在理论和实践上加快对医养结合的

———————————

* 基金项目：本文系国家社会科学基金项目一般项目（18BZZ044）的阶段性成果；四川省科技项目（20RKX0748）的阶段性成果。

① 国家卫健委：《中国人均预期寿命 77 岁，健康预期寿命 68.7 岁》，https：//www.guancha.cn/politics/2019_ 07_ 30_ 511487. shtml。

养老服务体系做出探索。同年12月，国务院印发《社会养老服务体系建设规划（2011～2015年)》，指出在居家和机构养老等服务的功能定位上明确要涵盖医疗保健、康复护理等内容，力求建立综合服务网络。2013年9月，国务院发布了《关于加快发展养老服务业的若干意见》，首次正式提出推动医养结合发展，鼓励医疗机构与养老机构积极合作，并将医养结合养老机构纳入医保涵盖范围，不断健全医养结合发展机制。随后下发的《关于促进健康服务业发展的若干意见》，指出要推进医疗机构与养老机构的融合发展，切实促进健康养老发展。2015年3月，国务院下发了《全国医疗卫生服务体系规划纲要（2015～2020年)》，提出统筹养老和医疗资源，加强养老服务的医疗技术支持，保证机构和社区养老内容多元化。同年11月，国务院转发了九部门联合发布的《关于推进医疗卫生与养老服务相结合的指导意见》，指出了医养结合的基本原则、发展目标、任务等，进一步推进医养结合发展，从政策层面进一步指导和推动医养结合发展。在2016年全国卫生与健康大会上，习近平总书记强调，要把人民健康放在优先发展的战略地位，努力为人民群众提供全生命周期的卫生与健康服务，为老年人提供连续的健康管理服务和医疗服务。《"健康中国2030"规划纲要》提出，要为老年人提供治疗期住院、康复期护理、稳定期生活照料、安宁疗护一体化的健康和养老服务。

医养结合养老服务已经正式成为"十三五"时期推动健康老龄化发展的工作重点，引起全社会广泛关注。2018年党和国家机构改革中，组建了国家卫生健康委员会，全国老龄工作委员会的日常工作也交由国家卫健委承担，并设立了老龄健康司，建立完善老年健康服务体系是国家卫健委的新增职责之一。经国务院同意，国家卫健委、国家发改委、教育部、民政部、财政部、人力资源和社会保障部、国家医保局、国家中医药管理局八部门联合印发《关于建立完善老年健康服务体系的指导意见》（以下简称《意见》)。《意见》是我国第一个关于老年健康服务体系的指导性文件，对加强我国老年健康服务体系建设，提高老年人健康水平，推动实现健康老龄化具有重要的里程碑意义。2019年10月，国家卫健委、民政部等12部门联合印发《关于深入推进医养结合发展的若干意见》，分别从强化医疗卫生与养老服务、推动医养结合机构"放管服"改革、加大政府支持力度、优化保障政策和加强队伍建设五个方面，提出十五条具体措施推动全国医养结合工作深入健康发展。为提高我国医养结合机构服务质量，同年12月，国家卫健委、民政部、国家中医药管理局印发了《医养结合机构服务指南（试行)》，规范医养结合机构服务内容。从建立"社区居家和机构的养老服务体系"到"医养结合养老服务体系"，从"积极老龄化"到"健康老龄化"，从"以健康为中心"到"健康中国2030"战略，中国将给出自己的答卷。

二　医养结合的内涵

医养结合，即医疗卫生与养老服务相结合，是我国深化医疗改革，应对人口老龄化，增进亿万家庭福祉的惠民举措。医养结合养老服务模式不仅包括传统的生活照料养老服务，而且以医疗为保障，以康复为支撑，边医边养、综合治疗，将专业的医疗技术检查和先进设备与康复训练相融合（见图1-1）。

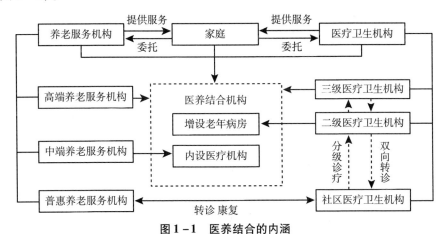

图1-1　医养结合的内涵

从医养结合机构设置上来看，主要有养老服务机构内设医疗机构、医疗卫生机构增设老年病房和医疗卫生机构与养老服务机构相互协作。在养老服务机构内设医疗机构，主要是根据相关准入标准，在养老服务机构内开设医务室、门诊、卫生所、保健站等，建立医疗观察床位，拓展养老床位功能，聘请具有从业资格的医师和护士提供专业的医疗卫生服务。在医疗卫生机构增设老年病房，主要是通过在内部开设养老服务病床或老年病科等方式，对老年人的慢性病、常见病、多发病等疑难杂症进行诊治，使老年人在享受专业化的医疗服务的同时，为其提供专业的生活照料等服务，并且通过外聘或自培养老服务人才，保障养老服务的专业化。在医疗卫生机构与养老服务机构相互协作方面，按照就近原则，选定双方合约协作机构，拟定协议或建立合作关系，根据合同内容为老年人提供医养结合养老服务（见表1－1）。

表1－1　医养结合服务模式

模式	载体	方式	服务
以医疗结合养老	老年医院 康复中心 护理院	全托或日托	医疗诊治 康复护理
以养老结合医疗	养老服务机构	全托或日托	日常照护 康复护理
医养同步	居家社区家庭病床	全托	家庭医生 医护人员上门

从模式上来看，当前医养结合主要有三种模式：一是"以医疗结合养老"，该模式依托医疗卫生机构资源，以老年医院、康复中心和护理院等为载体，以全托或日托的方式，主要为老年人提供医疗诊治和康复护理等服务内容；二是"以养老结合医疗"，该模式以养老服务机构为载体，也是按照全托或日托的方式，为老年人提供日常照护或康复护理等服务；三是"医养同步"，该模式主要是以居家社区家庭病床为载体，以全托的方式，通过家庭医生或医院派出医护人员上门为其进行服务。

总之，医养结合是人类医疗改革创新中的重点康复工程，是一种切实可行的医疗改革新模式。医养结合服务体系建设的目的是提升居民的晚年生活质量，使"病有所医、老有所养"，将主动预防、慢病管理等健康生活理念纳入医养结合服务体系中。

三　医养结合的意义

1. 保刚需

"医养结合"是对传统养老服务概念的延伸和拓展，是在人口老龄化加剧和疾病谱改变的新时期，重新审视和思考养老服务内容之间的关系，并进行适时调整的需要。不仅考虑传统上老年人的基本生活需求的保障和生理上的照料，而且对老年人的医疗和养老给予了极高的重视，这是老龄化社会发展到一定阶段后，自然融合的客观需要，也是当前人类不断追求生活品质、提高生命质量的客观需求。

图 1-2　2013~2019 年中国 60 岁及以上人口统计

资料来源：《中华人民共和国国民经济和社会发展统计公报》（2013~2019 年）。

从人口年龄结构来看，我国 60 岁及以上人口由 2013 年的 20243 万上升至 2019 年的 25388 万，占总人口比重由 14.9% 提升至 18.1%。老龄化不断加剧，使得养老服务需求日益增加。从医疗卫生需求实际来看，2019年，全国医疗卫生机构入院人数 26596 万，比上年增加 1143 万（增长 4.5%），年住院率为 19.0%。入院人数中，医院 21183 万（79.6%），基层医疗卫生机构4295万（16.1%），其他医疗机构1118万（4.2%）。与上年比较，医院入院增加1166万人，基层医疗卫生机构入院减少81万人，其他医疗机构入院增加57万人。公立医院入院人数17487万（占医院总入院人数的82.6%），民营医院3696万（占医院总入院人数的17.4%），如表1-2所示。

表1-2　全国医疗服务工作量

机构类别	诊疗人次数（亿人次）		入院人数（万人）	
	2018年	2019年	2018年	2019年
医疗卫生机构合计	83.1	87.2	25453	26596
医院	35.8	38.4	20017	21183
公立医院	30.5	32.7	16351	17487
民营医院	5.3	5.7	3666	3696
医院中:三级医院	18.5	20.6	9292	10483
二级医院	12.8	13.4	8177	8380
一级医院	2.2	2.3	1209	1151
基层医疗卫生机构	44.1	45.3	4376	4295
其他医疗机构	3.2	3.5	1061	1118
合计中:非公医疗卫生机构	18.9	19.8	3737	3765

资料来源：《2019年我国卫生健康事业发展统计公报》。

随着人口老龄化与医疗卫生服务需求增长，医养结合必将成为刚性需求。作为医疗保健服务和养老照料服务相结合的新型养老模式，医养结合能够有效整合现有医疗和养老资源，为老年人提供健康教育、生活照护、医疗保健康复、体育锻炼、文化娱乐等服务。更为重要的是在老年人日常生活、医疗需求、慢病管理、康复锻炼、健康体检及临终关怀服务中实现一站式服务，保障人民基本生活需求。

2.优质量

在人口结构快速转变与社会经济发展变迁交互进程中，中国老年群体需求日益多元化，尤其是随着人类疾病谱的变化，老年人的生活自理能力下降与慢性病患病并发现象日益凸显，老龄化形势日益复杂。

当前，中国已经构建起以居家养老为基础、社区养老为依托、机构养老为补充的养老服务体系。同时，推动建立以县级医院为龙头、以其他若干家县级医院及乡镇卫生院或社区卫生服务中心为成员单位的紧密型医疗集团医共体，深化省市县三级医院合作，引导医疗资源下沉，推进区域医疗资源配置更加合理高效，整体提高基层医疗服务能力。共同提升居民的养老服务和医疗服务的可及性和可负担性，不断提高医养结合服务的质量与效率。

3. 重预防

我国社会经济的高速发展带来快速的工业化、城镇化和老龄化，随之而来的是生活方式、生态环境和疾病谱的改变，地区间医疗卫生资源分布不均，这给我国的卫生和健康事业带来了巨大的挑战。

一方面，我国患有慢性病的老年人较多，超过 1.8 亿，其中，患有一种及以上慢性病的比例高达 75%，失能、部分失能老年人约 4000 万，患病率较高（见图 1-3）。另一方面，中国居民人均预期寿命由 2018 年的 77.0 岁提高到 2019 年的 77.3 岁（见图 1-4），但是健康预期寿命仅为 68.7 岁，这一人群将会有长达 8 年多的时间带病生活。

4. 促健康

伴随人口老龄化的持续推进，健康领域的诸多挑战依然存在并将持续发挥影响。近年来，慢性病呈"井喷"态势，不仅给社会和家庭造成了沉重的经济负担，而且已经成为人均预期寿命提高和人民群众生活质量提升的一个重要制约因素。疾病模式逐渐向慢性病转变，健康危险因素不断增加，必须加快从"治已病"到"治未病"的转变，加快建立"以人民健康为中心"的卫生服务体系，将健康理念融入所有政策中，不断提升全民健康水平。

在养老服务中充分融入健康理念，推动医养结合养老服务发展是提升国民健康素质、改进老年群体健康福利、实现积极老龄化的重要举

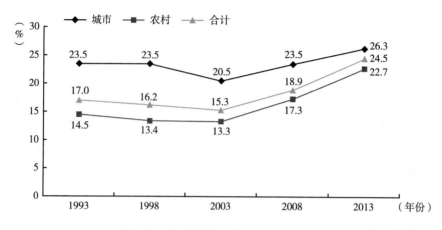

图1-3　15岁及以上人口慢性病患病率

资料来源：《国家卫生服务调查分析报告（1993～2013）》。

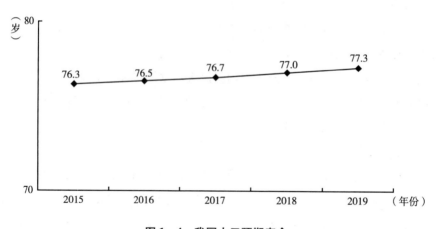

图1-4　我国人口预期寿命

资料来源：《我国卫生和计划生育事业发展统计公报（2015～2019年）》。

措。一方面，帮助老年群体掌握疾病的自我管理方法，防止或减缓疾病的发展。另一方面，也有助于推进养老服务的供给侧改革，也有利于解决人口老龄化带来的卫生健康治理困境，实现主动健康，提升全民健康水平。

第二节　医养结合发展成就与机理

一　维护基本权利

公民基本权利作为法治国家内部整合宪法理论与实践的基石，强调公民基本权利的保障。我国《宪法》第四十五条规定，中华人民共和国公民在年老、疾病或者丧失劳动能力的情况下，有从国家和社会获得物质帮助的权利。2018年12月修订的《中华人民共和国老年人权益保障法》规定，老年人依法享有的养老金、医疗待遇和其他待遇应当得到保障，有关机构必须按时足额支付，不得克扣、拖欠或者挪用。这为老年人享受医养结合服务提供了法律依据。因此，推进医养结合发展，不断满足老年人日益增长的美好生活需求，是维护我国宪法和法律的基本要求，有助于维护老年人的基本权利。

新冠肺炎疫情（COVID-19）暴发以来，各国在应对疫情过程中表现不一。已有多项研究显示，在这场重大公共卫生危机中，有基础疾病的老年群体易感染新冠病毒且易发展为重症。任何危机干预都有很强的伦理意义。当下，我们应当避免这类悲剧重演，需要制定新的国际治理框架保障老年人和极度贫困等弱势群体的生存权和健康权等基本人权。为此，我国政府颁布了《关于做好新冠肺炎疫情防控一线医务人员老年亲属关爱服务工作的通知》《关于进一步做好医养结合机构新冠肺炎疫情防控工作的通知》《养老机构新型冠状病毒感染的肺炎疫情防控指南（第二版）》，切实维护老年人医疗与养老等基本权利。

二　回应老龄需求

随着人口老龄化进程加快的是不断变化的老龄需求。满足老年人的养老需求成为政府和社会需要解决的长期而又迫切的课题。一方面，老年慢性病群体的扩大和社会压床等诸多乱象的出现，无形中催生了医疗卫生与养老服务相结合的社会需求。老年人医疗服务需求旺盛，但是又往往面临医疗服务供给不足的现状。另一方面，虽然中国经济持续稳定高速增长，但整体购买力提升相对较慢，尤其是老年人长期养成勤俭节约的习惯，公立养老院或疗养院条件也较差，只能满足基本生活需求，医养结合缺乏连续整合的品质化服务。

北京大学 2014 年的"中国老年健康影响因素跟踪调查（CLHLS）"数据显示，居家社区养老人群对医疗保健类社区服务需求最高，精神慰藉类服务其次，对日常生活照料类的养老服务需求相对较低。当前，大部分居家社区养老服务提供者未能有效匹配这些需求，反而将重点放在了生活照料上，医疗保健类服务的细分和差异化程度不足。医养结合的老龄化需求使现实中大多数养老机构都有意愿或已经配备医疗人员和医疗设施，提升整体的服务质量满足老人的医疗需要。未来的养老产业将打通居家、社区、机构三位一体的养老服务体系，实现三者融合协调发展。

三　提升供给效率

医养结合养老模式集"养"和"医"于一体，对于多病甚至失能或半失能的老年人来讲，是十分理想的养老方式。在医疗卫生领域，医养结合服务服务模式可以精准对接老年人的医疗需求，通过分级诊疗、双向转诊和医养结合机构的建设，可以有效缓解压床等过度消费医疗资源的情况，将康复护理、慢病管理、安宁疗护等服务内容下沉到下一级医疗卫生机构，提高医疗系统运行效率。在养老服务领域，医养结合服务体系可以提升养老机构对失能、半失能老年人的护理能力和水平，与执业医师、执业护士建立联系，建立双向转诊绿色通道，极大地满足老年人医养康护服务需求，提升整体服务供给效率。

截至 2019 年底，全国设有国家老年疾病临床医学研究中心 6 个；设有老年医学科的医疗卫生机构 3459 个，其中，设有老年医学科的二级及以上综合性医院 2175 个；设有临终关怀（安宁疗护）科的医疗卫生机构 354个。在 91 个市（区）开展国家安宁疗护试点。截至 2019 年底，全国报告两证齐全的医养结合机构 4795 家，其中养老服务机构举办医疗卫生机构的有 3172 家，医疗卫生机构开展养老服务的有 1623 家；医疗卫生机构与养老服务机构开展签约合作的有 5.64 万对。可以看出，相对需求端，供给空间依然巨大。

四　拓展产业边界

产业是由提供类似的产品或服务，在相同或者相关价值链上活动的企业组成。医疗产业与养老产业与其他行业存在着相似的"创造需求、满足需求、升级需求"。

养老产业，是以保障和改善老年人生活、健康、安全以及参与社会发展，实现老有所养、老有所医、老有所为、老有所学、老有所乐、老有所安等为目的，为社会公众提供各种养老及相关产品（货物和服务）的生产活动集合，包括专门为养老或老年人提供产品的活动，以及适合老年人的养老用品和相关产品制造活动。健康产业是指以医疗卫生和生物技术、生命科学为基础，以维护、改善和促进人民群众健康为目的，为社会公众提供与健康直接或密切相关的产品（货物和服务）的生产活动集合（见表 1-3）。

表 1-3　养老产业与健康产业统计分类

	养老照护服务	居家养老照护服务
		社区养老照护服务
		机构养老照护服务
养老产业	老年医疗卫生服务	老年预防保健和健康管理
		老年人疾病诊疗服务
		老年康复护理服务
		安宁疗护服务
		其他未列明老年医疗卫生服务
	老年健康促进与社会参与	老年体育健身服务
		老年文化娱乐活动
		老年旅游服务
		老年健康养生服务
		老年志愿服务

续表

养老产业	老年社会保障	老年社会保险
		老年人社会救助
		老年人慈善服务
		老年人社会福利
		养老彩票公益金服务
	养老教育培训和人力资源服务	养老教育和技能培训
		老年教育
		养老人力资源服务
	养老金融服务	老年商业保险
		商业养老保险
		养老理财服务
		养老金信托
		养老债务
		其他养老金融服务
	养老科技和智慧养老服务	养老科技服务
		智慧养老服务
	养老公共管理	政府养老管理服务
		养老社会组织服务
	其他养老服务	养老传媒服务
		老年法律服务和法律援助
		养老相关展览服务
		老年婚姻服务
		养老代理服务
		其他未列明的养老服务
	老年用品及相关产品制造	老年食品制造
		老年日用品及辅助产品制造
		老年健身产品制造
		老年休闲娱乐产品制造
		老年保健用品制造
		老年药品制造
		老年医疗器械和康复辅具制造
		老年智能与可穿戴设备制造
		老年代步车制造
	老年用品及相关产品销售和租赁	老年用品及相关产品销售
		老年相关产品租赁
	养老设施建设	养老设施建设、改造及装修维修
		住宅适老化及无障碍改造
		公共设施适老化及无障碍改造

续表

健康产业	医疗卫生服务	治疗服务
		康复、护理服务
		独立医疗辅助性服务
		公共卫生服务
	健康事务、健康环境管理与科研技术服务	政府、社会组织和园区健康事务管理服务
		健康环境管理服务
		健康科学研究和技术服务
	健康人才教育与健康知识普及	健康人才教育培训
		健康知识普及
	健康促进服务	体育运动服务
		健康旅游服务
		养生保健服务
		健康养老与长期养护服务
	健康保障与金融服务	健康保险服务
		健康保障服务
		健康基金和投资管理服务
	智慧健康技术服务	"互联网＋"健康服务平台
		健康大数据与云计算服务
		物联网健康技术服务
		其他智慧健康技术服务
	药品及其他健康产品流通服务	药品及其他健康产品批发
		药品及其他健康产品零售
		健康设备和用品租赁服务
		药品及其他健康产品仓储、配送
	其他与健康相关服务	健康法律服务
		医疗仪器设备及器械专业修理服务
		其他未列明与健康相关服务
	医药制造	化学药品原料药制造
		化学药品制剂制造
		中药饮片加工
		中成药生产
		生物药品制品制造
		卫生材料及医药用品制造
		药用辅料及包装材料制造
		制药设备制造

续表

健康产业	医疗仪器设备及器械制造	医疗诊断、监护及治疗设备制造
		口腔科用设备及器具制造
		医疗实验室及医用消毒设备和器具制造
		医疗、外科用器械制造
		机械治疗及病房护理设备制造
		康复辅具制造
		眼镜制造
		其他医疗设备及器械制造
	健康用品、器材与智能设备制造	营养、保健品和医学护肤品制造
		健身用品与器材制造
		家用美容、保健护理电器具制造
		医用橡胶制品制造
		医疗卫生用玻璃仪器制造
		口腔清洁用品制造
		医学生产用信息化学品制造
		环境处理专用药剂材料和设备制造
		健康智能设备制造
	医疗卫生机构设施建设	医疗卫生机构房屋建设
		医疗卫生机构建筑安装
		医疗卫生设施建筑装饰装修
	中药材种植、养殖和采集	动植物中药材种植、养殖和采集
		非动植物中药材采选

资料来源：《养老产业统计分类（2020）》《健康产业统计分类（2019）》。

当前，医养结合主要包括三大体系：一是政策与资金体系；二是医养人才与技术体系；三是医养服务体系。并且，由这三大体系去回应社会的养老照护需求、医疗卫生需求和健康服务需求，如图1-5所示。

医疗卫生行业与养老服务产业，二者之间存在有机关联。从养老产业与健康产业统计分类表中，能够看到养老产业与健康产业都涉及照护服务、医疗卫生服务、健康促进与社会参与等内容。医养结合养老服务模式将打破以往第一、第二、第三产业及所属行业划分的界限，以生态化和复杂网络的形式呈现，重新塑造出一个整合式、全景式的服务生态体系。一方面，我国正在加快推进紧密型县域医共体建设工作，医疗改革是一个多方协调和妥协的

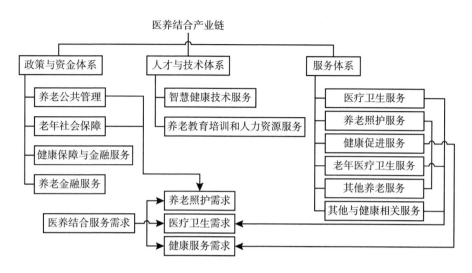

图 1 - 5　医养结合产业体系与服务需求

过程，而医疗保险改革作为医疗改革的重要组成部分，最终目标是实现参保患者得到性价比最高的医疗服务和医疗保障。将医养结合纳入紧密型县域医共体建设工作中，加快推进分级诊疗，将二级医疗机构纳入医养结合养老服务体系中，有助于拓展产业服务边界。

五　促进供需匹配

医养结合既是刚需，也是未来医疗卫生与健康养老的发展趋势。随着我国居民收入水平的提升，人均可支配收入与消费支出稳步增长，人均医疗保健支出也随之增加。据统计，我国居民人均医疗保健支出由 2015 年的 1165 元（占居民消费总支出的 7.4%）提高至 2019 年的 1902 元（占居民消费总支出的 8.8%）。

老龄化程度的逐渐加深，居民疾病谱的转变，需要多元服务主体对老年人不良的生活习惯、慢性病进行前置预防和控制。在供给侧产生了嵌入式养老服务机构，医养康养结合机构等以新型的网点分布形式和业态组合形式提供服务。该模式是对传统养老服务模式的延伸，实现养老服务体系的主体协

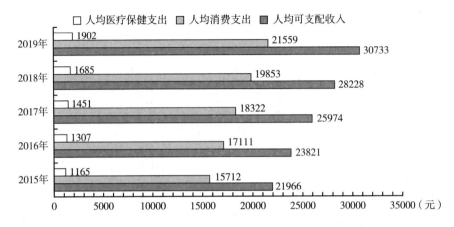

图1-6 我国人均可支配收入、消费支出与医疗保健支出

资料来源：《中华人民共和国国民经济和社会发展统计公报（2015～2019年)》。

调和业态融合必须从有效满足需求、引导合理预期入手，实施供给侧结构性改革，打破卫生服务系统和长期照护系统中的壁垒，保障老年人的基本需要和促进其健康、有尊严地生活。

六 改善治理绩效

政府部门层面的政策与规章实际上发挥着更为重要和显著的影响。民政部门关于养老机构注册及其资质的备案制度，卫健部门关于医疗机构准入和医疗行为的监管制度等，都会对医养结合养老服务提供产生重要的影响。医养结合养老服务的发展依赖民政和卫健两个部门规章和政策的积极作为。医养结合的发展，将进一步提升我国行政部门的行政效率，加强部门间合作治理，为我国实现治理能力现代化做出积极探索。

随着老龄化浪潮的冲击，城市人口中老年人所占的比例越来越大，老年人特殊的生理心理状况和身体情况使得其在原有的城市治理和服务系统获得感和效益很低，老年人使用城市服务系统时存在阻碍，相比普通居民，老年人群体对城市环境的敏感性更高。要为老年人创建良好的生活环境，离不开自然环境、文化氛围、休闲娱乐场所、医疗条件、交通便捷性等因素的协同作用，而这些因素与城市治理和服务系统之间密切关联。

第三节　医养结合发展动力与趋势

一　医养结合发展动力

1. 需求引领方向

健康是人类永恒的主题，也是社会进步的重要标志。从养老模式的宏观环境出发，"医养结合"发展的最大动力在于我国人口老龄化产生的新需求。近年来，我国人口老龄化趋势严峻，亚健康、慢性病群体数量增加，气候环境恶化，导致全民健康形势严峻。中国已经成为老龄化大国，老龄化趋势带来的是慢性病发病率的增加，慢性病死亡占中国居民总死亡的构成已上升至85%，并且慢性病发病正趋向年轻化。[①] 中国确诊的慢性病患者已超过2.6亿人，目前估计这一数据已超过3亿，并且心脏病、癌症、中风、糖尿病等常见疾病的发病率正呈逐步上升之势。从老年人口结构来看，"失能和半失能""高龄""空巢"三类人群占比极大。

根据第四次中国城乡老年人生活状况抽样调查成果，中国失能和半失能老人达4063万人，约占老年人口的1/5。[②] 据国家社科基金"养老消费与养老产业发展研究"课题组测算，到2050年，我国将有7500万人口是80岁及以上老年人，失能失智老人数量将达到1.2亿。医疗、护理、照料等围绕高龄老人刚性需求的服务将成为下一个风口。新时期养老需求发生变化，这种变化必然会导致新型的养老模式的出现，以满足不同于传统模式的养老需求。不断严峻的人口老龄化和全民健康形势，以及人们对于健康生活的要求都将持续成为医养结合发展的动力之一。

---

① 国务院关于印发《"十三五"国家老龄事业发展和养老体系建设规划》[EB/OL]，中国政府网，http://www.gov.cn/zhengce/content/2016 - 12/02/content_5142197.htm，2017 - 02 - 28。

② 武玲娟：《农村老年人社区养老服务需求及其影响因素分析：基于第四次中国城乡老年人生活状况抽样调查山东省数据》，《山东社会科学》2018年第8期，第97~103页。

2.医改深度推进

"看病难，看病贵"一直是困扰我国医药卫生体制改革的难题。随着"三医改革"和医共体建设的推进，"医养结合"存在更多的可能。2015年3月国务院办公厅发布的《全国医疗卫生服务体系规划纲要（2015－2020年)》提出了"功能整合与分工协作"的原则，并制定了"防治结合，上下联动，中西医并重，多元发展，医养结合"等具体举措。医养结合的服务模式，作为传统养老照护服务的替代或升级，在未来一段时间内，传统养老服务机构的医养结合改革持续推进，新建医养结合服务模式将是行业的新发展趋势，医疗服务方面，基层医疗机构、健康管理机构发展是重要趋势。

基于医共体建设背景下的"医养康养"相结合的养老服务模式有以下优势。一方面，可以解决医养结合中医疗资源不足和优质医疗资源难以下沉的问题。医共体是由三级医院牵头，在一个区域内与其他医疗服务机构和组织联系在一起，重新组合、重新构建的一个整体性的全新医疗组织架构，能够有效解决准入资格问题、医保报销问题、员工激励性差与收支两条线的问题。另一方面，医共体建设本身也会存在一些不可避免的问题。"虹吸效应"使得下级医疗卫生服务单位床位空置，若将该部分床位开发为养老病床，通过转诊机制，将上级医疗单位需要康养的病人下转到本级单位，则可以有效提升床位使用效率，使医养康养养老服务体系之间融合协调。除此之外，医共体还有着做好基础公共卫生的内在动力，有利于实现"以人民健康为中心"的"健康中国"战略。

3.技术赋能体系

医养结合并不是简单提供日常照料服务，而是通过将养老服务与医疗服务结合，实现基本照料与健康关怀一体化，不仅可以弥补养老机构的不足，而且能够有效缓解医疗资源紧缺的压力。

根据中国老龄科学研究中心《中国城乡老年人生活状况调查报告（2018)》，在中国的老龄群体中，养老和医疗是密不可分的。老年人的慢性疾病发病率较高，医疗服务需求较大，传统的家庭养老模式已不能满足现代社会的养老需求。孙晓风指出，就目前我国的养老服务模式来看，大部分养老机构并不能满足老年人的医疗服务需求，家庭养老模式下的患病老人更是无法及时就医，老龄患者与医疗资源分离，不仅导致了医疗资源得不到有效的利用，更是加剧了养老服务行业的困难①。在这种困境下，医养结合的养老服务模式成为养老服务行业发展的必然趋势。

"医养康护"技术应用于医养结合照护综合体，可以有效缓解现行体系运行中存在的一些障碍。如图 1 - 7 所示，医养结合照护服务体系包括医疗机构和养老服务机构，通过技术赋能，将综合性医院、康复医院、养护机构、全科诊所、护理站有效衔接起来，使信息和数据能够在综合体中流动起来，将供需两端的大数据加以整合分析，精准提升服务效能，提升医养结合服务综合体的效率。

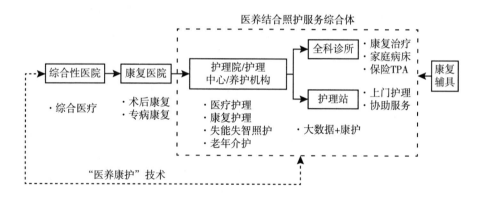

图 1 - 7　医养结合照护服务

4. 治理构筑生态

中国主要矛盾的变化和社会经济的深刻变革，导致了养老服务体系的再度变化。然而养老服务体系作为公共卫生和社会保障的关键一环，却长期在社会发展中处于被动地位。在与交通系统、环境系统、金融系统等城市系统的发展

---

① 孙晓风：《人口老龄化下医养结合的养老模式探索》，《行政事业资产与财务》2019 年第 21 期，第 29 ~ 32 页。

比较中处于薄弱的一环。多中心治理理论认为，作为具有权威性的治理主体的政府，应该摒弃以往使用的传统社会组织监督模式。解决"医养结合"养老服务业存在的问题，政府能做的也是最重要的：角色重构和社会资源整合，在公共事务治理中抛弃身兼多职的角色，完成权力下放，成为养老服务行业的参与者和引导者。政府在这一领域发挥作用的重点在于构建有助于养老行业发展的监督机制，通过设置合理规范的监督机制使养老服务处于更好的监督环境中。

十九届四中全会指出要促进"国家治理体系和治理能力的现代化"。在"医养结合"养老服务方面，需要运用多中心治理理论解决以往由政府作为主要参与力量出现的失误，多中心体制的重叠管理和权威分散的结构治理优势较为突出。建立各主体之间彼此独立又相互联系的网络是必不可少的。因此，建构"新时代中国特色社会主义需要的养老服务体系"非常关键。面对立足第四次科技革命和实现国家治理体系和治理能力现代化的难得历史契机，养老服务体系亟待通过理论引领、体系构建、机制创新实现转型。新时代需要构建更加开放、更加积极、更加有效的养老服务体系，加快实现养老服务体系与服务能力的现代化，形成全景式、国际化、高覆盖的养老服务体系的中国范式。

5. 国家政策的支持

目前，医养结合政策落地，各地支持养老服务业发展的政策逐步推出，养老服务业处于历史上政策最为宽松、政策支持力度最大的时期。2013 年国家正式下发《关于加快发展养老服务业的若干意见》，该意见明确了积极推进医疗卫生与养老服务相结合，推动医养融合发展。2015 年出台的《关于推进医疗卫生与养老服务相结合的指导意见》[①]，强调将医疗服务与养老服务进行结合的重要意义。2016 年，我国提出《"健康中国 2030"规划纲要》，旨在大力提高我国居民的健康水平，同时加快中国养老产业的发展。[②]

---

① 《国务院办公厅转发卫生计生委等部门关于推进医疗卫生与养老服务相结合指导意见的通知》 ［EB/OL］，http://www.gov.cn/zhengce/content/2015－11/20/content_10328.htm，2015－11－20。

② 包世荣：《国外医养结合养老模式及其对中国的启示》，《哈尔滨工业大学学报》（社会科学版）2018 年第 2 期，第 58～63 页。

2017 年，党的十九大报告中，习近平总书记特别强调推动养老产业向多元化、多样化的方向发展，同时加快中国医养结合养老产业的发展进程。2019年，民政部明确指出要"全方位优化养老有效供给"，"加强医养结合发展新趋势"。① 由此可见，政府政策的推动成为医养结合发展的动力之一。

自 2016 年以来，先后确定的国家级医养结合试点单位如表 1 - 4 所示。

表 1 - 4　国家级医养结合试点单位名单

序号	省份	第一批试点	第二批试点
1	北京	东城区、海淀区	朝阳区
2	河北	石家庄市、邯郸市	邢台市、保定市
3	山西	太原市、大同市	吕梁市
4	内蒙古	呼和浩特市、鄂尔多斯市	乌海市
5	辽宁	沈阳市、大连市	辽阳市
6	黑龙江	哈尔滨市、齐齐哈尔市	伊春市
7	上海	徐汇区、普陀区	松江区
8	江苏	苏州市、南通市	南京市
9	浙江	杭州市、嘉兴市	温州市
10	安徽	池州市、芜湖市	合肥市
11	福建	厦门市、三明市	漳州市
12	江西	南昌市、赣州市	抚州市
13	山东	青岛市、烟台市	威海市
14	河南	郑州市、洛阳市	濮阳市
15	湖北	咸宁市、随州市	
16	湖南	长沙市、湘潭市	岳阳市
17	广东	东莞市、江门市	广州市、深圳市
18	广西	南宁市、贺州市	百色市
19	重庆	九龙坡区、垫江县	沙坪坝区
20	四川	雅安市、攀枝花市	德阳市、广元市
21	贵州	贵阳市、铜仁市	遵义市
22	陕西	安康市、铜川市	西安市

① 民政部：《关于进一步扩大养老服务供给 促进养老服务消费的实施意见》［EB/OL］，http：//www. mca. gov. cn/article/gk/wj/2019 - 09/20190900019848. shtml，2019 - 10 - 10。

序号	省份	第一批试点	第二批试点
23	甘肃	兰州市、庆阳市	陇南市
24	青海	西宁市、海东市	海南州
25	新疆	乌鲁木齐市、克拉玛依市	巴音郭楞蒙古自治州
26	天津		南开区、津南区、北辰区
27	吉林		长春市、公主岭市、梅河口市
28	海南		海口市、三亚市、儋州市
29	宁夏		银川市

从各地推进医养结合政策的实务进展来看，主要有以下亮点：北京、山东、河南出台医养结合基本服务规范，有力保障了该项工作的有序进行；北京、河北、山西等24个省份已开展医养结合试点工作，其中西部省份进展相对较快；30个省份已出台将养老机构纳入医保定点结算的有关政策，北京、天津、上海、福建、山东（济南）等地已经开展了实质性的推进工作，其中上海早在2017年5月就已实现全部养老机构内设医疗机构的联网结算；全国老龄办和国家中医药管理局签署战略合作协议，将共同推进中医药健康养老融合发展，北京、山西、陕西等地已经开始相关的试点探索。

6. 国外成功的医养结合经验

在欧洲、美国、日本等发达国家老年护理保险制度和法律建设都比较完善，老年护理保险制度分为社会保险制和商业保险制两大类。前者以德国、日本为典型代表；后者以美国为典型代表。20世纪60年代，瑞典社区照顾作为老年福利政策中最关键的部分被强调和实施；20世纪80年代末和90年代上半期，美国长期护理保险发展迅速，成为美国健康保险市场上最重要的产品之一；1991年，英国发布《社区照护白皮书》，强调以"促进选择与独立"为总目标，现已建成分工明确、条理清晰的老年照护体系；1994年，德国正式立法通过《护理保险法》，使社会性护理保险成为并列于健康保险、意外保险、年金保险及失业保险的第5种社会保险；1998年，日本颁布了《护理保险法》，实施强制性互助型的护理保险制度。本报告将以美国、英国、日本、荷兰四国为代表，对其"医养结合"服务模式的发展现状，存在问题以及对我国有何启示展开分析。

中国目前医养结合养老模式的发展相对于率先进入人口老龄化阶段的发达国家是滞后的。[1] 发达国家的成功经验证明医养结合在解决老龄化社会所带来的一系列问题中有一定的作用，会促进我国关于医养结合的探索。崔玮（2020）指出要着眼于补短板，满足基本养老服务需求，着力打造多元化的社会养老服务体系[2]，医养结合正是多元化的社会养老服务体系下的产物。国外的经验主要在于借鉴美国、日本、英国等发达国家的成功案例。虽然每个国家情况各有差异，发达国家成功的经验在中国也不一定能成功，但是发达国家的成功经验证明医养结合的确是目前解决老龄化社会问题的一个途径，这也在一定程度上成为我国探索医养结合的动力之一。另外，医养结合服务需求受到很多因素影响，为了应对医养结合服务需求的增加，满足我国人民不断增长的养老和医疗需求，必须理性借鉴国外成功的医养结合经验，建立符合我国国情的医养结合养老服务体系。

二　医养结合发展趋势

1. 医养康养结合深度发展

我国自 2013 年开启推进医养结合的工作，目前形成了养老机构设立或内设医疗机构，开展医疗卫生服务；医疗机构设立养老机构或开展养老服务；养老机构与医疗机构合作；医疗卫生服务延伸至社区或家庭四种主要模式。[3] 与此同时，近几年我国康养服务发展迅速，并且康养服务逐渐和旅游、银行、地产等各个产业融合，产生了融合后的巨大产业聚合效应。然而，综观养老服务体系本身，康养服务和其他产业相互融合，唯独没有和医养服务融合，这也就导致了目前卫生服务和长期照护系统无法以健康为导向，不能产出养老服务体系应该具备的价值，因此十九届四中全会提出的

---

① 包世荣：《国外医养结合养老模式及其对中国的启示》，《哈尔滨工业大学学报》（社会科学版）2018 年第 2 期，第 58～63 页。
② 崔玮：《满足老年人更多养老期待》，《中国人口报》2020 年 1 月 17 日。
③ 参考本书第二章"我国医养结合政策现状分析"。

"相结合"要求，一方面是对养老服务系统内部医养康养服务的结合，另一方面也在强调，要加强养老服务系统内部资源同系统外部资源的融合配置。

医养结合机构虽在不断地促进医养的结合，但由于社会的医疗资源紧缺，许多医养结合机构仍然不能掌握充足的医疗资源以满足养老的需求。在未来的发展过程中，医疗资源会更好、更充分地被利用，专业的医疗机构、小型专科医院以及社区的医疗服务站，可以与医养结合机构之间搭建双向共赢的桥梁，为其提供更专业细致的医疗服务和指导，提升医疗器械的利用率，同时医养结合机构也可为我国的医学研究提供更多的参考和启示。因此，结合更权威专业的医疗资源推进养老产业以及医学事业的双赢发展，是未来医养产业发展的必然趋势。

为了实现全民健康，实现全面建成小康社会的目标，十八届五中全会通过的"十三五"规划建议中，提出推进"健康中国"建设，将"健康中国"上升为国家战略，未来健康发展观会日益深入人心。在"健康中国"背景下，医养结合成为养老服务模式发展的焦点。

2. 供给和需求更加互动贴合

我国养老服务目前正处于起步阶段，养老服务市场仍为雏形，养老服务没有统一的标准，而且缺少监管和质量检测的养老服务工作更是乱象频出、问题频发，究其原因一是供给不足问题，二是与需求现实的不匹配问题。需求现实代表着一定时间内消费者的消费偏好，并不是需求的问题，而是供给侧必须要迎合的现实状况。中国人口当中65岁及以上人口增长比例近年始终高于人口平均增长速度。这意味着我国首先拥有越来越庞大的养老服务需求群体。

"医养结合"将医疗专业护理的优势与护养机构的社会开放性有机结合，在满足人群照护需求的同时，也能提高照护服务的质量，减轻现代家庭提供长期照护服务的负担。除此之外，对于缓解机构床位资源紧张、养老服务资源紧缺、高端消费市场的养老服务资源没有得到有效利用等问题大有裨益，使医疗与养老领域的供给和需求更加互动贴合。

3. 从机构向社区居家拓展

习近平总书记在党的十九届四中全会报告中明确要求"积极应对人口

老龄化，加快建设居家社区机构相协调、医养康养相结合的养老服务体系"。从居家、社区、机构"9073"的分离格局转换到了"居家—社区—机构"相协调的整合式模式，从"养""医养""康养"的分立模块到"医养康养"相结合的"融合型服务"，这是国家治理体系现代化在健康保障领域的延伸。推进医养结合深度发展，建立包括健康教育、预防保健、疾病诊治、康复护理、长期照护、安宁疗护的综合、连续的老年健康服务体系，以居家为基础、以社区为依托、联合机构充分发展，以全面深化养老服务体系的系统和机制为主要抓手，建立从机构向社区居家拓展的医养结合的多层次养老服务体系，有助于加快实现从"老年服务体系"向"公共健康服务体系"的跃升。

为了减缓老龄化速度和解决城市社区中的养老问题，社区在未来医养结合发展中的作用将得到强化。赵晓菲、王颖博认为，社区医养结合是国内面临老龄化形势的新举措，利用社区中的特点，使已有的社区医院从最初的基本医疗服务跳脱出来，同时将社区拥有的基本养老服务和娱乐设施相结合，这将成为未来医养结合的新思路。[1] 仇艳敏、刘国莲等在调查研究中发现，随着家庭结构的小型化、核心化，家庭赡养和照顾功能逐渐弱化，再加上受到传统思想的影响很多老人不愿意选择离家较远的养老机构，因此老年人对社区医养结合服务的需求呈现不断增加的趋势，需求的增加能够促进社区医养结合能力提升。[2]

4. 从单环节向全链条渗透

医养结合试点过程中出现了医中有养、养中有医、医养结合的不同实践形式，但是整体来看，医养结合形式仍旧过于单一，难以满足老年人的养老需求。现有的探索和实践主要集中在机构养老方面，对居家和社区老年人群的医养结合服务试点实践更加匮乏。机构养老模式往往仅针对高端

① 赵晓菲、王颖博：《社区医养结合困境及对策研究》，《劳动保障世界》2019年第21期，第27~28页。
② 仇艳敏、刘国莲、何旭文、牛萌、刘赟赟、郑连花：《银川市社区老年人医养结合服务需求及影响因素研究》，《中外女性健康研究》2020年第4期，第7~8页、第17页。

人群，想要真正实现全民性的医养结合，必须由单环节的服务转向全链条服务。需要以政策、资金、人才等要素为抓手，根据老年人的需求，因地制宜，提供可及、连续、综合、有效的健康服务新模式，并对其进行政策引导与支持。

从单环节向全链条渗透，未来养老产业将构建居家、社区、机构三位一体的养老服务链条，实现三者融合协调发展（见图1-8）。此外，养老服务和卫生健康服务的布局将越来越趋同，使得居家社区层面的医养结合和机构层面的医养结合进一步发展。居家和社区，作为机构的抓手，既能深入社区

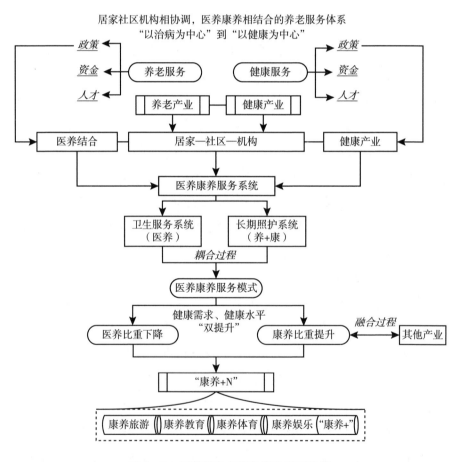

图1-8 医养结合全链条产业发展脉络

提供服务，又可以在居家和社区得到机构相对专业的支持，优势互补，弥补各自的不足，形成新的养老服务体系。在医养结合的基础上，会向康养结合发展，并且发展出更多的"康养+"业态。

5. 数字技术催生全新业态

全世界正在全面迈入老龄化的长寿新时代。数据显示，广大发达国家和发展中国家的人口老龄化速度都在不断加快，程度不断加深。2050 年世界60 岁及以上人口将占总人口的近 1/4 或更多，2030 年世界老龄人口预计为14 亿，2050 年将增长到 21 亿。目前，一方面，中国已经是世界上老龄人口最多的国家，总数超过 2 亿，并且每年以 800 万的速度增加，到 2035 年前后，老年人口预计将会达到 4.5 亿，占总人口的 25%～30%。另一方面，世界各国正在快速迈入"万物互联"的数字化智能新时代。以信息化、智能化和网络化等为代表的高新技术不断应用的第四次工业革命或者说新技术革命，将一直伴随这一人口进程的发展和深化。抢抓"数字机遇"正在成为各个国家获取未来发展优势的战略性选择。这为全世界积极应对人口老龄化挑战，创造性地解决老龄化治理难题提供了新的机遇和智慧方案。以数字化技术为代表的第四次科技革命拉开了序幕，数字化开始以其特有的穿透力贯穿医养结合服务体系，正在催生新的医养康养业态内容。

以互联网为基础的信息化发展，使为老年人口提供更高效、更有针对性的智能产品和高质量服务成为可能。互联网首先提供了老龄化生活的信息资源，网络已经成为信息社会的入口，老龄化社会的信息和知识服务离不开网络。然而，不乏老年人群因数字化"被弱势化"，由于他们教育水平和学习能力较低，日益与信息化过程脱离，基于年龄的"数字鸿沟"对老年人来说构成了新的不平等。积极增强老年人口的数字包容，才是建设一个健康平等的智慧老龄社会更应该加以重视的。数字化将推动智慧老龄化的发展，而只有更好地增强老年人口的数字包容，才能提升公平性和平等性，促进所有老年人口福祉的提高。

6. 多元共治改善行业质量

以往认识和应对老龄化问题的工作形态是：以政策为中心、以政府行政管理为基础，不同部门和机构承担不同的工作职能与责任，其强调的主要是管理职能和事务的审批权，因承担管理和事务工作的不同部门职能责任的侧重点是不同的，老龄工作往往呈现分散、分片、多点管理的状态。例如，针对养老服务市场，发改、民政、财政、商业、金融、工商、卫健等不同的部门均具有一定的行政权力或管理范围。应当注意的是，政府职能在客观上所体现的主要还是管理职能，而在积极应对老龄化的进程中，政府不仅需要转变工作职能，还需要通过机构改革实现综合治理和现代化治理。

治理是指在社会主义市场经济体制下，市场在资源配置中起决定作用的条件下，多元利益主体围绕共同的目标协调与互动的过程。2020 年 5 月，民政部联合住房和城乡建设部、国家卫健委、应急管理部、市场监管总局等部门印发《关于做好 2020 年养老院服务质量建设专项行动工作的通知》，提出要推动建立健全养老服务综合监管制度，建立以"双随机、一公开"监管为基本手段、以重点监管为补充、以标准规范为支撑、以信用监管为基础的新型监管机制和跨部门、跨区域执法联动响应和协作机制，探索实行跨领域跨部门综合执法，最大限度减少不必要的行政执法事项，完善养老机构服务纠纷预防和处置机制。发挥部门联动优势，通过合理的制度安排增强综合治理的有效性，提高医养结合服务体系治理的系统化、科学化、智能化和法治化水平，通过多元共治，确立或者确定老龄化治理的新理念，有助于倡导和推动不同的社会主体共同建设多元共治的老龄化社会治理系统，实现我国医养结合服务体系良性循环发展。

第四节　医养结合发展面对的问题与瓶颈

一　医养结合发展程度不充分

1. 范围规模内容有限

首先，从纵向的角度来看，我国的医养结合发展不充分。发展的不充分首先体现在医养结合不深入，范围规模内容有限，只是停留在表面。[①] 目前，很多养老机构只是与医疗卫生机构签订合同，并没有进行实质上的"联手合作"。这些医疗卫生机构为养老机构提供的医疗服务更多的是量血压、内外科简单体检以及发放普通的药品，那些真正有医疗需求的老年人，仍然需要去医院治疗。这些以"医养结合"名义运营的机构并不能真正满足老年人的医疗需求。此外，很多设置了老年科的医院，也并没有建立方便老年人的就医通道。因此，医养结合停留在了表面，一些机构或医院，虽有"医""养"的双重名义，实质上仅提供单方面的服务，公共医疗资源没有得到充分利用。

其次，医养结合发展不充分还体现在"医养结合"的养老概念尚未形成社会共识。[②] 医养结合打破传统的养老服务模式边界，强调以老人的需求为核心，从而形成的一种新型养老服务模式。这种新型的服务模式对"医""养"的内涵进行重塑，"医"更多地指健康医学，"养"则转型成"康养"。医养结合作为一种较新的观念出现在养老领域，因此养老观念的转型升级成为医养结合充分发展的重要前提。杜彦等认为，医养结合机构定位模糊以及功能偏离也是医养结合发展不充分的重要表现。[③] 医养结合服务的形式主要有：一是养老机构与医疗机构合作或者在养老机构内引进医疗服务；二是创建医养结合结构，该类型机构提供养老和医疗两项服务。无论是在原有的基础上通过与医疗机构合作或者引进医疗服务，还是建立整合式的医养结合机构，都会面临养老功能和医疗功能的整合定位问题。之所以认为医养结合发展不充分并不是该类型的机构数量少，很大的原因在于，大多数医养结合机构存在定位模糊和功能偏离问题。定位模糊和功能偏离最终导致的是机构偏向于"医"或"养"的某一单一方面，不能真正做到"医""养"兼顾。

---

① 孙瑞玲：《医养结合社会实践现状与发展研究》，《经济研究导刊》2019 年第 29 期，第 177 ~ 179 页。

② 申俊龙、申远、王鸿江：《健康老龄化视域下"医养结合"模式研究》，《经济理论与实践》2019 年第 9 期，第 15 ~ 19 页。

③ 杜彦、李玲、陈婉倩、李金韩、张贵玉：《医养结合服务供给存在的问题及对策》，《智库时代》2019 年第 27 期，第 22 ~ 23 页。

此外，许多机构由于基础设施不完善，只能满足老年人较低层次的需求；且医疗服务大多重视急性医疗服务，缺乏长期康复训练及心理护理的理念和实践经验，导致医疗与康复服务之间出现明显断层，不利于老年人综合生活质量的提高。[1] 从目前的种种实践情况来看。医养结合不够深入，要实现真正意义上的医养结合仍然还有很长的路要走。

2. 数字智慧程度偏低

医疗养老服务数字智慧技术在医疗和养老行业是一个重要的应用领域。随着科技的发展、5G 商用的到来，以及大数据、人工智能、区块链等前沿技术的重复整合运用，医养结合服务体系呈现出强大的生命力和影响力，对医养结合服务体系的建立和发展起到重要的支撑作用。

2020 年，在应对新冠肺炎疫情期间，科技参与养老服务业抗疫前所未有，包括互联网、云技术、AI、5G 等科技手段在本次养老服务业抗击疫情中起到了积极作用。部分案例表明，数字化技术支撑了疫情信息的收集、传递和应用。基于强大的网络信息平台和各种科技手段，互联网和数据智能技术助力疫情期间的养老服务非现场监管、为养老生活服务、在线医疗通道、远程探视监测和老年教育学习等，一定程度上提升了本次养老服务业疫情防控的效率。但从智慧养老项目应对疫情的实际水平来看，虽然多部委已在全国推选了若干批智慧健康养老项目以及居家和社区养老服务改革试点项目，总体上还存在配套不足、功能单一、利用率低、活跃度低、缺乏系统性和集成性等问题。

养老服务业与其他现代服务业一样，将走上更大规模的、新的数字化和智能化过程。开放政府信息将更好地与外部世界结合，大大减少服务时间和成本，带来可量化的效益。民政部门要推动各地的老年人"关爱地图"等已有服务产品从满足常规需求向满足应急保障需求转变，多用途发展。要及时推广和应用疫情期间新技术对部分人工服务有效替代的经验，改善大型数

---

[1] Wang, D., Zhang, H., Ren, H., "Qualitative Analyses of Lived Experience for Residents in the Elderly Care Departments at the Community Health Service Centres in Southwestern China", *Health Soc Care Community*, 2018 (1), pp. 164–172.

字化系统和便捷自助服务方式，显著提高公共部门的应急效率和行业的服务能力。这对提高养老服务品质、机构组织效率，推动行业高质量和长远发展至关重要。

3. 公平可及普惠不足

未富先老的国情决定了我国养老适宜走中低端路线。随着人口老龄化的快速发展和养老服务需求的不断提高，我国养老服务面临前所未有的挑战，机构养老难是当前反映较为突出的问题。一方面，高端养老服务价格高让很多收入不高的老人望而兴叹；另一方面，政府财政兜底、具有福利性质、支持低收入甚至特困等特殊困难群体的福利性养老机构床位少，无法满足大多数老人的需求。让老年人获得价格合理、方便可及、质量有保障的养老服务，是我国养老亟待解决的重要课题，普惠养老成为最适宜的一种选择。

我国的医养结合目前尚处于探索阶段，应抓住时机做好科学设计、规划，将其纳入养老服务业发展规划、医疗卫生事业发展规划及健康服务业发展规划，合理规划医养结合的机构布局、设置、功能定位，实现医养结合机构与现有医疗机构、养老机构的有机衔接，提高资源利用率。保证普惠性的医养结合服务均等化，应谨慎操作高端、大而全的医养结合机构，注重对中小型医养结合机构的扶持，鼓励发展能满足大多数老年人需求的中档医养结合服务机构，避免重陷医疗卫生服务体系中大医院"人满为患"、基层医疗机构"门可罗雀"的困境。

二　医养结合发展水平不均衡

1. 内部板块差异显著

医疗卫生资源是公共服务资源的重要组成部分，其准公共物品属性是决定配置均衡性的必要前提。但实际上，城乡间、地区间、人群间医疗卫生资源配置、医疗卫生服务可及性、居民健康水平还存在显著的差异。整体来看，当前医养结合形式仍旧过于单一，难以满足老年人的养老需求。一方面，现有的探索和实践主要集中在机构养老方面，居家和社区老年人群的医养结合服务试点实践更加匮乏。另一方面，中国的医疗卫生资源供给总量明显不足，凭借现有资源是否能满足医养结合养老模式下医疗卫生服务的需求还需要重点考察。

根据 2013 年第五次全国卫生服务调查，居民到距离医疗单位 5 公里及以上的比例为 3.4%，其中，城市为 1.8%，农村为 5%，西部农村地区达9%。依照 WHO 标准，居民到最近医疗单位的距离超过 5 公里就不能及时获得医疗服务，按人口比例推算，全国约有 4760.17 万居民不能获得及时的医疗服务。农村基层的卫生所由于条件所限，乡村医生能力不足，大多无法承担为老年人提供医疗护理服务的职能；而有能力承接的基层医疗卫生机构却又缺乏参与医养结合的动力。三甲医院的医疗服务处于供不应求的状态，疲于应对日常的就诊治疗业务，因此将有限的医疗资源投入养老服务并不容易。因此，对于大医院来说，在医疗资源紧张的情况下，如果再增办养老机构，首先要聘请更多的专业护理人员，不仅人力成本高，而且收费标准无法相应提高；如果把医护团队定期派到社区或养老机构，经费来源也需要另辟蹊径。机构养老模式更多的是针对高端人群，想要真正实现全民性医养结合，必须推动医养结合进入社区。但是，如何满足数量庞大的社区和居家养老的老年人的医疗和护理服务需求，仍需不断探索。

2. 区域间服务脱节分立

从横向的角度，通过对不同地区、不同机构的比较可以看到当下医养结合的水平并不均衡。目前，我国医养结合仍处于初步发展阶段，还有着许多不足与局限。隋雨荧、阮云军和吴塞珠认为受经济水平的影响，各地区医养结合服务发展不平衡，区域差异大。经济基础决定上层建筑，经济发展水平的差异，导致不同地区的医养结合呈现差异化发展态势。[①] 医养结合理念进入我国以来，观念先进、经济良好的地区先试点，然后逐步推广到其他地区。这使得我国经济发达地区与欠发达地区医养结合的进程有较大的差距。而且，在不同的经济区域，城乡之间也呈现出较大的差距。王仁德认为，农村医养结

---

① 隋雨荧、阮云军、吴塞珠：《医养结合养老模式研究进展及我国现状》，《中华保健医学杂志》2019 年第 3 期，第 287 ~ 289 页。

合养老不仅受老人经济收入较低、社会认识偏差等主观因素制约，而且受制于监管体系滞后、人才培养薄弱、医养结合困难、医保配套不足等客观因素。[①]

可见，由于城乡之间整体发展不均衡、不充足，医养结合在乡村所面临的问题和制约要比城市更多，需要从多个角度均衡和改善城乡之间的发展水平。王洪娜进一步指出，承办我国医养结合的机构按照主体和主要服务方向，可细分为医疗机构承办养老机构和养老机构承办医疗机构。[②] 不同种类的医养结合机构，其理念、管理模式以及拥有的专业医养资源会存在很大的差异，这使医养行业整体发展趋势存在差异，难以均衡发展。

三　医养结合要素支撑能力弱

1. 资金短缺支付不足

医养产业稳定健康发展，会受到很多因素的影响。目前来说，我国医养产业在发展的过程中，要素支撑能力不足，发展不充分。在资金方面，黄英君、彭瑶认为目前我国金融体系对于医养产业的支持力度和重视程度不够，金融机构提供的服务和产品较为单一，养老金融产品简单、收益小、缺乏针对性，养老金融发展不完善。[③] 养老金融本身发展的不足必然使医养结合机构以及其他社会资金投入不断增加，然而我国医养产业仍处于发展阶段，大多的医养结合机构还缺乏医疗资源，这就需要更多的资金储备以及资金投入。资金的缺乏不仅会降低医养结合的专业性，也会影响人们对于医养结合的信赖度，进而影响顺利发展。

在医养结合领域，当前尚未形成全国统一的资金保障体系，资金保障水平低、来源渠道窄，过度依赖政府，保障资源分配不平衡。为此，需要保障资金体系实现制度化，积极促进筹资渠道的多元化，不断追求资源配置的公平性。

---

① 王仁德：《农村医养结合养老的发展困境及对策建议》，《安徽农业学通报》2019 年第 15 期，第 7～19 页。

② 王洪娜：《医养结合养老机构服务效率及其影响因素》，《重庆社会科学》2020 年第 5 期，第 129～140 页。

③ 黄英君、彭瑶：《养老金融视阈下医养结合养老模式探索与发展》，《西南金融》2017 年第 12 期，第 59～65 页。

2.技术掣肘成本难控

我国老龄科技创新、智慧健康养老产业还处于起步阶段，尽管发展速度快、应用范围广、市场活跃度高、产业前景好、技术不断成熟，但也存在诸多制约性问题。突出表现在，缺乏前瞻性的顶层设计、系统性规划不足；总体发展理念、发展目标、重点领域和主要任务不明确；国家层面的稳定创新体系还未建立；社会主导的技术创新与应用相对分散、自发甚至盲目，缺乏从需求出发、从实际出发的多领域政策引导与扶持；跟踪和引进国际先进技术多，新技术、变革技术和颠覆性技术自主创新少；研发活动的持续投入不足、技术资源的统筹不足、统一技术标准的开发不足；技术服务与产品的市场认可度及推广度有待提高、配套技术开发的力度有待提升、技术孵化转化转移渠道与资本对接机制有待建立；在某些领域，存在技术恶性竞争、技术鸿沟和技术重复研发，技术效用发挥及覆盖面不理想等问题。[①]

随着社会的发展和医疗卫生技术的变革和创新，越来越多的老年人能够长期带病生活，但这种变化趋势也使老年人失能的比例不断上升。然而社会与科技发展的另一种力量是有效地延缓衰老的进程，借助新技术和新工具拓展人们的活动能力，降低日常活动对生理和体能的要求，不断延长老年人在预期寿命中的有效活动期。尽管大部分城市社区配备了至少专科学历的医护人员，但对社区治疗技术持怀疑态度的老年人比例还是较高，近半数老人认为社区卫生服务站的医疗技术和手段无法满足日常的治疗需求。因此，不论是技术层面，还是人力资源层面，都使医养结合服务运行成本提升。

3.人才不足质量不稳

在医养护理人才方面，目前医养结合护理人员队伍主要有两类：一类是社会职业培训人员，这是护理人员队伍的主要部分；另一类是毕业于高校护理相关专业的人员，这一部分占比很低，两类护理员总数有限，无法满足巨大的养老护理需求。[②] 截至 2019 年末，全国卫生技术人员中，本科及以上

---

① 参考本书第五章"医养结合资金要素的发展现状与分析"。
② 高振峰：《医养结合发展现状、困境与优化措施》，《劳动保障世界》2019 年第 33 期，第 31～33 页。

占 39.2%，大专占 39.1%，中专占 20.6%，高中及以下占 1.1%，表明医疗卫生人才结构尚不够优化，人员素质水平总体偏低，高学历人才仅占总数的 39.2%，人才学历结构亟待改善（见图 1 - 9）。

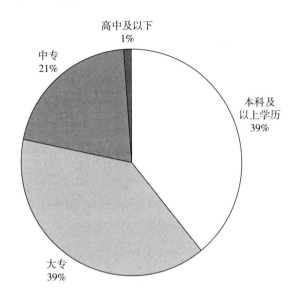

图 1 - 9　2019 年中国卫生技术人员文化程度

资料来源：《我国卫生健康事业发展统计公报（2019）》。

医养产业的发展，需要专业人才的参与和推动。然而受传统观念的影响，一些家庭对护理职业还存在很大的偏见，高校毕业的专业人员受工作环境、压力、薪资的影响并不愿意深入医养结合机构。这使得护理人员主要是社会职业培训人员，但这些人员教育水平和培训水平参差不齐，持有专业资格证书的人也寥寥无几。缺乏专业人员的医疗及护理，"医"与"养"就很难实现双向结合，导致医养产业不能得到更深层次的发展，服务种类单一、质量低下。

4. 政策落地执行不力

在政策要素方面，20 世纪 80 年代以来我国养老服务政策体系逐步探索、建立并完善。但在此过程中，医养结合相关的政策仍然存在一些问题与不足。目前出台的一系列"医养结合"政策文件，过多地强调医疗机构与养老机构的合作①，未从更深刻和广义的视角理解"医养结合"。王皓田认为目前我国养老服务政策的制定和管理分属众多部门，不同部门有自身的职能定位，对养老服务政策的理念和实施的重点并未达成一致，管理标准不统一，资源难以统筹。对于医养结合的模式而言，不同的部门有其不同的方向和规划，使得医养结合在政策的制定及执行等方面，没有很好地协同，无法实现联动发展。部门"各自为政"，也会使各地区以及各机构在医养结合方面处于不统一、不均衡发展阶段，不利于医养结合的进一步发展。

此外，课题组认为医养概念缺乏清晰界定，已有政策力度有待加强，各地政策完善度相对低，政策创新力度相对缺乏，区域协调发展政策缺失，社区/农村专项政策缺失等，是政策落地执行不力的重要原因。②

四 医养结合生态秩序不清晰

1. 重视程度有待加强

养老是全球面临的共同社会民生问题。随着人口老龄化与医疗水平的发展，一种新型养老服务体系得以出现：医养结合养老服务模式。该模式是对传统养老服务模式的延伸。"医养结合"养老服务体系的关键在于要厘清养老照护与医疗护理的服务特点、方式及作用，并且以老人需求变化为核心。但是当前在这一体系中，存在"医养服务"边界界定不清，接受服务对象的定位不明确、养老服务市场未细分、缺乏机构间转诊渠道，以及忽视低行动能力的老人需求等问题。在管理制度中，尚存在成本核算系统、支付保障体系、监管标准系统制度不健全，行业标准与法律制度不完善，医疗照护人员总量不足，卫生服务系统与长期照护系统之间壁垒尚未打破的现象。这使得在"看病难、看病贵"的背景下，"医养康养"运行的梗阻问题更加突出。

医养结合作为养老服务体系下的一种新型养老模式，可以有效地整合利用医疗资源与养老资源。我国医养结合养老服务模式具有资源高度集中、环

---

① 赵晓芳：《积极老龄化视角下的"医养结合"：理念、逻辑与路径》，《社会福利》2019 年第 12 期，第 22～30 页。
② 参考本书第二章"我国医养结合政策现状分析"。

境舒适优越、服务内容多元、服务质量较高、管理相对规范的特点，可以在一定程度上满足老年人的个性化健康养老需求。但是，不可否认的是，医养结合型养老服务模式在我国仍属新生事物，社会对其的认识和重视程度不够，在探索性发展的过程中存在着诸多"乱象"或"困局"，亟待厘清与修正。

2. 基础设施严重短缺

基础设施不仅包括养老机构和医疗卫生机构和床位，还包括配套设施。随着"三医改革"和医共体建设的推进，"医养结合"的五种常见模式有了融合的可能，进一步讲，基于医共体建设背景的"医养康养"相结合的养老服务模式可以解决上述五种"医养结合"模式存在的问题。

某种程度上来说，医疗资源与养老资源都属于稀缺资源。医疗服务机构和养老服务机构如果配置不合理，就会造成稀缺资源的严重浪费。二级医院或区域医学中心也会因缺乏盈利驱动的动力，更愿意向上对接三级医院而非向下对接一级或涉足养老产业领域。医改后形成的"三级＋二级＋一级"上下联通的医联体或医共体，由于资源是纵向流通的，是一个闭环，几乎无法与域外业务再挂钩。由此，社区层面的医疗资源配置难，一直是中国医养结合领域无法解决的问题。医养结合的基本原则之一就是"保障基本，统筹发展"。把保障老年人基本健康养老需求放在首位，对有需求的失能、部分失能老年人，以机构为依托，做好康复护理服务。对大多数以社区和居家养老为主的老年人来说，可以依托基层社区卫生服务中心，满足健康养老需求。因此，布局社区，聚焦微循环，与社卫中心联手，办医办养办康多种形式借势布局，在医养结合最后一公里发力，创新医养结合服务思维，创新医养结合体制机制，创新医养结合发展路径，能够不断满足人民日益增长的健康养老服务需求。

3. 行业规则亟待建立

医疗卫生与养老服务行业的稳定健康发展，离不开内部秩序的作用和安排。目前我国的医养结合机构主要分为以医为主、以养为主两种模式。以"医"为主的医养结合机构，虽然可以提供有效的医疗服务，但必须在有丰富的医疗资源且有部分闲置的前提下实施，而以养为主的医养结合机构，在设备、人力及医疗服务的提供上都有局限，同时在法律方面也存在困境。这可表明，在医养生态秩序中，以医为主的模式中大小医院与以及基层卫生机构之间，医疗资源的分配利用以及机构之间不同的服务理念和重点，使它们之间并没有产生足够清晰和整合的合作方式与合作秩序，虽然表面上看是专业和充分的，但实际的沟通联系还是存在缺陷。同时以养为主的医养结合机构更多的是构建与用户之间的关系，专业性有所欠缺，而且没有明确的养老秩序，这不仅不利于"医"的进一步发展，对于"养"的健康发展也是有影响的。因此，医养结合虽有许多模式，但针对这些模式，并未形成一套有序而清晰的运行机制，从而促进其良性发展并对其进行有效的监督和管理。

第五节　推进医养结合高质量发展的政策建议

伴随社会主要矛盾的转变，需要着力提升发展的质量和效益，更好地满足人民群众在医疗卫生和养老照护服务方面日益增长的需求。当前我国医养结合养老服务体系建设依然面临诸多挑战，合理应对主要挑战有助于维护基本权利，回应老龄需求，提升供给效率，拓展产业边界，促进供需匹配，改善治理绩效，建议主要包括几个方面：加强顶层设计，营造良好的政策和营商环境；发挥平台作用，扩大医养类服务消费总量；加快新基建速度，加大数字智慧医养支持力度；强化要素支撑，确保医养结合可持续发展；发挥体制优势，促进医养结合体协同共治。

一　加强顶层设计，营造良好的政策和营商环境

把顶层政策理念转变成一系列政策和制度，才能进行微观层面的运作。医养结合体现了老年人的现实需求，也是缓解我国老龄化社会问题的新思路，更是实现健康老龄化和积极老龄化的必由之路。

一方面，完善的顶层设计需要建立在经济社会发展基础之上。医养结合养老服务体系作为一项社会保障制度，一旦超过经济社会发展水平，就会成为经济社会发展的障碍和负担。经济发展水平会制约社会保障的规模、结构

和水平，因此，在进行医养结合养老服务体系顶层设计时，必须考虑我国各地经济发展水平，制定一套合理适度的医疗卫生与养老服务保障政策，避免泛福利化倾向。要逐步完善市场化建设，逐步提高筹资能力，促进医养结合领域的竞争。

另一方面，立法是医养结合体系进一步优化和完善的基础。国际经验表明，如果缺少必要的制度安排，就难以保证财政对医疗和养老领域的投入，很难建立起相应的医养结合养老服务体系。2020 年 6 月 1 日，我国卫生健康领域第一部基础性、综合性法律《中华人民共和国基本医疗卫生与健康促进法》正式施行。该法共包含十章、一百一十条，涵盖了基本医疗卫生服务、医疗卫生机构、医疗卫生人员、药品供应保障、健康促进、资金保障、监督管理和法律责任等多方面的内容。该法明确了我国医疗卫生与健康事业应当坚持以人民为中心，为人民健康服务，规定了医疗卫生事业应当坚持公益性原则，确立了健康优先发展的战略地位。这为医养结合养老服务体系的发展提供了法律保障。

二 发挥平台作用，扩大医养类服务消费总量

拓宽医养结合机构的服务范围，主要是针对医养结合发展程度的不充分所提出的。面对不同的老年群体，医养结合服务要不断拓宽服务范围。医养结合需要增加服务项目，满足老年人多元化需求，不断完善服务方式，提供有针对性的医养服务。医养结合发展的不充分主要体现在医养结合过于表面，没有落到实处，因此，拓展医养结合的服务范围一方面要兼顾"医""养"两项功能，防止医养结合机构的定位模糊和功能偏离；另一方面，需要精准地为老年人提供多元化的服务。

不断培育医养结合服务平台，放宽养老服务市场准入条件，支持社会力量建设、运营养老照料中心、社区养老服务驿站等专业养老机构，为老年人提供多样化居家养老服务。规范居家养老入户服务内容和标准，提高居家养老服务水平。通过倡导全生命周期的大健康管理理念，丰富健康咨询、健康体检和疾病预防消费服务，引导居民的健康消费由治疗向预防转变。重点保

障流行病防控、妇幼保健、老年慢性病防控、康复、护理等健康需求，夯实居民健康消费基础。提高基层医疗服务能力，推广家庭医生签约服务，细化老年人急需的居家医疗卫生服务项目，完善基层用药制度。深化国家级医养结合试点区建设，支持医养结合型养老机构发展。运用新技术、新模式，增加符合居民消费需求的远程监护、健康保健、中医养生、老年用品等养老产品和服务。建设一批休闲养生、特色医疗等养老服务项目，满足个性化、品质化养老消费需求，扩大医养类服务消费总量。

三 加快新基建，加大数字智慧医养支持力度

中国医疗卫生服务供给结构失衡在一定程度上加剧了医疗卫生服务供给不足的问题，而城乡之间老年人群分布差异，又进一步加深了老年人群医疗与养老服务资源的匹配矛盾。《国家新型城镇化规划（2014～2020年)》提出，要根据常住人口配置城镇基本医疗卫生服务资源。

医疗养老应当合理纳入新基建，政府的投入能够吸引更多的社会资本转向医养结合，从而为医养结合高质量发展提供稳定的资金来源。政府应坚持主导地位，加大对医养结合资金端的投入，以保障我国医养结合项目的可持续发展。[①] 同时，还有学者指出，面对我国人口基数大、老龄人口多且增长速度快的现状，仅靠政府的力量很难高效解决日趋紧张的老年人医疗与养老的需求问题，因此提出我国政府在推进医养结合工作中，应简政放权，鼓励社会资本进入，引入竞争机制，实现公共服务社会化。[②]

四 强化要素支撑，确保医养结合可持续发展

中国的老龄人口分布不均，东西部、城乡之间的差异较大，老龄化出现地区失衡。因此，有学者提出，我国可根据各地区的实际情况，在合理配置医疗与养老资源的基础上构建区域养老医疗一体化护理体系。一方面有利于

---

① 高振峰：《医养结合发展现状、困境与优化措施》，《劳动保障世界》2019年第33期，第31～33页。

② 张瑾：《我国医养结合政策分析与完善》，《社会治理》2019年第4期，第38～45页。

形成完善的医养结合运行机制，另一方面有利于实现区域的服务均等化发展。信息一体化建设也是养老医疗一体化体系的重要组成部分。一体化的健康服务信息化建设的总体设计目标是实现社区服务、公共卫生等系统的动态整合与综合管理，需要提供高效、统一、可靠的信息中心和交换平台。① 目前，医养结合的信息化程度并不高，全面联网的医养平台还未建立起来，信息化手段未得到有效利用，导致养老和医疗的相关信息不完善，提供的服务也比较有限。② 建立一体化的信息平台，便于区域内以及区域之间的医养结合机构交流、分享，发挥发达地区尤其是城市地区的优势，带动相对落后地区医养结合的发展，实现服务均等化。

人才是提高医养结合服务质量和加快其发展进程的关键。医养结合型养老机构的特殊性决定了其工作人员必须具有护理和医疗两种知识和技能，而我国医养结合起步较晚，国内缺乏相关的专业人才。医养结合养老服务是一项专业化服务，需要不同专业层次、得到规范化培训的专业护理人员，而目前专业医护人才匮乏、照护人员服务水平有限、专业照护人才培养体系缺乏等现象严重。③ 因此，要实现医养结合高质量发展，制定合理的人才引进机制是必不可少的。制定人才引进优惠政策，鼓励相关专业优秀毕业生、离退休医疗工作人员到医养结合养老服务机构工作，使优势资源得到合理利用。

五　发挥体制优势，促进医养结合体协同共治

推动医养结合，就在于实现医疗照护模式变革。归根到底，是要从现在的"治已病"转变到"治未病"，从现在的"养已老"转变到"养未老"，使老年人在养老的同时能够得到个性化、针对性医疗以及规范化健康管理服

① 孙瑞玲：《医养结合社会实践现状与发展研究》，《经济研究导刊》2019 年第 29 期，第 177 ~ 179 页。
② 丛志强、邢宇双、李琳、刘天宝、王烨兴：《基于个体差异的"互联网＋"居家医养结合养老服务平台构建的实证研究》，《国际感染学》2019 年第 1 期，第 247 ~ 248 页。
③ 付诚、韩佳均：《医养结合养老服务业发展对策研究》，《经济纵横》2018 年第 1 期，第 28 ~ 35 页。

务，达到"有病治病，无病养老；应医不养，应养不医"的服务目的。医学模式正在转向一切为了全人类的医学，总体思路与方法正在从对抗医学转为整体医学，在"治未病""养未老"的过程中，养老照顾本就擅长的预防性服务一定会起到积极作用。

唯有遵循建立系统理念和全景思维的医养结合，构建完善日常体检、预防保健、风险评估、慢病管理、康复保健、上门照护、生活照顾、短长期托养、安宁疗护等全方位服务链条，才能消除预防、治疗、康复、照顾之间的隔阂，实现整合协同，共同服务于健康老龄化行动。

第六节　结语

医养结合作为"健康中国"战略下实现健康老龄化目标的重点内容和重要途径，可以有效规避养老机构与医院之间资源割裂的状态。养老机构可以整合医院的医疗资源，提高为老年人服务的能力，医院可以树立社会公益形象，扩大自身的影响力及医疗服务的覆盖面。但目前，医养结合发展程度和水平需要继续提升，廓清生态秩序。从供给侧和需求侧两端共同推进，一方面，需要以政策、金融、人才、技术、数据、资本、运行机制等供给要素，构筑医养结合服务体系有效运行的框架，加大数字智慧医养支持力度。另一方面，要切实提高居民收入，加快推进长期照护保险工作，以保障医养结合服务需求者获得服务的购买能力。以老年人需求为引导，才能构建更加科学、规范、有效的医养结合服务体系，实现医养结合服务的可持续发展。

附表　近年来医养结合政策梳理

发布日期	文件名称	颁发机构	相关政策
2013年9月	关于加快发展养老服务业的若干意见	国务院	提出"积极推进医疗卫生与养老服务相结合"；促进医养结合发展，促进医疗卫生资源进入养老机构、社区和居民家庭；支持有条件的养老机构设置医疗机构

续表

发布日期	文件名称	颁发机构	相关政策
2013 年 10 月	关于促进健康服务业发展的若干意见	国务院	首次引入"健康理念",除要求医疗、养老机构之间加强合作外,还建议在两者之间建立预约就诊绿色通道,将老年慢性病等病种纳入管理范畴,推动二级及以上医院建立与养老机构之间的转诊与合作;建立涵盖老年病医院、康复疗养机构、老年护理院的健康养老服务网络
2014 年 9 月	关于加快推进健康与养老服务工程建设的通知	国家发改委	鼓励和吸引社会资本特别是民间投资参与建设和运营。(1)健康服务体系建设。包括综合医院、中医医院、专科医院、康复医院和护理院、临终关怀机构、健康服务新兴业态以及基层医疗卫生服务设施 6 类项目 (2)养老服务体系建设。包括社区老年人日间照料中心、老年养护院、养老院和医养结合服务设施、农村养老服务设施 4 类项目
2014 年 10 月	关于印发《养老机构医务室基本标准(试行)》和《养老机构护理站基本标准(试行)》的通知	国家卫计委	为指导养老机构做好医务室、护理站的建设和管理工作,促进医养结合,根据《执业医师法》《医疗机构管理条例》《护士条例》等法律、法规及有关规定,组织制定《养老机构医务室基本标准(试行)》和《养老机构护理站基本标准(试行)》
2015 年 10 月	关于申报 2015 年外国政府贷款备选项目的通知	国家发改委财政部	突出医疗与养老相结合,引导城市科学规划。项目所在地应为地市级及以上城市,且政府已做出集中成片的医疗区域、周边配套养老设施的相关规划。在前述规划区域内的医院和养老机构,可申请贷款用于购买医疗设备、建设养老服务设施、开展人员培训等。对应贷款国别和机构为德国促进贷款、以色列、北欧投资银行、美国进出口银行主权担保贷款、沙特、科威特、欧佩克基金等

续表

发布日期	文件名称	颁发机构	相关政策
2015 年 11 月	关于推进医疗卫生与养老服务相结合的指导意见	国务院	到 2017 年，医养结合政策体系、标准规范和管理制度初步建立，符合需求的专业化医养结合人才培养制度基本形成，建成一批兼具医疗卫生和养老服务资质和能力的医疗卫生机构或养老机构（以下统称医养结合机构）……到 2020 年，符合国情的医养结合体制机制和政策法规体系基本建立，医疗卫生和养老服务资源实现有序共享，覆盖城乡、规模适宜、功能合理、综合连续的医养结合服务网络基本形成，基层医疗卫生机构为居家老年人提供上门服务的能力明显提升。所有医疗机构开设为老年人提供挂号、就医等便利服务的绿色通道，所有养老机构能够以不同形式为入住老年人提供医疗卫生服务，基本适应老年人健康养老服务需求
2016 年 3 月	中华人民共和国国民经济和社会发展第十三个五年规划纲要		推动医疗卫生和养老服务相结合
2016 年 4 月	关于印发医养结合重点任务分工方案的通知	国家卫计委	在制订医疗卫生和养老相关规划时，要给社会力量举办医养结合机构留出空间。对于符合条件的医养结合机构，按规定落实好相关支持政策。要在土地利用总体规划和城乡规划中统筹考虑医养结合机构发展需要，做好用地规划布局
2016 年 4 月	关于做好医养结合服务机构许可工作的通知	民政部 国家卫计委	做好医养结合服务机构许可政策宣讲工作。做好医养结合服务机构筹建指导工作。各地民政、卫生计生部门要高度重视做好医养结合服务机构许可工作，加强沟通、密切配合，打造"无障碍"审批环境
2016 年 5 月	关于遴选国家级医养结合试点单位的通知	民政部 国家卫计委	通过开展医养结合工作试点，促进试点地区先行先试，积极探索，率先构建覆盖城乡、规模适宜、功能合理、综合连续的医养结合服务网络，探索建立符合国情的医养结合体制机制，出台一批可持续、可复制的体制机制和创新成果，创新医养结合管理机制和服务模式，为全国医养结合工作提供示范经验
2016 年 7 月	民政事业发展第十三个五年规划	民政部	重点发展医养结合型养老机构……促进医疗卫生和养老服务相结合

续表

发布日期	文件名称	颁发机构	相关政策
2016 年 10 月	"健康中国 2030"规划纲要	国务院	推进老年医疗卫生服务体系建设,推动医疗卫生服务延伸至社区、家庭。健全医疗卫生机构与养老机构合作机制,支持养老机构开展医疗服务。推进中医药与养老融合发展,推动医养结合,为老年人提供治疗期住院、康复期护理、稳定期生活照料、安宁疗护一体化的健康和养老服务,促进慢性病全程防治管理服务同居家、社区、机构养老紧密结合。鼓励社会力量兴办医养结合机构。加强老年常见病、慢性病的健康指导和综合干预,强化老年人健康管理。推动开展老年心理健康与关怀服务,加强老年痴呆症等的有效干预。推动居家老人长期照护服务发展,全面建立经济困难的高龄、失能老人补贴制度,建立多层次长期护理保障制度。进一步完善政策,使老年人更便捷地获得基本药物
2017 年 1 月	关于印发"十三五"深化医药卫生体制改革规划的通知	国务院	促进医疗与养老融合,发展健康养老产业。支持基层医疗卫生机构为老年人家庭提供签约医疗服务,建立健全医疗卫生机构与养老机构合作机制,支持养老机构开展康复护理、老年病和临终关怀服务,支持社会力量兴办医养结合机构……到 2020 年,符合国情的医养结合体制机制和政策法规体系基本建立
2017 年 1 月	关于印发国家人口发展规划(2016~2030 年)的通知	国务院	加快完善以居家为基础、以社区为依托、以机构为补充、医养结合的养老服务体系,增加养老服务和产品供给。建设预防、医疗、康复、护理、安宁疗护等相衔接的覆盖全生命周期的医疗服务体系,强化对老年常见病、慢性病的健康指导和综合干预,提升中医保健、体检监测、体育健身等健康管理水平

发布日期	文件名称	颁发机构	相关政策
2017 年 1 月	关于印发"十三五"推进基本公共服务均等化规划的通知	国务院	全面建立针对经济困难高龄、失能老年人的补贴制度，并做好与长期护理保险的衔接。提高城乡社区卫生服务机构为老年人提供医疗保健服务的能力，加快社区居家养老信息网络和服务能力建设，推进医养结合发展。支持主要面向失能、半失能老年人的老年养护院，医养结合设施和社区老人日间照料中心，荣誉军人休养院、光荣院，农村特困人员救助供养服务机构等服务设施建设，增加护理型床位和设施设备。推进无障碍通道、老年人专用服务设施、旧楼加建电梯建设，以及适老化路牌标识、适老化照明改造。积极开展养老护理人员培养培训。搭建养老信息服务网络平台，推广应用便携式体检、紧急呼叫监控等设备
2017 年 5 月	关于支持社会力量提供多层次多样化医疗服务的意见	国务院	推动发展多业态融合服务。促进医疗与养老融合，支持社会办医疗机构为老年人家庭提供签约医疗服务，建立健全与养老机构合作机制，兴办医养结合机构。促进医疗与旅游融合，发展健康旅游产业，以高端医疗、中医药服务、康复疗养、休闲养生为核心，丰富健康旅游产品，培育健康旅游消费市场。促进互联网与健康融合，发展智慧健康产业，促进云计算、大数据、移动互联网、物联网等信息技术与健康服务深度融合，大力发展远程医疗服务体系。促进体育与医疗融合，支持社会力量兴办以科学健身为核心的体医结合健康管理机构
2017 年 3 月	关于印发"十三五"国家老龄事业发展和养老体系建设规划的通知	国务院	完善医养结合机制。统筹落实好医养结合优惠扶持政策，深入开展医养结合试点，建立健全医疗卫生机构与养老机构合作机制，建立养老机构内设医疗机构与合作医院间双向转诊绿色通道，为老年人提供治疗期住院、康复期护理、稳定期生活照料以及临终关怀一体化服务。大力开发中医药与养老服务相结合的系列服务产品，鼓励社会力量举办以中医药健康养老为主的护理院、疗养院，建设一批中医药特色医养结合示范基地

续表

发布日期	文件名称	颁发机构	相关政策
2017 年 6 月	关于制定和实施老年人照顾服务项目的意见	国务院	加大推进医养结合力度,鼓励医疗卫生机构与养老服务融合发展,逐步建立完善医疗卫生机构与养老机构的业务合作机制,倡导社会力量兴办医养结合机构,鼓励有条件的医院为社区失能老年人设立家庭病床,建立巡诊制度
2017 年 7 月	关于印发国民营养计划(2017～2030 年)的通知	国务院	出台老年人群的营养膳食供餐规范,指导医院、社区食堂、医养结合机构、养老机构营养配餐。建立老年人群营养健康管理与照护制度。逐步将老年人群营养健康状况纳入居民健康档案,实现无缝对接与有效管理。依托现有工作基础,在家庭保健服务中纳入营养工作内容。推进多部门协作机制,实现营养工作与医养结合服务内容的有效衔接
2017 年 1 月	印发"十三五"深化医药卫生体制改革规划的通知	国务院	支持基层医疗卫生机构为老年人家庭提供签约医疗服务,建立健全医疗卫生机构与养老机构合作机制,支持养老机构开展康复护理、老年病和临终关怀服务,支持社会力量兴办医养结合机构。到 2020 年,按照每千常住人口不低于 1.5 张床位为社会办医院预留规划空间,同步预留诊疗科目设置和大型医用设备配置空间;符合国情的医养结合体制机制和政策法规体系基本建立,所有医疗机构开设为老年人提供挂号、就医等便利服务的绿色通道,所有养老机构能够以不同形式为入住老年人提供医疗卫生服务
2017 年 10 月	党的十九大报告		促进生育政策和相关经济社会政策配套衔接,加强人口发展战略研究。积极应对人口老龄化,构建养老、孝老、敬老政策体系和社会环境,推进医养结合,加快老龄事业和产业发展
2018 年 4 月	关于落实《政府工作报告》重点工作部门分工的意见	国务院	强化民生兜底保障。稳步提高城乡低保、社会救助、抚恤优待等标准。积极应对人口老龄化,发展居家、社区和互助式养老,推进医养结合,提高养老院服务质量
2018 年 8 月	关于印发深化医药卫生体制改革 2018 年下半年重点工作任务的通知	国务院	制定医养结合机构服务和管理指南。开展安宁疗护试点(国家卫生健康委、国家发展改革委、民政部、国家中医药管理局负责)

续表

发布日期	文件名称	颁发机构	相关政策
2018 年 8 月	医疗卫生领域中央与地方财政事权和支出责任划分改革方案	国务院	公共卫生方面……以及从原重大公共卫生服务和计划生育项目中划入的妇幼卫生、老年健康服务、医养结合、卫生应急、孕前检查等内容。其中，原基本公共卫生服务项目内容、资金、使用主体等保持相对独立和稳定，按照相应的服务规范组织实施；新划入基本公共卫生服务的项目由各省份结合地方实际自主安排，资金不限于基层医疗卫生机构使用。基本公共卫生服务内容根据经济社会发展、公共卫生服务需要和财政承受能力等因素适时调整
2018 年 10 月	完善促进消费体制机制实施方案（2018～2020年）	国务院	养老领域……推动医养结合，研究出台医养结合机构服务和管理指南，深入开展长期护理保险试点。开展养老机构服务标准体系建设和养老机构服务质量专项行动。推动社区养老服务设施全覆盖
2019 年 4 月	关于推进养老服务发展的意见	国务院	持续完善以居家为基础、以社区为依托、以机构为补充、医养相结合的养老服务体系，建立健全高龄、失能老年人长期照护服务体系……提升医养结合服务能力。促进现有医疗卫生机构和养老机构合作，发挥互补优势，简化医养结合机构设立流程，实行"一个窗口"办理。对养老机构内设诊所、卫生所（室）、医务室、护理站，取消行政审批，实行备案管理。开展区域卫生规划时要为养老机构举办或内设医疗机构留出空间。医疗保障部门要根据养老机构举办和内设医疗机构特点，将符合条件的按规定纳入医保协议管理范围，完善协议管理规定，依法严格监管。具备法人资格的医疗机构可通过变更登记事项或经营范围开展养老服务。促进农村、社区的医养结合，推进基层医疗卫生机构和医务人员与老年人家庭建立签约服务关系，建立村医参与健康养老服务激励机制。有条件的地区可支持家庭医生出诊为老年人服务。鼓励医护人员到医养结合机构执业，并在职称评定等方面享受同等待遇

续表

发布日期	文件名称	颁发机构	相关政策
2019 年 6 月	粤港澳大湾区发展规划纲要	国务院	促进社会保障和社会治理合作……深化养老服务合作,支持港澳投资者在珠三角九市按规定以独资、合资或合作等方式兴办养老等社会服务机构,为港澳居民在广东养老创造便利条件。推进医养结合,建设一批区域性健康养老示范基地
2019 年 7 月	关于实施健康中国行动的意见	国务院	实施老年健康促进行动。老年人健康快乐是社会文明进步的重要标志。面向老年人普及膳食营养、体育锻炼、定期体检、健康管理、心理健康以及合理用药等知识。健全老年健康服务体系,完善居家和社区养老政策,推进医养结合,探索长期护理保险制度,打造老年宜居环境,实现健康老龄化。到2022 年和 2030 年,65～74 岁老年人失能发生率有所下降,65 岁及以上人群老年痴呆患病率增速下降
2019 年 10 月	关于深入推进医养结合发展的若干意见	国家卫健委民政部国家发改委财政部教育部等	为贯彻落实党中央、国务院决策部署,深入推进医养结合发展,鼓励社会力量积极参与,进一步完善居家为基础、社区为依托、机构为补充、医养相结合的养老服务体系,更好满足老年人健康养老服务需求,经国务院同意,现提出如下意见:一、强化医疗卫生与养老服务衔接;二、推进医养结合机构"放管服"改革;三、加大政府支持力度;四、优化保障政策;五、加强队伍建设。各地、各有关部门要高度重视,加强沟通协调,形成工作合力。各级卫生健康行政部门要会同民政等部门加强监督检查和考核评估。在创建医养结合示范省的基础上,继续开展医养结合试点示范县(市、区)和机构创建,对落实政策积极主动、成绩突出的地区和机构,在安排财政补助方面给予倾斜支持,发挥其示范带动作用,推动全国医养结合工作深入健康发展
2019 年 11 月	国家积极应对人口老龄化中长期规划	国务院	积极推进健康中国建设,建立和完善包括健康教育、预防保健、疾病诊治、康复护理、长期照护、安宁疗护的综合、连续的老年健康服务体系。健全以居家为基础、社区为依托、机构充分发展、医养有机结合的多层次养老服务体系,多渠道多领域扩大适老产品和服务供给,提升产品和服务质量

续表

发布日期	文件名称	颁发机构	相关政策
2019 年 11 月	党的十九届四中全会		强化提高人民健康水平的制度保障。坚持关注生命全周期、健康全过程，完善国民健康政策，让广大人民群众享有公平可及、系统连续的健康服务……积极应对人口老龄化，加快建设居家社区机构相协调、医养康养相结合的养老服务体系。聚焦增强人民体质、健全促进全民健身制度性举措
2019 年 12 月	关于印发医养结合机构服务指南（试行）的通知	国家卫健委民政部国家中医药管理局	为提高我国医养结合机构服务质量，规范医养结合机构服务内容，国家卫健委、民政部、国家中医药管理局组织制定了《医养结合机构服务指南（试行）》
2020 年 1 月	关于促进老年用品产业发展的指导意见	工信部民政部国家卫健委国家市场监督管理总局全国老龄工作委员会办公室	加大创新投入，提升产品供给能力。利用现有资金渠道，支持老年用品关键技术和产品的研发、成果转化、服务创新及应用推广，培育壮大骨干企业，促进老年用品产业创新，增加有效供给。支持老年用品领域培育国家技术创新示范企业、"专精特新"小巨人企业、制造业单项冠军企业，增强创新型企业引领带动作用，加强产学研医养协同创新和关键共性技术产业化。鼓励地方政府与社会资本合作建立产业基金支持老年用品产业创新发展
2019 年 12 月	关于加快建立全国统一养老机构等级评定体系的指导意见	民政部	坚持标准引领，激发市场活力，强化监督管理，健全养老机构质量和安全保障长效机制，加快建设居家社区机构相协调、医养康养相结合的养老服务体系，现就实施《养老机构等级划分与评定》国家标准（GB/T37276—2018，以下简称"评定标准"），推动建立全国统一养老机构等级评定体系提出指导意见
2020 年 2 月	关于进一步做好民政服务机构疫情防控工作的通知	国务院	各地不得将收住有服务对象的民政服务机构征用为疑似病例隔离点。各地医养结合机构在疫情期间不得擅自对外开展发热病人诊疗排查活动

续表

发布日期	文件名称	颁发机构	相关政策
2020 年 2 月	关于做好新冠肺炎疫情防控一线医务人员老年亲属关爱服务工作的通知	国务院	各地要在充分了解需求并尊重个人意愿的基础上,积极组织有条件的养老机构、医养结合机构(指同时具备医疗卫生资质和养老服务能力的医疗卫生机构或养老机构)为一线医务人员家中无人照料的老年亲属提供临时托养服务,安排好老年人的住宿、饮食及护理,让前方医务人员放心、安心,让后方老年亲属暖心、舒心。临时托养机构应当具备防护隔离条件,并严格执行各项防控措施,切实保障入住老年人生命安全和身体健康
2020 年 2 月	关于进一步做好医养结合机构新冠肺炎疫情防控工作的通知	国务院	各级卫生健康行政部门要按照疫情防控工作总体部署和要求,周密安排,发挥医养结合机构在疫情防控工作中的应有作用。各类医养结合机构不分举办主体、经营性质、类别规模,要遵从属地管理原则,在当地党委、政府的统一领导下,在卫生健康行政部门、民政部门和疾控等专业机构的指导下,规范、安全开展疫情防控工作。坚持分类管控,快速反应,认真查找薄弱环节,做到"早发现、早报告、早隔离、早治疗"
2020 年 2 月	关于深化医疗保障制度改革的意见	国务院	医疗保障公共管理服务关系亿万群众切身利益。要完善经办管理和公共服务体系,更好提供精准化、精细化服务,提高信息化服务水平,推进医保治理创新,为人民群众提供便捷高效的医疗保障服务
2020 年 2 月	关于印发《养老机构新型冠状病毒感染的肺炎疫情防控指南(第二版)》的通知	民政部	针对养老机构口罩、消毒液等防护物资紧缺和医疗资源不充分等情况,各级民政部门要及时精确掌握,第一时间向辖区联防联控机制反映,协调建立养老机构内感染病人救治绿色通道,给予相应防控物资和防控技术支持……根据需要建立区域养老服务应急支援队伍,对疫情防控中遇到突发紧急事件、无法自我处置的养老机构,给予支援。养老机构出现疫情的,辖区民政部门要即时启动应急预案,积极协调当地联防联控机制迅速收治确诊或疑似病例,立即将密切接触者转入集中隔离点进行医学观察,并协调疾控机构开展病毒消杀等工作;情形严重的,要提请联防联控机制将该养老机构按照集中隔离点标准进行管理,防止疫情扩散

续表

发布日期	文件名称	颁发机构	相关政策
2020 年 4 月	关于做好 2020 年养老院服务质量建设专项行动工作的通知	民政部 住房和城乡建设部 国家卫健委 应急管理部 国家市场监督管理总局	统筹做好养老机构疫情防控和有序恢复服务秩序工作……各地民政部门要根据当地实际对《养老机构新型冠状病毒感染的肺炎疫情防控指南（第二版）》中的出入管理防控措施做出适当调整，其他防控措施仍要严格落实。在保证入住老年人生命安全和健康的前提下，逐步恢复正常服务秩序，支持养老机构正常运营。抓好《养老机构服务安全基本规范》强制性国家标准实施准备工作……各地民政部门要对本行政区域内养老机构准备实施强制性国家标准情况进行督促指导，2020 年底前实现 60% 以上的养老机构提前符合强制性国家标准

第二章
我国医养结合政策现状分析

为了深入分析我国医养结合政策现状，我们搭建了老龄政策数据库。首先通过网络爬虫软件或运用人工手段进行数据采集构建老龄政策数据库。政策数据采集来源主要有三类。一是国家机构官方网站和其他互联网资源。国家机构官方网站主要为人大、政府及相关部门的官方网站，例如老龄办、民政、卫健、发改等。其他互联网资源主要为百度新闻、微信公众号、新浪微博等。二是相关书籍、论文，例如《中国老龄法律法规文件汇编》、《老龄工作文件汇编》（中央卷）、《老龄政策法规选编》、《全国养老服务政策文件汇编》、《医养结合工作文件汇编》（共4册）等。三是相关部门提供的政策资料。其次自老龄政策数据库提取出医养结合政策数据库。以"医养结合""医疗服务与（和）养老服务相结合""医疗卫生与养老服务相结合""医养融合""养医融合""医养护一体化"等关键词，通过政策名称搜索提取专项政策，通过政策正文内容搜索提取相关政策（不含标题带关键词的政策）。但是函、批复、请示等相关政策未纳入此次研究范围。最后针对目前我国四级（国家、省级、地级、县级）医养结合政策现状进行了深入分析，梳理总结了存在的主要问题，并对我国医养结合政策未来发展提出了相关建议。

第一节　国家级医养结合相关政策现状分析

针对国家级医养结合政策，本章对政策发展脉络和政策等主要内容进行了分析。

一 政策发展脉络分析

国家级政策分为两大类，一类是专项政策，另一类是非专项政策。专项政策指的是政策名称中含"医养结合"等关键词的政策。非专项政策是政策名称中不含"医养结合"等关键词，但政策内容中包含政策这一关键词。

1. 自2013年起政策发布持续化

截至 2020 年 5 月 31 日，共查询到 93 项国家级医养结合政策。最早的政策是 2013 年国务院发布的《关于加快发展养老服务业的若干意见》。2013～2017 年呈增加趋势，2018 年数量有所减少，查询到 5 项。2019 年政策数量增至最高点，查询到 28 项相关政策。2020 年查询到 5 项，涉及内容均与医养结合机构新冠肺炎疫情防控工作相关（见附表 1）。

国家级医养结合专项政策共计 15 项。我国第一项医养结合专项政策发布于 2015 年 11 月 18 日，即国务院办公厅转发卫生计生委等部门《关于推进医疗卫生与养老服务相结合的指导意见》，自 2015 年开始持续发布至今。其中 2016 年数量最多，为 6 项，2019 年查询到 5 项，2015 年、2017 年、2018 年、2020 年截至目前各查询到 1 项。

医养结合政策和专项政策的发布年份及数量统计如图 2-1 所示。

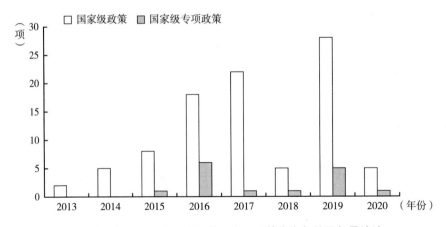

图 2-1 国家级医养结合政策和专项政策发布年份及数量统计

2. 专项政策主题发展趋精细化

自 2015 年开始，医养结合专项政策相继发布，涉及 12 个主题。12 个主题分别为指导意见、重点任务分工、服务机构许可、遴选试点单位、确定试点单位、监测工作、机构审批登记、典型经验征集推广、深入推进、典型经验名单、机构服务指南、疫情防控。医养结合专项政策主题和政策基本信息如表 2 - 1 所示。

表 2 - 1　医养结合不同主题首次发布专项政策基本信息

序号	主题	名称	文号	发布日期
1	指导意见	关于推进医疗卫生与养老服务相结合的指导意见	国办发〔2015〕84 号	2015 年 11 月 18 日
2	重点任务分工	关于印发医养结合重点任务分工方案的通知	国卫办家庭函〔2016〕353 号	2016 年 4 月 17 日
3	服务机构许可	关于做好医养结合服务机构许可工作的通知	民发〔2016〕52 号	2016 年 4 月 8 日
4	遴选试点单位	关于遴选国家级医养结合试点单位的通知	国卫办家庭发〔2016〕511 号	2016 年 5 月 17 日
5	确定试点单位	关于确定第一批国家级医养结合试点单位的通知	国卫办家庭函〔2016〕644 号	2016 年 6 月 16 日
6	监测工作	关于开展医养结合监测工作的通知	国卫办家庭函〔2017〕207 号	2017 年
7	机构审批登记	关于做好医养结合机构审批登记工作的通知	国卫办老龄发〔2019〕17 号	2019 年 5 月 27 日
8	典型经验征集推广	关于开展医养结合典型经验征集推广活动的通知	国卫办老龄函〔2019〕583 号	2019 年 6 月 25 日
9	深入推进	关于深入推进医养结合发展的若干意见	国卫老龄发〔2019〕60 号	2019 年 10 月 23 日
10	典型经验名单	关于全国医养结合典型经验名单的公示		2019 年 12 月 12 日
11	机构服务指南	关于印发医养结合机构服务指南（试行）的通知	国卫办老龄发〔2019〕24 号	2019 年 12 月 23 日
12	疫情防控	关于进一步做好医养结合机构新冠肺炎疫情防控工作的通知	肺炎机制综发〔2020〕67 号	2020 年 2 月 17 日

专项政策主题日趋精细化发展。国务院办公厅转发卫生计生委等部门《关于推进医疗卫生与养老服务相结合的指导意见》《关于深入推进医养结合发展的若干意见》两项政策，从整体上对医养结合做出了相关规定，其他13项政策分别从各个细分主题做出了相关规定。我国医养结合专项政策各主题首次出现的发展脉络如图2-2所示。

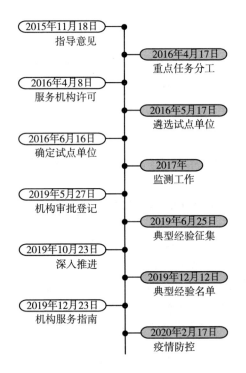

图2-2　我国医养结合专项政策各主题首次
出现的发展脉络

3.非专项政策内容逐渐丰富化

现有政策关于"医养结合"还有两种表达方式，分别为"医疗卫生与养老服务相结合""医养融合"。三种表述首次出现均在正文中，即非专项政策中。"医疗卫生与养老服务相结合"和"医养融合"同时最早出现在《关于加快发展养老服务业的若干意见》中。在此政策中，"二、主要任务"之一为"（六）积极推进医疗卫生与养老服务相结合"，包含"推动医养融合发展"内容。

"医养结合"的表述首次出现在国家发改委联合民政部、财政部等 9 个部门于 2014 年 9 月 12 日共同发布的《关于加快推进健康与养老服务工程建设的通知》中。在此项政策"（一）主要任务"中，提出"养老服务体系主要任务包括为老年人提供膳食供应、个人照顾、保健康复、娱乐和交通接送等日间服务的社区老年人日间照料中心，主要为失能、半失能老人提供生活照料、健康护理、康复娱乐等服务的老年养护院等专业养老服务设施，具备餐饮、清洁卫生、文化娱乐等服务的养老院和医养结合服务设施，以及为农村老年人提供养老服务的农村养老服务设施建设"。在"（二）有关项目"中，提出"养老服务体系包括社区老年人日间照料中心、老年养护院、养老院和医养结合服务设施、农村养老服务设施等 4 类项目"。

在顶层设计方面，"医养结合"相关表述也被相关部门纳入相关"十三五"规划之中。涉及《国民经济和社会发展第十三个五年规划纲要》《民政事业发展第十三个五年规划》等 7 项规划。相关规划基本信息和涉及内容如表 2 - 2 所示。

表 2 - 2 医养结合相关规划基本信息和涉及内容

序号	规划名称	涉及条文内容	条文位置	发布日期
1	中华人民共和国国民经济和社会发展第十三个五年规划纲要	推动医疗卫生和养老服务相结合	第六十五章第二节	2016 年 3 月 16 日
2	民政事业发展第十三个五年规划	重点发展医养结合型养老机构	第三章第二节内容	2016 年 7 月 6 日
		促进医疗卫生和养老服务相结合	第三章第三节标题	
3	"健康中国 2030"规划纲要	健全医疗卫生机构与养老机构合作机制，支持养老机构开展医疗服务。推进中医药与养老融合发展，推动医养结合，为老年人提供治疗期住院、康复期护理、稳定期生活照料、安宁疗护一体化的健康和养老服务，促进慢性病全程防治管理服务同居家、社区、机构养老紧密结合。鼓励社会力量兴办医养结合机构	第十章第二节内容	2016 年 10 月 25 日

续表

序号	规划名称	涉及条文内容	条文位置	发布日期
4	关于印发"十三五"深化医药卫生体制改革规划的通知	促进医疗与养老融合,发展健康老产业。支持基层医疗卫生机构为老年人家庭提供签约医疗服务,建立健全医疗卫生机构与养老机构合作机制,支持养老机构开展康复护理、老年病和临终关怀服务,支持社会力量兴办医养结合机构; 到2020年,符合国情的医养结合体制机制和政策法规体系基本建立	三、(六)、2内容	2016年12月27日
5	"十三五"卫生与健康规划	医养结合试点示范	专栏3内容	2016年12月27日
6	关于印发"十三五"国家老龄事业发展和养老体系建设规划的通知	推进医养结合	第五章第一节标题	2017年2月28日
7	"十三五"健康老龄化规划	积极推动医养结合服务,提高社会资源的配置和利用效率	第三章第四节标题	2017年3月9日
		推动发展中医药(民族医药)特色医养结合服务; 探索建立一批中医药特色医养结合服务示范基地	第三章第六节内容	
		鼓励医养结合服务机构参与人才培养全过程,为学生实习和教师实践提供岗位	第三章第九节	

二 政策主要内容分析

基于查询到的医养结合政策内容,采用内容归类分析法,将我国医养结合政策内容主要分为以下九大类。

1.医养结合机构概念界定

已有政策对医养结合机构概念进行了明确界定。医养结合机构是指同时具备医疗卫生资质和养老服务能力的医疗机构或养老机构。[①] 医养结合机构

---

① 《关于进一步做好医养结合监测工作的通知》《关于做好医养结合机构审批登记工作的通知》《关于印发医养结合机构服务指南（试行）的通知》。

主要为入住机构的老年人提供养老、医疗、护理、康复、辅助与心理精神支持等服务。服务项目包括但不限于：基本服务（生活照料服务、膳食服务、清洁卫生服务、洗涤服务、文化娱乐服务）、护理服务、心理精神支持服务；可根据设立医疗机构的类型与资质有所侧重地提供本章所述的其他服务，如设立综合医院、中医医院的医养结合机构应当提供老年人常见病、多发病中西医诊疗、定期巡诊、危重症转诊、急诊救护等服务，设立安宁疗护中心的医养结合机构应当提供安宁疗护服务。[①]

2. 相关政府部门责任分工

医养结合工作由国家卫健委负责推进。2018 年，《国家卫生健康委员会职能配置、内设机构和人员编制规定》明确规定了医养结合工作由国家卫健委负责推进。国家卫健委设老龄健康司，负责组织拟定医养结合的政策、标准和规范，建立和完善老年健康服务体系。

医养结合具体工作涉及 16 家单位。2016 年国家卫生计生委办公厅、民政部办公厅《关于印发医养结合重点任务分工方案的通知》发布了 36 项工作任务，涉及 16 家单位。其中有 5 家为牵头单位（也是配合单位或负责单位），分别为国家卫计委、国家中医药管理局、民政部、人力资源和社会保障部、科技部。其他 11 家单位是为配合单位或负责单位，分别为国家发改委、教育部、财政部、国土资源部、住房和城乡建设部、新闻出版广电总局、食药监总局、银监会、保监会、全国老龄办、国家开发银行。

各单位根据自己的职能负责对应的工作任务。国家发改委要将推动医疗卫生与养老服务相结合纳入国民经济和社会发展规划；国家卫计委、民政部和国家发改委要做好养老机构和医疗卫生机构建设的规划衔接，加强在规划和审批等环节的合作，制定完善医养结合机构及为居家老年人提供医疗卫生和养老服务的标准规范并加强监管；财政部要落实相关投入政策，积极支持医养结合发展；人力资源和社会保障部、国家卫计委要将符合条件的医养结合机构纳入城乡基本医疗保险定点范围；国土资源部要切实保障医养结合机

---

① 《关于印发医养结合机构服务指南（试行）的通知》。

构的土地供应；住房和城乡建设部要统筹规划医养结合机构的用地布局；全国老龄办要做好入住医养结合机构和接受居家医养服务老年人的合法权益保障工作；国家中医药管理局要研究制定中医药相关服务标准规范并加强监管，加强中医药适宜技术和服务产品推广，加强中医药健康养老人才培养，做好中医药健康养老工作等。①

3.四种主要医养结合形式

医养结合可分为四种主要形式，分别为养老机构设立或内设医疗机构，开展医疗卫生服务；医疗机构设立养老机构或开展养老服务；养老机构与医疗机构合作；医疗卫生服务延伸至社区或家庭。

养老机构设立或内设医疗机构，开展医疗卫生服务。养老机构可根据服务需求和自身能力，按相关规定申请开办老年病医院、康复医院、护理院、中医医院、临终关怀机构等，也可内设医务室或护理站，提高养老机构提供基本医疗服务的能力。养老机构内设的具备条件的医疗机构，可作为医院（含中医医院）收治老年人的后期康复护理场所。执业医师到养老机构设置的医疗机构多点执业，有相关专业特长的医师及专业人员在养老机构规范开展疾病预防、营养、中医调理养生等非诊疗行为的健康服务。

医疗机构设立养老机构或开展养老服务。有条件的医疗卫生机构可以通过多种形式、依法依规开展养老服务。有条件的二级及以上综合医院要开设老年病科，做好老年慢性病防治和康复护理相关工作。公立医院资源丰富的地区可积极稳妥地将部分公立医院转为康复、老年护理等接续性医疗机构。提高基层医疗卫生机构康复、护理床位占比，鼓励其根据服务需求增设老年养护、临终关怀病床。

养老机构与医疗机构合作。养老机构与周边的医疗卫生机构开展多种形式的协议合作。医疗卫生机构为养老机构开通预约就诊绿色通道，为入住老年人提供医疗巡诊、健康管理、保健咨询、预约就诊、急诊急救、中医养生

---

① 《关于推进医疗卫生与养老服务相结合的指导意见》《关于印发医养结合重点任务分工方案的通知》。

保健等服务，确保入住老年人能够得到及时有效的医疗救治。二级及以上综合医院（含中医医院）与养老机构开展对口支援、合作共建。养老机构与周边的康复医院（康复医疗中心）、护理院（护理中心）、安宁疗护中心等接续性医疗机构紧密对接，建立协作机制。养老机构中具备条件的医疗机构可与签约医疗卫生机构建立双向转诊机制，严格按照医疗卫生机构出入院标准和双向转诊指征，为老年人提供连续、全流程的医疗卫生服务。通过建设医疗养老联合体等多种方式，整合医疗、康复、养老和护理资源，为老年人提供治疗期住院、康复期护理、稳定期生活照料以及临终关怀一体化的健康和养老服务。

医疗卫生服务延伸至社区或家庭。发挥卫生计生系统服务网络优势，结合基本公共卫生服务的开展为老年人建立健康档案。基层医疗卫生机构和医务人员与社区、居家养老结合，与老年人家庭建立签约服务关系，为老年人提供连续性的健康管理服务和医疗服务。为社区高龄、重病、失能、部分失能以及计划生育特殊家庭等行动不便或确有困难的老年人，提供定期体检、上门巡诊、家庭病床、社区护理、健康管理等基本服务。实施社区医养结合能力提升工程，社区卫生服务机构、乡镇卫生院或社区养老机构、敬老院利用现有资源，内部改扩建一批社区（乡镇）医养结合服务设施，重点为社区（乡镇）失能（含失智）老年人提供集中或居家医养结合服务。城区新建社区卫生服务机构可内部建设社区医养结合服务设施。[①]

4. 医养结合相关标准规范

现有规范标准主要涉及三类。一是养老机构内部设置诊所、卫生所（室）的基本标准按照卫生部《关于印发〈诊所基本标准〉的通知》执行；二是养老机构内部设置医务室、护理站的基本标准按照国家卫生计生委办公厅《关于印发〈养老机构医务室基本标准（试行）〉和〈养老机构护理站

---

① 《关于推进医疗卫生与养老服务相结合指导意见的通知》《关于印发医养结合重点任务分工方案的通知》《关于深入推进医养结合发展的若干意见》。

基本标准（试行）〉的通知》执行；三是医养结合机构基本要求、服务内容与要求、服务流程与要求，参考《医养结合机构服务指南（试行)》的相关规定。

5. 医养结合机构审批登记

推进"放管服"改革简化审批登记。2015 年 2 月，《关于鼓励民间资本参与养老服务业发展的实施意见》规定"养老机构设立医务室、护理站等医疗机构要按规定进行设置审批和执业登记"。

2016 年 4 月，民政部、国家卫计委印发《关于做好医养结合服务机构许可工作的通知》。通知主要包含做好医养结合服务机构许可政策宣讲工作、做好医养结合服务机构筹建指导工作、支持医疗机构设立养老机构、支持养老机构设立医疗机构四项内容。

2017 年 8 月，为加快推进医疗领域"放管服"改革，养老机构内部设置诊所、卫生所（室）、医务室、护理站，取消行政审批，实行备案管理。同年 11 月，国家卫计委办公厅专门发布了《关于养老机构内部设置医疗机构取消行政审批实行备案管理的通知》，简化了办理流程，有利于为养老人员提供医疗服务。不同形式的医养结合机构相关审批备案登记在《关于做好医养结合机构审批登记工作的通知》《关于深入推进医养结合发展的若干意见》中有了更详细的说明。

6. 医养结合工作监测内容

2017 年，国家卫计委办公厅和民政部办公厅联合印发了《关于开展医养结合监测工作的通知》。为进一步提高医养结合监测数据质量，经商民政部社会福利和慈善事业促进司，对监测表格进行了修改完善，2018 年由国家卫计委家庭司印发了《关于进一步做好医养结合监测工作的通知》。监测内容包含：本地基本情况、医养结合工作机制建立情况、医养结合服务情况、相关配套政策措施情况，以及医养结合机构基本情况和医养结合机构开展服务情况。

7. 人才队伍建设六大方式

我国目前主要通过以下六种方式进行人才队伍建设。一是做好职称评定、专业技术培训和继续医学教育等方面的制度衔接，对养老机构和医疗卫生机构中的医务人员同等对待。二是完善薪酬、职称评定等激励机制，鼓励医护人员到医养结合机构执业。三是建立医疗卫生机构与医养结合机构人员进修轮训机制，促进人才有序流动。将老年医学、康复、护理人才作为急需紧缺人才纳入卫生计生人员培训规划。四是加强专业技能培训，大力推进养老护理员等职业技能鉴定工作。五是支持高等院校和中等职业学校增设相关专业课程，加快培养老年医学、康复、护理、营养、心理和社会工作等方面专业人才。六是鼓励医养结合服务机构参与人才培养全过程，为学生实习和教师实践提供岗位。①

8. 六类主要政府支持措施

政府支持措施可主要分为财政、税费减免、土地、金融、保险、信息技术六个方面。其中财政方面通过相关补贴或补助、中央预算内投资支持、福彩公益金、政府购买服务等方式给予支持。税费减免方面，按相关规定对符合条件的机构或企业给予免征企业所得税、房产税、城镇土地使用税优惠、财税优惠、税费减免、水电气热价格优惠、行政事业性收费优惠等不同程度的扶持。土地方面，通过加强规划布局和用地保障进行支持。金融支持主要通过信贷支持和拓宽投融资渠道进行支持。保险支持措施有纳入医保定点和实施长期护理保险制度两项。信息技术方面，通过依托社区各类服务和信息网络平台，实现基层医疗卫生机构与社区养老服务机构的无缝对接；远程医疗服务；探索开展基于互联网的医养结合服务新模式等措施支持。②

9. 医养结合试点示范典型

我国目前开展了两批共90个国家级医养结合试点。2016年，国家卫计

---

① 《关于推进医疗卫生与养老服务相结合的指导意见》《关于印发"十三五"健康老龄化规划的通知》《"十三五"全国卫生计生人才发展规划》。
② 《关于做好医养结合机构审批登记工作的通知》《关于建立完善老年健康服务体系的指导意见》《关于鼓励民间资本参与养老服务业发展的实施意见》《普惠养老城企联动专项行动实施方案》《医养结合工作重点任务分工方案》《关于鼓励民间资本参与养老服务业发展的实施意见》《关于深入推进医养结合发展的若干意见》。

委办公厅 民政部办公厅发布了《关于遴选国家级医养结合试点单位的通知》，先后发布了两批国家级医养结合试点单位，共涉及 90 个市（区）。除已公布试点之外，还鼓励建设一批中医药特色医养结合示范基地。为总结推广医养结合好的经验和做法，进一步加强合作交流，国家卫健委 2019 年公布了 200 例医养结合典型经验。通过开展医养结合工作试点，促进试点地区先行先试，积极探索，率先构建覆盖城乡、规模适宜、功能合理、综合连续的医养结合服务网络，探索建立符合国情的医养结合体制机制，发布一批可持续、可复制的体制机制和创新成果，创新医养结合管理机制和服务模式，为全国医养结合工作提供示范经验。

第二节　各地医养结合专项政策现状分析

截至 2020 年 5 月 31 日，课题组共收集到省级、地级、县级（不含港澳台地区）医养结合专项政策 843 项。在对三级医养结合专项政策总体现状进行阐述后，采用政策指数方式对政策进行了定量分析。三项指数分别为政策的完善度、创新度、力度，其中创新度包括名称创新和时间创新。由于力度方面，仅有辽宁发布的《辽宁省医养结合促进条例（草案）公开征求意见》为法规层面，因此重点阐述了完善度和创新度。

一　政策总体现状

1. 2014 年起各地政策不断发布

2014 年开始各地医养结合专项政策相继发布。其中 2014 年查询数量最少，为 9 项，最早的政策是湖北武汉江汉区发布的《关于成立江汉区医养融合康复养老服务工作领导小组的通知》。2014~2017 年呈增加趋势，随后数量开始减少。2016 年增速最快，由 2015 年的 34 项增至 165 项。2017 年增至最高点，为 288 项。截至 2020 年 5 月 31 日共查询到 18 项。另有 1 项未查到发布年份，即《石家庄市医养结合机构医疗服务基础工作指南（试行）》。医养结合政策发布年份和数量详见图 2-3。

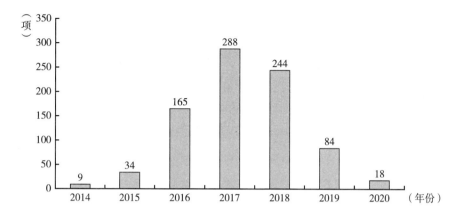

图 2 - 3　各地医养结合政策发布年份和数量统计

省级层面，从 2014 年开始持续发布至今，共查询到 152 项政策。其中 2014 年仅查询到 1 项，为江苏发布的《关于全面推进医养融合发展的意见》。2016 年增速最快，由 2015 年的 4 项增加至 53 项。随后每年查询到的数量有所减少。截至 2020 年 5 月 31 日共查询到 12 项。省级医养结合专项政策发布年份及数量如图 2 - 4 所示。

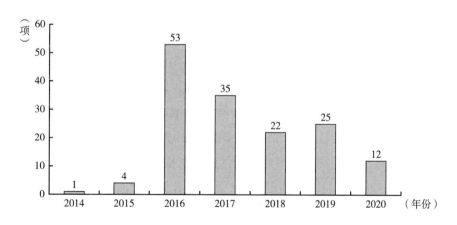

图 2 - 4　省级医养结合政策发布年份和数量统计

地级层面，从 2014 年开始持续发布至今，共查询到 319 项政策。2014 ~ 2017 年呈增加趋势，随后至 2020 年 5 月 31 日呈减少趋势。2014 年查询到 3

项，其中最早一项为浙江省杭州市发布的《关于推进医养护一体化智慧医疗服务的实施意见》（杭政办〔2014〕8号）。2016年增速最快，由2015年的13项增加至75项。2017年查询到的数量最多，为116项。随后查询到的数量呈下降趋势。另有1项地级专项政策未查询到发布日期，为《石家庄市医养结合机构医疗服务基础工作指南（试行）》。地级医养结合专项政策发布年份及数量如图2-5所示。

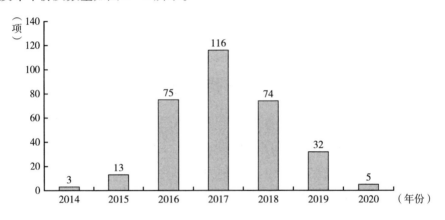

图2-5 地级医养结合政策发布年份和数量统计

县级层面，从2014年开始持续发布至今，共查询到372项政策。2014~2018年数量呈上升趋势，随后至2020年5月31日呈减少趋势。2014年查询到5项，最早一项为湖北武汉江汉区发布的《关于成立江汉区医养融合康复养老服务工作领导小组的通知》。2017年增速最快，由2016年的35项增加至139项。2018年查询到的数量最多，为148项。2020年查询到1项，为浙江杭州《关于印发〈杭州市拱墅区医养护康教结合联盟实施方案〉的通知》（拱卫健局〔2020〕34号）。县级医养结合专项政策发布年份及数量如图2-6所示。

2. 31个省级、60%的地级、11%的县级发布专项政策

各地发布的医养结合专项政策涉及省级、地级、县级三个级别。其中省级政策152项涉及31个省份（不含港澳台）。贵州、山东、陕西查询到政策数量最多，各10项。福建、甘肃、青海各9项，河南、内蒙古各8项。

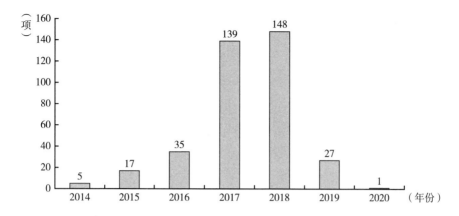

图2-6 县级医养结合政策发布年份和数量统计

广西、天津、西藏、重庆查询到的政策数量最少，各1项，其他19个省份查询到的政策数量见图2-7。

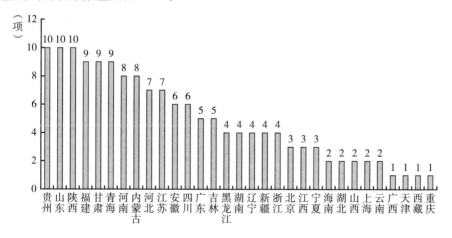

图2-7 省级层面各行政区划发布政策数量统计

60%的地级行政区划单位发布了医养结合专项政策。地级政策319项，涉及26个省份的200个地级市。除北京、天津、上海、重庆、新疆5个省份外，其他省份均有涉及。其中浙江杭州数量最多，为7项，山东枣庄和陕西安康和西安各6项。广西贺州和山东济宁各5项。甘肃兰州、广西百色等9个地级市各4项。福建宁德、甘肃庆阳等9个地级市各3项。安徽亳州、福建漳州等 45 个地级市各 2 项。安徽安庆、福建南平、甘肃甘南州等 131 个市各 1 项。

11% 的县级行政区划单位发布了医养结合专项政策。县级政策 372 项，涉及 28 个省份 148 个市的 319 个县（市、区）。除黑龙江、新疆、西藏外其他省份均有涉及。其中福建三明大田县最多，共 4 项。福建泉州泉港区、贵州黔西南州望谟县等 7 个县（市、区）各 3 项。安徽池州贵池区、北京朝阳区等 35 个县（市、区）各 2 项。安徽安庆太湖县、福建南平松溪县、甘肃定西渭源县等 276 个县（市、区）各 1 项。

综合省级、地级、县级，各省份发布的全部政策数量差别较大。山东查询到的政策数量最多，为 105 项。其次是浙江 61 项。河南 57 项。新疆、海南、宁夏、北京、上海、重庆、天津、西藏均在 8 项以下。其中西藏最少，仅 1 项，为《关于印发〈关于推进医疗卫生与养老服务相结合的实施意见〉的通知》（藏卫流管发〔2018〕203 号）。详见图 8。从行政区划级别分析，西藏仅发布过省级政策。黑龙江和新疆仅在省级和地级层面。北京、天津、上海、重庆 4 个直辖市的下辖区属于县级行政区划级别，因此四个直辖市仅在省级和县级层面发布过专项政策。

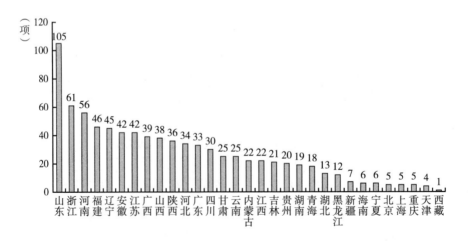

图 2-8　各省份发布政策总体数量统计

四级医养结合专项政策的首次发布次序依次为：县级—地级—省级—国家。湖北武汉市江汉区于 2014 年 2 月 13 日率先在县级层面发布《区人民政府办公室关于成立江汉区医养融合康复养老服务工作领导小组的通知》。地级层面首次发布为浙江杭州于 2014 年 5 月 30 日发布的《关于推进医养护一体化智慧医疗服务的实施意见》（杭政办〔2014〕8 号）。省级层面是为江苏 2014 年 8 月 29 日发布的《关于全面推进医养融合发展的意见》主题。国家层面最早的专项政策发布于 2015 年 11 月 18 日，为国务院办公厅转发卫生计生委等部门《关于推进医疗卫生与养老服务相结合的指导意见》。

3. 十大主题实施医养结合政策

现有政策涉及十大主题，分别为医养结合相关的实施意见或方案，试点、示范及典型经验，规范和管理，建立联席会议制度、领导小组、专家库，监测或监管，财政支持，相关机构建设，服务体系和机制建设，产业或事业、其他。

"实施意见或方案"主题政策包含医养结合（含医养护一体化）相关工作的实施意见/方案/办法、工作方案/意见、指导意见、若干政策、实施细则、促进办法/条例、发展规划等。"规范和管理"主题政策，包含服务规范/指南和管理、机构许可工作、审批登记工作、责任分工、床位认定等相关政策。"监测或监管"主题政策包含监测工作（含报送相关工作情况、摸底调查）、整治（含问题整改）、绩效考评、考核办法、价格服务与监管、月报告制度、调研等。"财政支持"主题政策包含相关补助标准或办法、岗位津贴、医保定点或结算等。"其他"主题政策包含开展相关培训工作、新冠肺炎相关、宣传推广、商业护理保险参与医养结合工作、相关机构组织（医养结合管理分会、医养结合质量控制中心）等。其他主题对应政策和主题名称一致。

"实施意见或方案"主题政策数量最多，共 482 项，占各地政策总数的57%。其次是"试点、示范及典型经验"，159 项，占比 19%。"财政支持""相关机构建设""服务体系和机制建设""医养结合产业或事业"占比最小，各 1%。各主题的政策占比如图 2 - 9 所示。

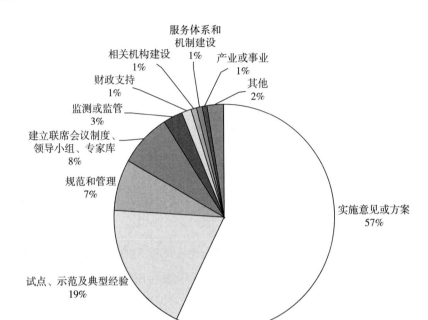

图 2 – 9　各主题政策数量占比

综合十大主题政策，仅辽宁发布的《辽宁省医养结合促进条例（草案）公开征求意见》为法规层面，其他均为地方规章或规范性文件。

二　政策完善度分析

政策完善度分析包含两个方面，一是政策完善度指数，主要是面向政策制定环节，研究对象为政策内容，而不考虑政策的执行情况与落实成效；二是区域协同医养结合发展情况，主要涉及京津冀、长三角、珠三角、粤港澳大湾区四个区域。

1. 31个省级、47%的地级、7.7%的县级政策相对完善

依据国家发布的三项医养结合专项政策，通过梳理各地是否发布对应政策，最终得出各地的政策完善度。政策完善度指数指的是某地是否发布了国家三项医养结合专项政策的对应政策，若三项对应政策都发布，则完善度指数为1；若发布了其中两项对应政策，则完善度指数为0.67；只发布其中一

项对应政策为 0.33。

国家发布的三项医养结合专项政策分别为《关于推进医疗卫生与养老服务相结合的指导意见》（国办发〔2015〕84 号）（以下简称 84 号文件）、《关于开展医养结合监测工作的通知》（国卫办家庭函〔2017〕207 号）（以下简称 207 号文件）、《关于深入推进医养结合发展的若干意见》（国卫老龄发〔2019〕60 号）（以下简称 60 号文件）。

若某地只发布医养结合相关指导意见、实施意见、实施办法等，包含名称中含"进一步加强或推进、促进"等，且政策发布时间在 60 号文件发布之前，只纳入并发布了 84 号文件的对应政策。若该地既发布了 84 号文件的对应政策，也发布了进一步加强或推进、促进医养结合等相关政策，不受60 号文件发布时间限制，那么该地就发布了 84 号文件和 60 号文件的对应政策。

政策完善度共涉及 31 个省份、157 个地级市和 219 个县（市、区）。从三项政策在各地的完善度来看，84 号文件的完善度最高。有 31 个省份、154 个地级市和 218 个县（市、区）发布了 84 号文件的对应政策。有 5 个省份和 4 个地级市发布了 207 号文件的对应政策，分别为甘肃、贵州、河南、宁夏、青海、甘肃甘南州、广西钦州、内蒙古赤峰、山东枣庄；县级层面暂未查询到相关政策。有 2 个省份、4 个地级市和 1 个县（市、区）发布了 60 号文件的对应政策，分别为甘肃、河北、江苏淮安、江苏泰州、江苏宿迁、浙江台州、河北石家庄辛集市。其中，除甘肃落实了 60 号文件外，其余均为既发布了 84 号文件的对应政策，也发布了进一步加强或推进、促进医养结合等相关政策。

从各省份的政策完善度指数来看，甘肃的政策完善度指数最高，为 1。其次为贵州、河北、河南、宁夏、青海、江苏淮安、江苏泰州、江苏宿迁、山东枣庄、浙江台州和河北石家庄辛集市，政策完善度指数均为 0.67。另有 25 个省份、152 个地级市、218 个县（市、区）的政策完善度指数为0.33。其余 176 个地级市和 2626 个县（市、区）的政策完善度指数为 0。各地区政策完善度指数见附表 2。

2. 四大区域相关协同发展政策

在各地医养结合专项政策中，仅北京市发布的政策中提出了医养结合区域协同发展。在医养结合相关政策中，涉及京津冀、长三角、珠三角、粤港澳大湾区医养结合区域协同发展。

专项政策为北京市人民政府办公厅转发市卫生计生委等部门《〈关于推进医疗卫生与养老服务相结合的实施意见〉的通知》（京政办发〔2016〕54号），涉及区域协同发展的条款为"重点任务"的第十一条"促进京津冀区域医养结合工作协同发展"，具体内容为："发挥首都卫生、养老、中医药、教育、金融等领域资源优势，组建北京医养联盟，调动社会力量参与医养结合模式创新。支持本市、天津市、河北省的医养结合机构建立合作关系，搭建交流合作平台，强化信息互通、人员交流和技术协作。本市户籍老年人跨区域养老发生的医药费用可按规定享受基本医疗保险待遇。"

在医养结合相关政策中，北京市民政局、天津市民政局、河北省民政厅、内蒙古自治区民政厅发布的《关于印发〈京津冀区域养老服务协同发展实施方案〉的通知》（京民福发〔2017〕451号）中"支持政策"的第四条提出了京津冀区域医养结合协同发展，具体内容为："针对养老机构养老服务中涉及的康复、护理项目以及和北京市市属医院的合作指导项目，各省级民政部门要积极协调卫生计生、医药管理、医保管理和人力社保部门跟进业务指导，相互配合，做好协同区域异地医保报销政策的对接落实，有针对性地引导北京市市属医院和协同发展区域养老机构中的医疗服务单位开展合作和交流，探索将养老机构中符合条件的医疗服务设施纳入北京市医保范畴，推动医保系统对接，实现养老机构内京籍老年人医疗报销方便快捷。"

在长三角，涉及三项政策。上海市政府发布的《关于推进健康服务业高质量发展加快建设一流医学中心城市的若干意见》（沪府发〔2018〕25号）提出以健康医疗服务及地区建设为依托，进一步提升上海及长三角健康服务业的能力与核心竞争力。上海市人民政府发布的《关于印发〈上海市深化养老服务实施方案（2019～2022年）〉的通知》（沪府规〔2019〕26

号）和杭州市拱墅区人民政府办公室印发的《〈关于推进养老服务事业高质量发展暨打造"全域没有围墙的养老院"实施方案〉的通知》（拱政办发〔2019〕14号）中提出："在长三角三省一市之间研究老年照护需求评估、养老服务相关标准和养老护理员队伍评价体系等的互通互认，建立养老服务优质诚信品牌互认和推介机制，建立养老机构行政处罚和失信行为的定期通报机制。"。

在珠三角，广东省民政厅印发的《〈关于推广广州市社区居家养老"大配餐"经验做法的工作方案〉的通知》（粤民函〔2018〕1117号）中"工作目标"的内容为："到2020年底，珠三角地区每个地级市至少培育1家及以上品牌化、连锁化、规模化助餐企业，深入推进医养结合服务建设，实现助餐配餐服务与医养结合、生活照料、心理慰藉、文体娱乐等居家与社区养老服务叠加融合、协同发展。"

在粤港澳大湾区，《粤港澳大湾区发展规划纲要》第八章第六节提出："鼓励港澳与内地社会福利界加强合作，推进社会工作领域职业资格互认，加强粤港澳社工的专业培训交流。深化养老服务合作，支持港澳投资者在珠三角九市按规定以独资、合资或合作等方式兴办养老等社会服务机构，为港澳居民在广东养老创造便利条件。推进医养结合，建设一批区域性健康养老示范基地。"

三　政策创新度分析

政策创新度是从政策的创新维度构建政策指数，一方面是有且只有某地发布的政策（以下简称名称创新政策）；另一方面是同一主题政策从时间上看是最早发布的并且优先国家专项政策发布的政策（以下简称时间创新政策），但不包含名称创新政策。基于各地发布的医养结合专项政策，筛选出35项名称创新政策（其中辽宁沈阳2项）、17项时间创新政策，涉及9个省份、28个地级市、12个县（市、区）。各地区名称创新指数和时间创新指数见附表2。创新指数指的是某地是否出台创新政策，出台为1，否则为0。

1.35项名称创新政策

名称创新政策涉及6个省份、19个地级市、9个县（市、区），共有35项创新内容。例如，仅安徽提出了"医养结合养老基本术语"，发布了《关于〈医养结合养老基本术语（征求意见稿）〉等十项地方标准征求意见的公告》；安徽宿州提出了"计划生育特殊困难家庭医养结合"，发布了《关于宿州市计划生育特殊困难家庭医养结合的实施意见》（宿政办秘〔2017〕61号）；福建三明尤溪县提出"社区医养结合卫生服务站"，发布了《关于印发〈尤溪县社区医养结合卫生服务站基本标准（试行）〉的通知》（尤卫〔2015〕124号）；等等。其他各地区提出的创新内容见表2－3。

表2－3　各地区创新内容一览

序号	省份	地级市	县(市、区)	创新内容	年份
1	安徽			医养结合养老基本术语	2019
2	安徽	宿州		计划生育特殊困难家庭医养结合	2017
3	福建	三明	尤溪县	社区医养结合卫生服务站	2015
4	福建	三明	大田县	医养结合社区卫生服务站绩效考评	2016
5	甘肃			医养结合事业	2020
6	甘肃	兰州		医养结合服务机构建设标准	2016
7	广东	广州	黄埔区	民办医养结合机构及护理对象资助	2018
8	广东	广州		社区居家养老医养结合	2018
9	广西	百色		医养结合工作电视专题汇报片采访	2019
10	广西	贺州		医养结合试点城市发展规划	2017
11	河北	邢台		医养结合工作月报告制度	2018
12	河南			医养结合试点督查评估	2017
13	湖北	随州		村卫生室、农村老年人互助照料活动中心"两室联建、医养融合"	2015
14	江苏	无锡		社会办医养结合型养老机构特岗津贴	2020
15	江苏	镇江		医养结合价格服务与监管	2017
16	辽宁	辽阳		医养结合试点单位实行新农合倾斜性补偿	2018
17	辽宁	沈阳		医养结合床位(病房)评估标准	2018
18	辽宁	沈阳		医养结合床位认定流程	2017

续表

序号	省份	地级市	县（市、区）	创新内容	年份
19	辽宁	阜新		医养结合机构医疗卫生服务质量评估	2019
20	内蒙古			医养结合工作中期自评估	2019
21	青海			医养结合机构护理指南	2016
22	山东	滨州		商业护理保险及积极参与医养结合工作	2018
23	山东	潍坊	安丘	医养结合示范省先行市评估验收	2019
24	山东	青岛	李沧区	民办医养结合机构及护理对象资助	2018
25	山东	烟台		居家医养结合	2019
26	山东	枣庄		医养结合型养老机构建设补助标准	2018
27	山西			农村医养结合服务工作	2017
28	四川	德阳		医养结合示范单位评定及年度考核	2018
29	四川	广元	苍溪县	农村敬老院开展医养结合试点	2014
30	四川	雅安		医养产业	2017
31	浙江	温州	瓯海区	基层医疗卫生机构提升医养结合服务能力试点项目	2019
32	浙江	杭州	拱墅区	医养护康教结合联盟	2020
33	浙江	杭州		医养护一体化智慧医疗服务	2014
34	浙江	嘉兴		社区居家养老服务照料中心医养结合	2017
35	重庆		南岸区	社区医疗卫生与养老服务结合	2016

2.17项时间创新政策

时间创新政策涉及 4 个省份、9 个地级市、4 个县（市、区）。按省份和时间顺序排列，各项创新政策如下。

安徽芜湖于 2015 年 7 月以"基层医疗卫生机构"为主要内容发布了《关于推进基层医疗卫生机构实施医养结合服务的通知》（卫计基卫〔2015〕22 号）。安徽合肥于 2016 年 3 月以"纳入医保定点"为主要内容发布了《关于医养结合型养老服务机构纳入我市基本医疗保险定点机构范围的试行意见》。

福建三明三元区于 2015 年 6 月以"社区卫生服务机构"为主要内容发布了《关于印发〈三元区加强社区卫生服务机构建设做好医养结合和分级诊疗工作的实施方案〉的通知》（元政办〔2015〕62 号）。福建三明梅列区于 2015 年 7 月率先以"成立工作协调小组"为主要内容发布了《关于成立医养结合工作协调小组的通知》（梅政办〔2015〕75 号）。福建于 2017 年 2 月率先以"专家库"为主要内容发布了《关于遴选推荐省级医养结合专家库成员的通知》（闽卫家庭函〔2017〕51 号）。

广东深圳于 2017 年 3 月率先发布了《医养融合服务规范（SZDB/Z 231—2017)》，国家层面则于 2019 年 12 月发布相关政策《关于印发医养结合机构服务指南（试行）的通知》（国卫办老龄发〔2019〕24 号）。

海南海口于 2014 年 6 月最早以"医养结合试点"为主要内容发布了《关于印发我市开展医养结合试点促进养老服务业发展若干办法的通知》（海府办〔2014〕132 号）。

河北邯郸于 2016 年 8 月率先以"联席会议制度"为主要内容发布了《关于建立邯郸市医养结合局际联席会议制度的通知》（邯政办字〔2016〕125 号）。

河南于 2015 年 9 月先于国家开展了"医养结合监测"工作，发布了《关于报送医养结合相关数据的紧急通知》，国家层面则于 2017 年发布《关于开展医养结合监测工作的通知》（国卫办家庭函〔2017〕207 号）。

湖北武汉江汉区于 2014 年 2 月率先以"工作领导小组"为主要内容发布了《关于成立江汉区医养融合康复养老服务工作领导小组的通知》，国家层面暂未出台相关政策。

江苏于 2014 年 8 月率先发布了《关于全面推进医养融合发展的意见》，先于国家层面的 84 号文件发布。江苏常州于 2014 年 9 月率先以"医养融合服务体系建设"为主要内容发布了《关于加快医养融合服务体系建设的实施意见》（常政发〔2014〕124 号）。

陕西安康于 2016 年 3 月率先发布了医养结合相关规划《关于印发〈安康市医养结合发展规划（2016~2020 年)〉的通知》（安卫计发〔2016〕13 号）。陕西杨凌示范区于 2017 年 2 月以"培训"为主要内容发布了《关于印发养老机构从业人员医养结合素养知识培训方案的通知》（杨管社发〔2017〕16 号）。陕西于 2017 年 12 月率先以"示范典型"为主要内容发布了《关于拟列为医养结合示范典型养老机构的公示》；国家层面则于 2019

年 12 月开始开展典型经验征集推广工作，发布了《关于开展医养结合典型经验征集推广活动的通知》（国卫办老龄函〔2019〕583 号）。

云南西双版纳州于 2017 年 8 月以"机制建设"为主要内容发布了《关于推进医养结合机制建设进一步落实医疗卫生机构与养老服务机构协作签约工作的通知》（西医养办〔2017〕2 号）。

重庆南岸区于 2014 年率先发布了《关于"医养结合"养老机构管理办法（试行）》（南民发〔2014〕226 号）。

四 综合指数分析

综合政策完善度、名称创新、时间创新、力度 4 项指数，得出各地区的综合指数。综合指数涉及 31 个省份、172 个地级市和 228 个县（市、区），其他未涉及的地级市和县（市、区）的综合指数为 0。各地区综合指数见附表 2。综合指数的计算公式为：综合指数 =（政策完善度指数 + 名称创新指数 + 时间创新指数 + 力度指数）/4。其中，力度指数从立法层面构建政策指数，当某地出台的政策为法律法规时，力度指数为 1，未出台为 0。

省级层面，河南的综合指数最高，为 0.67，涉及政策完善度、名称创新、时间创新 3 项指数。甘肃的综合指数为 0.50，青海的综合指数为 0.42，安徽、福建、江苏、辽宁、内蒙古、山西、陕西 7 个省份的综合指数均为 0.33。贵州、河北、宁夏 3 个省份的综合指数均为 0.17。重庆的综合指数为 0.10。其余 18 个省份的综合指数均为 0.08。贵州、河北、宁夏、重庆以及其余 18 个省份主要是通过政策完善度获得的综合指数值。

地级层面，山东枣庄的综合指数最高，为 0.42。安徽芜湖、安徽宿州、甘肃兰州、广东广州等 12 个地级市的综合指数均为 0.33。安徽合肥、广东深圳、海南海口等 15 个地级市的综合指数均为 0.25，主要是通过名称创新或时间创新获得的综合指数值。江苏淮安、江苏泰州、江苏宿迁和浙江台州 4 个地级市的综合指数均为 0.17。其余 140 个地级市的综合指数均为 0.08。江苏淮安、江苏泰州、江苏宿迁、浙江台州和其余 140 个地级市主要是通过政策完善度获得的综合指数值。

县级层面，重庆南岸区的综合指数最高，为0.58，政策完善度、名称创新、时间创新都有涉及。山东青岛李沧区、山东潍坊安丘市的综合指数均为0.33，主要是通过政策完善度和名称创新获得的综合指数值。福建三明大田县、福建三明梅列区、福建三明三元区等9个县（市、区）的综合指数均为0.25，主要是通过名称创新或时间创新获得的综合指数值。河北石家庄辛集市的综合指数为0.17。其余215个县（市、区）的综合指数均为0.08。河北石家庄辛集市和其余215个县（市、区）主要是通过政策完善度获得的综合指数值。

综合省级、地级、县级层面情况，综合指数前三名依次为河南（0.67）、重庆南岸区（0.58）、甘肃（0.50）。其中，河南在政策完善度方面出台了84号文件和207号文件的对应政策，并获得了名称创新指数和时间创新指数。重庆南岸区出台了84号文件的对应政策，并获得了名称创新指数和时间创新指数。甘肃的政策完善度指数为1，并获得了名称创新指数。

第三节　我国医养结合政策存在的主要问题及其对策建议

通过对我国四级医养结合政策现状的研究发现，我国医养结合政策主要存在六大问题。充分考虑我国医养结合政策现状、未来发展预测以及已有创新经验，本报告提出了我国医养结合政策未来发展的六项建议。

一　主要问题

1. 医养概念缺乏清晰界定

自2013年起医养结合相关政策陆续发布，但截至目前国家级政策尚未对医养结合的概念做出明确界定。在学术界，不同学者对此概念的内涵和外延也有不同的界定，并没有达成一致意见。2019年辽宁省发布的《辽宁省医养结合促进条例（草案）（征求意见稿）》中提到，"医养结合，是指医疗卫生和养老服务相结合，满足老年人健康养老服务需求的供给方式（活动）"。但是对医疗卫生和养老服务的内涵和外延没有清晰界定。因此，有必要对医养结合概念的基本内涵和外延进行明确界定，在同一语境下达成一致，否则很难达成共识并形成清晰的工作思路，一线实践者会走很多弯路。

2. 已有政策扶持力度有待加大

当前我国的医养结合法律法规体系尚未建立，大多数政策以"意见""通知""办法"等规范性文件的形式出现，部委规章和管理条例、行政法规、法律层面的产业几乎为空白。国家尚未出台医养结合专项发展规划，缺乏规范且完整的发展标准。在培育、制定可操作性强的具体措施上还有待丰富，在土地、税收、金融等方面的具体扶持政策和资金支持政策力度还有待加大。

3. 各地政策完善度相对较低

政策完善度是对国家已出台的专项政策落实情况或相关政策出台情况的分析。通过对已有政策分析发现，我国的政策完善度相对较低，有176个地级市和2626个县（市、区）的政策完善度指数为0，即53%的地级行政区划单位和92%的县级行政区划单位未出台国家84号文件、207号文件和60号文件的对应政策。

政策公开度较低可能也是政策完善度较低的一个重要原因。县级层面仅查询到319个县（市、区）已发布372项相关政策，即仅有11%的县级行政区划单位发布了医养结合专项政策，而且每个县（市、区）的发布数量为1~2项。

4. 政策创新力度相对较小

各地专项政策中仅48%的省级行政区划单位、11%的地级行政区划单位、0.8%的县级行政区划单位发布了相对创新的政策。其中，"实施意见或方案""试点、示范项目"较多，占各地政策总量的57%。尤其是"实施意见或方案"的政策内容基本与国家卫生计生委办公厅《关于印发医养结合重点任务分工方案的通知》（国卫办家庭发〔2016〕340号）中的各项工作任务一致。类似于黑龙江结合当地特色推出的"推进候鸟式旅游居住养老与医疗保健和中医养生相结合"的内容较少。

5. 区域协调发展政策缺失

现有政策中未查询到与医养结合相关的区域协同发展专项政策，个别政策内容中提及"区域协同发展"，如北京市人民政府办公厅转发市卫生计生委等部门《〈关于推进医疗卫生与养老服务相结合的实施意见〉的通知》（京政办发〔2016〕54号）提出了区域协同发展，涉及京津冀三个区域。另外，我国区域经济发展不协调，各地区政府的支持力度存在明显的差异，也导致医养结合发展出现了不协调性问题。

6. 社区/农村专项政策缺失

社区居家和农村医养结合相关政策缺失，相关工作是一个"短板"。现有政策中仅广东广州、重庆南岸区等3个地级市和4个县（市、区）发布了社区居家、社区或居家医养结合的相关政策，如广州市卫生和计划生育委员会、广州市民政局、广州市财政局、广州市工业和信息化委员会《关于进一步深化社区居家养老医养结合服务实施意见的通知》（穗卫家庭〔2018〕6号）；陕西、山西、湖北随州、四川广元苍溪县4个地区发布了农村医养结合相关政策，如山西省卫生计生委办公室《关于推进农村医养结合服务工作的通知》（晋卫办家庭发〔2017〕5号）。另外，福建三明下辖的6个县（市、区）发布了《加强社区卫生服务机构建设做好医养结合和分级诊疗工作的实施方案》。其他地区甚至国家层面暂未查询到社区居家和农村医养结合相关政策。

二 未来发展建议

1. 深入开展理论研究

针对医养结合开展深度理论研究，争取在理论上有所突破和发展，并在实践中创新和完善。建议国家层面组织多方面人员，进行专题研究讨论，对医养结合的内涵和外延做出明确规定，且要具体化、清晰化，不能过于宽泛。各地政府应针对医养结合的政策扶持情况开展深度的实证调查分析，全面了解医养结合政策的落实情况，为政府科学决策提供可靠的支撑。构建医养结合的信息统计制度，对医养结合的发展状况进行统计、分析、研究。

2. 加强法律法规制定工作

在法律法规层面要加快立法的进程，把公众参与、专家论证、风险评估、合法性审查、集体讨论决定确定为"医养结合"的行政决策法定程序。通过立法，对"医养结合"的服务对象、服务标准、服务内容、服务机构资质、服务形式等做出明确规定，通过法律手段提高政策执行的质量和效率。各地方政府也要结合地方实际情况完善"医养结合"的相关内容，不断提升"医养结合"的服务水平，为国家层面制定法律政策提供实践数据。在政策制定过程中，要多听取养老机构、医疗机构的建议，了解其不同诉求，将公众的意愿、多数人的合理利益反映到政策的制定和完善过程中。同时，建议地方发布相关法规，因地制宜对医养结合具体事项做出明确规定，为医养结合发展提供法律保障。

3. 加大政策公开力度

依托信息化手段，加大政策公开力度，以公开促落实、促规范、促服务。建议构建统一的"医养结合"政策服务信息网络平台，无论是寻找医养结合相关政策与资源，还是寻求线上线下的医养结合相关服务，都能快速便捷地查找到相关信息，在平台上"一站式"完成。同时，将各地方出台的相关政策及时更新至平台中，方便政策执行者了解、解决乃至反馈执行过程中出现的问题和困难。

研究制定"医养结合"考核评估体系，强化政策的落实情况，提高政策的完善度。将落实"医养结合"政策情况、"医养结合"服务覆盖率、医疗卫生机构和养老机构无缝对接程度、老年人护理服务质量、老年人满意度等内容纳入考核指标，加强绩效考核。

4. 加大政策创新力度

创新是历史进步的动力、时代发展的关键，居我国"五大发展理念"之首。政策创新是政府提供公共服务和开展公共治理的重要手段。建议创新医养结合政策体系，出台系列配套政策，整合政策互融共建；在体制机制创新上求突破，坚持问题导向，围绕制约医养结合发展的突出矛盾和问题，大胆尝试、勇于探索，以制度创新促进科技创新；在金融支持方面，鼓励金融机构根据医养结合特点，创新金融产品和金融服务，拓展多元化投融资渠道；等等。

5.强化区域协同发展

推动区域医养结合机制建立。发挥本地优势，推进合作，促进资源共建共享、优势互补，实现有机融合、错位衔接、一体化和差异化发展，促进区域协同，不断优化医养结合发展布局。建议由国家卫健委牵头负责，尽快解决医师异地执业、医保异地结算等难题；破解跨区域老年福利和养老服务方面的身份与户籍障碍，特别要在社会保障、养老保险、救助补贴等方面做好政策制度对接；落实养老保险跨区域转移政策，加快社会保障一卡通建设，进一步完善医疗保险转移接续和异地就医服务政策措施。以京津冀为例，发布相关扶持政策，鼓励三地通过共建养老医疗机构、推动养老院和护理院对接等方式，充分利用北京医疗资源优势，加强三地医疗机构之间的合作，推动医养结合机制的建立，为全国和其他区域提供示范经验。

6.延伸至家庭和社区

除养老机构或医疗机构外，建议将医养结合工作向家庭和社区延伸。着力补齐"短板"，加强社区居家和农村医养结合服务设施建设，提高服务质量。发布社区居家养老医养结合的具体政策并督促落到实处，通过实施社区医养结合能力提升工程，在社区，依托社区卫生服务中心以及养老机构，改扩建一批医养结合服务设施，重点是为社区失能老年人提供集中或者居家的健康养老服务；在农村，统筹乡镇卫生院和敬老院、村卫生室和农村幸福院等资源，统筹规划，毗邻建设，融合医养结合服务。

附表1　国家级医养结合政策一览

序号	名称	文号	发布日期
1	关于加快发展养老服务业的若干意见	国发〔2013〕35号	2013年9月6日
2	关于开展养老服务业综合改革试点工作的通知	民办发〔2013〕23号	2013年12月27日
3	关于组织开展面向养老机构的远程医疗政策试点工作的通知	发改高技〔2014〕1358号	2014年6月16日

续表

序号	名称	文号	发布日期
4	关于加快推进健康与养老服务工程建设的通知	发改投资〔2014〕2091 号	2014 年 9 月 12 日
5	关于开展养老服务和社区服务信息惠民工程试点工作的通知	民函〔2014〕325 号	2014 年 10 月 30 日
6	关于印发《养老机构医务室基本标准（试行）》和《养老机构护理站基本标准（试行）》的通知	国卫办医发〔2014〕57 号	2014 年 10 月 31 日
7	关于推动养老服务产业发展的指导意见	商服贸函〔2014〕899 号	2014 年 11 月 14 日
8	关于鼓励民间资本参与养老服务业发展的实施意见	民发〔2015〕33 号	2015 年 2 月 3 日
9	关于印发全国医疗卫生服务体系规划纲要（2015～2020 年）的通知	国办发〔2015〕14 号	2015 年 3 月 6 日
10	关于加快推进养老服务工程建设工作的通知	民函〔2015〕93 号	2015 年 3 月 20 日
11	关于进一步做好养老服务业发展有关工作的通知	发改办社会〔2015〕992 号	2015 年 4 月 22 日
12	关于印发中医药健康服务发展规划（2015～2020 年）的通知	国办发〔2015〕32 号	2015 年 4 月 24 日
13	关于进一步规范社区卫生服务管理和提升服务质量的指导意见	国卫基层发〔2015〕93 号	2015 年 11 月 17 日
14	关于推进医疗卫生与养老服务相结合的指导意见	国办发〔2015〕84 号	2015 年 11 月 20 日
15	关于积极发挥新消费引领作用加快培育形成新供给新动力的指导意见	国发〔2015〕66 号	2015 年 11 月 23 日
16	关于印发中医药发展战略规划纲要（2016～2030 年）的通知	国发〔2016〕15 号	2016 年 2 月 26 日
17	中华人民共和国国民经济和社会发展第十三个五年规划纲要		2016 年 3 月 3 日
18	关于金融支持养老服务业加快发展的指导意见	银发〔2016〕65 号	2016 年 3 月 21 日
19	关于印发医养结合重点任务分工方案的通知	国卫办家庭发〔2016〕340 号	2016 年 4 月 1 日
20	关于印发医养结合重点任务分工方案的通知	国卫办家庭函〔2016〕353 号	2016 年 4 月 7 日
21	关于做好医养结合服务机构许可工作的通知	民发〔2016〕52 号	2016 年 4 月 8 日

续表

序号	名称	文号	发布日期
22	关于遴选国家级医养结合试点单位的通知	国卫办家庭函〔2016〕511号	2016年5月17日
23	关于确定第一批国家级医养结合试点单位的通知	国卫办家庭函〔2016〕644号	2016年6月16日
24	关于印发《民政事业发展第十三个五年规划》的通知	民发〔2016〕107号	2016年6月24日
25	关于中央财政支持开展居家和社区养老服务改革试点工作的通知	民函〔2016〕200号	2016年7月13日
26	关于开展以公建民营为重点的第二批公办养老机构改革试点工作的通知	民办发〔2016〕15号	2016年8月19日
27	关于确定第二批国家级医养结合试点单位的通知	国卫办家庭函〔2016〕1004号	2016年9月14日
28	关于支持整合改造闲置社会资源发展养老服务的通知	民发〔2016〕179号	2016年10月9日
29	关于推进老年宜居环境建设的指导意见	全国老龄办发〔2016〕73号	2016年10月9日
30	"健康中国2030"规划纲要	中发〔2016〕23号	2016年10月25日
31	关于印发全国护理事业发展规划（2016~2020年）的通知	国卫医发〔2016〕64号	2016年11月18日
32	关于进一步扩大旅游文化体育健康养老教育培训等领域消费的意见	国办发〔2016〕85号	2016年11月28日
33	关于全面放开养老服务市场提升养老服务质量的若干意见	国办发〔2016〕91号	2016年12月23日
34	"十三五"全国卫生计生人才发展规划		2017年1月4日
35	关于印发"十三五"深化医药卫生体制改革规划的通知	国发〔2016〕78号	2017年1月9日
36	关于印发"十三五"推进基本公共服务均等化规划的通知	国发〔2017〕9号	2017年1月23日
37	关于印发国家人口发展规划（2016~2030年）的通知	国发〔2016〕87号	2017年1月25日
38	关于印发《智慧健康养老产业发展行动计划（2017~2020年）》的通知	工信部联电子〔2017〕25号	2017年2月6日
39	关于印发《中央财政支持居家和社区养老服务改革试点补助资金管理办法》的通知	财社〔2017〕2号	2017年2月10日

续表

序号	名称	文号	发布日期
40	关于印发"十三五"国家老龄事业发展和养老体系建设规划的通知	国发〔2017〕13 号	2017 年 3 月 6 日
41	关于印发"十三五"健康老龄化规划的通知	国卫家庭发〔2017〕12 号	2017 年 3 月 9 日
42	关于促进中医药健康养老服务发展的实施意见	国中医药医政发〔2017〕2 号	2017 年 3 月 13 日
43	关于进一步激发社会领域投资活力的意见	国办发〔2017〕21 号	2017 年 3 月 16 日
44	关于促进健康旅游发展的指导意见	国卫规划发〔2017〕30 号	2017 年 5 月 12 日
45	关于印发《"十三五"卫生与健康科技创新专项规划》的通知	国科发社〔2017〕147 号	2017 年 5 月 16 日
46	关于制定和实施老年人照顾服务项目的意见	国办发〔2017〕52 号	2017 年 6 月 6 日
47	关于加快发展商业养老保险的若干意见	国办发〔2017〕59 号	2017 年 7 月 4 日
48	关于印发国民营养计划（2017～2030 年）的通知	国办发〔2017〕60 号	2017 年 7 月 13 日
49	关于深化"放管服"改革激发医疗领域投资活力的通知	国卫法制发〔2017〕43 号	2017 年 8 月 8 日
50	关于落实《"十三五"国家老龄事业发展和养老体系建设规划》成员单位分工的意见	全国老龄委发〔2017〕6 号	2017 年 10 月 17 日
51	关于印发康复医疗中心、护理中心基本标准和管理规范（试行）的通知	国卫医发〔2017〕51 号	2017 年 10 月 30 日
52	关于印发"十三五"健康老龄化规划重点任务分工的通知	国卫办家庭函〔2017〕1082 号	2017 年 11 月 2 日
53	关于养老机构内部设置医疗机构取消行政审批实行备案管理的通知	国卫办医发〔2017〕38 号	2017 年 11 月 8 日
54	关于加强农村留守老年人关爱服务工作的意见	民发〔2017〕193 号	2017 年 12 月 28 日
55	关于开展医养结合监测工作的通知	国卫办家庭函〔2017〕207 号	2017 年
56	关于印发"十三五"健康老龄化规划委内重点任务分工的通知	国卫办家庭函〔2018〕51 号	2018 年 1 月 17 日
57	关于进一步做好医养结合监测工作的通知	国卫家庭指导便函〔2018〕4 号	2018 年 1 月 24 日
58	关于印发《国家卫生健康委员会职能配置、内设机构和人员编制规定》的通知	厅字〔2018〕59 号	2018 年 7 月 30 日

续表

序号	名称	文号	发布日期
59	关于印发医疗卫生领域中央与地方财政事权和支出责任划分改革方案的通知	国办发〔2018〕67 号	2018 年 8 月 13 日
60	关于印发完善促进消费体制机制实施方案（2018～2020 年）的通知	国办发〔2018〕93 号	2018 年 10 月 11 日
61	关于印发《进一步优化供给推动消费平稳增长促进形成强大国内市场的实施方案（2019 年）》的通知	发改综合〔2019〕181 号	2019 年 1 月 28 日
62	粤港澳大湾区发展规划纲要		2019 年 2 月
63	关于印发《城企联动普惠养老专项行动实施方案（试行）》的通知	发改社会〔2019〕333 号	2019 年 2 月 20 日
64	关于促进森林康养产业发展的意见	林改发〔2019〕20 号	2019 年 3 月 6 日
65	关于落实《政府工作报告》重点工作部门分工的意见	国发〔2019〕8 号	2019 年 4 月 9 日
66	关于推进养老服务发展的意见	国办发〔2019〕5 号	2019 年 4 月 16 日
67	关于开展第四批居家和社区养老服务改革试点申报工作的通知	民办函〔2019〕57 号	2019 年 5 月 13 日
68	关于做好 2019 年养老院服务质量建设专项行动工作的通知	民发〔2019〕52 号	2019 年 5 月 13 日
69	关于开展第二批安宁疗护试点工作的通知	国卫办老龄函〔2019〕483 号	2019 年 5 月 20 日
70	关于做好医养结合机构审批登记工作的通知	国卫办老龄发〔2019〕17 号	2019 年 5 月 27 日
71	关于开展医养结合典型经验征集推广活动的通知	国卫办老龄函〔2019〕583 号	2019 年 6 月 25 日
72	关于实施健康中国行动的意见	国发〔2019〕13 号	2019 年 7 月 15 日
73	关于开展老年护理需求评估和规范服务工作的通知	国医卫发〔2019〕48 号	2019 年 7 月 25 日
74	关于加强医疗护理员培训和规范管理工作的通知	国医卫发〔2019〕49 号	2019 年 7 月 26 日
75	关于实施特困人员供养服务设施（敬老院）改造提升工程的意见	民发〔2019〕80 号	2019 年 8 月 21 日
76	关于印发《普惠养老城企联动专项行动实施方案（2019 年修订版）》的通知	发改社会〔2019〕1422 号	2019 年 8 月 27 日
77	关于印发《促进健康产业高质量发展行动纲要（2019～2022 年）》的通知	发改社会〔2019〕1427 号	2019 年 8 月 28 日

序号	名称	文号	发布日期
78	关于做好 2019 年基本公共卫生服务项目工作的通知	国卫基层发〔2019〕52 号	2019 年 8 月 30 日
79	关于教育支持社会服务产业发展提高紧缺人才培养培训质量的意见	教职成厅〔2019〕3 号	2019 年 9 月 5 日
80	关于进一步扩大养老服务供给促进养老服务消费的实施意见	民发〔2019〕88 号	2019 年 9 月 20 日
81	关于深入推进医养结合发展的若干意见	国卫老龄发〔2019〕60 号	2019 年 10 月 23 日
82	关于建立完善老年健康服务体系的指导意见	国卫老龄发〔2019〕61 号	2019 年 10 月 28 日
83	关于开展第五批居家和社区养老服务改革试点申报工作的通知	民办函〔2019〕126 号	2019 年 11 月 7 日
84	关于印发老年医学科建设与管理指南（试行）的通知	国卫办医函〔2019〕855 号	2019 年 11 月 26 日
85	关于加强老年护理服务工作的通知	国卫办医发〔2019〕22 号	2019 年 12 月 5 日
86	关于促进"互联网＋社会服务"发展的意见	发改高技〔2019〕1903 号	2019 年 12 月 6 日
87	关于全国医养结合典型经验名单的公示		2019 年 12 月 12 日
88	关于印发医养结合机构服务指南（试行）的通知	国卫办老龄发〔2019〕24 号	2019 年 12 月 26 日
89	关于进一步做好医养结合机构新冠肺炎疫情防控工作的通知	肺炎机制综发〔2020〕67 号	2020 年 2 月 17 日
90	关于做好新冠肺炎疫情防控一线医务人员老年亲属关爱服务工作的通知	肺炎机制综发〔2020〕73 号	2020 年 2 月 21 日
91	关于印发《新冠肺炎疫情高风险地区及被感染养老机构防控指南》的通知		2020 年 2 月 25 日
92	关于进一步做好民政服务机构疫情防控工作的通知	国发明电〔2020〕6 号	2020 年 2 月 28 日
93	关于在常态化疫情防控中做好老年人照顾服务工作的通知	全国老龄办发〔2020〕1 号	2020 年 5 月 18 日

附表 2　各地区相关指数

序号	省份	地级市	县（市、区）	政策完善度指数	名称创新指数	时间创新指数	力度指数	综合指数
1	安徽			0.33	1			0.33
2	安徽	芜湖		0.33		1		0.33

续表

序号	省份	地级市	县（市、区）	政策完善度指数	名称创新指数	时间创新指数	力度指数	综合指数
3	安徽	宿州		0.33	1			0.33
4	安徽	合肥				1		0.25
5	安徽	亳州		0.33				0.08
6	安徽	滁州		0.33				0.08
7	安徽	阜阳		0.33				0.08
8	安徽	淮北		0.33				0.08
9	安徽	淮南		0.33				0.08
10	安徽	黄山		0.33				0.08
11	安徽	马鞍山		0.33				0.08
12	安徽	安庆	太湖县	0.33				0.08
13	安徽	安庆	迎江区	0.33				0.08
14	安徽	亳州	蒙城县	0.33				0.08
15	安徽	池州	贵池区	0.33				0.08
16	安徽	阜阳	太和县	0.33				0.08
17	安徽	合肥	包河区	0.33				0.08
18	安徽	合肥	肥东县	0.33				0.08
19	安徽	合肥	肥西县	0.33				0.08
20	安徽	六安	霍邱县	0.33				0.08
21	安徽	马鞍山	博望区	0.33				0.08
22	安徽	宿州	灵璧县	0.33				0.08
23	安徽	宿州	萧县	0.33				0.08
24	安徽	宣城	泾县	0.33				0.08
25	安徽	宣城	宁国市	0.33				0.08
26	北京			0.33				0.08
27	北京		朝阳区	0.33				0.08
28	福建			0.33		1		0.33
29	福建	三明	大田县		1			0.25
30	福建	三明	梅列区			1		0.25
31	福建	三明	三元区			1		0.25
32	福建	三明	尤溪县		1			0.25
33	福建	南平		0.33				0.08
34	福建	宁德		0.33				0.08
35	福建	漳州		0.33				0.08

序号	省份	地级市	县(市、区)	政策完善度指数	名称创新指数	时间创新指数	力度指数	综合指数
36	福建	南平	顺昌县	0.33				0.08
37	福建	南平	松溪县	0.33				0.08
38	福建	南平	武夷山市	0.33				0.08
39	福建	宁德	蕉城区	0.33				0.08
40	福建	泉州	丰泽区	0.33				0.08
41	福建	泉州	泉港区	0.33				0.08
42	福建	泉州	永春县	0.33				0.08
43	福建	漳州	东山县	0.33				0.08
44	福建	漳州	华安县	0.33				0.08
45	福建	漳州	龙文区	0.33				0.08
46	福建	漳州	芗城区	0.33				0.08
47	甘肃			1	1			0.50
48	甘肃	兰州		0.33	1			0.33
49	甘肃	甘南州		0.33				0.08
50	甘肃	陇南		0.33				0.08
51	甘肃	平凉		0.33				0.08
52	甘肃	庆阳		0.33				0.08
53	甘肃	酒泉	瓜州县	0.33				0.08
54	甘肃	兰州	城关区	0.33				0.08
55	甘肃	临夏州	永靖县	0.33				0.08
56	甘肃	武威	古浪县	0.33				0.08
57	广东	广州		0.33	1			0.33
58	广东	深圳				1		0.25
59	广东	广州	黄埔区		1			0.25
60	广东			0.33				0.08
61	广东	潮州		0.33				0.08
62	广东	东莞		0.33				0.08
63	广东	佛山		0.33				0.08
64	广东	茂名		0.33				0.08
65	广东	梅州		0.33				0.08
66	广东	清远		0.33				0.08
67	广东	阳江		0.33				0.08
68	广东	湛江		0.33				0.08

续表

序号	省份	地级市	县（市、区）	政策完善度指数	名称创新指数	时间创新指数	力度指数	综合指数
69	广东	肇庆		0.33				0.08
70	广东	中山		0.33				0.08
71	广东	珠海		0.33				0.08
72	广东	广州	番禺区	0.33				0.08
73	广东	广州	黄埔区	0.33				0.08
74	广东	肇庆	德庆县	0.33				0.08
75	广东	肇庆	高要区	0.33				0.08
76	广东	肇庆	广宁县	0.33				0.08
77	广东	肇庆	怀集县	0.33				0.08
78	广东	珠海	香洲区	0.33				0.08
79	广西	百色		0.33	1			0.33
80	广西	贺州		0.33	1			0.33
81	广西	钦州		0.33				0.08
82	广西			0.33				0.08
83	广西	北海		0.33				0.08
84	广西	贵港		0.33				0.08
85	广西	柳州		0.33				0.08
86	广西	梧州		0.33				0.08
87	广西	玉林		0.33				0.08
88	广西	北海	合浦县	0.33				0.08
89	广西	贵港	桂平市	0.33				0.08
90	广西	柳州	柳江区	0.33				0.08
91	广西	柳州	融安县	0.33				0.08
92	广西	南宁	青秀区	0.33				0.08
93	广西	南宁	西乡塘区	0.33				0.08
94	广西	南宁	兴宁区	0.33				0.08
95	广西	南宁	邕宁区	0.33				0.08
96	广西	梧州	长洲区	0.33				0.08
97	广西	玉林	容县	0.33				0.08
98	贵州			0.67				0.17
99	贵州	铜仁		0.33				0.08
100	贵州	遵义		0.33				0.08
101	贵州	毕节	黔西县	0.33				0.08

序号	省份	地级市	县（市、区）	政策完善度指数	名称创新指数	时间创新指数	力度指数	综合指数
102	贵州	黔西南州	望谟县	0.33				0.08
103	贵州	黔西南州	贞丰县	0.33				0.08
104	海南	海口				1		0.25
105	海南			0.33				0.08
106	海南	儋州	临高县	0.33				0.08
107	海南	儋州	文昌市	0.33				0.08
108	海南	儋州	五指山市	0.33				0.08
109	河北	邯郸		0.33		1		0.33
110	河北	邢台			1			0.25
111	河北			0.67				0.17
112	河北	石家庄	辛集市	0.67				0.17
113	河北	保定		0.33				0.08
114	河北	沧州		0.33				0.08
115	河北	衡水		0.33				0.08
116	河北	石家庄		0.33				0.08
117	河北	张家口		0.33				0.08
118	河北	衡水	冀州区	0.33				0.08
119	河北	石家庄	井陉矿区	0.33				0.08
120	河北	石家庄	平山县	0.33				0.08
121	河北	石家庄	元氏县	0.33				0.08
122	河北	石家庄	正定县	0.33				0.08
123	河北	邢台	南宫市	0.33				0.08
124	河南			0.67	1	1		0.67
125	河南	安阳		0.33				0.08
126	河南	鹤壁		0.33				0.08
127	河南	焦作		0.33				0.08
128	河南	开封		0.33				0.08
129	河南	洛阳		0.33				0.08
130	河南	平顶山		0.33				0.08
131	河南	商丘		0.33				0.08
132	河南	信阳		0.33				0.08
133	河南	许昌		0.33				0.08
134	河南	郑州		0.33				0.08

序号	省份	地级市	县（市、区）	政策完善度指数	名称创新指数	时间创新指数	力度指数	综合指数
135	河南	周口		0.33				0.08
136	河南	驻马店		0.33				0.08
137	河南	安阳	北关区	0.33				0.08
138	河南	焦作	解放区	0.33				0.08
139	河南	焦作	马村区	0.33				0.08
140	河南	洛阳	吉利区	0.33				0.08
141	河南	洛阳	栾川县	0.33				0.08
142	河南	洛阳	汝阳县	0.33				0.08
143	河南	洛阳	西工区	0.33				0.08
144	河南	洛阳	偃师市	0.33				0.08
145	河南	南阳	邓州市	0.33				0.08
146	河南	南阳	官庄工区	0.33				0.08
147	河南	南阳	内乡县	0.33				0.08
148	河南	平顶山	郏县	0.33				0.08
149	河南	平顶山	叶县	0.33				0.08
150	河南	三门峡	灵宝市	0.33				0.08
151	河南	三门峡	渑池县	0.33				0.08
152	河南	商丘	夏邑县	0.33				0.08
153	河南	信阳	淮滨县	0.33				0.08
154	河南	信阳	潢川县	0.33				0.08
155	河南	许昌	魏都区	0.33				0.08
156	河南	许昌	鄢陵县	0.33				0.08
157	河南	许昌	禹州市	0.33				0.08
158	河南	许昌	长葛市	0.33				0.08
159	河南	郑州	管城区	0.33				0.08
160	河南	郑州	惠济区	0.33				0.08
161	河南	郑州	新郑市	0.33				0.08
162	河南	郑州	荥阳市	0.33				0.08
163	河南	周口	郸城县	0.33				0.08
164	河南	周口	项城市	0.33				0.08
165	河南	驻马店	上蔡县	0.33				0.08
166	黑龙江			0.33				0.08
167	黑龙江	大庆		0.33				0.08

序号	省份	地级市	县(市、区)	政策完善度指数	名称创新指数	时间创新指数	力度指数	综合指数
168	黑龙江	哈尔滨		0.33				0.08
169	黑龙江	黑河		0.33				0.08
170	黑龙江	齐齐哈尔		0.33				0.08
171	黑龙江	伊春		0.33				0.08
172	湖北	随州			1			0.25
173	湖北	武汉	江汉区			1		0.25
174	湖北			0.33				0.08
175	湖北	黄石		0.33				0.08
176	湖北	荆门		0.33				0.08
177	湖北	十堰		0.33				0.08
178	湖北	宜昌		0.33				0.08
179	湖北	十堰	经济技术开发区	0.33				0.08
180	湖南			0.33				0.08
181	湖南	郴州		0.33				0.08
182	湖南	娄底		0.33				0.08
183	湖南	益阳		0.33				0.08
184	湖南	永州		0.33				0.08
185	湖南	岳阳		0.33				0.08
186	湖南	郴州	安仁县	0.33				0.08
187	湖南	郴州	北湖区	0.33				0.08
188	湖南	郴州	苏仙区	0.33				0.08
189	湖南	郴州	宜章县	0.33				0.08
190	湖南	长沙	天心区	0.33				0.08
191	吉林			0.33				0.08
192	吉林	白山		0.33				0.08
193	吉林	吉林		0.33				0.08
194	吉林	辽源		0.33				0.08
195	吉林	松原		0.33				0.08
196	吉林	通化		0.33				0.08
197	吉林	长春		0.33				0.08
198	吉林	白城	大安市	0.33				0.08
199	吉林	白城	洮北区	0.33				0.08
200	吉林	白山	白山市	0.33				0.08

序号	省份	地级市	县(市、区)	政策完善度指数	名称创新指数	时间创新指数	力度指数	综合指数
201	吉林	吉林	昌邑区	0.33				0.08
202	吉林	吉林	磐石市	0.33				0.08
203	吉林	吉林	舒兰市	0.33				0.08
204	吉林	长春	宽城区	0.33				0.08
205	江苏			0.33		1		0.33
206	江苏	常州				1		0.25
207	江苏	无锡			1			0.25
208	江苏	镇江			1			0.25
209	江苏	淮安		0.67				0.17
210	江苏	泰州		0.67				0.17
211	江苏	宿迁		0.67				0.17
212	江苏	连云港		0.33				0.08
213	江苏	南京		0.33				0.08
214	江苏	苏州		0.33				0.08
215	江苏	徐州		0.33				0.08
216	江苏	扬州		0.33				0.08
217	江苏	常州	天宁区	0.33				0.08
218	江苏	淮安	金湖县	0.33				0.08
219	江苏	连云港	连云区	0.33				0.08
220	江苏	南通	启东市	0.33				0.08
221	江苏	苏州	姑苏区	0.33				0.08
222	江苏	苏州	昆山市	0.33				0.08
223	江苏	苏州	太仓市	0.33				0.08
224	江苏	泰州	泰兴市	0.33				0.08
225	江苏	宿迁	泗洪县	0.33				0.08
226	江苏	徐州	睢宁县	0.33				0.08
227	江苏	盐城	盐都区	0.33				0.08
228	江西	抚州		0.33				0.08
229	江西			0.33				0.08
230	江西	南昌		0.33				0.08
231	江西	萍乡		0.33				0.08
232	江西	上饶		0.33				0.08
233	江西	新余		0.33				0.08

续表

序号	省份	地级市	县(市、区)	政策完善度指数	名称创新指数	时间创新指数	力度指数	综合指数
234	江西	宜春		0.33				0.08
235	江西	抚州	乐安县	0.33				0.08
236	江西	赣州	全南县	0.33				0.08
237	江西	南昌	湾里区	0.33				0.08
238	江西	南昌	西湖区	0.33				0.08
239	江西	萍乡	上栗县	0.33				0.08
240	江西	新余	渝水区	0.33				0.08
241	辽宁	辽阳		0.33	1			0.33
242	辽宁			0.33			1	0.33
243	辽宁	阜新			1			0.25
244	辽宁	沈阳			1			0.25
245	辽宁	鞍山		0.33				0.08
246	辽宁	丹东		0.33				0.08
247	辽宁	抚顺		0.33				0.08
248	辽宁	葫芦岛		0.33				0.08
249	辽宁	盘锦		0.33				0.08
250	辽宁	营口		0.33				0.08
251	辽宁	鞍山	海城市	0.33				0.08
252	辽宁	鞍山	千山区	0.33				0.08
253	辽宁	鞍山	岫岩满族自治县	0.33				0.08
254	辽宁	大连	瓦房店市	0.33				0.08
255	辽宁	大连	庄河市	0.33				0.08
256	辽宁	丹东	东港市	0.33				0.08
257	辽宁	抚顺	抚顺县	0.33				0.08
258	辽宁	葫芦岛	连山区	0.33				0.08
259	辽宁	葫芦岛	兴城市	0.33				0.08
260	辽宁	辽阳	宏伟区	0.33				0.08
261	辽宁	沈阳	法库县	0.33				0.08
262	辽宁	铁岭	昌图县	0.33				0.08
263	辽宁	营口	鲅鱼圈区	0.33				0.08
264	内蒙古			0.33	1			0.33
265	内蒙古	巴彦淖尔		0.33				0.08
266	内蒙古	包头		0.33				0.08

续表

序号	省份	地级市	县（市、区）	政策完善度指数	名称创新指数	时间创新指数	力度指数	综合指数
267	内蒙古	赤峰		0.33				0.08
268	内蒙古	鄂尔多斯		0.33				0.08
269	内蒙古	呼伦贝尔		0.33				0.08
270	内蒙古	乌海		0.33				0.08
271	内蒙古	乌兰察布		0.33				0.08
272	内蒙古	锡林郭勒盟		0.33				0.08
273	内蒙古	鄂尔多斯	鄂托克前旗	0.33				0.08
274	宁夏			0.67				0.17
275	宁夏	银川		0.33				0.08
276	宁夏	银川	永宁县	0.33				0.08
277	青海			0.67	1			0.42
278	青海	海北州		0.33				0.08
279	青海	海东		0.33				0.08
280	青海	海西州		0.33				0.08
281	青海	西宁		0.33				0.08
282	青海	海北州	刚察县	0.33				0.08
283	山东	枣庄		0.67	1			0.42
284	山东	滨州		0.33	1			0.33
285	山东	青岛	李沧区	0.33	1			0.33
286	山东	潍坊	安丘市	0.33	1			0.33
287	山东	烟台			1			0.25
288	山东			0.33				0.08
289	山东	东营		0.33				0.08
290	山东	菏泽		0.33				0.08
291	山东	临沂		0.33				0.08
292	山东	青岛		0.33				0.08
293	山东	潍坊		0.33				0.08
294	山东	淄博		0.33				0.08
295	山东	菏泽	东明县	0.33				0.08
296	山东	菏泽	鄄城县	0.33				0.08
297	山东	济南	历城区	0.33				0.08
298	山东	济南	市中区	0.33				0.08
299	山东	济宁	微山县	0.33				0.08

序号	省份	地级市	县(市、区)	政策完善度指数	名称创新指数	时间创新指数	力度指数	综合指数
300	山东	临沂	经济技术开发区	0.33				0.08
301	山东	临沂	兰山区	0.33				0.08
302	山东	青岛	莱西市	0.33				0.08
303	山东	青岛	市南区	·0.33				0.08
304	山东	烟台	海阳市	0.33				0.08
305	山东	烟台	莱州市	0.33				0.08
306	山东	烟台	蓬莱市	0.33				0.08
307	山东	枣庄	山亭区	0.33				0.08
308	山东	枣庄	峄城区	0.33				0.08
309	山东	淄博	桓台区	0.33				0.08
310	山西			0.33	1			0.33
311	山西	晋城		0.33				0.08
312	山西	晋中		0.33				0.08
313	山西	吕梁		0.33				0.08
314	山西	朔州		0.33				0.08
315	山西	太原		0.33				0.08
316	山西	阳泉		0.33				0.08
317	山西	运城		0.33				0.08
318	山西	大同	云冈区	0.33				0.08
319	山西	晋城	城区	0.33				0.08
320	山西	晋城	沁水县	0.33				0.08
321	山西	晋中	太谷县	0.33				0.08
322	山西	晋中	榆次区	0.33				0.08
323	山西	临汾	大宁县	0.33				0.08
324	山西	临汾	古县	0.33				0.08
325	山西	临汾	吉县	0.33				0.08
326	山西	临汾	尧都区	0.33				0.08
327	山西	吕梁	离石区	0.33				0.08
328	山西	吕梁	柳林县	0.33				0.08
329	山西	吕梁	文水县	0.33				0.08
330	山西	吕梁	中阳县	0.33				0.08
331	山西	朔州	应县	0.33				0.08
332	山西	太原	古交市	0.33				0.08

序号	省份	地级市	县(市、区)	政策完善度指数	名称创新指数	时间创新指数	力度指数	综合指数
333	山西	阳泉	矿区	0.33				0.08
334	山西	运城	河津市	0.33				0.08
335	山西	运城	新绛县	0.33				0.08
336	山西	运城	永济市	0.33				0.08
337	山西	运城	垣曲县	0.33				0.08
338	山西	长治	上党区	0.33				0.08
339	山西	长治	长子县	0.33				0.08
340	陕西			0.33		1		0.33
341	陕西	安康		0.33		1		0.33
342	陕西	杨凌示范区				1		0.25
343	陕西	宝鸡		0.33				0.08
344	陕西	渭南		0.33				0.08
345	陕西	西安		0.33				0.08
346	陕西	咸阳		0.33				0.08
347	陕西	榆林		0.33				0.08
348	陕西	汉中	汉台区	0.33				0.08
349	陕西	汉中	留坝县	0.33				0.08
350	陕西	汉中	洋县	0.33				0.08
351	陕西	西安	蓝田县	0.33				0.08
352	陕西	西安	临潼区	0.33				0.08
353	陕西	咸阳	秦都区	0.33				0.08
354	上海			0.33				0.08
355	上海		普陀区	0.33				0.08
356	上海		长宁区	0.33				0.08
357	四川	雅安		0.33	1			0.33
358	四川	德阳			1			0.25
359	四川	广元	苍溪县		1			0.25
360	四川			0.33				0.08
361	四川	巴中		0.33				0.08
362	四川	广安		0.33				0.08
363	四川	广元		0.33				0.08
364	四川	乐山		0.33				0.08
365	四川	泸州		0.33				0.08

续表

序号	省份	地级市	县(市、区)	政策完善度指数	名称创新指数	时间创新指数	力度指数	综合指数
366	四川	内江		0.33				0.08
367	四川	宜宾		0.33				0.08
368	四川	成都	新都区	0.33				0.08
369	四川	德阳	什邡市	0.33				0.08
370	四川	广安	广安区	0.33				0.08
371	四川	广安	岳池县	0.33				0.08
372	四川	乐山	犍为县	0.33				0.08
373	四川	乐山	金口河区	0.33				0.08
374	四川	泸州	泸县	0.33				0.08
375	四川	自贡	自流井区	0.33				0.08
376	天津			0.33				0.08
377	天津		津南区	0.33				0.08
378	西藏			0.33				0.08
379	新疆			0.33				0.08
380	新疆	博尔塔拉州		0.33				0.08
381	新疆	昌吉州		0.33				0.08
382	云南	西双版纳州				1		0.25
383	云南			0.33				0.08
384	云南	保山		0.33				0.08
385	云南	昆明		0.33				0.08
386	云南	临沧		0.33				0.08
387	云南	普洱		0.33				0.08
388	云南	西双版纳州		0.33				0.08
389	云南	玉溪		0.33				0.08
390	云南	昭通		0.33				0.08
391	云南	楚雄州	姚安县	0.33				0.08
392	云南	楚雄州	永仁县	0.33				0.08
393	云南	德宏州	梁河县	0.33				0.08
394	云南	德宏州	芒市	0.33				0.08
395	云南	红河州	泸西县	0.33				0.08
396	云南	昆明	五华区	0.33				0.08
397	云南	丽江	永胜县	0.33				0.08
398	云南	临沧	耿马自治县	0.33				0.08

序号	省份	地级市	县（市、区）	政策完善度指数	名称创新指数	时间创新指数	力度指数	综合指数
399	云南	普洱	思茅区	0.33				0.08
400	云南	文山州	马关县	0.33				0.08
401	云南	西双版纳州	景洪市	0.33				0.08
402	浙江	杭州		0.33	1			0.33
403	浙江	嘉兴			1			0.25
404	浙江	杭州	拱墅区		1			0.25
405	浙江	温州	瓯海区		1			0.25
406	浙江	台州		0.67				0.17
407	浙江			0.33				0.08
408	浙江	丽水		0.33				0.08
409	浙江	宁波		0.33				0.08
410	浙江	衢州		0.33				0.08
411	浙江	绍兴		0.33				0.08
412	浙江	温州		0.33				0.08
413	浙江	余姚		0.33				0.08
414	浙江	杭州	淳安县	0.33				0.08
415	浙江	湖州	南浔区	0.33				0.08
416	浙江	嘉兴	海盐县	0.33				0.08
417	浙江	宁波	海曙区	0.33				0.08
418	浙江	宁波	江北区	0.33				0.08
419	浙江	衢州	江山市	0.33				0.08
420	浙江	衢州	开化县	0.33				0.08
421	浙江	衢州	衢江区	0.33				0.08
422	浙江	绍兴	柯桥区	0.33				0.08
423	浙江	台州	三门县	0.33				0.08
424	浙江	温州	洞头区	0.33				0.08
425	浙江	温州	乐清市	0.33				0.08
426	浙江	温州	龙湾区	0.33				0.08
427	浙江	温州	瑞安市	0.33				0.08
428	浙江	温州	文成县	0.33				0.08
429	重庆		南岸区	0.33	1	1		0.58
430	重庆			0.33				0.08
431	重庆		九龙坡区	0.33				0.08

注：未发布对应政策的表格中为空。

第三章
医养结合服务内容与要素分析

第一节　医养结合服务发展背景

我国老龄化发展呈现三个特征：高龄化、空巢化、慢病化。2020年，我国高龄老年人口（80岁及以上）预计将达到3100万人，占老龄人口总数的12.5%。60岁及以上老年人群的患病率是一般人群的2.5～3.0倍。2011年，中国死亡人口中，85%死于慢性病，是发达国家的4～5倍。① 据全国老龄办预测，到2020年，中国将有超过4200万失能老人。伴随高龄、失能，老年人群对专业养老服务的需求越来越大；伴随带病长期生存、机能退化等，老年人群对慢病长期诊疗管理、康复理疗、术后护理等非危急症医疗服务的需求越来越大。二者在以被服务者，即客户为中心的服务过程中，也无法进行清晰的分割和交替式提供，养老与医疗分离很难满足老年人的需求。在这样的需求背景下，针对老年人群的需求将医疗、养老、康复、护理服务深度融合，是解决老年人群服务痛点，满足老年人群复杂、多元的服务需求的必要措施，也是老龄服务产业不断向成熟化、专业化、融合化发展的必然趋势。

第二节　医养结合核心服务内容及服务模式

一　医养结合服务体系及内容

从服务内容看，医养结合是指以客户为中心，将医疗服务与养老服务相

---

① 北京市统计局、国家统计局北京调查总队：《北京养老机构专项调查报告》，2016年1月。

结合，以"医养一体化"的发展模式，将医疗服务、康复理疗、护理服务、生活照料服务、精神文娱、营养膳食等融为一体的服务模式，包含医疗、养老、康复、护理四大服务体系。

1.医疗服务

医疗服务包括非急重症治疗的全部医疗服务。

（1）服务内容：主要有健康咨询服务、健康检查服务（基础查体、化验和影像检查）、健康管理干预服务、用药管理服务、常见病诊断与治疗、慢病管理治疗、院前急救等。

（2）服务形式：按需服务。

（3）服务人员：以注册医生为主，护士、医技人员为辅。

（4）支付方式：视服务机构是否为医保定点以及服务内容是否在医保统筹中而定，医保统筹部分由医保基金支付，其余自付。医疗服务的深度和客户的医保支付额度受配套医疗服务设施等级影响。

2.养老服务内容

养老服务主要是指为老年人提供的生活层面的照料服务，包括生活照料服务、精神文娱、营养膳食，以及非专业医疗、护理、康复外的服务，也是医养结合服务中的基础服务内容。

（1）服务内容：协助居室清洁、协助个人清洁（如洗脸、洗脚、进行口腔清洁、帮助洗浴）、协助穿衣打扮、协助用餐（用餐行为能力丧失、用餐意识能力丧失）、协助行动（床上行动受限，如定期翻身；行走能力受限，如借助轮椅、助行器行走）、协助"二便"（如对大小便失禁、困难的老人进行清洁及协助排泄）、组织文化娱乐活动（如组织棋牌、书画、社团活动）、提供营养膳食（如营养配搭、特殊疾病老人的配餐、咀嚼或吞咽困难老人特殊流食的配制）等。生活照料常见服务项目及服务内容见表3-1。

（2）服务形式：目前养老机构普遍采用专业评估—对应服务等级—按照服务清单进行服务的模式。

（3）服务人员：以护理员为一线服务人员，餐饮、保洁由后台服务人员支持。

表 3 – 1　生活照料常见服务项目及服务内容

分类		序号	服务项目	服务内容
生活照料	健康管理服务	1	健康档案建立	入住测评,健康档案管理
		2	生命体征评估	测体重、体温、脉搏、呼吸、血压、血氧饱和度
		3	风险评估	摔倒、走失、噎食、抑郁风险评估和干预
		4	出入量记录	每日补水量、排泄量记录
		5	药品管理	存储并按医嘱要求发放药品
	生活护理服务	1	晨间护理	协助面部护理(洗脸、剃须)、口腔护理(清洁假牙)
		2	心理慰藉	对抑郁等精神问题进行疏解并干预
		3	晚间护理	协助面部护理(洗脸、剃须)、口腔护理(清洁假牙)、更衣、睡眠环境准备
		4	清洁修饰	协助洗脚、修剪指甲(灰指甲、糖尿病足除外)
		5	协助穿衣	协助穿衣裤、鞋袜
		6	日夜监护	24 小时日间和夜间定期巡视、紧急呼叫,对异常活动、突发事件等通知家属和责任人
		7	房间清扫	房间内台面、地面清扫,清除异味
		8	生活垃圾收集	房间内垃圾倾倒
		9	换洗被服	床上用品清洗
		10	整理床铺	清洁、整理床铺
		11	生活保障	提供生活用水、24 小时热水、生活用电、空调地暖,网络接入,自助洗衣,室内外设备与设施维护
		12	理发	为入住老人理发
		13	代洗衣物	代洗(机洗)入住老人衣物
	文体娱乐服务	1	常规活动	组织手工、书画、音乐、棋牌、电影欣赏等活动
		2	特色活动	举办跳蚤市场、生日会
		3	节日活动	举办端午节、中秋节、新年联欢会等
		4	功能锻炼	锻炼记忆力、思维能力、活动能力等

（4）服务原则：精准评估，不过度服务，避免造成功能丧失。对于有高风险的老人，如摔倒、噎食、走失、自残等，应提供对应风险的额外服务。

（5）支付方式：根据服务机构的照护等级对入住老人进行评估，按照照护等级对应的标准付费。所有基本费用自付，长期护理险可作为支付补充。

3.康复服务内容

康复服务是指维持或恢复机体运动功能、言语功能、认知功能的专业康复服务，理疗、按摩、艾灸、针灸等中医保健服务，以及对认知照护人群进行音乐、感知、参与、意识等干预治疗。康复服务是对老年人进行健康干预的主要服务手段，可以有效预防机能退化，提高自主活动能力，使其回归社会或家庭，提升其生活质量和尊严。

（1）服务形式：按需服务。

（2）服务人员：以注册康复医生、中医医师、康复治疗师、理疗师为主。

（3）服务内容：康复治疗服务内容见表3-2。

表3-2 康复治疗服务内容

分类		内容	备注
常规康复治疗	物理治疗	使用包括声、光、冷、热、电、力（运动和压力）等物理因子进行治疗，针对人体局部或全身的功能障碍与病变，采用非侵入性、非药物性的治疗方法来恢复身体原有的生理功能	针对运动功能康复
	作业治疗	应用有目的的、经过选择的作业活动，对老人因疾病或自然衰退而造成的功能障碍进行治疗和训练的过程，目的是使老人最大限度地恢复或提高独立生活能力和劳动能力，回归正常生活状态	针对运动功能康复
	言语治疗	对语言障碍者进行治疗或矫正的一门专业学科。主要进行由脑损伤、帕金森综合征、阿尔兹海默症等引起的语言障碍、吞咽障碍、认知障碍的评定、诊断和治疗	
特色康复治疗	音乐治疗	通过运用音乐和音乐元素，提高被治疗者的生理、社会、沟通、情绪、智力、精神等方面的健康水平和幸福感	
	水疗	常用浸浴治疗自主神经功能失调、神经官能症、关节炎等疾病以及水中治疗运动功能障碍	
中医理疗		艾灸、光疗、针灸等	

（4）支付方式：视服务机构是否为医保定点以及服务内容是否在医保统筹中而定，医保统筹部分由医保基金支付，其余自付。康复服务的深度和客户的医保支付额度受配套医疗服务设施的等级影响。

4. 护理服务内容

护理服务主要是指为老年人提供失能或术后的专业护理服务。在对失能老人的照护中，生活照料和专业护理是两项最基本的服务内容。

（1）服务内容：主要有皮肤（如皮肤撕裂、皮肤破损溃烂）、管道（如气管插管、PICC 留置、胃管、尿管、瘘管）的护理以及用药服务。老年人常见的护理服务需求见表 3 - 3。

表 3 - 3　老年人常见的护理服务需求

序号	护理服务需求
1	快速测血糖
2	自带仪器试纸快速测血糖
3	皮下/肌肉注射(含打胰岛素)
4	灌肠
5	插导尿管
6	留置导尿护理
7	膀胱冲洗
8	插胃管
9	静脉采血
10	静脉留置针穿刺
11	静脉输液
12	药品管理(包含滴眼药、抹药)
13	切口换药
14	全身抹药
15	吸氧
16	雾化吸入
17	使用扣背机排痰(20 分钟)
18	吸痰(经口鼻)
19	心电图
20	使用气垫床
21	腹膜透析
22	造瘘口护理

（2）服务形式：按需服务。

（3）服务人员：具备护士从业资格的注册护士。

（4）支付形式：视服务机构是否为医保定点而定，医保统筹部分由医保基金支付，其余自付。

医养结合型养老服务是指为老年人提供保健—预防—治疗—康复—长期照护—安宁疗护的综合性服务。其中，"养"包括生活照护服务、精神心理服务、文化活动服务，医养结合以老龄客户需求为中心，是医疗、养老、康复、护理四个专业服务的组成与融合。

在上述服务内容融合的同时，受医疗服务成本高、技术门槛高、人员组建难等因素影响，需要根据养老服务的目标人群、服务规模，控制好医疗服务的形式、边界、深度，做好服务成本和服务需求的平衡。

第三节　现阶段医养结合的主要服务模式

目前，我国医养结合的商业模式仍处于摸索阶段，不同类型的市场参与者根据自身的发展模式、资金实力、医疗资源整合和经营能力，探索不同形式的医养结合服务模式。目前，我国的医养结合服务模式主要有以下几种。

一　养老机构自建医疗服务机构

养老机构自建医疗服务机构，受学科建设能力、专家团队组建能力、服务辐射能力等限制，达到公立医院或专科特色医院的服务能力和盈利能力比较困难。医疗服务机构的主要定位首先是承担对养老机构入住老人的院内协同服务，其次是做好周边社区的基础医疗服务。在这样的背景下，医养结合医疗板块的配置标准需根据养老业态规模、周边居民密度、周边医疗资源分布情况等因素综合确定。

1. 大型养老机构在同一服务场地自建一级以上医疗服务机构

大型持续照料退休社区（Continuing Care Retirement Community，CCRC）通常都自建一级或二级医疗服务机构。例如，泰康、太平等保险系的 CCRC 均配置一级以上医疗机构，科室配置以内科、中医科、康复科为主。

燕达金色年华健康养护中心虽紧邻燕达医院，但依然内设了医疗机构，提供康复理疗、慢病开药等服务，同时也借助燕达医院实现了重症急救的便捷绿色通道。燕达金色年华健康养护中心和燕达医院同属一家企业，能够较好地实现医养服务协同。燕达金色年华健康养护中心已入住 3000 余名老人，在如此大的服务规模下，该中心自配了社区医院，针对社区在住老年人群开展慢病和康复理疗服务，很好地满足了入住老人的服务需求，深受大家欢迎。

但如果运营主体没有医疗经营管理经验，没有形成连锁化运营，在管理、资源整合、团队组建、供应链上也没有优势，就难以取得好的经营结果。

通过上述案例，我们认为实现医养深度融合，首先，要从老年人群的长期服务需求角度进行对应的医院等级、特色科室资源配置；其次，借助外部三甲医院医疗资源，可以实现绿色通道转诊，但三甲医院对健康管理、康复诊疗的服务驱动力不够，实现医养深度融合有一定的难度。

2.中小型养老机构内设医务室模式

中小型养老机构通常通过内设医务室、配备专职的执业医师和注册护士等方式，实现在住老人的健康管理、慢病管理、用药管理、专业护理等基础服务。一般情况下机构内24小时都有医护人员值班，有利于老人及时得到医疗诊断与救治，且服务质量能够得到保证。

2017年11月，国家卫生计生委办公厅发布了《关于养老机构内部设置医疗机构取消行政审批实行备案管理的通知》，此举降低了政策壁垒，为内设医疗机构提供了便利。虽然政策给了便利，但是增设医疗机构给养老机构带来了更高的运营成本支出，且内设医务室只有被纳入医保定点，才能实现药品、医疗、诊疗、护理等方面的收入。另外，内设医务室因规模小，医生的招聘和留用存在困难，因此大多数医生是退休医生。对于小型养老机构来说，内设医务室的收入无法支撑成本支出。

3.中小型养老机构在同一服务场地自建一级以上医疗服务机构

部分区域，如郑州地区，受医保报销政策的限制，为解决入住老人的医保支付问题，中小型养老机构也开办一级医疗机构。对于此模式，运营方对医疗业态的投入较大，医疗服务质量和医保合规操作都需要较大的管理投入。

二　养老机构签约医疗机构，合作实现医疗服务需求

目前市场上还有一些养老机构是通过与医疗机构签约合作实现医疗服务的，即养老机构与医疗机构签订合作协议，由医疗机构定期派医护人员到养

老机构巡诊并提供医疗服务。例如，北京金泰颐寿轩敬老院由北京市第二医院每周定期派遣医生通过巡查提供医疗服务。北京市西城区金融街养老照料中心借助紧邻的社区卫生服务站满足医疗服务需求。此模式解决了小型机构无法承担内设医务室的成本问题，同时借力解决了医疗服务资源问题，但对于老人的持续健康管理和院前急救需求，存在无法深度响应的不足。

三　医疗机构增设养老床位，开展养老服务

比较典型的案例是重庆的青冈模式。青冈县祯祥护理院于 2014 年底开始营业。护理院的前身是青冈县中医院祯祥分院，之后改造成护理院。但总体来讲这种模式较少，主要原因是政府办医疗机构一床难求，普遍缺乏增设养老服务的动力以及有可能因床位性质不清晰而带来潜在的风险。但部分企业下属职工医院，如矿区职工医院等，由于主业发展原因，有转型养老的市场空间，但也需要政策驱动。

四　通过社区服务机构开展上门服务

比如通过社区养老服务驿站、社区护理站，社区嵌入型养老机构、社区卫生服务站等服务载体，开展上门服务，向居家老人提供健康管理、康复护理、专业护理、生活照料服务等。也有通过互联网居家养老服务平台，如二毛照护，开展上门照护的模式。这样的模式初期运营投入小，给依托家庭床位享受专业服务的家庭带来了服务便捷和支付的实惠。但因上门服务客群不稳定、服务人员缺乏体系化的培训等问题，也存在服务质量无法保障、服务机构缺乏长期良性运营的弊端。以北京优护万家为例，该公司既有社区嵌入型机构，又有社区卫生服务站，还有专业的护理人才培训学校，具备上门服务的载体和人才供给能力。此外，百汇吉、慈爱嘉等机构也是集社区、居家、培训于一体的医养结合机构。

五　养老供需发展带动的新服务模式

在我国老龄人口基数大以及支付能力不足的供需矛盾下，居家上门服务

确实是解决服务供给和降低家庭服务支付的有效模式。在此背景下，将家庭床位变得更安全、更适老，以满足社区养老、居家养老的硬件条件，从而衍生了社区适老化改造、家庭适老化改造的服务新业态。目前我国主要的适老化改造市场参与者有两类：第一类是环境和居家硬件适老化改造服务商，如易享生活、安馨养老等，其业务主要是对老旧社区的无障碍改造以及房屋内进行的无障碍、适老化改造；第二类是一些智能养老企业，如罗格朗、安康通等，这类企业利用物联网和互联网技术在房屋或社区内安装智能监控系统、人员定位系统以及紧急报警系统等设备，配合移动设备，帮助家庭成员或养护人员实时了解老人的情况。

目前适老化改造市场的整体情况与居家社区养老服务市场类似，主要由政府付费进行老旧社区的无障碍改造，或政府付费由养老机构针对独居老人进行居家上门巡视。因家庭端消费需求和意愿市场培育不足，以及缺乏服务推广平台，ToC 端的业务相对较少，且非常分散，市场推广和客户获取比较困难。

例如，燕达金色年华健康养护中心的老人大多来自北京地区，在燕达医院未打通北京医保定点之前，该中心的获客比较困难。这也充分说明医疗载体除了满足服务需求外，还要满足支付需求，如果不能满足支付需求，仅服务需求的价值无法让客户埋单。

医养结合的服务目的首先是通过医疗、养老、康复、护理的深度融合，对老年人群的健康进行有效的干预，延长其健康生存期，使老人活得更有尊严、有质量，降低对医疗资源的需求。其次是通过服务模式的创新，让老人的健康需求不只依靠医院途径解决，还要力求在养老机构甚至家中就可以很好地解决，形成养老服务的三级服务体系。

第四节　医养结合服务关键要素

一　医疗资源配置等级决定了服务触达深度

医养结合服务模式中，医疗资源的配置程度决定了整体的服务深度。医疗资源配置分为三类。

第一类，医疗机构为一级及以上，如养老机构＋一级/二级康复医院、老年病专科医院、护理院，或一级或二级医疗机构做服务扩增，增设养老机构，彼此独立运营又相互服务协同。这一类是比较完整意义上的医养结合，一级以上的独立医疗载体在服务规模、服务资源上具有更强的服务能力，基本可以达到危急症以外的常见慢病诊疗、康复理疗、术后护理、院前急救等比较全面的服务能力。

第二类，医疗机构为内设医务室。这一类仅能满足机构在住老人健康管理、慢病开药、术后基础护理等基本医疗服务需求。

第三类，以社区卫生服务中心等医疗机构为主，开展家庭病床服务；或以驿站和护理站为服务载体，开展上门养老照料和基础护理服务。这一类满足的是居家老人的健康管理服务、基本护理服务和基础生活照料服务需求。

二 医养结合模式中医疗的精准定位是单体良性发展的要素

医养结合模式中，医疗如何不成为成本中心，且能够独立生存并实现良性发展，对其进行精准定位是最基本的。现阶段的客群主要为30后、40后，他们的支付能力不足，而且养成了节俭的习惯，因此采用高端妇幼模式不一定能够行得通。医疗服务要紧紧围绕主要群体的服务需求，根据地理位置、周边居民的人口基数及消费能力、周边医疗机构的布局及服务特色等合理进行定位和特色打造，精确地抓住内外部市场需求。做好定位，提供有效的服务供给，是现阶段市场竞争环境下医养结合生存发展的基本。

三 打通支付渠道是医疗机构拉动服务的核心要素

医养结合模式中，医疗服务除了提供专业服务保障外，另一个价值是解决专业医护服务的支付问题。因此，各机构在设立医疗服务机构前，要充分了解属地的设立政策和医保政策。在保证满足服务需求的基础上，还要满足医保支付政策，这样才能拉动服务消费，真正体现医养结合的服务价值。

同时，我国医保基金的支出增速居高不下，再加上劳动人口比例不断下降，预计未来医保基金的压力会继续增大。因此，也需要政府出台政策引导商业保险在养老和医疗相关的服务产品中加大投入，从而形成更加完善的养老支付体系。

四　成熟的管理模式和服务体系是医养结合持久发展的要素

医疗的运营成本高、管理难度大，很难实现连锁化效益，通过构建成熟的管理模式，如专业的医养结合医疗管理模式，输出管理模式、服务体系、人才团队、连锁化供应链资源等，来解决医养结合的医疗专业运营问题，控制成本，提升效益，是一种能够实现可持续发展的盈利模式。而且通过降低成本，提供让更多家庭消费得起的服务，能够迎合市场需求，解决供需矛盾。

医养结合是一个有机的整体，它不是各要素的机械组合或简单相加，而是把孤立状态下的各要素整合为整体。医养结合以老年人群为中心，以老年人群的整体需求为导向。在实践中摸索沉淀以客户为中心，构建职能和岗位高度匹配、服务和供给无缝对接的服务体系，也是产业持续高效发展的要素之一。

五　专业人才是医疗服务质量的支撑要素

医疗服务的核心竞争力在于人才，因此组建专业人才队伍、构建服务体系是提升服务品质和服务质量的保障。但目前普遍人才缺乏，这种缺乏不仅体现在专业养老照护人员的缺乏，养老机构、居家养老服务企业能够调动的医疗服务人才资源也非常有限。

根据北京师范大学中国公益研究院发布的《2017 年中国养老服务人才培养情况报告》，目前各类养老服务设施和服务机构的服务人员不足 50 万人，其中持有养老护理资格证的不足 2 万人。而按照每 3 名失能老人配备一名专业护理人员来计算，我国需要 1400 万名护理人员。巨大的人才缺口导致目前一线护理人员水平参差不齐。许多护理人员不仅年龄较大、受教育程度较低，而且缺乏系统的服务培训。同时，医养结合的推行对全科医生的需求也非常大。受教育失衡、职业发展以及收入水平等因素影响，我国全科医生数量有着巨大的缺口。根据国家卫健委数据，当前我国执业医师中只有6%为全科医生，远远低于西方国家的平均水平，这也在一定程度上对我国医养结合的迅速推行造成了困难。在人才队伍组建上，一是要借助政府政策引导，从教育源头上加大专业人才的供给；二是政府应扶持专业培训机构通过外培内训，提升基层服务人员的服务技能；三是应通过物联网、影像传输、可穿戴设备和床旁护理等技术的应用，推动远程医疗和护理技术的应用与升级，提升医疗人员的贡献价值。

我国的医养结合服务模式还处于初级阶段，正在经历从顶层设计阶段向模式探索阶段的转换。我国区域特征明显，应鼓励企业根据地域特色和自身优势，探索符合自身定位的发展模式。目前各种服务模式也都在积极实践中，其中部分企业已经初步形成了可持续发展的模式，创建了服务体系。未来可以整合标杆企业、连锁企业制定行业标准，让服务模式形成体系并日趋完善。

第四章
医养结合人才发展现状与分析[*]

诸事人才为先。医养结合养老作为现代服务业的一种模式，其发展质量如何，人才，尤其是在一线从事面对面照护工作的人才至关重要。人才在医养结合养老发展中的地位和意义，其实一直是政府和业界的共识。在政府发布的有关医养结合养老的文件中，几乎都会有专门章节论及人才队伍建设问题。业界在总结医养结合养老发展中的问题时，也基本都会提及人才的短缺和短板，并将其作为发展瓶颈。尽管人才受到高度重视，但在医养结合养老的诸要素中，人才问题也是解决得最不好的问题。个中原因很复杂。从供给端看，人才培养是长链条的工作，一个新领域人才的大量供应，非短期内可以实现。从需求端看，由于人才投资具有高投入、高风险的特点，医养机构往往望而却步。尽管本章所言人才，主要指的是技能型服务人员，并非高层次管理人员和技术研究人员，但相较于房屋、设施等物的投资具有的一次性特点（当然也有损坏和折旧，但毕竟周期长），人的投资具有持续性，且短期回报不显著。同时，人又有流动性，于是对于投资者而言，在人员素质提升上做大的投入时不免踌躇。具体到医养结合养老上，又有其具体的原因。主要表现为对医养结合服务作为一种新的技能类型的认识不足，因此对医养结合人才（为行文方便起见，本章统称医养人才）的内涵和外延认识不足。到目前为止，尚未形成医养人才的专业培养体系、职业标准体系和职业管理成长体系。为什么要构建这些体系，以及如何构建这些体系，是本章的主旨。

———————————

* 基金项目：本报告系国家社会科学基金一般项目（18BZZ044）的阶段性成果；四川省科技项目（20RKX0748）的阶段性成果。

第一节　医养人才建设现状和问题

一　医养人才的内涵和外延

1. 医养人才的内涵

简言之，医养人才即适合医养结合养老模式需求、从事医养结合养老服务的人才的统称。按照医养结合养老模式设计的本意，一方面是为了提升老年人照护质量和健康水平，实现健康老龄化；另一方面是从长远看降低全社会医疗支出，走出一条低成本积极应对人口老龄化的路子。正如习近平总书记所指出的，要从以医疗为中心转向以健康为中心。因此，医养人才的"医"，不是当下以临床为指向的医生和护士，从技术水平上说，大体上比对现在专科医生的要求要低一些，但在知识结构上要宽一些。同时，在"养"的一端，则不仅仅掌握生活照料的技能，还包括掌握康复护理、健康管理、营养膳食等知识和技能。由此，所谓医养人才，指的就是进行生活照料、心理慰藉、护理康复等工作的人员。这是从狭义上说的，在广义上，从事医养结合养老管理、技术研发的人才也应包括在内。本章所研究的医养人才建设，主要就其狭义而言。但无论是狭义还是广义，医养人才都是同一类人才，包含了现有多个职业类别。

2. 医养人才的外延

医养结合养老模式处在发展初期，尚未形成系统科学的医养人才职业体系，因此要探讨医养人才的外延，只能依据现有的职业。那么，到底哪些人可以归入医养人才？回答这个问题有三个思路：一是观察医养结合养老的实践，看哪些人在从事医养结合服务；二是从政策设计的角度，看医养结合养老有关文件中的描述；三是理论推演，看理想的医养结合养老需要哪些人才。鉴于医养结合养老开展时间较短，实践中不同地区、不同机构的差异很大，本章首先从政策文件的文本分析开始。根据与主题的相关性，主要分析五个文件。

有关医养结合的第一个文件是 2015 年国务院办公厅转发卫生计生委等部门《关于推进医疗卫生与养老服务相结合的指导意见》（国办发〔2015〕84 号）（以下简称文件 1）。在"加强人才队伍建设"部分，文件 1 写道：

> 将老年医学、康复、护理人才作为急需紧缺人才纳入卫生计生人员培训规划。加强专业技能培训，大力推进养老护理员等职业技能鉴定工作。支持高等院校和中等职业学校增设相关专业课程，加快培养老年医学、康复、护理、营养、心理和社会工作等方面专业人才。

2019 年，国家卫健委出台《关于深入推进医养结合发展的若干意见》（国卫老龄发〔2019〕60 号）（以下简称文件 2）。在"加强队伍建设"部分，文件 2 写道：

> 加强老年医学、康复、护理、健康管理、社工、老年服务与管理等专业人才培养……医养结合机构要优先招聘培训合格的医疗护理员和养老护理员。

除了这两个专门针对医养结合的文件外，2013 年国务院出台的《关于加快发展养老服务业的若干意见》（国发〔2013〕35 号）（以下简称文件 3）和《关于促进健康服务业发展的若干意见》（国发〔2013〕40 号）（以下简称文件 4）也是重要的依据。前者对养老人才队伍的描述是：

> 加快培养老年医学、康复、护理、营养、心理和社会工作等方面的专门人才……养老机构应当科学设置专业技术岗位，重点培养和引进医生、护士、康复医师、康复治疗师、社会工作者等具有执业或职业资格的专业技术人员。

后者的规定是：

> 规范并加快培养护士、养老护理员、药剂师、营养师、育婴师、按摩师、康复治疗师、健康管理师、健身教练、社会体育指导员等从业人员。

此外，2017 年国家卫计委等十三个部门联合发布的《"十三五"健康老龄化规划》（以下简称文件5）也提出要"加快培养老年医学、康复、护理、营养、心理和社会工作等方面的专业人才"。

通过简单的文本分析可以发现，文件3、文件1和文件5有相同的表述，均列举了"老年医学、康复、护理、营养、心理和社会工作"人才。三个文件出台时间分别为2013年、2015年和2017年，保持了认识上的连续性，文件2和文件4的表述也有比较多的交集。所以，这个人才范围，可以看作医养人才队伍的主体。再加上文件2和文件4中单独提到的，如按摩师、健康管理师、社会体育指导员等，基本囊括了现有职业体系中医养结合服务的全部。从技能结构上看，这些人才可以提供的服务丰富全面，包括疾病治疗、康复治疗、生活照料、疾病和康复护理、营养膳食、心理慰藉、健康管理、运动指导、政策咨询等。如果这些服务落实到位，的确可以保证健全完善的医养结合服务。但在实践中至少存在两个问题。首先，在人才培养方面，一般是按照该领域的通用人才培养的。如护理，虽然有老年护理的课程和训练，但主要是面向临床护理培养的。在康复治疗、心理、营养、体育等方面也是如此。其次，退一步说，随着老龄化的加剧和老年照护市场的发展，上述专业都细分出面向老年人群服务的培养方向，但对一个具体的医养结合养老机构或项目而言，几乎不可能配齐这些专业人员。一方面，配齐这些专业人员将导致高昂的成本；另一方面，这些人员由于分属不同的政府部门管理，在职业成长空间上差别很大，无法兼容到一个管理体系中。因此，必须以医养结合服务技能为依据，重构医养结合服务人才专业培养体系、职业标准和成长体系，培养新型医养人才。同时，拓展医养人才外延，将涉及医养产业的利益相关者，包括志愿者、家属、社区邻里等纳入医养人才范畴。

二　医养人才队伍建设现状

尽管医养人才队伍建设现状不尽如人意，但近年来各地区、各部门在医养人才培养培训、人才激励、人才评价评定等方面做了不少有益的探索，为下一步的工作奠定了基础、提供了借鉴。

1. 人才培养培训

（1）加强养老护理学历教育

教育部先后于2004年和2010年修订并颁布了高职、中职学校专业目录，在专业设置上增加了"老年服务与管理"专业，并且设置了老年服务与管理、老年心理护理、老年生活照料、社区康复、康复治疗技术、老年社会工作、健康管理、老年用品营销等课程，包括教学计划、教学大纲、规划教材、校本教材、参考书籍在内的教学体系已基本完备，学历教育逐渐正规化、专业化。不少本科院校也探索设立养老相关专业，如中国人民大学于2003年正式设置老年学专业（学科性质为法学门类下的社会学）；华中师范大学于2004年在社会工作专业开设老年方向；东北师范大学于2010年创办社会福祉系，招收社会福祉方向本科生；成都医学院在老年医学的基础上增设老年事业管理专业本科、老年护理专业本科。

（2）开展养老护理职业培训

本科院校、高职院校、中职学校、各地各类公办人才培训中心、工青妇等群团组织办的学校和培训机构都不同程度地开展了养老服务人才短期技能培训和远程教育培训工作。相关部门依托养老培训基地，扩大养老人才培养规模，以工学结合、校企合作等方式开展养老护理员"订单式"培养。例如，大连市采取组织大龄失业女工的方式，通过培训使其成为专业养护员，进入空巢老人家中为其提供服务，这一做法同时解决了老龄人群照护和下岗人群再就业的问题。2012年初，广东省社会福利服务中心通过民政部实地验收，成为广东省首家民政行业职业技能鉴定培训基地。之后开始分期分批对分散于全省各养老机构的养老护理员进行专业正规的培训，主要采取集中授课与现场指导相结合、系统培训与技能操作相结合的方式，授课内容包括职业道德基本知识、老年人生活照料、老年人日常护理技术、老年人康复护理技术、老年人心理护理技术、老年人营养需求和老年人临终照护等知识。2016 年 3 月，民政部办公厅下发《关于开展千名养老护理员职业技能培训和推荐就业的通知》，通过举办历时近 9 个月、前后共 8 期的培训班，使1003 名来自罗霄山贫困地区的学员系统学习了老年人生活照料、技术护理、康复护理、心理护理等内容，基本掌握了初级养老护理的基础知识和技能，经理论和实操考核，87% 的学员取得了国家职业资格证书。近年来，四川成都先后举办全市人社系统管理人员培训班和两期失能评定专家暨评估员师资培训班，共有 220 名人社系统管理人员、300 名失能评定专家参加，培训失能评估员 2400 余名，有效提高了成都市长期照护保险的整体经办服务能力，为失能评定工作客观、公正地开展提供了人才支撑。

2. 人才激励

人社部、民政部等高度重视养老服务人才培训工作，为参与培训的机构提供培训补贴和鉴定补贴，调动各级培训机构和养老服务从业人员参与培训和鉴定工作的积极性。地方政府也在积极探索。例如，江苏、浙江、山东等地对首次选择养老服务职业的人员提供一次性经济补贴，称为"入职补贴"；北京市民政局印发《关于加强养老服务人才队伍建设的意见》，出台养老人才优待政策，"护理员干得好可留京养老"。该意见从养老从业人员的社会地位、薪酬补贴、培养晋升、落户优待、登记注册层面完善制度，扩大行业人才来源和人才供给。举办各级养老护理员职业技能竞赛，提升养老护理员的职业荣誉感和社会地位。例如，甘肃省民政厅制定养老护理员入职奖补政策，加强从业培训。截至 2018 年，全省共设立养老服务培训基地和技能鉴定机构 11 家，先后组织培养养老护理员 5000 多人次，持证上岗率达到 70%，为提升机构养老服务水平奠定了基础。①

3. 人才评价评定

2002 年，我国发布第一版《养老护理员国家职业技能标准》，民政部、

---

① 《甘肃省举办首届养老护理员职业技能竞赛》，每日甘肃网，2017 年 8 月 25 日，http：//gansu. gansudaily. com. cn/system/2017/08/25/016797077. shtml。

原劳动保障部先后出版了第一批次的养老护理员职业资格培训教程、鉴定指导和题库。2009 年修订《国家职业技能标准》《职业资格培训教程》；北京社会管理职业学院（民政部培训中心）、民政部职业技能鉴定指导中心先后编写出版了《职业技能鉴定培训教材和养老护理员考试指南》《老年社会工作培训教程》《养老蓝皮书：中国养老产业和人才发展报告（2014～2015）》。养老护理员职业技能培训教材、鉴定指导等的出版，为进一步加强人才队伍建设工作提供了强有力的支撑。截至 2015 年底，民政部职业技能鉴定指导中心公布的养老护理员职业技能培训基地有 60 多个，人社部批准设立的养老护理员鉴定站有 32 个。

尽管做了大量工作，但问题仍然突出，主要表现在从业人员的质和量不能满足需求。一方面，养老机构的医疗护理水平不高、专业性不强，且医疗资源分布不均衡；另一方面，从业人员普遍存在服务质量不高、专业技能不足、学历较低、结构不合理等问题，无法满足日渐庞大的老年群体对医疗照护和生活照料的需求。

目前我国虽已基本形成以学历教育和职业培训为主的养老服务人才开发体系，但专业和课程设置与市场需求尚有差距，且市场上的培训机构繁杂，师资队伍和培训质量参差不齐，不利于专业化队伍的培育；而劳动强度大、工资收入低、社会地位低、职业发展空间狭小的现实情况，又使得学生和家长对养老护理这一职业存在认知偏见，不仅导致人才供给难以满足社会需求，而且严重制约了医养人才队伍水平的提升和规模的扩大。

从学历结构分析，多项调查发现，从业人员中高中以下学历占主体。根据北京师范大学中国公益研究院发布的《2017 年中国养老服务人才培养情况报告》，我国失能、半失能老人约有 4063 万人，若按照国际标准失能老人与护理员 3∶1 的配置标准推算，至少需要 1300 万名护理员；若按照不能自理老人与专业护理人员 1∶3 的配置标准推算，至少需要 20 万名专业护理人员。而目前我国各类养老服务机构的服务人员不足 50 万人，其中持证人员不足 2 万人。另外，人才结构不够优化、高层次和高技能人才紧缺等问题，也严重制约了养老服务的发展。[①]

养老服务工作处于起步发展阶段，且尚无统一标准与行业规范，导致行业人力资源技能水平参差不齐。以广东省为例，当地人少有从事养老护理服务工作，多数养老院舍的护理员是靠"老乡介绍老乡"的方式招聘而来的，且大多是来自湖南、四川、粤北山区等经济不发达地区的女性，平均年龄为45~55岁。从业人员年龄较大、学历水平较低，意味着她们可以接受入门级别的日常照料实际操练培训，但进行职业培训有较大难度。

三 医养人才建设中存在的主要问题

1. 职业界定交叉混乱，缺乏基本行业秩序

医养产业作为未来几十年我国重点发展的产业之一，受到从政府到市场、各个行业部门和专业人员的关注，可以说是一片新的蓝海。但就医养产业从业人员来说，人才队伍界定不清、缺乏顶层设计、缺乏高端专有职业、存在大量"擦边球"职业是制约产业长期可持续发展的重要因素。

如前文所述，医养行业存在大量专业人才，如公共营养师、健康管理师、社区康复师、心理咨询师等，这些人才既不属于卫生部门管辖，也不归入民政和人社等部门，游离在正规监管体系之外，找不到管理归口，而我国养老和医疗又分属民政和卫生计生部门管理。

2. 专业和产业发展脱节

产教融合是近年来职业教育持续努力的方向，但更多是在就业阶段建立学校和企业的接口。虽然大多高职院校的学生在最后一个学期乃至一年在企业实习，但仍然存在专业培养和岗位要求脱节问题。当然各个学校、各个专业、各个行业的情况不同，但至少在医养人才领域这种情形仍比较明显。从普遍的角度看，在于专业培养和岗位要求逻辑上的不同。对于职业院校，其人才培养的目标是按照行业和岗位的要求进行培养，但作为教育机构，其内

[①] 《我国养老服务业人才现状》，光明网，2019年3月25日，https：//m. gmw. cn/baijia/2019 - 03/25/32673830. html。

在的逻辑是基于知识的。所以我们看到，高职院校的课程设置仍然是按照公共课—专业基础课—专业课依次递进的，与普通高校并无区别。又由于基本的培养方式是课程培训，所以虽然是技能教育，但与知识教育并无根本区别。从医养人才特殊的方面观察，主要是医养行业起步不久，正在快速地发展演变中。作为一个复合型产业，与专业教育的接口显然很难找准。而在我国高等教育的目录管理制度下，要想在短时间内做到专业设置和行业要求相匹配是不可能的。事实上，前引文件中所列举的各类专业在目前的专业目录中分属医药、社会服务等各类专业，距离树立"同行"意识还任重道远。

3. 职业成长中的"断头路"

在谈到老年护理工作吸引不到人，尤其是吸引不到年轻人时，一般总会谈到收入低的问题。收入确实是重要的方面，但事实上，相对于现有人员的学历、技能和服务水平，无论是从绝对的角度还是相对的角度，工资收入也很难说绝对低。在现有情况下，工资提升的空间几乎没有了。以现有从业人员的基础能力和技能看，职业发展的上升空间也很有限。同时，有不少消费者愿意付出更高的薪酬，但市场提供不出满足需要的服务。所以，不仅存在提高薪酬的问题，而且存在提高服务能力的问题。从根本上说，改变目前的尴尬局面还需要从供给端发力，从提高从业者专业技能入手。进而，需要这个行业吸引更高学历、更具可塑性的人，尤其是青年人进入。只有高水平的服务才能撬动高品质的需求，从而提高从业者的薪酬。再进一步，就是要创设适应产业发展的从业人员上升通道，以提高其收入和社会地位，从而形成有序的劳动力格局。

第二节　医养人才建设的新机遇

医养结合概念的提出本身就提示了老年人需求的升级。政府鼓励医养结合养老，表明了对养老产业提质升级的要求和期待。现代科技，尤其是信息技术的发展也为医养结合养老发展赋予了新动能。所有这些都构成了医养人才建设的新机遇和新动力。

一 产业发展带来新需求

医养结合养老服务内容多元，需要复合型的专业人才队伍。一方面，从全景产业链角度看，医养产业可容纳数十个行业类别；另一方面，随着健康养老、医养结合理念的不断普及，老年人群对医疗、康复、保健的需求逐渐多元化、个性化，养老院、老年公寓、老年康复中心、护理中心、托老所等养老机构种类日益繁多，提供的服务内容各有侧重，这就要求医养人才适应老年人医疗、康复、照护和保健等多层次需求，具备老年医学、康复、护理、营养、心理和社会工作等多领域知识和技能的储备。一支完整的医养人才队伍，应当包括医师、护士、养老护理人员、理疗康复师、专业管理者等各类人员，从各自的专业特长出发，各司其职，为老年人群提供专业化、个性化的养老服务。

值得注意的是，随着时间演化和代际更替，老年人的特征也在发生变化。从 2020 年开始，20 世纪 60 年代出生的人口陆续进入老年，他们是改革开放后享受到发展红利的第一代人，其社会参与能力、养老观念、消费观念等与当前的老年人有很大不同。相当一部分人积累了较为丰厚的财富，部分群体有较为完备的社会保障，再加上受教育水平提升，对互联网等技术和新事物的接受程度高，对治疗水平、服务体验、服务质量的要求更高。国务院发展研究中心的一份报告显示，到 2050 年，我国小学及以下受教育水平的老年人占比将从 2020 年的 55% 下降到 13%，大学专科及以上受教育水平的老年人占比将从 2020 年的 4% 上升到 15%。同时也要注意到，我国家庭户规模下降明显，2017 年已经下降为平均每户 3.03 人。当前我国每位老年人平均仍有 3.0 个子女，但年龄越小，子女数越少，60～64 岁的老年人平均子女数仅为 2.3 个。目前 50～59 岁的"将老未老"人群受计划生育政策的影响更大，相当一部分家庭为独生子女家庭。随着家庭规模的逐步缩小，空巢、独居老人的规模和比例逐步提升。2015 年，我国独居或仅与配偶共同居住的空巢老人占老年人口的比重为 51.3%，比 2000 年提高了 16.2 个百分点，其中 13.1% 为独居老人。未来老年人空巢、独居的比例将更高，社会化支持的需求也会更大。伴随着老年人空巢和独居比例的提高，老年人精神健康问题变得更加突出，抑郁是其中典型的代表。2016 年，60～69 岁老年人抑郁疾病负担是 2000 年的 1.7 倍，且呈现加速上升的趋势。随着我国过快的社会转型，以及城镇化、收入分配差距、人口快速流动、家庭规模和结构的变化，"将老未老"人群的精神健康压力将会更大。①

二 政策红利释放新动能

相关法规文件密集出台，为医养人才队伍建设提供了政策依据。在国家层面，《国民经济和社会发展第十三个五年规划纲要》提出，要实施养老护理人员培训计划，加强专业化养老服务护理人员和管理人才队伍建设，推动医疗卫生和养老服务相结合。2015 年 11 月，国家卫计委、民政部等九部门联合发文给出"医养结合"时间表，提出到 2020 年，所有医疗机构都要开设为老年人提供挂号、就医等便利服务的绿色通道；所有养老机构都能够以不同形式为入住老年人提供医疗卫生服务。国务院《关于印发"十三五"国家老龄事业发展和养老体系建设规划的通知》（国发〔2017〕13 号）指出，要"推进涉老相关专业教育体系建设，加快培养老年医学、康复、护理、营养、心理和社会工作、经营管理、康复辅具配置等人才。建立以品德、能力和业绩为导向的职称评价和技能等级评价制度，拓宽养老服务专业人员职业发展空间。推动各地保障和逐步提高养老服务从业人员薪酬待遇"。

在地方层面，各地也相继出台养老服务实施细则。2015 年 1 月，浙江省出台《浙江省社会养老服务促进条例》；2015 年 4 月，北京市出台《关于依托养老照料中心开展社区居家养老服务的指导意见》；2015 年 2 月，江苏省出台《南京市养老服务设施布局规划（2014～2020）》；2017 年 2 月和 4 月，成都市陆续出台《成都市长期照护保险制度试点方案》《成都市长期照

---

① 国务院发展研究中心社会发展研究部"推进健康老龄化策略研究"课题组：《以政策完善和产业发展双轮驱动，推进中国实现健康老龄化》，国务院发展研究中心网站，2019 年 12 月 20 日，http：//www.drc.gov.cn/xsyzcfx/20191220/4 - 4 - 2900020.htm。

护保险实施细则（试行）》；2017 年 4 月，广州市出台《关于开展长期护理保险制度试点工作的意见》；等等。

养老护理员职业资格认证取消，为康养人才队伍建设和职业发展带来新契机。2000 年，原劳动保障部颁布《招用技术工种从业人员规定》（劳动和社会保障部令 2000 年第 6 号），规定了包括养老护理员在内的 90 个持职业资格证书就业的职业。长期以来，养老护理员职业资格证书制度引导和规范了养老服务职业教育的方向，但也在一定程度上提高了就业门槛和企业用工成本，制约了养老服务人才的流动与活力。在政府职能转变的大背景下，以加快简政放权、突出市场导向、强化监管服务为原则，国家进一步加大职业资格清理规范改革力度。依据人力资源和社会保障部 2016 年 12 月公布、2017 年 3 月修订的《国家职业资格目录清单》，养老护理员被列入"关于生活照料服务人员"名单，由人社部门技能鉴定机构会同有关行业协会、民政行业技能鉴定机构予以实施，属于水平评价类职业资格。养老护理员的职业资格许可认定改由行业组织、企业按照岗位条件和职业标准进行管理，自主实施评价。这将在一定程度上降低养老服务行业的运行成本，拓宽企业合理盈利空间，进而吸引更多民间资本进入养老服务行业。

三 科技进步驱动人才新形态

1. 现代科技与人口老龄化

现代科技与人口老龄化相遇，结出的果实即老龄科技。总的来说，老龄科技是对现代老龄学与信息技术、老年养护技术、老年医学、生命科学等学科进行科际整合的科学与技术。通过运用康复辅具等科学技术手段，旨在为老年人提供最佳照料护理、健康管理、卫生保健、安全环境和社会参与途径，提升老年人健康、福祉和生命生活质量。未来社会运用科学技术来应对老龄化，不仅在于老龄社会自身对科技的刚性需求，更关键的是运用科学技术应对老龄化具有合理性和巨大的潜力。首先，最直观地看，科学技术的广泛适老化无疑能直接提高老龄人群的获得率和使用率，进一步提升其健康照护水平；其次，从社会治理的角度看，通过科学技术与养老科研的政策配套，以及通过诸如搭建"互联网＋养老"平台等方式和渠道，能够在一定程度上促进老龄群体的社会参与；最后，从经济发展的角度看，我国目前养老医疗配套设施的缺乏，也是制约老龄群体消费的因素之一，因此科学技术的广泛适老化，能够刺激老龄群体的需求，老龄群体的消费以及养老市场的繁荣在一定程度上也会带动经济的发展。

2.发展老龄科技助推医养人才建设

老龄科技在两个向度上可以助推医养人才培养：一是直接提升医养人员的服务质量，如通过远程医疗技术，可以让老年人享受到全国乃至全球顶级专家的预防、治疗和康复服务；二是辅具技术可以减轻照护者的体力付出，服务机器人可以替代很多被认为"脏""累"的照护工作，从而提升了照护工作的吸引力，尤其是对年轻人的吸引力。被解放出来的照护者可以提供诸如心理层面、精神层面和文化层面的服务。这样，现代科技从反向又促进了照护质量的提高。

近年来，从世界范围看，老龄科技发展迅速，成效显著。欧美、日本等发达国家和地区重视吸收、转化和集成现代信息技术与生命科学成果，较早在老龄科技研发和应用方面占得先机。欧盟、德国、日本等纷纷出台并实施科技发展战略、人类生活技术战略等，加大技术创新和产品开发力度，大力发展老龄科技，形成了比较系统、成熟的老龄科技产品和服务市场，主要表现为企业踊跃进入、市场发育充分、研发持续投入、就业体系成熟、模式各具特色。

从国内发展现状来看，我国老龄科技研发和应用起步较晚。虽然不断吸收国际前沿科技和经验，在老龄科研领域横向扩展、纵向深入方面取得了一定成果，在研究方法和技术手段上也不断进行改善和深化，直接加速推动了老龄科研领域本土化的进程，但不可否认，我国老龄科技学科相对年轻，与国际水平存在较大差距。

从医养照护的角度看，当前宜加大力度重点突破的技术领域主要包括医疗疾病需求（在此层面应着力发展的前沿技术有远程医疗技术、疾病管理技术）、日常照护需求（在此层面应关注可穿戴设备制造技术、家庭智能机器人技术、远程照护培训和监督技术）、社会交际需求（在此层面的前沿老龄科技包括认知评估技术、社会网络支撑技术）以及交通出行需求（具体为交通出行及基础设施的适老化）等方面。

第三节　医养人才建设路向

一　完善医养人才专业教育体系

1. 健全医养专业设置

目前我国医养人才缺口巨大，应当从教育源头入手，适应供给侧结构性改革需要，结合对未来需求的预测，加快发展梯级养老专业人才学历教育，建立以高职教育为主体，中职、高职、应用型本科和研究生教育相衔接形成梯级的医养人才教育培养体系。有计划地在高等院校和中等职业学校增设老年医学、护理学、营养学、心理学等与养老服务相关的专业和课程，扩大人才培养规模，把养老服务人才的培养融合到学历教育、职业培训系统中。积极发展养老服务专业应用型本科教育、专业硕士教育，建立以职业道德、基础知识、生活照料、基础护理、康复护理、心理护理、护理管理、培训指导等为主体的课程体系，同时进一步深化产教融合、校企合作。支持研究型大学在社会学、老年学、护理学、康复治疗学等博士招生专业增设康养研究方向，为养老机构和院校培养、输送业务骨干和高层次教学研究人员。

2. 扩大招生规模

（1）扩大医养专业招生规模

一是为尽快增加医养人才供给，专业招生应不受计划限制，实现院校自主招生、注册入学以及普通教育和成人教育、职业教育和人员培训工作同步推进。实施按照招生数量核定招生人数的办法，鼓励和支持老年专业打破招生壁垒和限制。二是通过增设专业点、实行单独（自主）招生、增加招生计划等形式，逐年扩大招生规模，满足社会需要。

（2）降低养老服务人才学习成本

一是实施高职阶段老年服务专业的免费教育。建议政府参照师范教育免费等成功做法，进行学费减免。二是通过福彩公益金项目支持，加大国家奖学金、助学金对学生的资助力度。三是将政府对养老服务人才的"入职补贴"部分前置到教育教学环节，以对院校和学生给予鼓励支持。四是对开办养老服务专业的院校给予经费支持。

（3）拓展招生渠道，将招生、就业与精准扶贫相结合

鼓励职业院校养老服务专业打破地域限制，增加贫困地区招生指标，与精准扶贫、扶持贫困地区就业对接。

3. 改革教学体系，提升医养人才专业水平

（1）打通养老服务人才培养的"立交桥"和"高速路"

一是打造健康养老专业群，形成专业合力。专业群以老年服务与管理专业为主体，涵盖护理、社会工作、健康管理、康复治疗、康复辅具应用、社区服务等专业。二是顺应市场需要，开设老年照护、失智老人照护、老年旅游以及老年产品设计、运用和营销等专业，提升服务水平。三是开展学历教育和非学历培训资源整合。推动中高职、高等学校和培训机构定向培养、培训养老服务人才。四是提高养老服务专业培养层次。支持高校在养老服务管理、康复治疗、家庭服务等学科招收研究生，增加学位授权点。

（2）深化产教融合，探索现代学徒制

深入推进全方位产教融合。医养人才具有较强的实践性、应用性，其培养过程需要政府部门、高等院校、行业企业等多方协同，建立产教深度融合的人才培养系统工程。鼓励技工院校、技师学院等以市场需求为导向，打造特色专业，采取校企合作、订单培养等方式，实现专业链与产业链、人才培养规格与企业岗位需求密切对接，为医养产业提供人力资源支撑。

职业院校与医养机构建立校企联合招生和招工机制，建立校企深度合作的"双主体"管理体制，建立融合协调、一体化的育人机制，在养老护理员职业资格认证取消之后，探索建立为老服务人才职业水平评价制度，建立院校学业证书和职业水平评价证书的"双证书"体系。

二 构建医养人才职业标准体系

医养人才职业标准的制定是医养产业有序健康发展的基础。目前，开展医养人才职业标准研究工作迫在眉睫。

1. 医养人才职业标准体系构建的意义

（1）职业的内涵

职业是劳动者参与社会经济活动的直接体现。在日常生活中，人们对职业的一般理解是"营生""做事""工作"。《现代汉语词典》中对"职业"的定义是：个人在社会中所从事的作为主要生活来源的工作。《中国大百科全书·社会学卷》指出，职业是随社会分工而出现的，并随着社会分工的稳定发展而构成人们赖以生存的不同的工作方式。美国社会学家阿瑟·萨兹认为，职业是人们为获得经常性的收入而从事的连续性的特殊活动，这种活动具有市场价值，并且决定着从事它的人们的社会地位。

目前，国内学者在理论研究中关于"职业"普遍采用的定义是：职业是指从业人员为获取主要生活来源而从事的社会性工作类别。职业须同时具备以下五个基本特征：①目的性，即职业活动以获得现金或实物报酬为目的；②社会性，即职业是从业人员在特定社会生活环境中所从事的一种与其他社会成员相互关联、相互服务的社会活动；③稳定性，即职业在一定的历史时期内形成，并具有较长生命周期；④规范性，即职业活动必须符合国家法律和社会道德规范；⑤群体性，即形成独立职业类型必须有一定数量的从业人数。

（2）职业标准体系构建的地位

职业标准体系在整个国家职业资格体系中处于龙头位置，起着导向作用。它引导着职业教育、职业培训、鉴定考核、技能竞赛等活动，其举足轻重的地位越来越清晰地呈现出来。一个统一的、符合劳动力市场目标和企业发展目标的职业标准体系，对国家职业技能开发事业的发展具有决定性的意义和影响。人们越来越明确地认识到，国家职业资格证书制度的建立，以及职业教育、培训、鉴定、考核、竞赛和表彰系统的构建和改造，实质上是一场以职业标准为导向的改革。从全球范围看，标准导向的改革已经成为世界性职业教育改革潮流的共同目标，成为各国共同的行动纲领。

2.医养人才职业标准体系构建

（1）医养人才职业标准体系构建的原则和方法

我国现行的职业标准源于计划经济体制下制定的工人技术等级标准，在标准制定之初，还曾深受苏联高度中央集权体系的影响。尽管以后经过三次较大的调整和修订，在标准等级管理结构上有了不小改进，但是从总体上说，依旧未能摆脱旧的标准体系的制约。它主要反映了计划管理部门的要求和利益，而难以反映实际生产部门的要求和利益，更难以反映劳动者的要求和利益。从动态上看，它不能随着生产力的发展和技术的进步而相应做出变动。从结构上看，它更多地带有学科体系的框架和特征，不符合职业体系的要求。从方法上看，它通常采用知识分析法，追求知识体系的完整性，而不是追求职业功能目标的实现和技术技能应用水平的先进性。这些问题导致我国的职业标准在相当高的程度上严重脱离经济、生产和生产者的要求，无法适应产业、行业、职业和实际生产技术技能飞速发展变化的形势，难以满足企业发展和劳动力市场建设的需要。

在国家标准制定中逐步摒弃传统的知识分析法，采用工作分析法。这是一个进步，但是也还留有一系列有待解决的问题。劳动者的职业能力是基于职业活动本身而言的，因此劳动者职业能力的养成、提高和评价必须基于其完成工作任务的内涵和质量。劳动者在职业领域中运用的工艺技术手段，是其完成工作任务、提高工作质量的工具。工艺技术手段是动态、千差万别并不断发展的，而职业的社会功能（以及与此相对应的工作任务）则是相对静态的、具有同一性的。在许多情况下，工艺技术手段的进步有可能导致从业人员的具体操作活动（传统意义上的技能）趋于相对简单化。因此，按照特定职业工艺和设备的技术含量来区分从业人员的技能等级，是对工艺技术手段和职业能力之间关系的一种误解。职业技能等级的确定，应当基于职业活动范围的宽窄、工作责任的大小和工作质量的高低，而工作范围、工作责任和工作质量的确定则直接源于其职业所具备的社会功能。工艺和设备作为劳动者在特定职业范围内完成工作任务的工具和手段，不应成为确定标准的主要依据。对于任何一个职业而言，是由于其工作性质或者说社会功能具有同一性，才可能成为一个独立的职业。作为国家制定的职业标准，它所直接映射和调控的劳动者技能，代表着劳动者能够完成的工作任务的内容和质量，而不直接反映或调控劳动者使用的生产技术工艺和设备。

基于这种认识，我们认为国家职业标准编制工作应当在以职业活动为导向、以职业技能为核心的总原则指导下，运用职业功能分析法，按照模块化、层次化、国际化和专业化的方向发展，使国家标准成为以职业必备能力为基础，具有动态性、开放性和灵活性的职业标准，以全面满足企业生产、科技进步以及劳动就业的需要。

（2）医养人才职业能力体系

根据世界卫生组织提出的"健康老龄化"的目标——个体进入老年期时，在身体、心理、智力、社会和健康五个方面的功能仍可以保持良好的状态。随着健康养老、医养结合理念的不断普及，消费人群对医疗、康复、保健的需求逐渐多元化、个性化，所提供的服务内容各有侧重，这就要求医养人才适应医疗、康复、照护和保健等多层次需求，需要具备老年医学、康复、护理、营养、心理和社会工作等多领域知识和技能的储备。这就需要大量不同专业领域、不同层次水平、形成梯级层次的人才队伍。一支完整的医养人才队伍，应当包括医师、护士、养老护理员、理疗康复师、专业管理者等各类人员，从各自的专业特长出发，各司其职，提供不同侧面和层面的健康服务。

借鉴国外实践，适应我国新时代发展需求的医养人才队伍的结构和层次为：横向上，按照不同年龄、健康状况群体的照护、康复、文娱、运动、旅游等需求，设置卫生、养护、教育、管理、科技、文化等不同职组；纵向上，按照技能人员、半专业人员、专业人员的层次区分，设置职业、职系和职级，由此形成覆盖健康产业、层次分明的人才队伍金字塔，处在金字塔不同层次的从业人员具有清晰的职业定位和职业差异，各个层次之间和其他相关职业之间具有明确的发展路径，可以贯通发展。

三 构建医养人才职业管理与成长体系

加强医养人才职位规范化管理，是提高养老服务队伍专业化水平、促进养老护理事业健康发展的基础。

养老事业的服务对象以 60 岁及以上的老年群体为主，以 45～60 岁群体为潜在服务对象。同其他消费群体相比，老年群体在生理、心理、经验等方面具有明显特点，并且受到年龄、健康状况、经济实力等因素影响，对健康保健、医疗护理、行动安全、物质生活和精神层次等方面的需求具有明显的差别或独特性，这就对医养人才的文化知识、业务技能、服务水平、资格学历、职业道德、性格品质、信念态度等提出了更高的要求。医养服务行业具有规范性、技术性和操作性，医养服务人员应当也必须经过职业技能培训后方能上岗，并且在达到一定从业年限和获得职业资格鉴定后，晋升职业资格等级。

1. 建立医养人才能力认证体系

在医养从业人员资格认证方面，建立健全职业能力证书制度和培训机制。推动医养行业从业人员工资待遇与专业技能等级、从业年限挂钩。对于在医养机构执业的专业技术人员，实行执业资格和注册考核制度，定期与不定期相结合开展培训和考核。推动实施职业技能等级认定制度，科学设置医养行业专业人才评价标准，完善技能人才评价工作。

2. 强化行业协会作用

相较于劳动部门和行业主管部门，行业协会与市场的联系更为密切。在很多国家，由行业协会负责制定职业标准，并承担职业技能鉴定和证书发放等事务。因此，加快推进康养行业规范化和职业化建设，应积极发挥行业协会作用，建立健全行业法规和行业标准，营造良好的行业生态。注重发挥行业组织的人才需求预测作用，将市场供求比例、就业质量作为引导学校设置调整学科专业和培养规模的重要依据。加强企业、行业，尤其是行业协会在专业技术和技能人才评价中的作用，建立以行业协会为主导的职业能力评价体系。强化行业协会在推进医养学科建设、理论研究和实践操作中的作用，促进从事医养相关活动的企业、团体和研究机构间的交流与合作，加强医养人才对外交流与合作，在医养产业科研、决策咨询、教学培训和科普宣教活动中积极发挥作用。

3.贯通职业发展

在新时代医养人才队伍金字塔中，贯通技能人才、技术应用人才和技术研发人才之间的流动。畅通技能人才成长通道，允许技工院校毕业生参加专业技术职称评审，搭建技能人才与专业技术人才成长的"立交桥"。对其他相关职业从业人员进入康养从业人员队伍要基于开放的通路管理模式，力争在国家资历框架体系下，建立医养从业人员与卫生专业技术人员（医师、护师、药师、技师）、高级管理人员、教育产业从业者等相关产业从业人员的贯通机制。

4.加强内部管理

应当认识到，我国医养服务人力资源紧缺将是一个长期问题，医养服务人才队伍建设是一个漫长的过程，不应追求速度而忽视了质量和发展的合理性。一方面，政府应当通过政策和舆论引导，吸引更多高素质人才进入医养领域，提升行业整体专业水平；另一方面，政府和企业应当秉承建立标准、先行试点、查漏补缺、稳步推进的发展思路，由政府做好顶层设计，为企业和市场提供指引，推动医养服务人才队伍建设健康发展。

四 构建医养人才非正式照护体系[①]

医养服务需要提高质量，相应地需要提升医养人才服务能力，但这并不意味着医养照护只能由专业人员包打天下。医养照护人员短缺是世界各国共同面临的问题，而且随着老龄化的加剧，人员短缺现象只会更加严重。因此，建立以家庭成员为主体的非专业医养人才队伍是必然的选择。家庭养老是人类社会最为悠久的传统养老模式，既有经济上的彼此支持，也有情感上

---

① 本部分内容主要参考中国老年学和老年医学学会社区居家养老分会课题组（课题组负责人：于显洋、王衍臻）《鼓励子女与父母同住履行赡养义务和照料责任课题报告》，2019年11月。

的互相关怀，还有个人修养和社会伦理的相互制约。亲属、朋友、邻里是除配偶和子女等主要家庭成员以外的重要照护资源，是医养人才体系的重要组成部分。

与对家庭照护越来越高的期待形成对照的，是现代化过程中传统家庭的式微。老年配偶间的照护大体上和传统社会类似，但成年子女和老年父母分开居住的情形越来越普遍。本部分主要从法律政策的角度，观察和探讨现代语境下成年子女履行对父母照护的问题。

1. 我国关于子女对父母照护义务的法律政策

在老龄政策数据库中用"家庭照顾者、喘息服务、短期托养、照料假、与老年人共同生活、就近居住、随子女迁移户口、技能培训"等系列关键词进行搜索，共搜索到相关法律法规和政策 115 项，其中国家级法律法规和政策 8 项、省级法律法规和政策 107 项。除西藏外，其他省份均有涉及。

（1）子女与父母同住履行赡养义务和照料责任的有关规定

《中华人民共和国宪法》规定，"成年子女有赡养扶助父母的义务"。《中华人民共和国婚姻法》明确规定，"子女对父母有赡养扶助的义务"，"有负担能力的孙子女、外孙子女，对于子女已经死亡或子女无力赡养的祖父母、外祖父母，有赡养的义务"。《中华人民共和国老年人权益保障法》也明确规定了赡养人范围和经济供养、生活照料、精神慰藉等方面应承担的责任和义务。

自 2013 年 7 月 1 日起实施的《中华人民共和国老年人权益保障法》明确规定，"国家建立健全家庭养老支持政策，鼓励家庭成员与老年人共同生活或者就近居住，为老年人随配偶或者赡养人迁徙提供条件，为家庭成员照料老年人提供帮助"。另外，《中华人民共和国老年人权益保障法》还规定，"与老年人分开居住的家庭成员，应当经常看望或者问候老年人"。这被解读为将子女"常回家看看"正式写入法律。

各省份积极落实《中华人民共和国老年人权益保障法》相关内容，截至 2019 年 9 月底共有 18 个省份出台了《老年人权益保障条例》或《实施〈中华人民共和国老年人权益保障法〉办法》等地方性法规。从实施日期来看，山东、陕西和浙江最早将相关内容纳入地方性法规中，并于 2015 年实施。甘肃、江苏等 5 个省份于 2016 年实施。福建、广西等 4 个省份于 2017 年实施。黑龙江、重庆等 4 个省份于 2018 年实施。河南、宁夏 2 个省份于 2019 年实施。

（2）国家和地方相关政策制定情况

相关政策主要包含两部分内容：一是落实国务院办公厅《关于制定和实施老年人照顾服务项目的意见》（国办发〔2017〕52 号）；二是省级自有政策中涉及"鼓励子女与父母同住履行赡养义务和照料责任"相关内容。

国务院办公厅《关于制定和实施老年人照顾服务项目的意见》（国办发〔2017〕52 号）提出，"鼓励和支持城乡社区社会组织和相关机构为失能老年人提供临时或短期托养照顾服务"，"鼓励制定家庭养老支持政策，引导公民自觉履行赡养义务和承担照料老年人责任"，"除极少数超大城市需按政策落户外，80 周岁及以上老年人可自愿随子女迁移户口，依法依规享受迁入地基本公共服务"。为响应国家政策，17 个省份出台了老年人照顾服务意见。具体内容主要涉及为失能老年人提供临时或短期托养照顾服务、老年人迁移户口、护理假以及家庭照护者技能培训等。

另外还有 10 个省份制定出台了 30 项政策，以推动"鼓励子女与父母同住履行赡养义务和照料责任"相关内容的实施和落实。从政策发布省份来看，北京、上海发布的政策最多，均为 10 项；其次为浙江和吉林，各发布 2 项；青海、新疆、四川、福建、安徽、河北各发布 1 项。

已有政策内容按服务对象主要分为两大类：针对老年人的支持政策，以及针对赡养者、照顾者或扶养者的支持政策。其中，针对老年人的支持政策主要有老年人户口迁移和住房保障等相关政策；针对赡养者、照顾者或扶养者的支持政策主要有个税专项附加扣除、家庭成员照护者技能培训、独生子女护理假、喘息服务等相关政策。

2. 法律政策完善建议

上述法律法规和政策，构建了比较完整的子女对父母照护的制度框架，但仍存在不少问题，主要包括两个方面：一是随着形势的变化，需要补充新的规定；二是对于规定的条款，如何确保落实。结合我国实际，借鉴其他国家的有效做法和经验，本章从户籍政策，住房政策，医保政策，税收、补贴政策，就业、休假、支持政策，社会治理政策，文化政策，法律保障八个方面提出完善建议。

（1）户籍政策

督促全面落实家庭自愿迁移的户籍制度。除北京、上海等特大城市外，对于不在同一个行政区域的，父母投靠子女，或者子女为照顾父母回来同住的，允许将其户口迁移至共同的居住地。不能迁移户口的，可以办理居住证。父母投靠子女共同居住，无论户籍属性，一律依法依规享受迁入地基本公共服务和社区服务。对告老还乡、回乡照顾父母的，给予登记常住户口，享受同等政治、经济、社会福利等待遇。根据实际，给予一定安置费用和医疗及生活补贴。

（2）住房政策

全面落实《公共租赁住房管理办法》中的有关规定，符合条件的独生（包括非独生，在家庭自愿协商的基础上，与其中的一位子女同住，享受同等待遇）子女家庭可申请公租房，并对孤老病残人员等优先给予安排。通过就近选房或互换住房等方式，老年家庭和独生子女家庭可实现同一公租房小区就近居住、就近照顾。

已达到退休年龄的独生子女父母（不区分农村居民和城镇居民）投靠异地有稳定职业、固定居所的子女，可以在子女工作生活地落户或登记居住证，享受市民待遇，有申请政府保障性住房的权利。

在购买住房时，对于三代同堂家庭可给予价格、选房、分配上的优先权。对于与父母同住的子女，在购房时可给予贷款利率、首付比例等方面的优惠。对于子女和父母各自拥有住房，又选择在一起生活者，可以免除一方出租或出售住房的所得税；本人或其配偶与直系亲属老人共同生活两年以上者，可以获得政府优惠贷款，用来购置、改造、新建住房。

（3）医保政策

扩大城乡居民医疗保险制度覆盖范围。对于投奔子女又需要购买城乡居民医疗保险的，均可在子女所在地购买城乡居民医疗保险，不受其户籍所在地限制。

推行以家庭为福利对象的社会政策，逐步尝试建立以家庭为单位的社会保险筹资政策和补偿模式，即建立家庭账户，以家庭为单位进行筹资，家庭所有成员的缴费纳入一个账户当中，家庭账户医保基金和医保卡在家庭成员之间转移和使用。

提高医保统筹层次，为异地子女与父母同住破除医保报销障碍。建议近期内重点实行省统筹，从发展的角度来看，实现全国统筹，对特殊困难群体建立医疗救助制度，对其他职工实施同样的医疗保险政策，实现真正意义上的全民医保。

加快推行长期护理险制度。建立政府、个人、商业保险公司多层次的保险筹资机制，以政府筹资为兜底，调动个人参保的积极性，充分发挥商业保险在保险市场上的积极性，动员社会力量的参与，引导个人对自身健康的关注，减轻家庭照料负担。

改变医保付费方式，实施按人头付费的医保支付政策。为了实行居家养老，建议采取按人头付费的方式进行医保费用的补偿，即根据家庭人口数，医保机构按照一定的付费标准，将医疗保险资金拨付给社区/乡镇健康管理者，或者健康管理的签约服务团队，由社区管理者统筹使用，负责辖区内居民的居家养老日常照护、慢性病管理、康复护理以及医疗保健等养老问题。

（4）税收、补贴政策

优化个人所得税制度，与父母同住并且履行赡养义务的子女实现以家庭为单位纳税。对于父母的遗产，与父母同住履行赡养义务和照料责任的纳税人享受免除遗产税。

鼓励家庭经济发展。制定鼓励家庭经济发展的政策，对照料父母的家庭经济组织给予适当税收减免，让子女在家就业、在家照顾父母。

根据老年人及家庭护老者的照料需求和经济条件，为承担主要养老责任的子女提供老年服务津贴，弥补护老者因照料老人而产生的经济困难。针对护老者心理压力大的情况，可每年给予一些家庭护老者一定天数的"喘息服务"补助,使家庭护老者能够暂时放下重担,回归正常生活。

与父母同住履行赡养义务和照料责任的子女,享受政府对养老机构的床位补贴和老年人的服务消费补贴,将居家养老政府"埋单"政策惠及所有老人。如果卧床老人在家由子女照料需要特殊设备,政府免费予以提供,并享受政府的养老床位补贴。为子女照料父母的家庭免费进行适老化改造。

(5)就业、休假、支持政策

对于家有老人的下岗职工,可优先提供就业机会,就近安排就业。鼓励下岗职工直接转入自己家中或养老机构、社区驿站等照顾老人,并将其视为"正式的继续工作",待遇享受同等行业标准,从而缓解养老服务人员短缺问题。

鼓励为老年家庭成员提供专项培训和支持,充分发挥家庭成员的精神关爱和心理支持作用。可推广上海市的做法,借鉴美国推出的"国家家庭照护者支持计划",调动子女赡养老人的积极性,减轻其家庭负担。

加大社区养老服务机构对家庭养老的支持力度。引入社工机构、心理机构等专业机构帮助护老者缓解心理压力、释放压抑心情,并鼓励护老者成立护老者支持小组、开展护老者沙龙等,搭建护老者之间的沟通交流平台,通过群体交流让护老者减压、增能。

允许有条件的企事业单位对家庭有失能、半失能、高龄、病重老人等有照料负担的员工实行弹性工作制。对于必须离职回家照顾不能自理父母的子女,政府应当给予必要的经济补偿。在有条件的大城市,实施"陪护保险"的就业福利制度,患者家属可以暂时离开工作岗位照顾患者而经济收入不受影响,也不会因长时间不在岗而被解雇。

鼓励家庭互助,通过老少同住,老人们也可以帮助孩子们进行育儿工作,避免年轻人在育儿过程中感到负担重而导致少子化。建立有关为老年人提供家庭管理、照护幼儿、家庭矛盾化解等知识技能培训的政策机制。

加快落实国务院关于"鼓励和支持城乡社区社会组织和相关机构为失能老年人提供临时或短期托养照顾服务"的政策要求,督促各个地方出台并落实"喘息服务"相关政策。实行"子女护理假"制度。

（6）社会治理政策

建立和完善基层养老服务组织体系，在城乡社区普遍建立慈孝（老龄、互助养老）协会，作为社区社会组织，在党组织的领导下，宣传有关法律法规和政策，督促子女履行赡养义务和照料责任，调解家庭矛盾，保护老年人权益。

对于干涉老年人婚姻自由，对老年人负有赡养义务、扶养义务而拒绝赡养、扶养，虐待老年人甚至对老年人实施家庭暴力的，应报告给当地派出所和其所在单位，给予批评教育。

（7）文化政策

加强孝道文化建设，大力弘扬中华优秀孝德文化传统，去伪存真、去粗取精，建立健全以孝文化为本的新时代家庭伦理和社会伦理，以新时代孝悌忠信文化教化培育人，使青年人树立爱家爱国的伦理道德意识。

广泛开展敬老、养老、助老宣传教育活动，在全社会形成尊重、关心、帮助老年人的社会风尚。发挥广播、电影、电视、报刊、网络等主阵地作用，引导广大公众珍惜骨肉亲情，恪守伦理美德，努力形成"以孝敬父母为荣，以虐待老人为耻""孝子人人敬，逆子人人谴"的社会氛围。以社会主义核心价值观为核心，以孝文化为载体，推进敬老道德教育进社区、进学校、进单位，营造全社会尊老敬老的大环境。

（8）法律保障

建立并完善落实法律法规和政策的监督体系。形成有法必依、违法必究、违规必查、失范必改的良好法律法规和政策执行环境。基层法院应建立老年人权益保障法庭，乡镇、街道、社区应建立养老"道德法庭"，督促落实《中华人民共和国老年人权益保障法》等法律法规和政策，监督社区伦理的执行。

尽快出台支持家庭养老的系统政策措施。对目前散落在各种法律法规和政策中的有关规定进行系统梳理，结合新时代家庭养老的需求和要求，创新体制机制，制定出台家庭养老条例。

加强《中华人民共和国老年人权益保障法》等法律法规和政策以及伦

理道德的普法教育工作。父母应当享有与其他家庭成员平等的待遇，特别是在住房、医疗健康、饮食、文化娱乐、婚姻等方面享有平等权利，不得强迫父母居住或者迁居条件低劣的房屋，父母自有的或者承租的住房，子女或者其他亲属不得侵占，不得擅自改变产权关系或者租赁关系。对于父母自有的住房，子女有维修的义务。子女有义务耕种或者委托他人耕种父母承包的田地，照管或者委托他人照管父母的林木和牲畜等，收益归父母所有。家庭成员应当以孝心、感恩之心关心父母的精神需求，了解和尊重父母的身体、精神、认知特点，不得忽视、冷落父母。与父母分开居住的子女，应当经常看望或者问候父母。子女不得以放弃继承权或者其他理由，拒绝履行赡养义务。子女不得要求父母承担力不能及的劳动。经父母同意，子女与父母之间可以就履行赡养义务签订协议。赡养协议的内容不得违反法律的规定和父母的意愿。基层群众性自治组织、老年人组织或者子女所在单位有权监督协议的履行情况。子女或者其他亲属不得干涉父母离婚、再婚及婚后的生活。子女的赡养义务不因父母的婚姻关系变化而消除。

加强老年人的财产保护，对子女、家属侵害老年人权益的事件应该及时制止，对于屡教不改、造成严重后果的，社区或社会老年人权益保护机构，以及社会工作者、公益律师等都有权代为诉讼。违反治安管理行为的，应依法给予治安管理处罚；构成犯罪的，应依法追究刑事责任。

第五章
医养结合资金要素的发展现状与分析

随着老年人口高龄化和失能化发展的趋势，实施健康中国战略、发展医养结合养老服务体系成为新时代我国积极应对老龄化挑战的一项重要举措。本章从资金要素方面描述医养结合的主要状况，从社会保险、政府补贴以及商业保险三个方面重点分析医养结合试点地区的资金来源，总结失能老年人医养结合的重要资金来源——长期照护保险的发展和经验，并提出政策建议。

第一节　资金在医养结合中的作用和政策历程

稳定、持续的资金支持是医养结合模式健康发展的重要保证。从模式的可持续性出发，确保资金保障体系科学合理是构建医养结合体系的根本问题。理论上来讲，制度化、多元化、公平合理的资金保障体系是医养结合服务机构顺利运营和持续发展的前提，有效稳定的资金支持不仅可以提高医养结合的服务质量和供给效率，而且可以进一步激发养老服务市场的活力，推动宏观老年服务体系的创新和发展。

自国务院于 2013 年将"积极推进医疗卫生与养老服务相结合"纳入未来养老服务业发展的六大任务以来，我国医疗卫生和养老服务的结合迅速发展，资金相关政策的渐进发展受到政府的格外重视。我们对"医养结合""资金"等关键词进行交叉搜索，整理出全文涉及医养结合资金保障体系内容的国家级政策共计 36 项。我国政府自 2014 年开始持续发布医养结合资金保障政策，2014 年发布 1 项医养结合资金保障政策，2015 年发布 3 项，

2016 年发布 8 项，2017 年发布 6 项，2018 年发布 3 项，2019 年发布 12 项，2020 年发布 3 项，与医养结合总政策的增长情况大致相同，总体呈现增长态势（见图 5 - 1）。尤其是 2015 年国家卫计委、民政部、国家发展改革委等多部门联合推出的《关于推进医疗卫生与养老服务相结合的指导意见》、2016 年国家卫计委推出的《医养结合工作重点任务分工方案》颁布后，医养结合的发展目标、重点任务、发展模式才真正确立，医养结合试点等工作才真正开展起来，逐步朝系统化、制度化、多元化的方向发展。2013～2020年医养结合总政策和资金保障政策发布数量见图 5 - 1。

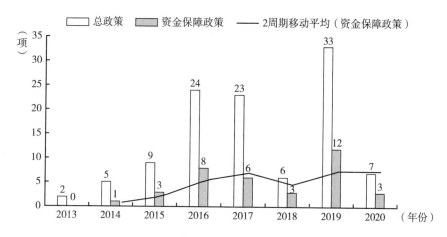

图 5 - 1　2013～2020 年医养结合总政策和资金保障政策发布数量

注：2020 年数据截至 2020 年 10 月。

总体看，除政策数量逐年增加之外，资金保障政策还具有主题趋精细、内容趋丰富的特点。36 项相关政策随时间变化，内容总体呈现由模糊探索向明确保障细则转变的特点，共涉及社会保险、政府补贴、商业保险三个主要的资金来源。在 36 项政策中，有 11 项政策仅模糊涉及医养结合的资金保障，有 25 项政策明确描述了资金保障内容，其中有 6 项政策涉及一个以上资金来源，如国务院办公厅于 2017 年 5 月 23 日发布的《关于支持社会力量提供多层次多样化医疗服务的意见》，该政策涉及全部资金来源。在 25 项明确描述资金保障内容的政策中，涉及政府补贴的政策最多，占比为 52%，且早在 2014 年就开始关注这一资金保障支柱；其次为涉及社会保险的政策，占比为 48%；涉及商业保险的政策最少，占比仅为 24%，而且在 2016 年才开始从政策角度提倡商业保险对医养结合的保障（见图 5－2）。从三类政策占比和政策首次发布时间来看，我国医养结合的资金保障政策分布并不均衡，商业保险方面的政策建设起步较晚且内容较不完善。

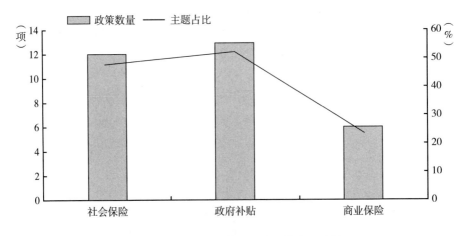

图 5－2　医养结合资金保障政策主题比例

　　总之，近年来我国政府针对社会保险、政府补贴、商业保险三个方面出台政策，保障医养结合服务体系的可持续发展，36 项政策的具体信息见表 5－1。在社会保险方面，主要分为完善社会医疗保险和开展长期照护保险两条道路，习近平总书记在 2016 年 5 月关于"推动老龄事业全面协调可持续发展"的讲话中强调"要完善养老和医疗保险制度，落实支持养老服务业发展、促进医疗卫生和养老服务融合发展的政策措施"，指出医保在医养结合资金保障中的基础作用。2016 年 12 月国务院办公厅发布的《关于全面放开养老服务市场提升养老服务质量的若干意见》专门对建立医养结合绿色通道提出了比较明确的意见，将符合条件的养老机构内设医疗卫生机构按规定纳入城乡基本医疗保定定点范围，划定医养结合服务的医保报销范围。长期照护制度的关键政策主要是 2016 年 6 月人力资源和社会保障部办公厅发布的《关于开展长期护理保险制度试点的指导意见》，河北承德、吉林长春、黑龙江齐齐哈尔、上海徐汇区、江苏南通等 15 个地区率先开展了长期护理保险制度试点，并于 2020 年 9 月 10 日新增 14 个长期护理保险试点，将长照险作为医养结合的另一资金保障。在政府补贴方面，2017 年 3 月国务院《关于印发"十三五"国家老龄事业发展和养老体系建设规划的通知》对完善医养结合机制、支持养老机构开展医疗服务有明确的规划方案。在完善医养结合机制方面提出做好政府补贴工作，统筹落实好具体的医养结合优惠扶持政策，发挥政府补贴保驾护航的作用，深入开展医养结合试点，为老年人提供治疗期住院、康复期护理、稳定期生活照料以及临终关怀一体化服务。在商业保险方面，2020 年 1 月银保监会等十三部门联合发布《关于促进社会服务领域商业保险发展的意见》，要求更充分地发挥商业保险促进医养结合的重要作用，特别提出要加快发展商业长期护理保险、商业养老保险、养老机构责任保险，探索满足 60 岁及以上老年人的保险需求和护理行业发展趋势，引导商业保险机构加快研究开发适合居家护理、社区护理及机构护理等多样化护理需求的产品，以及老年人疾病保险、医疗保险和意外伤害保险等专属产品，为 60 岁及以上老年人提供更多价格适当、责任灵活、服务高效的保险产品。

表 5 - 1　医养结合资金保障政策基本信息

序号	涉及内容	名称	文号	发布日期
1	政府补贴	关于加快推进健康与养老服务工程建设的通知	发改投资〔2014〕2091 号	2014 年 9 月 12 日
2	体系探索	关于鼓励民间资本参与养老服务业发展的实施意见	民发〔2015〕33 号	2015 年 2 月 3 日
3	政府补贴	关于加快推进养老服务工程建设工作的通知	民函〔2015〕93 号	2015 年 3 月 20 日
4	体系探索	关于推进医疗卫生与养老服务相结合的指导意见	国办发〔2015〕84 号	2015 年 11 月 20 日
5	社会保险、商业保险	关于金融支持养老服务业加快发展的指导意见	银发〔2016〕65 号	2016 年 3 月 3 日
6	体系探索	关于印发医养结合重点任务分工方案的通知	国卫办家庭函〔2016〕353 号	2016 年 4 月 7 日

续表

序号	涉及内容	名称	文号	发布日期
7	政府补贴	关于做好医养结合服务机构许可工作的通知	民发〔2016〕52 号	2016 年 4 月 8 日
8	体系探索	关于遴选国家级医养结合试点单位的通知	国卫办家庭函〔2016〕511 号	2016 年 5 月 17 日
9	政府补贴	关于印发《民政事业发展第十三个五年规划》的通知	民发〔2016〕107 号	2016 年 6 月 24 日
10	社会保险	关于开展长期护理保险制度试点的指导意见	人社厅发〔2016〕80 号	2016 年 6 月 27 日
11	体系探索	关于全面放开养老服务市场提升养老服务质量的若干意见	国办发〔2016〕91 号	2016 年 12 月 23 日
12	体系探索	关于印发"十三五"深化医药卫生体制改革规划的通知	国发〔2016〕78 号	2017 年 1 月 9 日
13	政府补贴	关于印发《中央财政支持居家和社区养老服务改革试点补助资金管理办法》的通知	财社〔2017〕2 号	2017 年 2 月 10 日
14	体系探索	关于印发"十三五"国家老龄事业发展和养老体系建设规划的通知	国发〔2017〕13 号	2017 年 3 月 6 日
15	社会保险、商业保险	关于印发深化医药卫生体制改革 2017 年重点工作任务的通知	国办发〔2017〕37 号	2017 年 5 月 5 日
16	社会保险、政府补贴、商业保险	关于支持社会力量提供多层次多样化医疗服务的意见	国办发〔2017〕44 号	2017 年 5 月 23 日
17	社会保险	关于制定和实施老年人照顾服务项目的意见	国办发〔2017〕52 号	2017 年 6 月 6 日
18	商业保险	关于加快发展商业养老保险的若干意见	国办发〔2017〕59 号	2017 年 7 月 4 日
19	政府补贴	关于印发医疗卫生领域中央与地方财政事权和支出责任划分改革方案的通知	国办发〔2018〕67 号	2018 年 8 月 13 日
20	社会保险、商业保险	关于印发深化医药卫生体制改革 2018 年下半年重点工作任务的通知	国办发〔2018〕83 号	2018 年 8 月 28 日
21	社会保险	关于印发完善促进消费体制机制实施方案（2018～2020 年）的通知	国办发〔2018〕93 号	2018 年 10 月 11 日
22	体系探索	关于印发《城企联动普惠养老专项行动实施方案（试行）》的通知	发改社会〔2019〕333 号	2019 年 2 月 20 日
23	政府补贴	关于修订印发《"十三五"社会服务兜底工程实施方案》的通知	发改社会〔2019〕193 号	2019 年 2 月 26 日

续表

序号	涉及内容	名称	文号	发布日期
24	社会保险	关于落实《政府工作报告》重点工作部门分工的意见	国发〔2019〕8 号	2019 年4 月 9 日
25	体系探索	关于推进养老服务发展的意见	国办发〔2019〕5 号	2019 年4 月 16 日
26	社会保险	关于实施健康中国行动的意见	国发〔2019〕13 号	2019 年7 月 15 日
27	政府补贴	关于印发基本公共卫生服务等 5 项补助资金管理办法的通知	财社〔2019〕113 号	2019 年7 月 26 日
28	政府补贴	关于实施特困人员供养服务设施（敬老院）改造提升工程的意见	民发〔2019〕80 号	2019 年8 月 21 日
29	政府补贴	关于印发《普惠养老城企联动专项行动实施方案（2019 年修订版）》的通知	发改社会〔2019〕1422 号	2019 年8 月 27 日
30	社会保险	关于印发《促进健康产业高质量发展行动纲要（2019～2022 年）》的通知	发改社会〔2019〕1427 号	2019 年8 月 28 日
31	体系探索	关于进一步扩大养老服务供给促进养老服务消费的实施意见	民发〔2019〕88 号	2019 年9 月 20 日
32	体系探索	关于深入推进医养结合发展的若干意见	国卫老龄发〔2019〕60 号	2019 年10 月 23 日
33	社会保险、政府补贴	关于建立完善老年健康服务体系的指导意见	国卫老龄发〔2019〕61 号	2019 年10 月 28 日
34	商业保险	关于促进社会服务领域商业保险发展的意见	银保监发〔2020〕4 号	2020 年1 月 23 日
35	疫情政府补贴	关于在常态化疫情防控中做好老年人照顾服务工作的通知	全国老龄办发〔2020〕1 号	2020 年5 月 18 日
36	社会保险	关于扩大长期护理保险制度试点的指导意见	医保发〔2020〕37 号	2020 年9 月 10 日

在上述三大资金保障下，国家卫生计生委办公厅、民政部办公厅分别于2016 年 6 月、2016 年 9 月确定了第一批、第二批国家级医养结合试点单位，第一批包括北京市海淀区、东城区等全国 50 个市（区）[①]，第二批又进一步确定了 40 个市（区）[②]。全国 90 个国家级试点地区和无数省级试点地区的医养结合工作如火如荼地进行，根据地区特点发展各自的创新模式。这些试点地区在中央政策的指引下，因地制宜地逐渐建立起以医保为基础、长期护

① 《关于遴选国家级医养结合试点单位的通知》（国卫办家庭函〔2016〕511 号）。
② 《关于确定第二批国家级医养结合试点单位的通知》（国卫办家庭函〔2016〕1004 号）。

理保险为补充、补贴为必要、商业保险为未来的医养结合资金保障体系。截至 2019 年 9 月，全国医养结合机构共计 4795 家，其中养老机构内置医疗机构的有 3172 家，医疗卫生机构开展养老服务的有 1623 家，医疗卫生机构与养老服务机构开展签约合作的有 5.64 万对[①]。各地区在政策的修正调整过程中积累了很多具体经验，已获得各具特色的初步成果。同时在各地区试点机构的服务和运营过程中暴露了种种问题，资金保障问题依然是其中亟待解决的根本问题，总结各地经验教训改善资金保障体系迫在眉睫。

第二节　医养结合资金的来源状况

从试点单位及其他地区的实践情况来看，各地的医养结合模式多样、做法各异。首先，具有不同程度自理能力的老年群体所需要的医养结合服务不同，医养结合服务包括疾病预防、健康干预、长期照护、临终关怀等[②]。其次，已有文献将医养结合模式大致分为医疗机构扩展养老服务、养老机构扩展医疗服务、医疗机构与养老机构合作这 3 种。在各地区的总结和创新推动下，现行模式可大致分为养内设医、医内设养、医养合作、医疗卫生服务延伸至社区家庭这 4 种主要模式。不同模式的特点不同，养内设医模式偏重于"养"，背靠丰富的护理资源，其保障更多地在于长期照护制度和政府补贴的资金支持；医内设养模式偏重于"医"，背靠专业的医疗资源，其保障更多地在于社会保险的资金支持；医养合作模式偏重于"合"，主要指养老机构与周边的医疗卫生机构开展就诊绿色通道、巡诊、健康管理、中医药保健等方面的合作，不需要大量的资金支持，与政府补贴关系较大；医疗卫生服务延伸至社区家庭模式则偏重于"家"，主要依托社区建立健康档案、签约家庭医生、建设家庭病床等，与政府补贴关系较大。

目前我国医养结合的养老模式仍处于试点探索阶段，在资金保障方面尚

---

① 国家卫生健康委：《2019 年我国卫生健康事业发展统计公报》，2020 年 6 月。
② 杜鹏、王雪辉：《"医养结合"与健康养老服务体系建设》，《兰州学刊》2016 年第 11 期。

无国家层面相关制度的支撑，90 个国家级试点地区的医养结合试点均为依据当地特点摸索，没有建立统一的资金保障体系。但在资金筹集、保障范围方面具有一定的共性：资金筹集主要分为社会保险、政府补助、个人商业保险 3 类，以医保统筹和政府补助为主；不同服务内容的资金来源不同；对符合规定的护理和医疗费用实行差别化的待遇支付。我们从国家卫生健康委 2019 年评选出的 200 个医养结合典型案例中挑选部分案例，从不同的医养结合模式和服务内容来介绍医养结合的资金保障体系。

一 资金体系的根本保障——社会保险

与医养结合养老服务相关的社会保险包括基本医疗保险和长期照护保险，完善相应的健康保险制度对医养结合服务体系的建设极为重要。国家推进医养结合的《关于推进医疗卫生与养老服务相结合的指导意见》等系列政策文件，均明确提出了完善健康保险制度的相关内容，如"养老机构设置的医疗机构，符合条件的可按规定纳入城乡基本医疗保险定点范围"，提高"基层医疗卫生机构为居家老年人提供上门服务的能力，规范为居家老年人提供的医疗和护理服务项目，将符合规定的医疗费用纳入医保支付范围"，"探索建立多层次长期照护保障体系。继续做好老年人照护服务工作。进一步开发包括长期商业护理保险在内的多种老年护理保险产品，鼓励有条件的地方探索建立长期护理保险制度"。实践证明，社会保险报销制度显著减轻了老年人使用医养结合服务的经济负担。

从医养结合的不同模式来看，医疗保险覆盖的服务内容不同，可报销的比例也不同，对医养结合服务的影响大小也不同，因此本节选取医内设养模式的典例来描述医保在医养结合中所起到的资金保障作用。

我们选择广东省东莞市东坑医院护理院作为典型案例。东坑医院护理院是东莞市首个集医疗、护理、养老等功能于一体的公立医养结合试点机构，是全国 200 个医养结合典型案例之一。该机构依托东坑医院建立护理院，拥有医疗和养老两个牌照，建筑面积达 5610 平方米，设置 300 张床位，旨在为失能老年人解决康复医疗、生活照料等问题，提高失能老人的生活质量。

根据东莞市医疗保险政策，东坑医院护理院作为医养结合试点机构，已被纳入社会保险定点范围，社保报销直接与医院对接，可报销医疗费用和床日护理费用。2018 年度东坑医院护理院住院参保人为 175 人，住院天数为 2.58 万天，医疗费用为 596.5 万元，社保记账为 534.26 万元，实际报销比例约为 90%，床日医疗费用约为 231 元，床日社保记账约为 207 元，定点护理院床日定额付费标准为 153 元。虽然即使东坑医院一直在扩建，但是随着失能患者的不断增加，仍有很多急需医养服务的老年人无法获得服务，很多地区也无法对医养结合机构的护理和康复服务进行医保报销，导致医院压床现象依然存在，造成医疗资源的严重浪费。而且基本医疗保险难以持续降低服务提供成本，经基本医疗保险报销过的医疗服务价格和护理价格依然是很多失能、半失能老年人家庭难以承受的，导致医养结合服务运营无以为继。

面对这一现状，诸多学者借鉴国外经验，提出建立长期护理保险制度是实现医养结合养老模式的有效途径。长期护理保险是指在未老期缴纳一定资金，老年失能后由长期护理保险支付相应的专业养老护理费用，是对城镇职工医疗保险、城镇居民医疗保险、新型农村合作医疗保险以及社会医疗救助的有益补充，是在推行医养结合过程中减轻老年人经济负担的一大试点举措。

在目前实施长期护理保险试点的地区，长期护理保险是老年人购买医养结合服务的重要资金来源，对于减轻家庭和个人长期护理的经济负担发挥着显著作用。青岛市于 2012 年颁布实施了《关于建立长期医疗护理保险制度的意见（试行）》，提出建立长期护理保险制度，2016 年人社部发布《关于开展长期护理保险制度试点的指导意见》以来，基本形成适应中国国情的长期护理保险制度政策框架。以青岛市为例，如果只有基本医疗保险而没有长期护理保险的话，住院病床每天的费用一般为 1000 多元，重症监护病房的日均床费高达 4600 多元，而长期护理保险中的医疗专护、机构院护和居家家护的平均床日费用分别为 170 元、65 元和 50 元左右，远低于医疗保险住院费用①。

---

① 邓大松、郭婷：《中国长期护理保险制度构建浅析——以青岛市为例》，《卫生经济研究》2015 年第 10 期。

我国目前的医养结合服务对象尚以失能、半失能老年人为重点，长期护理保险是其资金保障体系的一大重要来源，是对医保的重要补充。因此，后文将对其制度发展概况、筹资来源与保障对象、保障水平与给付方式进行进一步介绍，并总结青岛、成都等试点地区的经验。

二　必不可少的资金来源——政府补贴

政府对医养结合养老机构的费用补贴和政策优惠是养老机构运营资金的另一主要来源。目前，各地政府对医养结合机构的补贴主要集中在床位补贴、运营补贴、医养结合专项补贴、保险补贴、特色补贴以及税费减免、取消行政事业性收费等方面。

对于政府补贴，虽然各地区措施类似，但政府支持力度存在很大的差异，且有一些地区在实践中不断创新，以各级政府财政和彩票公益金作为补贴资金，支持医养结合队伍建设，鼓励提供医养结合优质服务，以奖代补鼓励连锁运营，帮助医养服务进一步融合发展。我们从 200 个典型案例中选取辽宁省沈阳市、四川省成都市、山西省、广东省广州市和上海市浦东区 5 个典型的国家级医养结合试点地区，来介绍其对医养结合机构的政策补贴。由表 5 - 2 可知，辽宁省沈阳市、四川省成都市、山西省、广东省广州市和上海市浦东区 5 个地区均对医养结合机构进行床位补贴，并按机构性质、护理等级、实际入住人数、机构等级等进行运营补贴，经济越发达地区的补贴金额越高，如广州市、上海市，这些地区实施了医养结合专项补贴政策，有效保障了医养结合服务供给所需资金。此外，除沈阳市以外的 4 个地区都已经关注到责任保险，为机构的平稳运营增设安全网；5 个地区均细化补贴，发展人才岗位补贴、优秀服务补贴以及品牌补贴，鼓励市场人才队伍建设，保证服务供给的效率和质量，促进医养结合服务市场更好、更快地发展。

医养结合机构的资金保障同样离不开政府的政策优惠。以山西省养内设医模式所享的优惠为例，其一，享有房产税、城镇土地使用税等税收优惠政策。其二，鼓励地方出台支持措施，对使用社区综合服务中心的房屋设施开展医养结合服务的，予以无偿或低偿使用土地，符合规划用途的农村集体建设用地可依法用于医养结合机构建设。在不改变规划条件的前提下，允许盘活利用城镇现有空闲商业用房、厂房、校舍、办公用房、培训设施及其他设施提供医养结合服务，并适用过渡期政策，5年内继续按原用途和权利类型使用土地；5年期满及涉及转让需办理相关用地手续的，可按新用途、新权利类型、市场价，以协议方式办理用地手续。其三，要求省内各地对非营利性养老机构建设全额免征有关行政事业性收费，对营利性养老机构建设减半征收有关行政事业性收费。其四，医养结合养老机构用水、用电、用气、用热按居民生活类价格执行，免收养老服务机构有线电视初装费。这些政策优惠大大减少了医养结合服务的提供成本，有助于减轻机构的资金压力，吸引更多的社会资本参与医养结合服务建设，为老年人提供更优质的医养结合服务。

表5-2　5个典型地区的医养结合政府补贴

地区	床位补贴	运营补贴	医养结合专项补贴	保险补贴	特色补贴
辽宁省沈阳市	利用自有房屋新建或改扩建的，每张床位补贴1万元；租赁房屋建设的，每张床位补贴6000元，分5年拨付	运营补贴资金支持已运营并达到星级标准的民办养老机构，按照实际入住人数，给予每人每月85~165元补贴	无	无	给予直接从事一线养老护理服务工作的毕业生4万~6万元补贴
四川省成都市	对新建养老机构，每张床位一次性补贴12000元；对改（扩）建的养老机构，每张床位补贴8000元。同时，按照每人每月150元的标准给予床位补贴	对符合条件的老人在助医、社区日间照料、老年康复、护理、精神慰藉等方面产生的费用，可以按等级分类补助50元、300元、500元，入住养老机构的可增加200元/月	无	责任保险标准保费为150元/床/年，公办养老机构由市财政全额补贴，市财政按照标准保费的80%给予补贴。	租金补贴:按照房屋实际使用面积给予房租补贴3年:一环路以内0.5元/天·平方米;一环路到二环路之间0.45元/天·平方米;二环路到三环路之间0.4元/天·平方米;三环路以外0.3元/天·平方米

续表

地区	床位补贴	运营补贴	医养结合专项补贴	保险补贴	特色补贴
山西省	对新建的养老机构,每张床位一次性补贴5000元;对改(扩)建的养老机构和社区老年人日间照料中心,每张床位一次性补贴3000元	对符合建设标准、运营一年以上的民办非营利性养老机构,给予运营补贴,补贴标准按照自理、半失能、失能老人分别为每人每年1200元、1800元和2400元	无	责任保险保费标准为121元/床/年,每家养老服务机构按编制床位的75%投保,保险公司按100%的床位承保。省本级公益金补贴80%,机构出20%	省、市两级民政部门要定期组织民办养老机构护理人员和家政企业从事养老服务的护理人员进行免费技能培训。对养老机构吸纳劳动者就业的,享受省政府办公厅《关于鼓励小微企业吸纳劳动者就业的意见》(晋政办发〔2014〕41号)中所规定的就业补助、岗位补贴、社会保险补贴、职业培训和职业技能鉴定补贴等政策
广东省广州市	拥有房屋自有产权的新增床位,每张床位补贴15000元;租赁场地的新增床位,每张床位补贴10000元	对公益性养老机构/经营性养老机构待遇:收住重度失能老年人(一级护理)的,每人每月补贴500元/300元;收住轻度、中度失能老年人(二级护理)的,每人每月补贴300元/200元;收住能力完好老年人(三级护理)的,每人每月补贴200元/100元	医养结合机构已实际收住服务对象,并具备医保定点资格的,一次性补贴20万元;未具备医保定点资格的,一次性补贴15万元	市、区各级公办养老机构(含农村敬老院)纳入责任保险购买范围	(1)机构延伸服务补贴:对服务机构提供的日间托老服务、康复护理类服务(每次不少于30分钟)、上门生活照料(每次不少于1小时)、上门医疗服务,评估为合格的每人次补助不少于2元,良好的补助不少于3元,优秀的补助不少于4元。(2)机构评级奖励:五星级机构一次性补贴20万元,四星级机构一次性补贴10万元,三星级机构一次性补贴5万元。评定为国家级机构的,比照前款规定标准的2倍补贴

续表

地区	床位补贴	运营补贴	医养结合专项补贴	保险补贴	特色补贴
上海市浦东区	（1）对社会投资改造并形成产权的基本养老机构，按每床2万元1∶1配比市级补贴；对其他非营利性养老机构，按每床1万元1∶1配比市级补贴（2）对养老机构新增床位的，按每床5000元给予补贴	按实际入住人数，给予每床100元/月补贴；对等级评定达到一级、二级、三级标准的养老机构，区财政分别再给予每床100元/月、200元/月、300元/月的补贴	对于设置护理站、医务室/保健站、卫生所的养老机构，给予10万元的一次性补贴；对于设置护理院或者门诊部的，给予50万元的一次性补贴	各类养老服务机构护理员参加综合责任保险，费用由区财政承担。养老机构、长者照护之家参加综合责任保险	（1）员工补贴:对养老机构招用医护、康复、社工等专技人员，补贴每人每年3万元，每家机构最高不超过12万元。养老机构招用持有上岗证和初级、中级、高级等级证书的护理员，按本市上年度最低工资的10%、20%、30%、40%的标准给予补贴（2）鼓励连锁:凡在新区区域内连锁管理机构数量在3家及以上的品牌养老服务机构，经评估合格，每新增一家品牌连锁养老机构、长者照护之家、日间照料服务机构,分别一次性奖励8万元、5万元和3万元

资料来源：山西省、沈阳市、成都市、广州市、上海市各级人民政府网站。

三 日益重要的资金来源——商业保险

医养结合服务体系的健康发展离不开市场参与，商业保险在医养结合中的地位越来越重要。自 2016 年中国人民银行、民政部、银监会、证监会、保监会联合发布《关于金融支持养老服务业加快发展的指导意见》，商业保险行业在政策倡导下开始意识到自身专业性、风险管控等资金保障优势，逐步参与到医养结合服务中来[①]。目前商业保险行业对医养结合服务体系的资金保障有 3 条主要途径：①商业保险机构直接投资建设医养结合服务设施；

---

① 赵昕：《商业保险模式下的医养结合——以泰康养老社区为例》，《劳动保障世界》2019 年第 23 期。

②商业保险机构针对老年人推出意外伤害保险产品、长期护理保险产品等；③通过向其他医养结合机构提供综合责任保险来保障机构的资金安全，减少机构的运营风险。

首先，商业保险机构直接投资建设医养结合服务设施的情况近年来屡见不鲜，例如泰康保险公司投资建设了19个核心城市养老社区，已经开业6家，北京燕园、广州粤园、上海申园、成都蜀园四地社区的入住量已超2000人，未来可以容纳近5万名老人和7000余张康复护理床位，以"一个社区，一家医院"的医养结合模式，配建老年康复医院，把医疗康复功能成功引入养老社区。总之，近年来保险公司凭借资源丰富、资金充沛以及风险管控成熟的特点，弥补了政府主导的医养结合服务效率低、质量差、难以有效管控、无法独立运营的缺陷，帮助医养结合社区在有力的资金支持下逐渐壮大。

其次，医养结合不仅要"可以治病"，更需要"治得起病"。虽然医保、长期护理保险以及政府补助可以覆盖一部分费用，但失能、半失能的老年人入住医养结合机构需要自付的费用依然很高，部分老年人家庭难以承受。以前文提到的东坑医院护理院为例，《广州日报》曾在2017年12月了解过其收费情况，该护理院的收费内容包括"养老生活照顾"和"医疗护理"两部分。其中，"养老生活照顾"部分无法报销，包括生活照顾费、服务费和伙食费，照顾费用最低1200元/月，最高2250元/月，服务费300元/月，伙食费900元/月。如果是失能、半失能老人，基本上属于一级照顾对象，每月"养老生活照顾"的费用就是3450元。而在"医疗护理"部分，单人房每月3390元，双人房每月2070元，三人房每月1530元，床位费、护理费等都可以报销。因此，在东坑医院护理院，一个失能老人入住后，个人自付费用在4000元左右。

根据2014年中国老年社会追踪调查（China Longitudinal Aging Social Survey）数据，我国老年人个人的平均年收入为18057元，中位收入为12000元。城市老年人的平均收入为29317元，是农村老年人（6488元）的4.5倍，城乡老年人之间的经济收入差距明显①。社会经济地位相对较低的

---

① 孙鹃娟：《中国城乡老年人的经济收入及代际经济支持》，《人口研究》2017年第41期。

老年群体如农村老人、高龄老人、低收入老人等所面临的失能风险更大，更需要得到医养结合服务。面对这一支付差距，发展医养保险，增加老年人可选择的商业保险品种是十分必要的举措。

我国监管部门一直致力于为鼓励保险行业开发医疗和养老保险产品创造良好的政策空间。2016年《关于开展老年人意外伤害保险工作的指导意见》发布，提出政府引导、市场运作、体现公益、投保自愿4项原则，引导市场推出老年人意外伤害保险、长期护理保险、养老机构综合责任保险等商业险种，医养结合商业保险如火如荼地发展起来，各大保险公司推出各种各样的产品，为部分老年人减轻了医疗护理费用负担。

老年人意外伤害保险是目前最常见的医养结合保险产品，目前全国大致有25个地区政府助力推行老年人意外伤害保险，其具体保险和保费如表5-3所示。

表5-3　25个地区老年人意外伤害保险实践

地区	保险名称和费用支付
北京市	北京市老年人意外伤害保险，困难老人的费用由政府支付，其余自费
天津市河西区	老年人意外伤害保险，政府支付
河北省	助老安康工程，贫困、计生家庭等特殊老年群体政府支付，其余自费
山西省	老年人意外伤害保险，每人每年50元
内蒙古自治区	老年人意外伤害保险，政府支付
辽宁省盘锦市	关爱老年人健康工程，60周岁以上（女性55周岁以上）的分散救助供养特困老年人的费用由政府支付，其余自费
四川省成都市武侯区	松鹤延年意外伤害及健康保险，70岁以上老人的费用由政府支付，其余自费
黑龙江省哈尔滨市	意外伤害险，低保孤寡、失独百岁、重点优抚、购买居家养老服务和80~99岁高龄老人的费用由政府支付，其余每人每年60元
广东省广州市	银龄安康行动，政府支付
宁夏回族自治区	意外伤害保险，55~80周岁女性，60~80周岁男性老年人参保，每人每年30元
新疆维吾尔自治区	银龄保险，每人每年30元
海南省	意外伤害综合保险，特困老年人、65岁以上低保家庭老年人的费用由政府支付，其余自费
湖南省	一般意外伤害保险，农村"五保"户、城市"三无"老人的费用由政府支付，其余每人每年20元

地区	保险名称和费用支付
上海市	银发无忧工程,本市困难老年人的费用由政府支付,其余自费
江苏省	安康关爱行动老年人意外伤害保险,每人每年50元
浙江省宁波市	意外伤害保险,80周岁及以上本市居家老年人等3类人群的费用由政府支付,其余每人每年35元
安徽省	银龄安康行动老年人意外伤害综合保险,政府支付
山东省青岛市	老年人意外伤害保险,政府支付
江西省	意外伤害保险,特困和重点优抚中的老年人及70周岁以上老年人的费用由政府支付,其余每人每年1元
福建省福州市鼓楼区	为60周岁以上老人购买意外伤害保险,政府支付
河南省	"老年关爱"老年人意外伤害保险,每人每年75元
重庆市	孝老安康工程,低保户、"五保"户及"三无"老人等的费用由政府支付,其余每人每年30元
陕西省西安市	意外伤害保险,60周岁及以上的低保户、"五保"户等政府补贴人群的费用由政府支付,其余每人每年20元
甘肃省兰州市	意外伤害保险制度,政府支付
青海省	意外伤害保险,60岁以上老年人每人每年补贴10元,特困老年人每人每年补贴30元

资料来源：各地区政府网站。

从市场反响来看，这些意外伤害保险产品受到老年人的欢迎，并起到了应有的资金保障作用。以江苏省的安康关爱行动老年人意外伤害保险为例，截至 2018 年末，这一老年人意外伤害保险的全省参保覆盖率达到 66.4%，参保人数达 1140 万，人均保费超过 50 元。自实施以来，6 年累计赔付 38.7 万人次，理赔金额达 8.9 亿元[1]。以江苏省宿迁市为例，80 周岁及以下老年人的意外身故保额为 20000 元，意外残疾保额为 30000 元，疾病身故保障为 500 元，意外医疗保障为 2000 元，意外住院护理补贴为 20 元/天，最高补贴 180 天，即 3600 元；保障 80 周岁及以上老人的意外身故保额为 20000 元，意外残疾保额为 30000 元，意外医疗保障为 2000 元，意外住院护理补贴 20 元/天，最高补贴 180 天，即 3600 元。总之，意外伤害保险有效提高了老年人抵御

---

[1]　江苏省人民政府网站，http：//www.jiangsu.gov.cn/art/2019/1/29/art_ 60085_ 8106239. html。

风险的能力，减轻了老年人享受更多医疗护理服务的经济负担，赢得了老年群体的信赖和认可。

由于许多长期护理制度试点地区委托商业保险公司经办相关事宜，长期护理商业保险也得到迅猛发展。截至 2019 年 12 月 17 日，通过查询根据中国保险协会产品库可知，目前在售护理保险产品共有 93 款，提供护理保险产品和服务的公司仅有 25 家，中国人民健康保险股份有限公司的护理保险有 35 种，居各大保险公司之首。在 93 种护理险中，涉及长期护理的保险共有 25 种，与令人眼花缭乱的其他险种相比，涉及长期护理的商业保险较少，明确标明针对老年人的护理险仅有 4 款附加险。从市场规模来看，长期护理商业保险的市场规模也较小。2017 年，全国长期护理保险保费收入仅占人身险保费收入的 1.77%[①]，而且老年人购买护理险会受到年龄限制，很多险种限制投保人低于 60 周岁。因此，长期护理商业保险的品类和市场规模均难以满足我国庞大失能人群的需要。以泰康"照护有约"长期护理保险产品为例，该保险保障基本失能、高度失能等人群，甚至连严重的认知障碍都在该保险的保障范围内，而且该保险投保年龄为 40~70 周岁。虽然保障范围大，投保年龄限制较少，但是价格高昂，而且仅限泰康高端用户投保。如果一名女性从 45 岁开始投保，选择 10 年缴纳，年缴纳保费需要 51500 元，累计需要缴纳 51.5 万元，这笔费用金额巨大，只有少数富裕老年人才有可能获得这份保障，难以真正保障普通老年人。

机构综合责任保险也是保障医养结合资金安全的重中之重，该险种帮助各医养结合服务供给主体防范运营风险，避免本就薄弱的资金流转受到不必要的冲击。上海市、云南省等地区政府注意到机构提供医养结合服务的脆弱性，在服务商和保险机构间引线搭桥，以补贴、优惠或者强制的手段帮助机构得到保障。以上海市为例，上海市自 2017 年起就开始联合平安、安信、人保保险公司推行养老机构综合责任保险和社区为老服务机构综合责任保

---

① 杜向阳、程民选：《我国长期照护商业保险供给效率及其影响因素分析》，《保险研究》2019 年第 1 期。

险，2019 年，养老机构综合责任保险标准保费为 180 元/床/年，市、区两级民政局和投保机构各分担 1/3，共保障全市 1600 余家非营利性社区居家养老照护机构、老年人日间照料中心、助餐点、综合为老服务中心，以及22000 余名养老护理人员，上海市医养结合服务机构因此受益，削弱了资金风险，有效保证了上海市医养结合机构的平稳运营。

第三节　医养结合的重要资金来源——长期护理保险

2016 年人社部发布《关于开展长期护理保险制度试点的指导意见》，长期护理保险已成为试点地区老年人购买医养结合服务的重要资金来源，在减轻家庭长期护理的经济负担以及帮助医保控费等方面发挥了显著作用。因此，目前全国已有试点地区长期护理制度实践的筹资模式、保障水平以及给付方式都与医养结合的资金保障息息相关。本节将介绍该制度发展概况、筹资来源与保障对象、保障水平与给付方式，并总结青岛、长春、成都等试点地区的经验。

一　制度发展概况

资金保障是建立发展老年长期护理体系的根本基础。为了满足失能老年人的长期护理服务需求，许多国家探索建立长期护理保险制度，从资金和服务资源上为失能者及其家庭提供保障。除了以英国、瑞典实践为代表的主要由国家提供资金的救济型和普惠型长期护理制度之外，以互助共济方式筹集资金的长期护理保险制度的有效性已经被德国、日本等越来越多的国家和地区的实践所证实[1]。长期护理保险是指为那些因年老、疾病或伤残丧失日常生活能力而需要入住专门的护理机构接受长期的康复护理，或在家中接受护理时发生的费用予以补偿的一种保险[2]。

2016 年，人社部发布《关于开展长期护理保险制度试点的指导意见》，

---

[1]　施巍巍：《发达国家老年人长期照护制度研究》，知识产权出版社，2012，第 50~51 页。
[2]　中国老龄科学研究中心课题组、张恺悌、孙陆军等：《全国城乡失能老年人状况研究》，《残疾人研究》2011 年第 2 期。

以吉林和山东两省作为重点联系省份，指引河北承德、吉林长春、黑龙江齐齐哈尔、上海市徐汇区等 3 个区、江苏南通和苏州、浙江宁波、安徽安庆、江西上饶、山东青岛、湖北荆门、广东广州、重庆、四川成都、新疆生产建设兵团石河子市等地区开展长期护理保险制度试点。此外，北京市海淀区和浙江省嘉善县也于 2016 年开始探索因地制宜的长期护理保险制度。到 2017 年，青岛、长春、南通、承德、上饶、荆门、上海、安庆、成都、石河子、苏州、齐齐哈尔、广州等地均已出台相关文件，先后开始实施长期护理保险制度，保险覆盖人数超过 3800 万①。在总结前期试点经验的基础上，国家医保局会同财政部于 2020 年 9 月印发《关于扩大长期护理保险制度试点的指导意见》，提出新增 14 个试点城市，试点期限 2 年，拟在未来两年更大范围检验试点成果，进一步探索适应我国国情的长期护理保险制度框架。

二 筹资来源与保障对象

《关于开展长期护理保险制度试点的指导意见》规定，"试点阶段资金筹集可通过优化职工医保统账结构、划转职工医保统筹基金结余、调剂职工医保费率等途径筹集资金"。因此，上述地区的筹资实践大多与基本医疗保险制度紧密联系，都体现了长期护理保险所必备的主体框架，在资金筹集、保障范围、资格认定、待遇给付方面具有一定的共性：资金筹集以医保统筹和政府补助为主，主要途径有划拨医疗保险基金、调节医疗保险费率和财政补贴；参保对象覆盖失能、残疾的职工基本医疗保险参保人员，但以老年人群为主；对参保对象的失能情况进行等级评定并确定待遇给付；对符合规定的长期护理费用实行差别化的待遇支付。但是由于我国各地方的政策、背景不同，因此上述试点地区的筹资来源略有不同。

各地区筹资模式具体如表 5-4 所示，可知大部分试点地区采取财政、医保、个人构成的三方筹资模式，上海市、成都市等地将单位缴费作为筹资来源之一，上饶市则指出社会捐助的筹资重要性。从筹资水平来看，各地区

---

① 樊卫东：《设计多元筹资机制建设完善标准体系》，《中国劳动保障报》2017 年 9 月 5 日。

的筹资标准主要有两种方式：一是固定额度，例如广州市 2018 年的筹资标准为每人每年 150 元，医保基金补助 60 元，个人承担 90 元；二是按比例筹资，例如承德市将筹资标准定为参保人员（含退休人员）上年度工资的 0.4%，其中医保基金承担 0.2%，个人承担 0.15%，财政补助 0.05%。整体来说，各试点地区的长期护理资金渠道目标多元化，但大部分筹资依然严重依赖医保基金划转，而且实践中也存在单位缴费、个人缴费缺位的现象①，给医保基金造成较大压力。此外，不同地区选择不同的筹资水平也会因灵活性不一影响长期护理制度的持续发展。

表 5 - 4 各试点地区筹资模式以及筹资水平

试点地区	筹资模式	筹资水平
河北承德	医保基金划转 + 财政补助 + 个人缴费	参保人员上年度工资的 0.4%，其中医保承担 0.2%，个人承担 0.15%，财政补助 0.05%
吉林长春	医保基金划转	统账结合医疗保险：职工医保个人账户划转 0.2%，统筹基金划转 0.3%；住院统筹医疗保险：医保统筹基金划转 0.5%；城镇居民基本医疗保险：基本医疗保险统筹基金按每人每年 30 元标准划转
黑龙江齐齐哈尔	医保基金划转 + 个人缴费	60 元/人/年，个人缴纳 30 元，医保统筹基金筹集 30 元
上海市徐汇区等 3 个区	财政补助 + 单位缴费 + 个人缴费	本市职工医保人员按用人单位缴费基数的 1% 从统筹基金划转；本市 60 周岁及以上的城乡居民按略低于第一类的筹资水平从统筹基金中划转
江苏南通	医保基金划转 + 财政补助 + 个人缴费	100 元/人/年，个人缴纳 30 元，医保统筹基金支付 30 元，政府补助 40 元
江苏苏州	医保基金划转 + 财政补助 + 个人缴费	市区职工基本医疗保险统筹基金累计结余中先行安排资金作为长期护理保险试点启动资金，纳入长期护理保险基金，个人和单位暂不缴费
浙江宁波	医保基金划转	30 元/人/年，个人缴费 10 元，医保划转 20 元
安徽安庆	医保基金划转 + 个人缴费	2019 年 90 元/人/年，个人缴纳 50 元，医保划转 35 元，单位缴纳或财政补助 5 元

---

① 李月娥、明庭兴：《长期护理保险筹资机制：实践、困境与对策——基于 15 个试点城市政策的分析》，《金融理论与实践》2020 年第 2 期。

续表

试点地区	筹资模式	筹资水平
江西上饶	基金划转＋财政补助＋单位缴费＋个人缴费＋社会捐助	按照基本医疗保险缴费基数总额0.5%的比例，从职工基本医疗保险统筹基金中按月划转；从应划入在职职工本人医疗保险个人账户的资金中按月代扣0.2%；财政补贴每人每年30元
山东青岛	医保基金划转	职工护理：单位缴费按医保统筹基金划转0.5%；个人缴费个人账户0.2%；财政补贴30元/人/年；居民护理：不超过当年居民医保筹资总额的10%从居民医保基金中划转
湖北荆门	医保基金划转＋财政补助＋个人缴费	上年度居民人均可支配收入的0.4%，其中医保基金承担25%，个人承担37.5%，财政补助37.5%
广东广州	医保基金划转	2018年150元/人/年，医保基金补助60元，个人承担90元
重庆	医保基金＋个人缴费＋财政补助	单位缴费：统筹基金划转，每人每月0.2%。个人缴费：40周岁以下未退休个人账户每人每月划转0.1%；40周岁以上未退休个人账户每人每月划转0.2%；退休人员个人账户每人每月划转0.3%。财政补贴每人每月0.1%
四川成都	财政补助＋单位缴费＋个人缴费	本地社保平均缴费基数或城乡居民可支配收入的1%左右；每月职工医保从统筹基金中划转15元，居民医保缴纳24元，财政补贴40元
新疆生产建设兵团石河子市	医保基金划转＋财政补助＋个人缴费	参保人员上年度工资的0.4%，其中医保承担0.2%，个人承担0.15%，财政补助0.05%

资料来源：各试点地区政府网站。

三　保障水平与给付方式

　　试点地区的保障对象也有各自不同的特点。虽然大多数试点地区的保障对象以参与职工基本医疗保险的人员为主，主要覆盖职工基本医疗保险参保人群，但上海、上饶、成都等地在实践中逐渐把参加城镇居民基本医疗保险的人员也纳入参保范围，青岛等地还将参保人员延伸到城乡居民医疗保险的参保人员。此外，北京市海淀区虽然不是试点，但其长期护理制度实践独具特点，覆盖了除在校学生外具有本区城乡户籍18周岁以上的所有居民，该尝试体现了海淀区对常住人口未来长期护理风险的考虑。

　　试点地区之间的实践差异还体现在筹资水平和支付待遇等方面。给付方式和标准是反映参保者最终收益的结果，从试点方案来看，给付方式和标准不仅会根据失能等级的不同而有根本差别，也会由于受保人选择的护理服务的不同而不同，医疗机构护理、护理院护理和居家护理具有不同的报销额度或比例。从给付方式来看，目前在试点地区长期护理保险的给付均以服务为主，采取"定额包干"的形式，或者按比例进行补偿。关于保障水平，开展试点的地区绝大多数满足指导意见中关于护理等级、服务提供方式等的政策规定，也符合基金支付水平总体控制在70%左右的要求，但各地的保障水平差别较大。表5-5是全部试点地区的给付标准。

表5-5　各试点地区费用报销额度或比例

试点地区	居家护理	养老机构	医疗机构
河北承德	50元/天（上门），家护服务15元/天	60元/天	60元/天
吉林长春	职工护理:90%;居民护理:80%		
黑龙江齐齐哈尔	50%,定额20元/天	55%,定额25元/天	60%,定额30元/天
上海市徐汇区等3个区	90%	85%	医保报销
江苏南通和苏州	1200元/月	50%	60%及医保住院待遇
浙江宁波	无	40元/天	40元/天
安徽安庆	750元/月（上门服务）	50元/天	40元/天
江西上饶	900元/月	1200元/月	1200元/月
山东青岛	50元/天	65元/天	三级医院210元/天 二级医院180元/天
湖北荆门	100元/天,报销80%	100元/天,报销75%	150元/天,报销70%
广东广州	75%,生活照料费≤115元/天	75%,生活照料费≤120元/天	75%,医疗护理费≤1000元/月
重庆	50元/人/天		
四川成都	75%	70%	70%
新疆生产建设兵团石河子市	25元/天	70%限额支付,月度限额暂定为750元	70%限额支付,月度限额暂定为750元

资料来源：各试点地区政府网站。

由于各地的经济发展水平和政策不同，受保人享有的报销比例或额度有较大差异。青岛、长春、上海的支付标准较高，例如上海对养老机构护理的报销比例达到85%，居家护理的报销比例达90%，青岛对于医疗机构护理的报销额度根据三级、二级医院分别为210元、180元，但齐齐哈尔、石河子等地的报销水平就比较低。

四　试点地区的经验

在我国，长期护理保险开展的时间还很短，但从试点开展的内容、覆盖人群、保障标准和服务项目设定等若干方面来看，相当于竖立起了一道抵御长期护理风险的屏障，这在过去是不足的甚至完全缺失的，具有开创性意义，也是我国在积极应对人口老龄化方面取得的一项巨大进步。试点地区建立的长期护理制度对推动资源优化组合，特别是对推动养老机构、护理机构等发展产生了直接效果。很多试点地区初步形成"家庭养老、社区助老、机构照护"相结合的体系，对于减轻家庭和个人长期护理的经济负担发挥了显著作用。

但我国已开展的这些试点也存在明显的或潜在的问题，例如，由于主要以医疗保障和财政资金为筹资渠道，如果医疗保险基金难以盈余，要想维持护理保险制度的继续运行就必须大幅增加财政支出，随着老年人数量的迅速增加，护理保险基金将很可能面临超支的风险，依靠医疗保险基金来支付社会长期护理服务费用的可持续性还需要进一步分析。另一个突出的问题是，就长期护理保险设计的初衷来看，这一制度的主要目标在于解决长期护理服务的筹资问题，提高以老年人为主的失能者家庭对长期护理服务的购买力。然而将这一资金保障真正转化为对失能老年人护理服务的支持需要长期护理服务体系的支撑。因此，长期护理制度的建立和实施是建立在完善和发达的长期护理服务体系的基础之上的，通过引入社会长期照料和专业护理服务来缓解家庭护理资源的不足。但我国社会化护理服务产业尚处于起步阶段，针对失能老年人群的专业化长期护理服务资源匮乏，无法满足失能老年人家庭的需求。长期护理保险制度试点开展的时间还不长，效果还有待逐渐显现。

总之，从我国老年人对长期护理的需求趋势以及稳固的资金保障角度来考虑，发展长期护理保险势在必行，应在借鉴国际和我国长期护理保险试点先进经验的基础上，扩大长期护理保险的实施范围。从资金筹措的公平性、可靠性和可持续性角度来考虑，长期护理保险应以社会保险为主，商业保险只能作为补充，长期护理保险的顺利可持续运行还必须靠社会养老服务来支撑。

第四节　医养结合资金要素存在的问题和对策建议

在医养结合养老服务迅猛发展的今天，如何充分发挥资金支持的保障作用？在此进程中，资金保障体系存在哪些方面的问题？政府应如何因地制宜地引导、参与甚至发挥优势？这些问题确实应当引起全社会的关注。

一　尚未形成统一资金保障体系，资金保障水平低

持续、有效、多元化的资金支持是大力推动医养结合养老服务发展的重要条件。目前，国家发布一系列政策文件，营造了积极鼓励医养结合服务发展的环境氛围，但由于缺乏具体的财政支持规划和合理的资金支持体系，地方各级政府没有一套行之有效的参考标准，部分地区在推行医养结合的过程中，没有合理的联动机制，多头管理不利于政策落实，比如医养结合机构会涉及民政部门审批、卫生部门监管、社保部门报销等多个部门、多个环节。多头管理、分而治之的局面使得各部门对各项扶持政策的认识、调整和落实难以做到协调一致，会最终导致补贴政策落实不到位等问题，甚至会犯细则要求过高或者政策过于模糊的错误，反而增加了服务成本，阻碍当地的医养结合实践，甚至造成医疗和养老资源相互阻隔。

此外，不稳定的资金保障体系打击了机构医养结合转型的积极性，资金不足是阻碍医养结合的重要原因。卫生部 2010 年印发的《诊所基本标准》规定，医务室建筑面积不少于 40 平方米，应设有独立的诊室、治疗室、处置室和输液观察室等场所。同时，养老机构要保证医务室 24 小时运营服务，须配备 2 名全科医生、2 名护士或其他卫生技术人员，微利甚至不盈利的养老机构面对高昂的改造成本和医务人员工资成本，政府的滞后补贴和优

惠只是杯水车薪。而且对于老年群体来讲，政府在医养结合资金方面的支持力度仍旧不足，存在许多老人因经济条件有限而无法享受到医养结合的便利的现象。

二 医养结合资金来源渠道单一，过于依赖政府

医养结合服务的公共物品特征以及我国老龄化迅猛发展的特殊国情决定了政府具有主导责任，但政府不应该是医养结合服务的唯一资金来源。政府在做好顶层政策设计，厘清不同主体的边界和责任，使资金保障体系初步形成之后就应该鼓励社会资本多参与，建立更多元的资金来源渠道。目前的情况是，很多医养结合机构虽是公建民营，但资金绝大部分来自政府财政拨款。此外，我国长期护理保险依然只在部分地区试点，尚未全部推开，对社会资本的品牌运营奖励只限于北京、上海等经济发达地区，商业保险也不足以支撑医养结合服务，社会资本的介入要承担较大风险，而且当前政策文件缺乏长期性和连贯性，难以吸引社会资本进入投资大、回报慢、变现时间长的医养结合服务市场。

此外，商业保险尚未起到足够的资金保障作用。我国的商业医疗和养老保险产品虽然有了较快发展，但在整个医疗和养老保险体系中的占比和参与度仍然较低，与老龄化速度加快的现实需求相比，仍有较大差距。由于老年人身体较为脆弱，在众多可供老年人选择的保险产品中，一年期及以下的短期产品占比较高，政府主推的意外伤害保险保单件数较多，长期保障类产品不够丰富，主要提供疾病、医疗、护理等保障的健康保险与其他险种均有一定差距，对老年人群的健康保障相对不足。

三 医养结合资金保障资源分配及使用不平衡

笔者在调研和整理信息中发现，试点地区大多尚未注意到资源分配的城乡差异，农村居民普遍没有被纳入保障范围，也无法如城市居民般便利实惠地使用医养结合服务，影响农村失能老年人享受长期护理，严重影响医养结合服务的地域公平性。而且各地政府为了尽可能地保证补贴效果，会向公立

机构、特色模式等倾斜。比如，公立、高层级、大型养老机构和医院因资源丰富、专业人员充足、经济效益可观，具备增设医疗或养老功能、提供医养结合服务的能力。基层、小型养老和医疗机构自身基础弱、缺乏资金支持，因而拓展健康养老业务和转型困难。最终导致少数大型医养结合机构人满为患，部分地区甚至出现"压床"现象，医疗资源和医保资金浪费严重，资金运营效率低下，而小型机构难以成为医养结合机构，即使转型也因为高昂的价格门可罗雀，难以持续运营。

四 医养结合资金要素的发展对策

1. 保障资金体系的制度化

面对老龄化日益加剧的趋势，以及长期护理服务需求的增加所带来的资金压力，拥有合理稳定的资金保障体系是医养结合服务实现"质的飞跃"的前提。目前虽然整体上营造了相对稳定有利的政策环境，但由于缺乏具体明确的财政支持计划和合理的资金保障体系，各级政府的积极性弱，市场整体疲软。要破解这一困境，就要抓紧探索构建合理稳定的资金保障体系。未来要将医养结合推广到全国，就必须根据试点地区的经验，首先需要实现社会保险、政府补贴、商业保险保障体系的统一化、制度化，还需要明确卫生、社保和民政等部门的职责所在，保证政府部门各司其职，防止多头治理带来的效率低下，为其他地区开展医养结合提供较详细的资金支持范本和行政指南。

2. 促进筹资渠道的多元化

拓宽资金保障渠道，形成合理、稳定、多元的筹资来源是构建科学的资金支持体系的重中之重。

首先，要在厘清"医"与"养"的边界的前提下，发挥基本医疗保险的核心基础作用。根据各地的医保政策，明确对各种医养结合服务的支付，并根据护理服务的不同等级和服务机构的不同形式具体分析恰当的支付额度；同时要推动长期护理制度框架根据实践查漏补缺，加快在全国范围推广长期护理制度，并建立统一明确、权责清晰的资金保障体系，保证社会保险发挥双重资金保障作用。

其次，要在把握政府介入市场的度的基础上，发挥政府的关键引导作用。通过更加精准有效地组合运用床位建设补贴、运营补贴、机构等级评定补助、试点专项补贴、机构延伸服务补贴以及税费减免、取消行政事业性收费等政策工具，逐步将"补贴"转变为"购买"，培养居民对医养结合服务的消费意识和使用习惯；设置医养结合专项奖励，鼓励社会资本进入市场提高服务质量，激发医养结合服务市场活性，减少资金风险。从服务体系的长远发展来看，保证政府补贴发挥保驾护航作用。

最后，还需要明确基本医疗保险制度与商业保险的定位和衔接，保证商业保险与医保互补。以政策优惠、购买、补贴等手段鼓励商业保险公司开发更多险种，放宽年龄限制，适当降低价格，在医保解决基本问题的前提下，为部分老年人和机构提供更优质、更灵活、更个性化、更安全的选择，充分发挥商业保险补充保障的作用。

3.追求资源配置的公平性

由于农村家庭功能弱化、老年人对医养结合服务的需求增加以及本身医养条件薄弱等因素，农村地区发展医养结合服务迫在眉睫，但因为面临政府支持不够、基础设施落后、筹资渠道单一等问题，农村医养结合服务的发展迟缓，与城市各试点地区如火如荼的发展状态形成鲜明对比。要想突破农村的困境，必然需要政府树立资源公平意识，首先完善农村医疗护理设施网络，其次通过完善社会保险和增加政府投入为建立适合农村的多元筹资渠道奠定基础，同时鼓励社会救助、志愿力量来保障农村医养结合服务的持续发展。除城乡差异外，不同性质服务机构的资源倾斜也应受到政府关注，需要注意公办、公建民营、民办等不同性质服务机构的区别，合理引导不同性质服务机构的发展方向，有意识地培育小型基层机构以及鼓励资金雄厚的机构塑造老年服务品牌，丰富医养结合服务的类别，并完善相应的监管。

第六章
医养结合技术要素的发展现状与分析[*]

新一轮科技革命和产业革命，引发了传统生产、生活、社交方式的变革甚至颠覆，也必将导致养老方式的多样化、圈层化和个性化发展，移动互联网、大数据、云计算、人工智能、神经科学、脑科学等新理论、新技术在老龄领域的运用，推动彰显健康老龄化、积极老龄化理念的老龄科技不断加快创新，并呈现替代性、牵引性、跨界性、集聚性、环境友好等特点；技术要素在健康养老服务转换更新、升级迭代中的作用持续深化，全社会科技养老的观念与意识不断增强。

第一节　健康养老服务的技术发展现状

一　积极应对人口老龄化的第一动力

1. 科技创新与人口老龄化的辩证统一关系

窥探科技创新与人口老龄化的关系，国内外相关研究大致包括人口老龄化对科技创新的影响、科技创新对人口老龄化的影响两个维度。Lee，R. 等认为：老龄化促进劳动力类型的转向，同时促进经济发展和科技创新[1]。Prskawetz 等认为：中老年比例高的国家采用前沿技术的比例低[2]。杨杰、罗

＊　本章是国家社会科学基金一般项目(18BZZ044)、四川省科技项目(20RKX0748)的阶段性成果。

① Lee，R.，Mason，A.，Fertility，"Human Capital，and Economic Growth over the Demographic Transition"，*European Journal of Population* 26（2），2010，pp. 159 – 182.

② 姚东旻、李三希、林思思：《老龄化会影响科技创新吗——基于年龄结构与创新能力的文献分析》，《技术与创新管理》2015 年第 8 期。

云认为：老龄化不影响中国的技术创新进程①。又如，阿尔弗雷·索维（Alfred Sauvy）认为：技术进步有利于就业，当然对老年人再就业也有积极作用②。闰钟认为：人口老龄化是科技进步之果③。辩证、系统地看，科技创新与人口老龄化是对立统一的关系，是一种互为影响、交叉融合、在运动中无限发展的关系。科技创新既是人口老龄化发生和发展的关键因素，也是应对人口老龄化的关键支撑。积极应对人口老龄化，应努力挖掘人口老龄化给国家发展带来的活力和机遇，特别是对人类社会科技创新活动的正向影响与拉动效应，加快积极主动应对老龄社会问题和量力而行地满足老龄群体需求的科技创新，对冲人口老龄化引发的负面影响与发展压力，保持经济社会的全面、可持续、高质量发展。

其中，满足全体公民老年期多元化物质文化需求的科技创新，即我们通常所说的老龄科技创新，是"综合现代老龄学与信息技术、老年养护技术、老年医学、生命科学等学科的科际整合的科学与技术"④，也是以现代科技手段应对人口老龄化的"底层逻辑"，有助于以全新的技术要素优化全社会为老、适老、助老、养老的样态，切实提升人民群众的全生命周期生活品质。当前，在全球人口老龄化的共同背景下，人口红利逐渐消失，各国纷纷瞄准未来的技术红利，通过大规模技术创新实现从劳动密集向技术密集的转型，把云计算、AI、5G等新兴技术运用到生产和生活当中。"全球科技创新进入高度密集活跃期"，就我国而言，加快发展老龄科技，是进一步解放和发展生产力、实现个体意义上人的全面发展和共同体意义上共同富裕的必然要求，是加快供给侧结构性改革、推动老龄社会国民经济产业体系全面升级的客观需要，也是满足老年人民群众的美好生活需要，适应"健康、保障、参与、和谐"等不分年龄、人人共享理想老龄社会的发展趋势的必由之路。

---

① 杨杰、罗云：《中国人口老龄化、技术创新与经济增长的动态影响分析》，《科技与经济》2015年第3期。
② 〔法〕阿尔弗雷·索维：《人口通论（上）》，查瑞传、林富德等译，商务印书馆，1982。
③ 闰钟：《人口老铃化与科枝进步》，《山西科技》2000年第4期。
④ 全国老龄工作委员会办公室：《老龄政策理论研究》，华龄出版社，2017，第526页。

2. 科技创新在我国积极应对人口老龄化战略中的支撑地位

1999 年末，中国 60 周岁以上老年人口的比重达到 10.9%、规模达到 1.32 亿人，按照联合国标准，标志着我国开始进入老龄化社会。此后，我国人口老龄化进程显著加快。《世界人口展望 2019》（*World Population Prospects 2019*）指出：2019 年中国老龄化率为 12.0%，预计到 2035 年将为 20.7%、2050 年将为 26.1%；21 世纪内，中国老年人口规模先增后降，2055～2060 年达到峰值，60 岁及以上老年人口将达到 4.88 亿、占比将为 35.6%，65 岁及以上老年人口将达到 3.98 亿、占比将为 29.83%。当前至 2060 年将是老龄化最快的阶段，之后老龄化程度的加深明显放缓，但 60 岁及以上老年人口 2100 年仍将在 4 亿以上、占比为 37.8%，65 岁及以上老年人口 2100 年将为 3.39 亿、占比为 31.8%。人口老龄化将成为未来相当长一个时期中国社会的新常态。

从人类社会发展来看，老龄化是一个新的社会现象；老龄化问题是在发展中产生的，也必然要靠发展去解决。科学技术是第一生产力，创新是引领发展的第一动力。2014 年 6 月 3 日，习近平在国际工程科技大会上的主旨演讲中指出，中国是世界上最大的发展中国家，发展是解决中国所有问题的关键。要发展就必须充分发挥科学技术第一生产力的作用。2019 年出台的首个应对人口老龄化的中长期顶层设计——《国家积极应对人口老龄化中长期规划》提出，要强化应对人口老龄化的科技创新能力，深入实施创新驱动发展战略，把技术创新作为积极应对人口老龄化的第一动力和战略支撑，全面提升国民经济产业体系智能化水平[①]。为满足数量庞大的老年群众

---

① 《国家积极应对人口老龄化中长期规划》明确指出要提高老年服务科技化水平。一是加大老年健康科技支撑力度。大力发展老年医学。促进生物技术和信息技术融合发展，推进老年医疗临床和科研大数据应用，推动一系列前沿共性技术发展。二是加强老年辅助技术研发和应用。优先发展老年人护理照料、生活辅助、功能代偿增进等老年辅助科技产品。优化老年辅助产品设计，提高实用性，为老年人功能退化缺损提供智能科技代偿，辅助、替代人力照护，以技术创新增进老龄群体的社会参与。三是融合移动互联网、大数据、可穿戴、云计算等新一代信息技术，发展以主动健康技术为引领的信息化老年健康服务。从以治病为中心转变为以人民健康为中心，关注疾病预防、功能完善以及健康寿命延长，建设基于循证医学的持续性健康维护和干预体系。

的多方面需求、妥善解决人口老龄化带来的社会问题，中国积极运用马克思主义的根本立场、观点和方法，立足中国人口老龄化的特殊国情及演进态势，参考老龄化先发国家的治理经验与具体实践，从战略全局的高度出发，创造性地明确了科技创新在及时应对、综合应对和科学应对老龄化问题中的根本性地位。

二 我国智慧健康养老技术发展现状

1. 我国智慧健康养老政策发展

党的十八大以来，《关于积极推进"互联网＋"行动的指导意见》《"健康中国 2030"规划纲要》《健康中国行动（2019～2030 年）》《智慧健康养老产业发展行动计划（2017～2020 年）》《关于开展智慧健康养老应用示范试点的通知》《智慧健康养老产品及服务推广目录（2018 年版）》《关于促进"互联网＋医疗健康"发展的意见》《关于开展第二批智慧健康养老应用示范试点的通知》《关于加快发展康复辅助器具产业的若干意见》《"互联网＋护理服务"试点工作方案》等一系列推进信息技术与医疗健康服务、养老服务融合发展的专项或相关政策文件相继出台，科技部"主动健康和老龄化科技应对"重点专项、国家卫生健康委员会"十三五"健康老龄化重点工程以及国家社科基金项目、教育部哲学社会科学研究重大课题攻关项目等国家级研发项目有序开展，"智慧健康养老"成为政府、产业界、学术界和普通人民群众广泛关注的热词。在国家政策的驱动下，我国健康养老行业呈现数字化、智能化、智慧化等发展趋势，越来越多的科技公司涌入健康养老行业并大力开展融入特定技术元素的健康养老服务与产品技术创新。

2019 年是国家养老有关政策高频发布的一个重要年份：4 月《国务院办公厅关于推进养老服务发展的意见》出台，12 月《养老机构服务安全基本规范》《关于促进老年用品产业发展的指导意见》出台。如果说 2017 年《智慧健康养老产业发展行动计划（2017～2020 年）》的实施，是从老龄产业角度出发，将智慧健康养老产业的发展特别是产业体系的构建提升到国家行动的高度，2019 年《国务院办公厅关于推进养老服务发展的意见》的出台，则是从老龄事业角度出发，以养老服务为中心，进一步明确了"互联网＋养老"的核心方针，是以国家意志加快推动老龄产业与老龄事业高质量融合发展的又一重要标志。《国务院办公厅关于推进养老服务发展的意见》明确了以人工智能、物联网、云计算、大数据、生物识别等信息技术为核心手段，实施"互联网＋养老"行动，持续推动智慧健康养老产业发展，同时在智慧健康养老应用示范、智慧健康养老产品及服务推广目录的基础上，指明了在全国建设一批智慧养老院、推广物联网和远程智能安防监控技术、探索建立老年人补贴远程申报审核机制、加强老人身份识别等具体发展方向。

值得关注的是，2019 年，《养老机构服务安全基本规范》发布，预示着国家对养老行业的规范性治理拉开大幕，智慧健康养老作为新时代养老服务的重要内容之一，也必将遵循高标准、严标准的趋势发展。就老年用品产业而言，《关于促进老年用品产业发展的指导意见》按照领域、产品、技术 3 个维度分类提出了指导性意见，涉及功能性老年服饰服装、智能日用辅助产品、安全便利养老照护产品、康复训练及健康促进辅具、适老化环境改善产品，针对不同老年人的重点需求用品提出了应用的关键技术以及需要突破的关键共性技术，处处体现了数字化、智能化、智慧化的"科技养老"特征，如柔性可穿戴、机器人、柔性传感、人机交互、智能家居、智能场景检测等，总体上在一般老年用品的基础上对智慧健康养老产品聚焦发展进行了富有针对性的布局。在国家政策的推动下，地方层面具体细化的智慧健康养老新政不断被写入政府文件；智慧养老院、智慧化养老社区、智慧养老公共服务平台、智慧养老医疗系统、智慧居家养老系统等内容大量出现在健康老龄化、老龄事业发展、养老服务发展、智慧健康养老产业发展等老龄相关地方规划、实施方案和实施意见中。

2. 我国智慧健康养老服务与产品的基本分类

进入 21 世纪以来，技术创新异常活跃，技术应用领域不断延伸。由于信息技术在各行各业的应用具有"泛在"特点，可谓"无所不在""无所不能"，技术的系统集成又持续不断地放大了技术应用的现实边界，可见和不可见的服务与产品琳琅满目，从市场良性发展、维护消费者权益的角度进行相对集中、科学的分类界定十分必要。在养老服务领域，信息技术的应用市场尚处于大规模探索、全面开发阶段，各种信息化产品和服务层出不穷，辨识度、成熟度尤其是后续服务保障还存在诸多系统性的缺陷，对于老年群体而言，这进一步增加了其购买服务和使用产品的难度。

为规范市场行为、引导发展方向、提升服务品质，工业和信息化部、民政部和国家卫生健康委三部委对智能健康养老产品进行了标准化定义：紧密结合信息技术，具备显著智能化、网络化特征和健康养老服务功能的新兴智能终端产品，主要包括健康管理类可穿戴设备、便携式健康监测设备、自助式健康监测设备、智能养老监护设备、家庭服务机器人五大类[1]。同时也对智慧健康养老服务做出了如下定义：充分利用信息技术、智能健康养老产品和创新模式，为民众提供的新型健康养老服务，主要包括慢性病管理服务、居家健康养老服务、个性化健康管理服务、互联网健康咨询服务、生活照护服务、养老机构信息化服务六大类[2]。上述三大部委于2018年11月发出申报《智慧健康养老产品及服务推广目录》的通知，2019年7月对首批推广的产品与服务进行了公示，涉及33家企业的56款产品和57家企业的59项服务[3]。从2020年三部委发布的关于组织申报《智慧健康养老产品及服务推广目录（2020年版）》的通知看，智慧健康养老产品及服务的申报范围与2018年版相比没有变化，维持了原有产品与服务定义及主要类别的表述。

3. 后疫情时代与数字经济时代智慧健康养老的演化趋势

关于智慧健康养老相关新兴信息技术应用现状的分析，《新时代积极应对人口老龄化发展报告·2019》中的专题报告四曾做过十分翔实的梳理。总体来说，"智能养老需求持续增长、政府推动扶持力度持续加大、产业发

---

[1] 工业和信息化部、民政部、国家卫生健康委员会：《关于公布〈智慧健康养老产品及服务推广目录（2018年版）的通告》，工信部联电子函〔2018〕269号。

[2] 工业和信息化部、民政部、国家卫生健康委员会：《关于公布〈智慧健康养老产品及服务推广目录（2018年版）的通告》，工信部联电子函〔2018〕269号。

[3] 工业和信息化部、民政部、国家卫生健康委员会：《关于公布〈智慧健康养老产品及服务推广目录（2018年版）的通告》，工信部联电子函〔2018〕269号。

展支撑体系基本形成、市场格局呈现出抢先布局的态势、服务模式和业态创新持续推进、关键技术和智能产品创新速度加快"[①]。但我们也看到，区块链、大数据、互联网等新兴信息技术在医疗健康服务、养老服务领域的应用仍处于起步阶段，机遇与挑战并存，问题与优势并存，"有货无市""有市无货"两种矛盾并存。除技术、市场、人才、资源、内容等因素外，被服务对象的主观意愿、信息素养、经济实力等也会对智慧健康养老行业的未来发展产生深刻影响，行业监管、技术标准、数据共享、信息安全、政策扶持等是未来必须重点突破的方向。

2019 年全球范围内新冠肺炎疫情暴发，对商业贸易、消费活动、大众就业、对外开放等国民经济发展的消极影响逐步显现，也对人类生产生活方式、大众消费模式、医疗健康卫生观念等社会物质与精神层面产生了根本性影响。在疫情防控、隔离、治疗等过程中，信息技术以更大范围、更新手段、更快途径全面进入生产生活各个领域，触发了以社会沟通行为、健康医疗服务、产业发展形态等变革为主要表现的连锁反应。伴随人类社会对全新疾病的认识更新和常态化应对，新一代信息技术将深度融入各行各业，并形成更加紧密、更加稳定的技术应用共同体。国内外新冠病毒的传播态势表明，老年人是新冠病毒入侵的重点对象和救治的重要人群，养老机构是疫情防控的薄弱环节和关键区域，疫情将全面加速养老服务的数字化、智能化、智慧化转型，推动安全、无接触、协同共生、服务多元的智慧健康养老技术整体成势。

与此同时，2020 年 3 月，中共中央政治局常务委员会召开会议，强调"要加大公共卫生服务、应急物资保障领域投入，加快 5G 网络、数据中心等新型基础设施建设进度"。《2020 年国务院政府工作报告》提出，重点支持"两新一重"建设（新型基础设施建设，新型城镇化建设，交通、水利等重大工程建设）。可以预见的是，全球新冠肺炎疫情总体上将进一步加速

[①] 《东亚和东北亚国家老龄科技合作前景广阔》，人民网国际频道，2019 年 11 月 15 日，http://world.people.com.cn/n1/2019/1115/c359707-31457945.html。

智慧健康养老时代的来临，以信息基础设施、融合基础设施和创新基础设施为主要内容的"新基建"，将极大推动传统健康养老基础设施转型升级，通过大规模5G网络、大数据以及智慧技术新型应用等基础设施建设，为智慧健康养老提供全新的技术支撑场域，融合创新、集成开发、共建共享的智能健康养老升级版发展格局"呼之欲出"。

第二节　技术赋能医养结合

一　"医养智慧化"的技术应用分析

1. 医养结合技术要素的基本内涵

世界知识产权组织把所有能带来经济效益的科学知识都定义为技术。"一项技术是关于某一领域有效的科学（理论和研究方法）的全部，以及在该领域为实现公共或个体目标而解决设计问题的规则的全部。"[①] 从医养结合的内涵出发，广义的医养结合技术要素可概括为提供、整合、升级、开发医养结合资源的各种工具和规则体系。技术赋能医养结合的过程，就是支撑科学完备医养结合养老服务体系形成与发展的技术创新与应用过程。在新一轮科技革命与产业变革背景下，具象化或有形化的医养结合技术，主要是指互联网、物联网、人工智能、区块链、5G等大数据和信息技术，伴随智慧健康养老事业与产业的快速发展，技术赋能医养结合的具体目标，则是通过上述技术在医养结合实践中的创新应用（技术渗透与融合创新），构建载体与网络，丰富服务与产品，提升效能与质量，实现医养资源的优化配置与有效供给，最终形成以技术驱动支撑医养结合养老服务模式可持续发展的生态系统。

2019年10月，12个部门联合发布《关于深入推进医养结合发展的若干意见》，针对医疗卫生与养老服务需进一步衔接、医养结合服务质量有待提

---

① 世界知识产权组织：《供发展中国家使用的许可证贸易手册》，1977。

高、相关支持政策措施需进一步完善等问题，提出了具体的指导性发展意见。《关于深入推进医养结合发展的若干意见》强调，要加强医养结合信息化支撑，明确了"覆盖家庭、社区和机构的服务网络""老年人信息共享、开发和利用""智能服务机器人""健康管理、健康检测监测、健康服务、智能康复辅具等产品和服务""面向机构的远程医疗""居民电子健康档案"等完善医养结合信息化支撑的重点任务。构建医养结合健康养老新模式，必须走"医养智慧化"的技术创新之路，致力于开发智慧健康养老新兴技术与医养结合模式融合的新服务、新产品、新业态、新体验，以高质高新的健康养老生态圈建设实现老龄群体生活方式的现代化。

2. 医养结合技术要素的应用

通俗地讲，医养结合就是医疗卫生服务和养老服务相结合，面向居家、社区以及机构养老的老年人，在日常生活照料的基础上，为他们提供所需要的医疗卫生服务。我国医养结合服务尚处于探索阶段，应从老年人"医疗""照料""养老"的整合需求端出发，通过智能信息技术的叠加、嵌入、替代，将现代医疗服务与养老方式有效结合，推动实现"有病治病、无病康养"的全体公民老年期养老保障创新。具体而言，就是以数字化、智能化、智慧化的技术手段呈现和创新医养结合养老模式中"医""护""养"功能衔接的服务形态并提升服务品质。

"医"一般是指老年人所需要的治未病、慢性病管理、非急性疾病治疗、急性病急救和健康保健等服务，主要目的在于让老年人的日常医疗、健康促进、健康检查、疾病诊治等需求不再仅仅依靠医院解决，力求在养老服务机构甚至家中就可以享受优质医疗卫生服务。"护"一般是指老年人所需要的护理、康复（功能恢复与重建）以及临终关怀服务等，主要针对病后康复、失能、半失能、失智、高龄及临终老人（半自理、全护理、特护老人）。"养"是指老年人日常生活照护、文体活动服务等。按照老龄群体的行动自由程度，也有学者将医养需求划分为健康活跃期、辅助生活期、行动不便期、临终关怀期等不同时期的特定医疗和养老需求。从技术应用层面分析，不论何种视角，"医养智慧化"的技术服务与产品大致集中于满足医疗诊治类、康复护理类、生活照料类、安全防护类、健康管理类、信息服务类等多样化、个性化和融合性的老年人需求。立足我国医养结合的现实困境，又以医疗诊治类、康复护理类、健康管理类等技术服务与产品为主。市场上广泛可见且具有代表性的有远程医疗、疾病管理系统、远程照护、智能辅助器具、智能服务机器人、智能健康检测、可穿戴设备、在线健康社区等。

3. 医养结合技术要素的应用场景

需要注意的是，"医养智慧化"往往是多种技术设备的混合使用或是一种技术设备不同功能的组合和特定应用，技术设备在不同场景下的呈现方式和主体功能是多样态的。从医养结合的真实环境、真实受众来看，技术只有在直观和系统的场景中可运用、可体验，才能真正实现技术赋能医养结合的价值。事实上，大多数中国老年人以居家和社区养老为主，医养结合需要通过医疗卫生服务向社区和家庭延伸的方式，为绝大多数中国老年人提供基本医疗健康养老服务，如家庭签约医生、社区医生巡诊等。对于失能、半失能、高龄等需要医疗照料的老年人，通常依靠家庭病房、养老机构等足不出户或专门化的医疗服务支持来实现医养结合。还有一部分拥有高端、个性养老需求的老年人，会选择社会兴办和政府开办的医养结合机构（同时具备医疗卫生资质和养老服务能力的医疗卫生机构或养老机构）进行养老。在按需、按类提供"医养智慧化"技术服务和产品的基础上，还应立足机构、社区、家庭以及农村、城市等不同医养结合实际场景，综合运用物联网、云计算、大数据等新一代信息技术，全面考虑服务对象、服务环境、服务保障、服务流程，通过多种技术设备的集成化、分布式使用，输送整体性的医养结合技术解决方案，推动"医养智慧化"技术开发与系统集成，完善"医养智慧化"技术产品与配套服务，丰富"医养智慧化"技术体验与实时反馈，以应用场景为切入点，形成"医养智慧化"的定制化、协同化、特色化技术应用体系。众所周知，目前医养结合的4种常见模式为：医疗卫生机构增设养老床位、养老机构开办医疗服务、医疗与养老机构建立稳定合作、医疗服务与社区和居家养老结合。打造不同模式下"医养智慧化"的技术应用场景，构建"智慧医疗＋智慧养老"综合体，形成"医养智慧化"

技术服务与产品的场景化、闭环式设计，是对"医养智慧化"技术应用的更高级要求。以居家养老场景为例，可根据不同老年群体的异质性特点，基于智能安全技术、智能照料技术、智能医疗技术、智能心理慰藉技术等，有选择性地提供远程医疗、远程照料、远程保健、健康检测监测、智能服务机器人等医养结合的一体化、人性化智能服务。

伴随经济社会的发展、科学技术的进步、人民群众对美好生活需要的提升等动态变化，"医养智慧化"技术的应用方向也将不断发展与完善。总之，依托信息技术，不断强化医养结合的信息化支撑，提升医养结合服务的可及性和普惠性，将是医养结合养老模式再造和升级的重要路径。

二 "医养智慧化"的技术效度分析

在"未富先老"、"未备先老"、地区发展不均衡、医养矛盾较为突出等人口老龄化的特殊国情下，把握好我国养老服务由传统养老模式下的劳动密集型阶段进入知识密集型阶段的跨越发展机遇期，大力推动"医养智慧化"，具有十分重要的现实意义。

1. 突破瓶颈，推动医养资源有效整合

医养结合的重点在"养"、痛点在"医"、关键在"合"。当前最突出也是最亟须解决的问题是，在中国老龄人口众多以及医疗资源不平衡、不充分的条件下，"医"与"养"各种资源的衔接不足、不畅。"医办养""养办医""养联医""医养社会化"等多种方式为"医"与"养"资源的有效衔接提供了空间上的物理环境，最终是为了医疗服务与养老服务内容的实质性衔接这一医养结合的基石服务的，而新一代信息技术可以充分发挥传递性、共享性、时效性、可再生性等技术特征，进一步打破"医"与"养"的时空限制、机制壁垒，快速畅通地实现资源整合，缓解我国目前医养结合养老的发展压力，以技术创新与应用加速实现个人、家庭、社区、机构与医疗资源的高效对接和医疗养老资源的优化配置，实现资源利用效率最大化，形成"1+1＞2"的溢出效应，从"标本兼治"出发突破"医养结合"形式与内涵上的关键资源瓶颈。以"构建医养资源共享渠道、形成医养资源联

动常态、提升医养资源使用效率"为目标的"医养智慧化"技术应用，不仅为中国特色的居家养老和社区养老提供有效医疗资源、基本医疗保障搭建平台和通路，还将为解决机构养老、社区养老、家庭养老等养老方式中医疗资源不足的问题创造环境。

2. 精准供给，提升医养结合服务品质

科学技术本身具有广泛适老化的特征，将数字化、智慧化、智能化的技术要素引入不同医养结合场景，形成不同的医养服务和产品供给，能让老年人在机能自然或非自然衰老的进程中更为真切和实际地享受到科技发展带来的便利。最为关键的是，医养服务因人而异，服务要求多元化、个性化，在资源相对紧张和对象、案例过于复杂的情况下，即便快速提供了服务菜单，一般情况下也很难以机械化操作的方式实现"一对一"的即时性服务与"一站式"的人性化服务，因此，利用信息技术高效实现精细化匹配和执行，能让更多的老年人以更贴心和更安全的方式接受实实在在的细致服务，从而提升广大老年人对服务供应方的满意度和信任度。此外，将原本碎片化的各类医养服务内容通过信息手段进行集成和可视化、可用化表达，能让老年人拥有更多自主选择的空间，综合考量能力承受范围、服务期望值、隐私安全保护、性价比等多重因素，进行自由宽松、平等友好的服务筛选。

3. 全面拓展，创新医养结合服务文化

以技术创新为载体，不断拓展医养结合服务的深度和广度，建构老龄技术价值共同体，是医养结合技术要素的重要使命之一。在中国国情下，将有限的医疗资源与庞大的养老服务需求相结合，让全体公民在老年期能够享受与社会经济承载能力适配的医疗健康养老服务，需要包括政策、资金、技术等在内多种要素资源的共同作用，而具有引领时代发展特质的技术要素，彻底改变了医养结合在有限时空中的一般和特定服务形态，将推动医养结合业务模式、服务结构、组织架构等内涵式跃升，从而从根本上拓展医养服务边界、创造医养服务供给、创新医养结合服务文化。在传统观念中，医养服务的供给侧常常因为资源、人才、制度等的缺乏而无法提供持续的个性化服务，对医养服务的认识不足、创新动力不足、供给效率低下，导致难以形成广泛认同、价值统一、质量为先的服务文化，而信息技术所释放并不断放大的线上与实体整合的张力，恰恰能快速弥补多要素缺失现实下的发展动能，以更加灵活和更具韧性的方式促进多方主体参与的服务文化的形成，在积极的医养服务价值取向下，持续推动以服务理念、服务态度、服务素质、服务技能、服务体制、服务设施等为内核的医养服务文化的创新。

第三节　医养结合技术创新与应用的典型实践及对策建议

一　医养结合典型技术实践情况

《新时代积极应对人口老龄化发展报告·2019》中的专题报告四，从互联网时代、大数据时代到人工智能时代的技术发展与迭代角度，对互联网、大数据、人工智能、区块链等新兴技术在智能健康养老事业中的实践进行了递进式的纵向梳理，对单项技术、多类技术的可能应用进行了展望。其中，集成优质服务资源、服务居家养老的医养结合电商平台（O2O），实现信息采集、共享和需求挖掘、匹配的医养结合社区居家养老资源整合平台（O2O＋大数据），包括可穿戴设备、陪护机器人、智能护理床等服务与产品的老年健康照护技术架构（人工智能＋大数据），具有隐私权限、数据防伪、安全认证、全生命周期数据记录及支付等功能的安全共享老年健康生态系统（区块链＋大数据），较为系统地呈现了"医养智慧化"在智慧健康养老总体趋势下的发展路径和未来形态。下面，重点就《关于深入推进医养结合发展的若干意见》中提及的"智能服务机器人"和"面向医养结合机构的远程医疗"两项典型信息化支撑进行实践分析，以期从横向视角和微观层面反映医养结合技术要素的应用进展。

1. 医养智慧化产品：智能服务机器人

中国电子学会发布《中国机器人产业发展报告（2019）》，对全球机器人的市场结构进行了分析，按照工业机器人、服务机器人、特种机器人的大类划分，各类机器人的市场规模占比分别为工业机器人54%、服务机器人32%、特种机器人14%。其中，服务机器人的发展势头迅猛，2019年全球服务机器人市场规模预计将达94.6亿美元，2021年将快速增长，突破130亿美元①。伴随人工智能领域语音交互、计算机视觉和认知计算等技术的快速发展和人们对高端服务需求的提升，服务机器人的创新应用领域不断拓展，尤其是数字医疗、可穿戴设备、新材料及智能算法等新兴技术对健康医疗理念的革命性重构，加速了更智能、更精密的健康医疗相关服务机器人在临床中的应用。老龄化严重的日本，机器人产业处于世界领先地位，其机器人产品极为丰富，特别是在医疗护理业中的应用极其广泛。例如，松下公司研发了自动运输机器人"HOSPI"（医院药品及样本运输）和可辅助老年人下床及步行的"看护机器人"，丰田公司致力于量产照顾老弱病残的智能服务机器人，三星公司研发了健康管理服务机器人 Samsung Bot Care（提供健康监测、用药跟踪、音乐治疗、睡眠管理等智能服务），欧姆龙公司联合韩国通信运营商 SK 共同推出 5G 防疫机器人（消毒作业、体温监测、健康管理服务），日本 ZMP 公司、Doog 公司改装了防疫消毒机器人。此外，日本还出现了一种针对阿尔兹海默症预防和症状缓解的治疗机器人——海豹型机器人 PARO，在养老机构作为"神经逻辑治疗机器人"，在 2018 年全世界就有 5000 只 PARO 投入使用。韩国于 2007 年启动实施"机器人试验普及事业"，大力发展看护领域的生活支援机器人；欧盟也于 2014 年开始投入大量资金实施"民用机器人项目"。

2016 年，国家致力于推进专业服务机器人系列化的政策文件《机器人产业发展规划（2016～2020年）》发布；2017 年《"十三五"医疗器械科技创新专项规划》指出，要重点开发智能康复机器人、智能助行系统等，促进机器人治疗领域的发展；2018 年《关于促进"互联网+医疗健康"发展的意见》明确强调，重点开发具备国际领先水平的智能医疗机器人系统、

---

① 《2019 中国机器人产业发展报告发布，医疗服务机器人市场规模达 6.2 亿美元》，搜狐网，2019 年 8 月 23 日，https://www.sohu.com/a/335883279_120178509。

智能感知交互手术机器人等。智能医疗机器人是基于机器人硬件设施，将大数据、人工智能、5G等新一代信息技术与医疗诊治手段相结合，实现"感知—决策—行为—反馈"闭环工作流程，在医疗环境下为人类提供必要服务的系统统称①。相较于国外市场，我国智能医疗机器人产业起步晚，但据国际机器人联盟（IFR）统计，2018年我国智能医疗机器人市场规模达到34亿元，预计到2025年，我国智能医疗机器人市场规模将突破百亿元，技术研发与试验不断加速、市场规模不断增加、新的应用场景不断出现、产业链布局不断延伸，潜力巨大。

医养结合相关的智能服务机器人相较于智能医疗服务机器人外延更大。《关于深入推进医养结合发展的若干意见》指出，支持研发医疗辅助、家庭照护、安防监控、残障辅助、情感陪护等智能服务机器人，明确了医养结合相关智能服务机器人的具体服务内容。考察国内市场现有的智能服务机器人具体应用，现有的机器人类型主要包括康复机器人、手术机器人、辅助机器人、非治疗机器人及其他机器人。从前瞻产业研究院《2020～2025年中国医疗机器人行业市场前瞻与投资规划深度分析报告》中的2018年市场占有率看，康复机器人占比最高，接近一半，如北京大艾机器人下肢外骨骼机器人、布法罗机器人下肢步行外骨骼机器人；手术机器人、辅助机器人及其他机器人占比相近，都未超过20%；非治疗机器人的占比最低，不到10%。从企业分布看，因为一线城市产业资源集聚和市场相对成熟，北京、深圳、上海、广州的机器人企业最多。其技术趋势主要是提升系统的标准化水平和大数据的互动性，增强人机交互能力，推出轻型化、小型化材料等。

近年来，国内直接以"医养智能机器人""智慧医养机器人"等命名的机器人医养主题产品开始出现，主要是将老年人陪伴、心理关怀、生活支援、健康体检、预约挂号、私人医生等医养功能进行集成。2019年在第26届河北（石家庄）国际医疗器械展览会亮相的医哆咖智能机器人，就是满

---

① 尹传昊：《智能医疗机器人：服务医疗行业高质量发展》，《光明日报》2019年8月15日，第16版。

足居家养老多元化医养需求的机器人产品，也有部分企业在研发预防或缓解阿尔兹海默症的服务机器人，在2019年世界机器人大会上，哈工大机器人集团（HRG）自主设计的国内首款帕金森症人工智能辅助诊断仪受到广泛关注，该设备以医疗机器人为分布式辅助诊断终端，具有声纹识别技术，并广泛应用于医院、体检及养老机构[①]。

相关链接：

医哆咖智能机器人能够综合体征数据检测、智能预诊导诊问诊、远程会诊、家医连线、动态家庭档案管理、健康优选、亲情通信、远程监控、空气质量检测等功能，通过"医学客服、家庭医生、医学专家"组成的三位一体服务体系，助力家医服务深化落地，从健康管理、预防、治疗3方面，实现O2O医疗健康服务闭环。

相关链接：

帕金森症人工智能辅助诊断仪，利用超敏传感生物信息捕获技术及人工智能医学大数据分析技术，可解决帕金森症早诊早筛及动态监管的医学难题，实现疑似患者早诊早治，有效减缓疾病进展。

特别是新冠肺炎疫情发生以来，健康医疗相关智能服务机器人大显身手，5G医用测温巡逻机器人、医疗监控机器人、智能配送机器人、配药及送药机器人、预问诊和导诊机器人、远程超声机器人、消毒清洁机器人等开始在医院防疫中发挥作用。"随着'新基建'按下快进键，我国服务机器人市场正迎来新的发展新机遇。"[②]

---

① 《HRG多款医养康助产品亮相2019WRC世界机器人大会》，硅谷网，2019年8月20日，http：//www.guigu.org/content/20190820135946.html。

② 《"新基建"催生新机遇服务机器人产业加速成长》，人民网，2020年4月20日，http：//ai.people.com.cn/n1/2020/0319/c422228-31639294.html。

2. 医养智慧化服务：远程医疗

我国是全球拥有人口最多也是拥有老年人口最多的国家，庞大的人口基数对医疗资源提出了严峻的考验。远程医疗通过互联网技术将医疗资源整合利用，打破医疗资源分布的地域限制，有利于统筹解决医疗资源不均衡、医疗服务供给不充分、医疗人才短缺、医疗成本过高、医患关系紧张等问题。在"医养结合"的理念之下，在以居家养老为基础的现实国情之下，利用科技手段建立完善的远程医疗系统，成为"医养结合"模式的关键一环。远程医疗自产生以来就引发了世界各国的关注，最早可追溯到20世纪中叶美国在放射学研究中运用双向电视系统，随后发达国家远程医疗技术伴随科学技术的进步而突飞猛进。以美国为例，家庭医疗监护系统、会诊车、电子病历、虚拟医院、远程监护等新型远程医疗技术相继在民用和军用领域投入使用，布什政府还在2004年提出了美国医疗信息技术发展的十年计划。欧洲国家则走了一条跨国家、跨区域的远程医疗技术共享发展之路，广泛在放射学、口腔科、医疗会诊及监护等领域开展应用，并建立了庞大的研究网络。韩国建立的可携带医疗系统则直接为偏远地区提供在线处方等新型医疗服务，并形成了市场化的运营模式[1]。21世纪以来，数字宽带技术、互联网技术、移动网络技术的发展，推动远程医疗全面进入了数字化阶段，网络医疗（E-Health）、连接医疗（Connect Health）等新概念开始产生。

远程医疗系统涉及视频传输技术、通信技术、影像技术、医疗电子技术等不同行业的先进技术[2]，在国外已经有40多年的发展历史，而我国在20世纪80年代末才开始远程医疗的研究性探索，90年代中期逐步有了实用性的系统建设与市场应用。进入21世纪，在国家一系列政策文件的推动下，面向基层尤其是农村和边远地区的远程医疗系统，包括远程影像诊断、远程会诊、远程监护指导、远程手术指导等快速发展，2018年发布的《关于深

---

① 周杰、王申、田敏：《国外远程医疗发展及其对中国的启示》，《科技与创新》2019年第20期。

② 《BOE（京东方）两项超高清远程医疗相关国际标准获国际电联立项》，电子产品世界，2019年12月16日，http：//www.eepw.com.cn/article/201912/408213.htm。

入开展"互联网＋医疗健康"便民惠民活动的通知》，则进一步明确了远程医疗的服务内容和覆盖范围。2018 年，中日友好医院与中国移动携手打造的国家远程医疗协同平台正式启动。智研咨询公布的《2020～2026 年中国远程医疗行业市场深度及竞争战略分析报告》显示：2016 年，我国远程医疗（包括远程患者监测、视频会议、在线咨询、个人医疗护理装置、无线访问电子病例和处方等）的市场规模达到 61.5 亿元，到 2018 年，市场规模增长到 132.1 亿元。今后，随着我国 5G 网络正式实现商用，软件服务和云计算、大数据等产业快速发展，自动化、智能化远程医疗技术将进入蓬勃发展的"黄金时期"。从全球远程医疗的应用趋势看，目前以诊治疾病为主的"远程医疗"正逐步向涵盖预防保健、疾病诊治、病后康复等全生命周期的"远程健康"管理转变，并更加贴近大众生活①。新冠肺炎疫情暴发后，麻省理工学院电脑科学与 AI 实验室（CSAIL）开发了一款远程监控设备 Emerald，专门用于通过无线网络无接触地掌握居家隔离的新冠肺炎患者的健康数据。

在我国医养结合的背景下，远程医疗不仅提供传统意义上的专门医疗机构疾病诊治系列服务，还逐渐向远程照护、远程保健、心理咨询、慢病管理等健康养老领域拓展，过去医生为患者开展线上健康医疗服务的远程医疗模式，开始向人与人工智能共同为患者提供智能化健康医疗全方位服务演变。2014 年，国家发展改革委、民政部、国家卫生计生委联合下发通知，在北京、湖北、云南组织开展面向养老机构的远程医疗政策试点工作，一批试点医院面向合作养老机构开放优质医疗资源，主要开展以视频会诊、病理诊断、影像诊断、远程监护、远程门诊和远程查房等为主要内容的远程医疗服务和双向转诊服务。近年来，随着互联网公司布局健康医疗领域，平安好医生、恒大健康、阿里健康、微医、好大夫等移动远程医疗及相关的 App 产品不断涌现，远程医疗更加走近普通百姓，一个智能终端平台和设备就能实

---

① 陈雪梅、周兰姝：《我国远程健康管理干预策略的研究现状及建议》，《护理研究》2016 年第 30 期。

现与医疗资源的近距离接触。以政府主导、医院与养老机构及基层医疗机构协同、市场参与、社区居民认可使用的智慧医养远程医疗系统大量在社区投入使用，特别是在新冠肺炎疫情等突出公共卫生事件出现时，可以使老年人的急病预检、慢病管理、心理疏导等医养服务得到稳定保障和延续。北京海淀区 2018 年上线了智慧医养结合服务模式专业医疗远程指导试点项目，以手机 App 形式构建了从北京老年医院、海淀医院到 38 家养老机构、8 家社区卫生服务中心，再到老年居民的远程医疗服务系统，疫情期间在辖区养老机构老人就医、小病慢病指导治疗、大病重病转诊等方面发挥了重要作用。

除面向机构的远程医疗、移动远程医疗外，面向居家养老的远程照护也是医养结合养老服务体系建设的重要内容之一。远程照护的定义和用法在国际上还未形成统一意见，一般可将其作为远程医疗实践的一个突出方面，并突出以人为中心的技术实现价值。英国政府一直在积极开发远程照护技术，2004 年英国政府宣布计划投资 80 万欧元并于 2006 年资助设计开发一项预防性的远程照护服务。随着我国人口老龄化加速及疾病慢性化，需要接受短期康复治疗或长期照护的失能老年人口持续增加。远程照护是建立在养老生活刚性需求基础上的，主要针对慢性病老人、独居老人和失能老人等生活中存在困难的老龄群体，集中在生活和医疗保健两个方面，涉及安全预防、生活照料、精神慰藉、病弱护理等多种需求。在中国，生活存在困难的老龄群体仍以家庭照护为基本形式。依托家庭照护的智能化远程照护，基于互联网、物联网，集合运用现代通信与信息技术、计算机网络技术，为老龄群体提供远程照护的一种养老模式。"远程居家照护系统本质上是一个整合的远程医疗健康服务平台，连接着医疗机构、服务机构和老年人家庭。其技术支撑平台主要有终端层、网络层、平台层以及服务层。"[1][2][3] 从现有技术的服

① 孙瑶、李文源、艾育华等：《基于物联网的老年慢性病自我健康管理模式的构建研究》，《中国全科医学》2014 年第 17 期。
② 席恒、任行、翟绍果：《智慧养老：以信息化技术创新养老服务》，《老龄科学研究》2014 年第 2 期。
③ 尤丽珏：《基于信息技术的居家老年医疗健康服务平台的实践》，《中国医疗设备》2016 年第 30 期。

务内容和功能看，主要包括生理指标监测和健康评估、警示提醒和紧急救援、健康照护和疾病管理等。

在新冠肺炎疫情中，居家隔离的部分老年人和家属尝试借助远程医疗、远程照护等方式寻医问诊、了解健康信息、进行健康检测、获取处方及药物，便捷、安全的实际体验大大改善了"大物移云"技术赋能医养结合的个人感知，也将进一步加强医养结合数字化转型的市场动能和环境支持。

二 加快医养结合技术创新与应用的对策建议

如前文所述，医养结合技术创新与应用实际是在老龄科技创新、智慧健康养老产业发展大背景下的重要议题，关于加快医养结合技术创新与应用的对策建议也是基于这样一个大的发展环境而提出的。总体而言，我国老龄科技创新、智慧健康养老产业还处于起步阶段，尽管发展速度快、应用范围广、市场活跃度高、产业前景向好、技术不断成熟，但也存在诸多制约性问题，突出表现在：缺乏前瞻性的顶层设计、系统性的规划不足；总体发展理念、发展目标、重点领域和主要任务不明确；国家层面的稳定创新体系还未建立；社会主导的技术创新与应用相对分散、自发甚至盲目，缺乏从需求出发、从实际出发的多领域政策引导与扶持；跟踪和引进国际先进技术多，新技术、变革技术和颠覆性技术少；研发活动的持续投入不足、技术资源的统筹不足、统一技术标准的开发不足；技术服务与产品的市场认可度及推广度有待提高，配套技术开发的力度有待加大，技术孵化、转化、转移渠道与资本对接机制有待建立；在某些领域，存在技术恶性竞争、技术鸿沟和技术重复研发，技术效用发挥及覆盖面不理想。

具体到医养结合，特别是从整合性治理角度出发，支撑机构养老、社区养老和居家养老医疗、康复、护理等多元化、多层次需求的技术创新与应用存在短板，比如老年人个人医养信息数据共享共用的问题、智能服务与产品配置的准确度问题、智慧养老与智慧医疗技术融合的标准界定问题、医养智慧化体验的全生命周期改进问题、医养智慧化产业发展的政策及经费定向支持问题。再如，信息监测、智能控制等关键技术在老年人护理照料方面创新应用不足，衰老理论、中医药学等学科、基因工程等专业在老年病防治方面的跨学科技术开发不够，医养技术推广与现行社会服务体系衔接不贯通等。抽丝剥茧，我们认为，在数字经济时代，以技术要素完善医养结合模式、推动医养智慧化，应坚持问题和发展相结合的导向，努力在以下方面开展改革与探索。

1. 以"纾困"为重点，营造医养智慧化发展的良好环境

打通信息不对称、数据不联通、标准不互认等医养智慧化的"堵点"，不断夯实医养结合信息化支撑的现实基础，是以技术要素推动医养结合的基本前提，在医疗资源和养老资源不足的背景下，如何利用信息技术让有限的资源"活"起来、"动"起来，是以技术要素推动医养结合的主要方向，而这一切首先依赖政策制度的安排和核心机制的建立。应由政府主导，以多元共治理念营造支撑医养结合技术应用的有利政策环境和建立权责划分机制，统一数据接入标准，搭建数字安全规范体系，统筹形成医院、机构、社区、企业、家庭、个人之间的信息协同与数据共享机制，平衡各参与主体间的利益关系，从源头上解决各自为战、壁垒重重的问题。应充分发挥政府的公共服务职能，依托科学完备的政府、社会医养资源统筹机制，尊重市场规律，兼顾经济成本、人力成本、地域特征、生活习惯、文化传统等因素，形成支撑医养智慧化发展的资源配置和交互体系。此外，要通过政策驱动，吸引更多优质新兴技术企业进入智慧健康养老领域，引导技术创新与应用向医养结合的核心需求、现实场景聚焦，培育医养智慧化产业发展的细分市场，明确优先领域和阶段性重点任务，促进医养智慧化生态产业链的整合与升级，以及医养传统基础设施与新基建的有机结合，为技术服务与产品的"着陆"提供设施设备等新型条件保障。

2. 以"提质"为关键，提升医养结合技术服务与产品的使用效度

任何人对新技术的接纳都有一个逐渐适应的过程，医养结合技术要素作用的发挥，最终要以具体服务与产品被老年人接受和持续使用并发挥医养结合功能为实现路径。在政府层面，应通过老年教育、技术体验活动、家庭推广、数字环境建设、试点示范和成果推广等形式，探索建立老年人主动参与医养智慧化的引导性支持制度，切实提升老年人的信息素养，消除技术焦虑，增加老年人对新兴技术服务与产品的信任感和获得感；落实新发展理念，完善标准体系及检测认证平台建设，加强对医养结合技术服务与产品的行业监管、安全认证、质量审核，形成严格系统的准入、退出、跟踪、干预等市场规范机制，为老年人医养服务提供品质保障；探索将医养科技相关成果和技术产品融入社会服务工程与项目，坚持把相关公益技术打造成公共产品，扩大科技惠民的覆盖面；创新医养科技产、学、研、用、金一体化服务平台和数字化产业园区建设，支持企业及社会组织高起点从事老年科技产品研发、生产和技术创新，促进医养智慧产业标准化、规模化、序列化发展；加强社会政策创制，尽可能让更多困难老年人享受免费的智能康复服务和医疗技术支持。在市场层面，应扎实做好互联网科技行业与医疗行业、养老服务行业之间的技术需求对接，依托科研院所建立契合区域及人群特征、具有权威性的医养需求分析报告机制，有的放矢地开展基于需求挖掘与匹配的技术创新，主动布局新零售、康复医疗以及教育等极具潜力的医养市场领域，超前把握不同类型老年人医养需求的动态变化趋势，科学制定生产规模与投资计划，有针对性地加大所需技术类型的服务资源供应；结合中国人口老龄化国情及区域经济消费水平，组合式、阶梯式地推出面向大多数老年人的实用型、普及型医养科技产品以及面向少数消费能力较强老年人的中、高端医养科技产品；进一步增加适老化设计的技术含量，形成适老化技术评价标准，降低服务与产品的技术学习门槛和操作难度，杜绝恶性竞争，减少无效广告植入，提升数据隐私保护水平；同时应注重人文关怀，尊重人格，坚持年龄友好的技术创新理念，形成连续稳定的服务反馈、服务更新、服务保障模式，以增强老年人自理、自主能力为目标，积极推广成本可控、安全可靠、持续有效、响应及时的"有温度"和"有互动"的技术服务与产品。

3. 以"开放"为原则，推动医养结合国际科技合作

老龄社会治理既是中国自身的问题，更是全球性问题。早在1982年，联合国首次召开老龄问题世界大会所通过的《维也纳老龄问题国际行动计划》就宣称："加强各国有效处理其人口老龄化和老年人的特殊问题和需要的能力，并通过建立新的国际经济秩序的行动和增强国际技术合作，特别是增强发展中国家相互间的技术合作，来促进处理老龄问题的适当国际行动。"技术要素很早就作为应对人口老龄化国际行动的关键环节被国际社会所重视。从世界范围看，发达国家很早就开始重视吸收、转化和集成现代信息技术和生命科学成果，快速发展老龄科技研发和应用，特别是欧盟、德国、日本等国家和地区纷纷实施科技发展战略、人类生活技术战略等，大力发展老龄科技，形成了比较系统、成熟的老龄科技产品和服务市场，积累了应对人口老龄化的丰富理论、技术、产品资源以及值得后期进入老龄社会国家借鉴的重要经验。创新无界，在全球化的发展趋势下，面对人口老龄化这一人类社会的共同挑战，以无国界的创新合作推动技术突破显得越发迫切。当前，立足我国医养结合技术要素实践的现状与趋势，有必要在统筹国内医养技术资源的基础上，开展跨国界的科技合作；探索共建面向医养结合关键技术、前沿技术的国际联合实验室、科技创新中心等技术合作平台，围绕国际社会特别是发展中国家普遍关心的老年慢性病和特殊疾病的管理、治疗、护理等养老技术难题开展联合科研攻关；以实现健康老龄化为目标，创设"医养智慧化"国际议题，共同探索制定智慧养老、智慧医疗可借鉴、可推广的分类技术标准体系，共同推动世界范围内智慧健康养老事业与产业快速发展。

第七章
医养结合中数据要素市场的
发展现状与分析[*]

第一节　如何理解医养结合中的数据要素

当前，数据作为信息技术的重要支撑，在推动经济社会发展、促进国家治理体系和治理能力现代化、满足人民日益增长的美好生活需要等方面发挥着越来越重要的作用，日益受到重视。随着数字经济时代的到来，数据对经济活动和社会生活的巨大价值，也映射到积极应对老龄化的现实场景之中。

一　数据要素的内涵与基本特征

生产要素是指进行社会生产经营活动时的一切必备资源和环境条件，相应的具体形态与主次序列随着经济发展而不断变迁[1]。随着数据收集、存储和处理成本的大幅下降，"数字化"或"数据化"正在改变世界各地的经济活动，数据作为生产要素的角色日益凸显。对数据要素重要性的认识普及和市场化的快速发展，是与大数据概念的提出，以及互联网、物联网、云计算技术的深度应用密不可分的。

大数据概念最早由思科、威睿、甲骨文、IBM 等公司倡议，之后得到了各国政府的推进[2]。2012 年，联合国发表了大数据政务白皮书《大数据促发

---

*　本章是国家社会科学基金一般项目（18BZZ044）、四川省科技项目（20RKX0748）的阶段性成果。

① 王凤：《加快培育数据要素市场》，《经济日报》2020 年 4 月 16 日，第 5 版。
② 王芳：《关于数据要素市场化配置的十个问题》，《图书与情报》2020 年第 3 期。

展：挑战与机遇》；同年，美国发布了《大数据研究和发展倡议》。2015 年
8 月，我国发布《促进大数据发展行动纲要》，标志着大数据在我国的发展
与应用上升到国家战略层面；2019 年 10 月，党的十九届四中全会上首次增
列了"数据"作为生产要素，健全按贡献参与分配的机制。随着经济活动
数字化转型加快，数据作为加速降低社会生产与居民生活中信息获取成本、
产品边际成本、信任验证成本等的关键要素，逐渐获得更加完善的政策法规
支撑。

　　数据要素成为生产要素，一方面是因为它能提高经济运行体系中原有要
素的价值转化效率，促进生产效率提升；另一方面是因为数据本身就能产生
新的价值[①]。数据要素具体包括 3 个方面的特征，一是技术依赖。数据要素
的获取、存储、加工与应用，需要广泛的信息基础设施予以支撑，否则数据
将难以存在，无法凸显其乘数作用。二是资源增值。并非所有的数据都具有
生产所需要的基质，只有扩大分享范围，以及提升数据挖掘深度，才能真正
地提升其使用价值。三是社会应用。数据要素往往附着在复杂的社会关系之
上，可以同时供应给多个主体长期反复地使用，这使得权利分离成为一种常
态，具有了较强的社会属性，大量基于互联网产生的数据尤其如此。同时，
在政府、企业组织内部，数字化的信息管理方式产生了大量结构化的数据，
同样因其社会性而蕴含着重要的价值。

二　数据要素全生命周期的市场化改革

　　随着新一代信息技术的迅速发展与普及，非结构化的数据以"井喷式"
的速度产生，而这种非结构化也意味着数据的价值缺失。只有按照一定的规
则将有逻辑的、有意义的数据加工成信息，并进行综合、提炼、归纳，形成
特定的知识，才能产生真正的要素价值，从而具有市场化的基础条件。数据
价值与其生命周期环节是密切相关的。

[①]　史丹、邓洲：《促进数据要素有效参与价值创造和分配》，《人民日报》2020 年 1 月 22 日，
第 9 版。

数据要素全生命周期指的是某个集合的数据从产生或获取到销毁的全过程，一般分为采集、存储、整合、呈现与使用、分析与应用、归档和销毁 6 个阶段。在这一过程中，数据价值决定着数据全生命周期的长度，同时数据价值也会随着时间的变化而递减。在医养结合的实践中，数据要素市场化的过程同样遵循了这样的规律，即数据价值取决于过程持续的时间，特别是数据整合与应用的效能，以及数据应用规则的制定与实践上。2020 年 4 月，中共中央、国务院出台了《关于构建更加完善的要素市场化配置体制机制的意见》，将数据与土地、劳动力、资本、技术并列为五大生产要素，明确指出要加快培育数据要素市场，推进政府数据开放共享，提升社会数据资源价值，加强数据资源整合和安全保护。

三 培育医养结合数据要素市场的意义

医养结合的核心是整合养老和医疗两方面的资源为老年人提供持续性的综合服务，从而发挥"1＋1＞2"效应，为我国积极应对老龄化提供解决方案。其中，数据资源整合是做好医养结合工作的重要内容之一。医疗健康是专业度极高的领域，越来越依赖于数据的生成、存储、处理和传输，而数据的获取及分析对提高行业企业、政府及国家竞争力都具有战略性的意义。

近年来，我国陆续出台了《关于促进和规范健康医疗大数据应用发展的指导意见》《"健康中国2030"规划纲要》等一系列政策文件，极大地激发了全社会加快医疗健康领域大数据应用发展的热情。随着健康医疗大数据与人工智能技术的快速发展，数据资源价值开发的深度大大提升，在养老服务领域产生了积极的影响。因此，加快培育医养结合相关数据要素市场，对激发活力、产业升级和跨界创新具有重要意义。

首先，激发医疗和老龄产业的发展活力。医疗健康是当前大数据应用的重要领域之一，也是市场所认同的最具有经济价值的方向之一。同时，养老服务需求日益增长也为此提供了空间和机遇，数据要素市场将会激发出各自的发展活力。"互联网＋医养"的应用，特别是物联网、大数据以及人工智能等新一代信息技术的深入应用，诸如远程健康服务、智慧养老服务等，都需要医养数据持续性的有效支撑，从而促进医养服务的技术进步、效率提升及商业模式变革。

其次，促进医养结合相关服务的智能升级。医疗健康与养老服务数据与人的幸福感和安全感密切相关，前者被认为是一种重要的战略资源，后者则寄托了人类对老龄阶段美好生活的期待，相应的数据也会带来更大的价值。以泰康保险集团的医养板块为例，通过整合健康医疗服务资源，搭建健康服务网络平台，泰康将医养数据的价值进行深入挖掘，进而将传统保险、医疗实体以及现代健康管理服务理念进行融合，提供一站式健康管理解决方案，实现了数据的增值应用与服务。

最后，支撑医养结合和老龄事业的发展创新。2018 年，山东省依托省级人口健康信息大数据平台，收集全域 60 岁以上老年人的健康档案，对老年人的基本健康状况、健康风险因素、医养结合需求等进行了全面的分析评估，从而测算了 2018 ~ 2030 年本地区老年人口数量及健康发展趋势，为创新医养结合服务模式、提供居家医养结合服务、开展社区日间照料、发展医养结合机构，提供了一手资料①。医疗健康与养老服务数据在数据产权归属等方面相对清晰，非常适合关联产业的持续创新。只要做好核心数据的保护工作并解决使用权的计价问题，这些数据就能快速地开展应用，这对于数据要素市场建设无疑是具有先发优势的。

第二节　我国医养结合数据资源建设与发展现状

养老模式作为解决养老问题的中心，反映了社会对解决人口老龄化所带来的社会问题的整体思考，是与社会发展状态相适应的，并受到多种社会、经济和个人因素的影响。

目前，我国的养老模式正经历着从单一走向多元的变迁，以社区养老设

---

① 《深入推进医养结合　积极应对人口老龄化——山东推动医养结合的实践探索》，共产党员网，2020 年 7 月 26 日，http://www.12371.cn/2019/07/19/ARTI1563502878917322.shtml。

施作为依托的居家养老与机构养老已经成为当代养老模式的主要形态，而多元参与老龄事业和产业已经成为大势所趋。由于家庭的社会功能不断弱化，养老的部分功能逐渐向社会转移，同时也代表了在信息沟通日益发达的时代，人们对美好生活的期望由过去单一的救助型养老，逐步向全方位的福利型养老转变，从基本的日常照料转向包含医疗护理、精神慰藉、休闲娱乐等方方面面。此外，传统的养老模式也难以应对老年人日益复杂、多元化的需求，医养结合已然成为发展趋势，而整合两者的数据资源无疑是重要工作之一。以互联网为载体，引入大数据支撑，将健康管理与医疗服务相结合的养老服务探索在不同层面展开，取得了积极的效果。

一 政府部门：以基层试点促进数据共享开放

政府主导下的数据要素市场建设严格按照国家对养老类型的划分而开展，即在居家养老、社区养老和机构养老领域各自推进，彼此之间存在比较清晰的界限。随着基层实践的不断深入，特别是随着社区养老和居家养老的服务日益趋同，机构参与社区养老、居家养老的优势日益明显，三者的界限也日益模糊，反映在数据层面则是对数据开放共享的需求陡增，但如何打通三者的数据链仍然是亟待解决的基础性问题。在具体实践中，以"智慧医养"为内容的数据服务平台建设、公立医院医疗卫生数据资源建设与基层社区养老服务数据应用建设，成为政府主导下医养结合在数据要素市场发展的三大亮点，在目标上存在共性特征，即实现数据资源的开放共享。

为了更好地开展服务，基层不断探索医疗和涉老相关数据的共享与应用，积极搭建一些公益性的综合服务平台。例如，北京市东城区北新桥街道在2013年启动区域智慧养老工程，将医疗保健、家庭服务、健康监测、精神慰藉和紧急救助的数据整合到统一的信息平台上，自下而上地推动了医养数据的共享与利用[①]。当前，以基层政府治理创新为龙头的一批"智慧养

---

① 李金娟：《"医养融合"模式与北京社区养老服务创新》，《北京社会发展报告（2015～2016）》，社会科学文献出版社，2016。

老"项目，已经成为医养结合相关数据资源开发和利用的主要形式。此类系统主要关注和服务居民健康，并以提供健康知识学习、慢性病与常见病防治、个人健康信息预警、老人亲情关怀、社区生活服务等为内容，以整合专家医生、平台医生、家庭医生为依托，绝大多数是围绕涉老数据的采集与开发利用而展开的，在数据质量和应用安全等方面存在隐患。

近年来，在公共数据开放共享等相关文件的推动下，我国公共数据开放共享取得积极进展。2020年1月，复旦大学数字与移动治理实验室发布了《中国地方政府数据开放报告》（2019年下半年）。报告发现，截至2019年10月底，51.61％的省级行政区、66.67％的副省级行政区和24.21％的地级行政区已推出了政府数据开放平台。同时，地级以上平台数量逐年翻番，也代表了当前政府数据开放平台已日渐成为一个地方数字政府建设的标配，政府数据开放的政策与实践已经常态化①。然而，医养结合相关数据的开放共享目前仍然处于探索阶段，如北京、上海等相关部门开放的数据中，与医养结合相关的数据往往以养老服务机构的信息、社区卫生服务机构的信息为主，开放数据质量不高、共享意愿不强，数据价值也十分有限，政府、企业、个人不同主体获取数据的困难依然存在，未能得到全面的数据支持。

二 行业企业：以跨界互补构建数据要素生态

在医养结合的数据化进程中，行业企业发挥了举足轻重的作用。一方面，传统养老服务机构与传统的医疗服务机构从响应政府号召、创新服务模式的角度，持续开展涉老健康数据资源建设工作，在"互联网＋"的推动下不断推陈出新。另一方面，信息技术企业不断研发新产品和新服务，在医疗健康和养老服务领域加大投入，力图创造新的市场需求，拓展新的市场空间，持续推动产业的良性发展。

传统机构具备了丰富的实践经验，但缺乏对数据资源开发利用的意识和

---

① 复旦大学数字与移动治理实验室：《中国地方政府数据开放报告》（2019年下半年），2020年6月6日，http://ifopendata.fudan.edu.cn/report。

能力，信息技术企业虽然具备这一能力却缺乏数据。只有获取大量的、准确的、有效的数据，才能实现数据算法的不断优化，实现产品的快速迭代，最终形成安全可靠的医养和康养类产品。因此，双方在产品研发和市场拓展上需要开展大规模的合作，必须集中力量推动数据要素的市场化进程。

由中关村物联网产业联盟发起成立的中关村科技助老公共服务平台正是基于这一目标而成立的。平台以老年群体为主要服务对象，以健康服务为着力点，从大健康的角度联合各个领域的高新技术企业，将产品和服务整合在一起，通过与基层政府、医疗机构、社区组织和公益组织的合作，推动医养康养服务的智能化升级。在具体应用上，通过集成助老产品支持提供医养结合服务的平台企业。在与街道的合作中，利用物联网智能硬件实时监测老人的血压、心率、体温等健康指标，通过移动互联网，将数据同步至本地区卫生服务信息平台。如果相关健康指标出现异动，信息平台即时发出警报，并进行定位，基层卫生机构的医护人员就能够"按图索骥"，在第一时间赶赴老人家中，实施医疗干预①。

通过调研发现，许多企业所开发的智能健康产品的同质化十分严重。以腕带式可穿戴设备为例，除了满足传统的计时、定位测步等功能外，绝大部分企业开发了测量心率、血压、血氧等健康指标的功能，许多产品所附带的服务也会提供健康评价和干预等，但在实际应用中用户往往更关心产品的外观，对背后的健康信息服务并不看重。老年群体需求的多样性和复杂性往往是难以通过所谓调研获得的，可行的办法就是使用，并在使用过程中获得算法所需要的数据。然而，老年群体在产品使用上的主观性十分强烈，价格敏感性高，更多的原因是产品算法所需要采集的数据不足，导致产品的针对性不强，造成老龄产品"好而无用"的窘境，难以为最终用户提供精准的服务，形成恶性循环。为此，中关村科技助老公共服务平台也为会员企业提供平台支持，在政府的有力引导和监管下，通过企业之间大规模的有序合作，让不同企业间的医疗健康涉老数据实现互联互通，创造优良的数据生态环境。

---

① 宋煜：《人工智能视域下健康大数据的应用实践研究》，《中国发展》2017年第6期。

三 基层机构：以项目契机推动多方共建共享

基层卫生服务机构和养老服务机构是医养结合工作的重点之一，在数据资源的开发利用方面发挥了积极作用。基层卫生机构作为技术支持单位，不但定期到养老机构为老人提供健康宣讲、康复义诊等服务，也开展家庭医生签约服务，组织慢性病早期筛查和提供心理疏导服务。在这一过程中，数据资源的共享与防护无疑成为各项工作的基础和难点，而不同于两者的其他类型社会服务机构也需要参与其中，发挥一定作用，如基层老龄协会、助老志愿者团队等。因此，基层医养结合工作的侧重点是基层组织间的协同合作。通过建立良好的社会关系，保障工作的顺利开展，提升数据资源的效率和效益。

北京市西城区汽南社区卫生服务站是一家成立于1997年的基层卫生服务机构。在社区医养结合工作中，卫生站与居委会、工作站、社区建设协会等协作，开展了大量为老服务和医养结合服务，主动参与"无围墙敬老院"建设。针对老龄人口在30%以上的老旧社区，卫生站开展了社区老年人养老行为与需求调查，发现65岁及以上的老年人对医疗保健的需求比例占老年人总数的93%。2011年，卫生站在社区组织的支持下积极推行"家庭医生式服务"，进一步促进了医养结合工作的开展。在保障签约全覆盖的基础上积极开展家医服务，每年为社区老年人出诊近千次，有机整合和利用社区为老服务资源，使彼此间能够互通有无，建立了各类社区组织共建共享的数据资源利用机制，让老人足不出户就可享受到"敬老院"一般的专业服务，提升了社区居民与患者，特别是老年人及其家庭对目前医养结合服务现状的满意度。

从基层养老服务机构的角度来看，社区医养服务大多是以项目形式落地的。2018年，北京市丰台区率先试点在基层养老机构开展失能失智老年人家庭照护者的"喘息服务"。通过委托专业机构进行资格评估和审核，采取养老机构短期托养照护和居家上门照料方式，为符合条件的家庭开展"喘息服务"，缓解居家照护者的压力，为失能失智老年人提供专业照护服务。截至2019年7月底，共有近1200名老年人提出了"喘息服务"申请，其中，813 人完成服务匹配，完成服务 540 人，累计提供服务近 6000 人次，获得了良好的效果①。目前，这一项目在北京市进行了推广，进一步拓展了基层医养结合的新内容，让养老服务机构深度参与医养结合工作，共享场地、服务和数据资源。

第三节　医养结合中数据要素发展的主要挑战

当前医养结合工作中的数据要素建设与发展，是与我国医养结合的管理体制和运行机制密切相关的，所出现的问题也与之相关。党的十九届四中全会提出要"加快建设居家社区机构相协调、医养康养相结合的养老服务体系"。这是对新形势下养老事业和老龄产业发展的重要判断，对未来医养结合数据要素市场提出了更深层次的要求，存在诸多挑战。

一　数据基础设施不足，开放共享水平仍较低

医养结合的参与主体中一大部分是从传统医疗卫生和养老服务机构跨界而来，或者是针对老年群体再构而产生的。由于时间与投资等多方因素的影响，这类机构在前期建设过程中往往对数据基础设施考虑不足。随着人工智能、物联网、云计算等新兴技术的快速发展，对基础设施的要求也在不断发生变化，以往办公自动化所需的诸如电脑、打印机等设备要求，已经让位于大数据中心和网络环境的建设。数据要素建设所需的信息基础设施更新使医养结合机构的压力甚大。

我国医养结合试点和推进工作已经持续多年，不同主体、不同层面和不同区域都开展了试点，对医疗卫生、养老资源供应及利用情况、机构建设情况、服务提供及利用情况进行跟踪监测，产生了规模庞大的数据量，却难以有效地开放共享和应用。相比于养老服务数据，医疗系统的碎片化问题更为棘手。由于医养服务涉及不同的角色、场景和系统产品，涵盖了整个"患、

---

① 孙颖：《让照料失能失智老人的家属每月歇 4 天》，《北京晚报》2019 年 12 月 5 日，第 8 版。

医、药"的产业链，信息技术体系的碎片化特征非常明显。核心业务系统存在不同接口、不同协议和不同供应商，难以兼容、不愿兼容，灾难备援系统普及化率较低的问题普遍存在。

在实践案例中，一些医疗卫生服务机构将原有的医院信息系统（Hospital Information System，HIS）直接用于医养结合服务，出现了诸多不适状况。在老年人康复阶段，医疗机构与基层卫生服务机构需要建立必要的数据通道，却遇到了医院系统与公共卫生系统数据互联互通的障碍。在这样的背景下，医疗联合体应运而生。医疗联合体把在一定地域内不同类型、不同层级的公立医疗机构组合起来，成立协作联盟或组建医疗集团，进而以市场化的方式推动医疗健康数据的共享和互认，提升数据的开发利用价值。

二　数据开发利用不足，对基层的有效支撑缺乏

医养结合数据的开放内容和开放程度仍然十分有限。由于缺乏相关的法律规制和操作指导，医养服务类数据的开发利用呈现两种异化状态：一种是数据滥用，如对老年人信息和健康数据的违法交易；另一种是过度"保护"，如对开放数据持严格否定态度。以社区养老服务与基层卫生机构的合作为例，社区常住老年人口的个案类数据不仅存在于社区养老机构，居委会或老龄协会也有各自的采集渠道，同时基层派出所也有相关数据。基层卫生站如果能够通过上述组织进行共享，在实际工作中加以整理完善，无疑能够减少大量的数据采集工作。但在实际工作中，这类基础性数据往往无法通过一种机制来获得。各组织之间由于政策和责任等问题难以共享数据，最终仍然是通过独立渠道进行"运动式"的数据采集，这也导致数据价值随着时间和采集渠道的增加而递减。

为了有效地解决这一问题，各级政府主导开发了医养结合相关信息系统（平台），但此类系统往往强调统一的数据管理方式。对基层工作者而言，数据采集成为其使用的唯一系统功能，数据很难服务于实际工作。另外，由于政府条块分割的管理特征，数据所依托的信息系统难以实现真正意义上的互联互通，对基层工作的支持比较有限。以医养结合中非常重要的慢性病管

理为例，卫生健康系统、民政养老系统和社会保障系统等都会开发有关的信息系统，或者在某类系统中嵌入慢性病管理模块。但是，慢性病管理需要多个系统的协作方能产生积极的效果，基层组织则陷入了不断填报和复核的过程中，难以实现慢性病筛查、诊断、治疗、随访的协同化闭环干预，数据资源难以发挥有效的作用。

三 数据市场监管滞后，交易与应用的风险大

随着数据资源供给和需求的增加，我国的数据交易日益活跃。目前国内的大数据交易平台主要有政府主导和企业主导两类，但是全国范围内并没有形成统一的数据交易市场，缺乏统一的交易规范体系[1]。以国内较早的贵阳大数据交易所为例，截至 2018 年 3 月，该交易所的会员数量突破 2000 家，可交易的数据总量超 150PB，可交易数据产品 4000 余个[2]。其中，与医养结合相关的医疗大数据、健康大数据等已经成为数据交易的重要品种，医疗数据的类型近年来一直在快速增加，规模也一直在扩大。但从数据市场运行来看，由于法律规则和政策规范等方面的缺失或不完善，我国数据市场存在准入政策不到位、产权制度不健全、交易规则不明晰、报酬机制不合理、监管体系不完善等亟待解决的问题，既不利于要素市场的拓展与发展，也不利于市场秩序的改进和完善[3]。

在医养结合数据要素市场的实践中，由于数据产权特别是公立机构的数据权属确认仍然存在操作性等方面的问题，因此交易困难重重，并未发挥真正的价值。快速发展的物联网、云计算、人工智能等进一步加剧了医养数据权属的误判风险，如何评估数据价值并实现最终交易，已经成为当前数据要素市场发展的重要阻碍。此外，由于数据交易技术具有复杂性，加之相关的监管技术尚未成熟，近年来数据黑市交易活跃，数据安全风险比较大。

---

① 唐斯斯、刘叶婷：《我国大数据交易亟待突破》，《中国发展观察》2016 年第 13 期。
② 贵阳大数据交易所官网，2020 年 6 月 25 日，http://www.gbdex.com/website/view/dealRule.jsp。
③ 曾铮、王磊：《数据要素市场须完善基础性制度》，《光明日报》2020 年 4 月 21 日，第 11 版。

第四节 推动数据要素市场发展的几点对策

医养结合是现代社会发展趋势下应对老龄化的重要举措，是一项复杂的、系统的、长期的工程。数据作为生产要素，在推动医养结合良性发展，促进科技创新和产业升级上能够发挥更大的作用，必须做好以下 3 个方面的基础性工作。

一 统筹推进医养结合政府数据资源开放共享

数据的开发利用是产生价值的过程，目前可利用、可开发、有价值的数据 80% 左右在政府手中。我们应当认识到，政府数据本身并不会带来价值或产生社会经济效益，只有在流通过程中，被社会充分利用、开发，才能产生经济、社会、政治方面的长远效益。因此，加大和统筹推进医养结合政府数据资源开放共享是各项工作的重中之重。

加强政府医疗卫生和养老服务数据的开放共享，特别是"医""养"机构之间的共享，是推动数据要素市场建设的基础性工作。通过公开透明的制度设计，积极搭建政务数据公开机制与各级、各地政府部门之间的共享框架，通过有序共享的价值模式释放数据资源的价值。同时，积极引导医养结合试点地区和单位开展政府相关数据开放工作，建立数据共享责任清单，保证数据共享及时、准确，最大限度地便利企业和百姓使用。

二 促进数据要素对医养结合发展的有效支撑

医养结合的实践需要数据要素的支撑，前提是要实现多元参与和协作。政府要积极推动协同创新，鼓励政府、行业企业和基层机构之间加强合作，推动大数据公共服务平台的公益性开发和应用。加强对产品质量和应用的行业监管和监督，通过大赛、讲座、试用等多种方法，将数据产品和随之而来的服务带入百姓生活，让科技成果真正惠及大众。

鼓励企业和社会机构推动"智慧医养"大数据平台的开发与建设，为医养结合的信息服务工作提供支撑。在充分利用政府数据开放成果的基础上，要推动民间数据适当地接入政府数据资源平台，建立政府和机构之间的数据交换机制，实现数据的双向合理流动，充分发挥医养数据要素更大的经济与社会效益。

三　营造有序的医养数据要素市场治理体系

加强医养数据的标准化和规范化，在总结经验的基础上，借鉴国外先进经验，逐步探索建立医养结合在国家层面的数据标准，以及市场交易的法律法规和行业标准。建立健全数据产权制度，强调企业在数据要素市场中的重要角色，在监管的过程中对企业手中的数据进行必要的保护。

数据生产要素的市场化配置需要调整完善相关政策法规，制定行业自律规则，建立企业自检机制，还涉及建设社会诚信、引导大众消费、推动社会创新等方面，更是实现国家治理体系和治理能力现代化的重要表现。医养康养相结合的养老服务体系需要社会各界的参与，创新更多、更好的产品和服务，形成共建、共治、共享、共赢的新格局，最终建立一套多元参与、安全高效、有序竞争的市场治理体系。

第八章
医养结合资本要素的发展现状与分析

第一节 政策鼓励金融支持医养结合服务加快发展

2016 年 3 月，中国人民银行、民政部、银监会、证监会、保监会五部门联合发布《关于金融支持养老服务业加快发展的指导意见》，从国家层面第一次对金融行业支持医养结合服务发展和建设促进居民医养的多层次金融组织体系进行了统筹设计。文件提出鼓励多元政策性资金支持医养服务业发展，包括采取政府与社会资本合作（PPP）、医养产业引导基金、国开行专项贷款、专项债等；鼓励银行业机构制定医养服务业信贷政策，开发针对医养服务业的特色信贷产品，为医养服务业提供差异化信贷支持；鼓励保险公司完善社会养老保险体系，创新保险资金的运用方式，以投资新建、参股、并购、租赁、托管等方式兴办医养社区和医养机构；鼓励风险投资基金、私募股权基金等投资者积极投资处于初创阶段、市场前景广阔的医养服务企业。

北京、上海等城市也积极出台相关政策，鼓励金融支持医养结合服务业发展。北京于 2019 年 9 月发布《关于金融支持养老服务业发展的实施意见》，提出为医养结合服务业提供金融政策扶持，包括拓宽有利于医养服务业发展的多元化融资渠道，推动符合条件的医养服务企业上市融资，支持医养服务业企业通过债券市场融资；鼓励银行业金融机构完善医养服务业信贷管理机制，加快创新医养服务业贷款方式，拓宽医养服务业贷款抵押担保范围；鼓励保险公司在风险可控的前提下，通过股权、债权、基金、资产支持计划、保险资产管理产品等多种形式，为医养服务企业及项目提供中长期、低成本的资金支持。上海市也在金融层面对医养服务业进行支持，2020 年 5 月 19 日，上海市政府发布《关于促进本市养老产业加快发展的若干意见》，提出研究设立上海市养老产业投资引导基金，发挥对养老产业关键领域和重大项目的投资带动作用；鼓励商业银行和政策性银行出台针对养老产业的专项信贷政策，拓宽贷款抵质押品范围；鼓励非银行金融机构通过信托、融资租赁等方式，加大对养老产业的融资支持力度。

第二节 医养结合服务项目的主要融资模式

一 医养结合模式及产品形态

医养结合中的"养"主要是指生活照料、精神慰藉、文化娱乐服务等，"医"主要是指医疗康复保健服务，医养结合型养老服务是指为老年人提供保健—预防—治疗—康复—长期照护—安宁疗护等综合性服务。目前，居家养老、社区养老、机构养老有机结合，以不同形式实现医养结合型养老服务供给。按照提供医疗的方式划分，医养结合模式主要有以下 3 种。

1. 养老机构通过设置相关医疗机构或通过合作实现医养结合

大型养老机构在机构内独立设置医院、康复院、护理院等医疗机构，中型养老机构配套设置医务室、护理站等医疗分支机构，小微型养老机构与周边医疗机构成立医养联合体。这种模式的优势在于能够进行资源整合，养老机构和医疗机构可以发挥自身优势。

2. 医疗机构通过内设相关养老机构或转型实现医养结合

医疗机构内设养老机构，或鼓励资源利用率不高的医疗机构通过功能转型成为护理院或康复院等形式，构建功能互补的"医养"服务网络。这种模式的优势在于能够提供专业医疗护理服务，能提高医养结合服务的专业化程度，也能为老年人提供长期护理服务。

3. 社区、居家医养结合养老服务

为满足社区及居家不同养老服务对象的多样化、个性化需求，构建社区嵌入型养老照料中心、养老驿站或日间照料中心、社区卫生服务站、老年活动中心、家庭病床五位一体的服务网络。这种模式的优势在于将健康服务与日常生活照料、精神慰藉等养老服务深度融合。

二　政策性金融工具

政策性支持和引导是医养产业快速发展的重要保障。目前政策性扶持主要有4种途径：PPP、产业引导基金、专项债、国开行项目贷款。政策性扶持的资金成本较低，期限较长，更符合医养产业的特点。近年来，中央和地方政府不断出台支持医养产业发展的政策性文件，通过推出一系列政策性金融工具，为医养产业的发展提供了多元化的融资渠道。

1. PPP

（1）PPP支持医养产业现状

PPP是指通过政府与社会资本合作，发挥各自的优势，实现双赢。2017年，财政部印发的《政府和社会资本合作模式操作指南（修订稿)》中规定，PPP项目的全生命周期可划分为项目识别、项目准备、项目采购、项目执行、项目移交5个阶段，项目运作方式主要包括建设—运营—移交（BOT)、建设—拥有—运营（BOO)、转让—运营—移交（TOT)和改建—运营—移交（ROT)等，社会资本取得投资回报的项目回报机制主要包括使用者付费、可行性缺口补助和政府付费等。

截至2020年5月底，全国PPP综合信息平台共入库PPP医养项目64个，总投资额为530.77亿元[①]。如表8–1所示，PPP医养项目单笔投资金额从1520万元到130多亿元不等，其中投资金额在3亿~10亿元的项目最多，为27个。

---

① 全国PPP综合信息平台项目管理库，截至2020年5月底。

表 8 - 1　PPP 医养项目单笔投资金额分布

单笔金额（亿元）	项目数量（个）
<1	7
1~3	16
3~10	27
10 以上	14

资料来源：全国 PPP 综合信息平台项目管理库，截至 2020 年 5 月底。

如表 8 - 2 所示，PPP 医养项目运作年限都在 10 年以上，并且主要集中在 25~30（含）年，项目数量 29 个，投资金额 322.36 亿元，分别占总数的 45.31% 和 60.73%。

表 8 - 2　PPP 医养项目运作年限分布情况

运作年限（年）	项目数量（个）	投资金额（亿元）
10~15（含）	9	40.10
15~20（含）	16	114.91
20~25（含）	9	51.25
25~30（含）	29	322.36
30 以上	1	2.15

资料来源：全国 PPP 综合信息平台项目管理库，截至 2020 年 5 月。

如表 8 - 3 所示，PPP 支持医养项目开始于 2014 年，并于 2015~2017 年迎来高速发展期，3 年时间内共发起项目 50 个，投资金额达 442.65 亿元，约占总金额的 83.40%。从运行阶段来讲，目前处于执行阶段的项目最多，项目数量为 24 个，投资金额为 249.88 亿元，分别占 37.5% 和 47.08%。按照 PPP 养老项目 26.58% 的落地率估算，现有的 28 个处于识别和准备阶段的项目将有约 7 个在未来 2 年内落地。加上现已落地的 36 个项目，可以预见，到 2022 年我国至少有 43 个处于采购或执行阶段的 PPP 医养项目。从地域分布来讲，目前已有 22 个省份将 PPP 模式应用到医养领域，

表 8－3　PPP 医养项目

项目名称	发起年份	省份	投资金额（亿元）	回报机制	合作期限	运作方式	采购方式	阶段
荷泽市牡丹区吴店镇医养结合项目	2014	山东	1.20	使用者付费	30 年	BOO	竞争性磋商	执行阶段
荷泽市牡丹区枫叶正红医养一体化养老项目	2014	山东	11.67	使用者付费	30 年	BOT	竞争性磋商	执行阶段
如东县中医院医养融合项目	2014	江苏	14.10	可行性缺口补助	20 年	TOT	竞争性磋商	执行阶段
山东省潍坊高密市社会福利抚救助中心项目	2015	山东	3.00	可行性缺口补助	25 年	BOT	公开招标	采购阶段
内蒙古国际蒙医药医养结合 PPP 项目	2015	内蒙古	12.13	可行性缺口补助	30 年	其他	竞争性磋商	采购阶段
河北省沧州市黄骅市城乡养老一体化项目	2015	河北	3.50	可行性缺口补助	30 年	BOT	未披露	识别阶段
内蒙古自治区老年养护院金山医院建设项目	2015	内蒙古	6.32	可行性缺口补助	18 年	BOT	未披露	识别阶段
德州联合医院养老中心项目	2015	山东	0.88	可行性缺口补助	15 年	BOT	未披露	识别阶段
山东省荷泽市单县家政科技产业园项目	2015	山东	20.00	可行性缺口补助	16 年	BOT	未披露	识别阶段
济宁市汶上县第二人民医院医疗机构与养老服务	2015	山东	5.40	可行性缺口补助	20 年	BOT	公开招标	执行阶段
安徽省阜阳市颍州区万洁养老公寓 PPP 项目	2015	安徽	2.07	可行性缺口补助	30 年	BOO	单一来源采购	执行阶段
周口市沈丘县沈丘念慈医院养老产业综合服务园	2015	河南	8.27	可行性缺口补助	20 年	BOO	竞争性磋商	执行阶段
河南固始白鹭湖温泉养老项目	2015	河南	3.89	使用者付费	20 年	BOO	竞争性磋商	执行阶段
河南龙耀健康城医养结合 PPP 项目	2015	河南	5.00	使用者付费	30 年	BOO	公开招标	执行阶段
陕西省铜川市老年服务项目	2015	陕西	1.35	使用者付费	30 年	BOO	竞争性磋商	执行阶段
济宁市嘉祥九项山养老服务项目	2015	山东	130.78	使用者付费	30 年	BOT	竞争性磋商	执行阶段
象州县社会养老服务区项目	2015	广西	2.00	使用者付费	30 年	BOT	竞争性磋商	准备阶段
宿迁市三台山国际生态健康养生园	2016	江苏	20.07	使用者付费	25 年	BOO	公开招标	采购阶段
宜宾市兴文县医养结合综合建设项目	2016	四川	7.50	可行性缺口补助	30 年	BOT	公开招标	采购阶段
文山州中医院医养结合基础设施综合发展项目	2016	云南	5.60	可行性缺口补助	28 年	BOT	公开招标	采购阶段
南充市西充县川东北（南充）康养文化小镇	2016	四川	34.18	可行性缺口补助	30 年	其他	公开招标	采购阶段

续表

项目名称	发起年份	省份	投资金额（亿元）	回报机制	合作期限	运作方式	采购方式	阶段
连云港中医药高职校中医老年养护院	2016	江苏	1.27	使用者付费	26年	其他	公开招标	采购阶段
江西省养老服务中心	2016	江西	11.26	使用者付费	25年	其他	公开招标	采购阶段
福建省南平市养老康复疗养中心	2016	福建	25.00	使用者付费	30年	BOT	竞争性谈判	识别阶段
上海市青浦区淀山湖福利院PPP项目	2016	上海	0.18	可行性缺口补助	10年	ROT	公开招标	识别阶段
山东省潍坊高密市健康产业大厦PPP项目	2016	山东	3.06	可行性缺口补助	20年	BOO	竞争性磋商	执行阶段
临沂市郯城县鲁地天沐温泉养老扶贫开发项目	2016	山东	3.61	使用者付费	22年	BOO	竞争性磋商	执行阶段
山东省济宁市汶上县中都怡养苑医养结合项目	2016	山东	6.30	使用者付费	30年	BOO	竞争性磋商	执行阶段
湖南省永州市蓝山县医养结合建康养老服务PPP项目	2016	湖南	8.30	可行性缺口补助	12年	BOT	公开招标	执行阶段
山东省烟台市蓬莱市智慧健康养老服务PPP项目	2016	山东	7.79	可行性缺口补助	15年	BOT	竞争性磋商	执行阶段
建德市残疾人托养中心	2016	浙江	0.15	政府付费	10年	BOT	公开招标	执行阶段
山东省潍坊市临朐县景福养老护理院PPP项目	2016	山东	1.63	使用者付费	30年	TOT＋BOO	竞争性磋商	执行阶段
新和县社会福利院和儿童福利工程项目	2016	新疆	0.47	可行性缺口补助	20年	TOT＋BOT	公开招标	准备阶段
宿迁市社会福利中心续建项目	2016	江苏	3.60	可行性缺口补助	25年	BOT	公开招标	准备阶段
湖北省宜昌市亚行贷款养老PPP示范项目	2016	湖北	1.77	可行性缺口补助	25年	BOT	公开招标	采购阶段
青岛南村镇养老公共设施建设项目	2017	山东	11.85	使用者付费	30年	其他	邀请招标	识别阶段
黑龙江宝清康养老院	2017	黑龙江	5.00	可行性缺口补助	20年	BOT	竞争性磋商	识别阶段
荆门市一医医养康复医院	2017	湖北	1.50	可行性缺口补助	15年	BOT	竞争性磋商	识别阶段
达茂旗蒙医医院医护养老保健中心建设项目	2017	内蒙古	0.60	可行性缺口补助	20年	BOT	竞争性磋商	识别阶段
荆门市钟祥市中旭康颐国际老年社区建设项目	2017	湖北	9.00	使用者付费	20年	BOT	竞争性磋商	识别阶段
荆门市沙洋县养老园住宅养老海湿地园建设	2017	湖北	10.00	使用者付费	20年	BOT	竞争性磋商	识别阶段
湖北省利川市苏马荡养生度假医院建设	2017	湖北	5.00	可行性缺口补助	30年	BOT	公开招标	识别阶段
新疆乌鲁木齐市离退休人员医养综合服务园项目	2017	新疆	5.20	可行性缺口补助	30年	BOO	竞争性磋商	执行阶段

续表

项目名称	发起年份	省份	投资金额（亿元）	回报机制	合作期限	运作方式	采购方式	阶段
甘肃省平凉市华亭县养老服务中心建设项目	2017	甘肃	1.45	使用者付费	30年	BOO	公开招标	执行阶段
三门峡市湖滨区综合康养PPP项目	2017	河南	12.45	使用者付费	20年	BOO	公开招标	执行阶段
河南省平顶山市叶县盐都养老院PPP项目	2017	河南	3.00	使用者付费	30年	BOO	公开招标	执行阶段
安徽省淮北市濉溪县乡村医养结合PPP项目	2017	安徽	3.75	可行性缺口补助	15年	BOT	公开招标	执行阶段
汕尾市陆河县产业园及配套设施PPP项目	2017	广东	13.69	可行性缺口补助	15年	BOT	公开招标	执行阶段
洪江市人民医院童鑫医养结合养老中心PPP项目	2017	湖南	0.70	使用者付费	30年	ROT	公开招标	执行阶段
镇安县老年护理院建设项目	2017	陕西	2.15	使用者付费	31年	BOO	公开招标	准备阶段
隆回县康养中心建设PPP项目	2017	湖南	2.42	可行性缺口补助	17年	BOT	公开招标	准备阶段
陕西省安康市汉阴县中医医院医养中心PPP项目	2017	陕西	1.74	可行性缺口补助	23年	BOT	公开招标	准备阶段
衡阳市乐宁医疗养老服务中心综合体PPP项目	2017	湖南	6.82	可行性缺口补助	30年	其他	公开招标	准备阶段
昌邑市生态健康医养综合体PPP项目（第一期）	2018	山东	3.52	可行性缺口补助	30年	BOO	公开招标	采购阶段
贵州贵定"金海雪山"国际康养城（第一期）	2018	贵州	10.56	使用者付费	30年	其他	公开招标	采购阶段
滕州市养老综合服务中心	2018	山东	2.01	可行性缺口补助	26年	TOT＋BOT	公开招标	识别阶段
湖南省郴州市临武县全域养老服务PPP项目	2018	湖南	4.60	可行性缺口补助	25年	其他	公开招标	识别阶段
抚州市崇仁县医养结合提升工程PPP建设项目	2018	江西	8.00	可行性缺口补助	20年	BOT	公开招标	准备阶段
东明县医养结合康复政府和社会资本合作项目	2018	山东	5.93	可行性缺口补助	20年	BOT	公开招标	准备阶段
大同市光荣院三期（老年养护院）PPP项目	2018	山西	0.71	使用者付费	30年	BOT	公开招标	准备阶段
普洱市澜沧拉祜族自治县医养结合康复中心建设项目	2018	云南	1.60	可行性缺口补助	22年	其他	公开招标	准备阶段
安徽省铜陵市枞阳县乡村医养结合PPP项目	2019	安徽	3.86	可行性缺口补助	15年	其他	邀请招标	采购阶段
四川省广元市苍溪县康养颐养中心（一期）建设项目	2019	四川	16.00	可行性缺口补助	30年	BOT	公开招标	识别阶段
济南高新区东区医院暨颐养中心（一期）建设项目	2019	山东	4.36	可行性缺口补助	30年	BOT	公开招标	准备阶段

资料来源：全国PPP综合信息平台项目管理库，截至2020年5月底。

但地域分化较为明显：山东省的项目远远多于其他省份，项目数量为 17 个，投资金额为 222.99 亿元，分别占 26.56% 和 42.01%。从回报机制来讲，目前采取可行性缺口补助方式的项目最多，项目数量为 38 个，投资总额为 248.80 亿元，分别占 59.38% 和 46.88%。从运作方式来讲，采用 BOT 方式运作的项目最多，项目数量为 32 个，投资金额为 330.96 亿元，分别占 50.00% 和 62.35%[①]。

案例 1　北京市朝阳区第二社会福利中心医养服务 PPP 项目

北京市朝阳区第二社会福利中心位于朝阳区西大望路 21 号，占地面积 5649.2 平方米，总建筑面积 20881 平方米，总投资 1.97 亿元，是一所拥有 469 张养老床位、199 间疗养室，集养老照料、医疗康复、文娱休闲、体育健身为一体的区级医疗养老机构。该项目提供健康管理、居住、娱乐、餐饮等多项服务，并且为老年人进行健康生理指数分析，根据健康评估结果确定相应服务等级并定制个性化照料服务计划。

项目发起于 2016 年 7 月 1 日，合作期限为 10 年，该项目采取 ROT 模式，回报机制为使用者付费，目前已经处于执行阶段，采购方式为公开招标。2016 年 11 月，该项目由乐成老年事业投资有限公司中标，主要中标标的信息如下：

采购内容	报价	服务期
社会老人每月的平均床位费（含床位费、生活照料费、膳食费）	7580 元	10 年

（2）PPP 支持医养产业的问题及展望

目前 PPP 模式在医养服务业务发展中存在以下问题：首先，项目前期投入较大，回报周期较长；其次，项目进展缓慢，落地率不高，并且需要经过物有所值和财政可承受能力论证才能确定该项目是否适宜采用 PPP 模式；

① 全国 PPP 综合信息平台项目管理库，截至 2020 年 5 月底。

最后，项目融资不到位，目前大多数 PPP 项目融资主要依靠银行贷款，而 PPP 公司一般为新成立公司，并且医养的土地和地上建筑物一般为公益资产，不具有抵押权，从银行贷款存在一定难度。

综上，PPP 支持医养项目的数量较少，投资金额还很小，未来还有较大的发展空间和潜力。对政府方而言，PPP 有利于加快转变政府职能，提升公共财政在支持基础设施和公共服务建设方面的供给质量和效率；对社会资本而言，有利于盘活社会存量资本，实现社会资本的有机整合，降低总体投入，提高社会资本的盈利水平。PPP 支持医疗养老项目已得到中央和地方政府的政策支持，2019 年 11 月上海市闵行区政府发布《闵行区关于规范推进政府与社会资本合作（PPP）项目的实施意见》，提出重点推进社会资本通过 PPP 模式参与养老服务供给，包括养老机构、社区养老体系建设和医养健融合发展。可以预见，在未来 PPP 会成为推动我国医养产业发展的重要动力。

2. 产业引导基金

（1）养老产业基金现状

产业引导基金是由地方政府设立，并按市场化方式运作的政策性基金，是一种较为普遍的政府与社会资本的合作方式。2014 年 10 月，财政部、商务部共同决定，以吉林、福建、江苏、甘肃、湖南、安徽、湖北、江西 8 个省区为试点地区发行养老产业基金，通过市场化方式推动养老服务产业发展（见表 8-4）。产业引导基金的投资周期为 5~10 年，形成稳定回报后可以退出。

表 8-4　8 只试点养老产业引导基金情况

基金名称	成立时间	首期规模（亿元）	主要投资领域
湖南省健康养老产业投资基金	2015.08.14	45	面向大众的医养服务:社区互助养老中心和家庭式互助养老点的建设,开展大众化养老服务
甘肃省养老服务产业发展基金	2015.08.21	7	医养结合、居家养老、社区养老等养老服务
江西省养老服务产业发展基金	2015.12.28	60	居家养老、社区综合服务、大众化集中养老等面向大众的养老服务产业项目

续表

基金名称	成立时间	首期规模 （亿元）	主要投资领域
福建省养老产业投资基金	2016.01.07	60	养老综合体建设，主要包括养老地产、老年旅游、老年文化、老年康复辅具、老年文化用品、老年体育用品等；养老服务类，主要包括养老信息服务、养老家政服务、养老从业人员教育培训及其他养老服务；与养老产业相关的其他具有一定成长性的项目
安徽省健康养老服务产业投资基金	2016.01.15	45	建设居家养老、社区养老服务体系，培养有竞争力的品牌服务养老企业，研发养老服务产品，推动养老服务与家政、医疗等生活性服务融合发展
江苏省养老产业基金	2016.04.06	20	医疗护理、康复保健、文化教育、休闲娱乐、养老社区及各类老年产品的研发生产等领域
湖北省养老服务业发展引导基金	2016.04.26	6	以社区为依托的居家养老服务体系、以医疗机构为支撑的集中养老服务机构、以互联网为纽带的养老信息服务网络
吉林省养老产业股权投资基金	2016.10.21	10	建设养老综合服务中心、老年医院或养老养生休闲基地，以及养老产业相关项目，打造医养综合体

资料来源：各省市政府官方网站。

2020 年 5 月 19 日，上海市人民政府办公厅发布《促进本市医养产业加快发展的若干意见》，提出要提升融资能力，加大政府引导、企业参与的力度，研究设立上海市养老产业投资引导基金，发挥对医养产业关键领域和重大项目的投资带动作用。

案例 2　湖南省医养产业引导基金

2015 年 8 月，湖南省成立全国首只省级政府引导的医养产业投资基金——湖南省健康养老产业投资基金。基金目标募集规模为 100 亿元，首期募集规模为 45 亿元，分 3 期发行，由具有国资背景的湖南高新创业投资集团具体管理。基金第一期于 2015 年启动，总规模 15 亿元，其中中央财政引导资金 3 亿元、地方政府出资 2 亿元、金融机构募集资金 10 亿元。为了提高社会资本参与的积极性，基金将社会机构募集部分（10 亿元）作为优先级基金，公共出资部分（5 亿元）作为劣后级基金。仅仅一年时间内，湖南基金储备项目就达 200 多个，对 9 个项目开展投资，所投项目总资产近 80 亿元。截至 2019 年 5 月，湖南省健康养老产业投资基金投资的大型项目包括以岭药业、鱼跃医疗、三诺生物、湖南普亲、融城医院、山东巴罗克、万众和养老、华程医院、湘之雅国际医院等①。

2020 年 5 月 18 日，湖南省政府发布《湖南省服务业高质量发展三年行动方案（2020～2022 年）》，提出进一步加大产业基金投资力度，加快湖南省健康产业园建设，在全省范围内建立居家、社区、机构相协调，医养康养相结合的养老服务体系，引进社会力量培育一批规模化、连锁化的养老机构，加快老年人日间照料中心、托老所等建设；同时实施社区医养结合能力提升工程，改扩建社区医养结合服务设施。

（2）医养产业引导基金面临的问题及展望

目前医养产业引导基金的发展仍处于起步阶段，在制度设计与现实运行中遇到很多挑战：首先，缺乏对医养产业引导基金的系统性认识，产业发展的商业模式不够清晰；其次，医养产业引导基金的制度设计与地方实践之间存在一定差距，典型表现为地区发展参差不齐，水平差异较大；最后，各基金实际投资项目的运作模式及效果披露较少，新设立的医养产业基金该如何运作，仍然处于摸索阶段。

总体而言，医养产业引导基金的发展本质上是医养产业发展的一部分，基金的良好运营建立在医养产业全局设计的基础上，特别是以医养产业的顶层设计及法律框架为基础。政府应出台针对老龄产业的整体规划，在此基础上进一步谋划医养产业融资，包括医养产业引导基金的发展逻辑。

3. 专项债

（1）专项债支持医养产业现状

2015 年 4 月 7 日，国家发改委发布了《养老产业专项债发行指引》，支持专门为老年人提供生活照料、康复护理等服务的营利性或非营利性养老项

---

① 湖南高新创业投资集团官网。

目发行养老产业专项债券，用于建设养老服务设施设备和提供养老服务。发债企业可使用债券资金改造其他社会机构的养老设施，或收购政府拥有的学校、医院、疗养机构等闲置公用设施并改造为养老服务设施。指引对于医养产业专项债在债券品种方案设计方面给予优惠措施：一是根据医养产业投资回收期较长的特点，支持发债企业发行 10 年期及以上的长期限企业债券或可续期债券；二是支持发债企业利用债券资金优化债务结构，在偿债保障措施较为完善的情况下，允许企业使用不超过 50% 的募集资金用于偿还银行贷款和补充营运资金。

2016 年初，医疗养老产业专项债券开始正式批复。2016 年共发行 5 只医疗养老产业专项债，共计46.2 亿元；2017 年共发行 8 只医疗养老产业专项债，共计62.8 亿元；2018 年发行 3 只医疗养老产业专项债，共计10.5 亿元；2019 年和 2020 年各发行 1 只医疗养老产业专项债，额度分别为 7.5 亿元和 10.5 亿元。从地域发行情况来看，地域集中度比较高，湖南省和贵州省各发行 4 只，发行总额 58.8 亿元（见表 8-5）。

表 8-5　2016~2020 年各省区医疗养老产业专项债发行情况

发行省份	发行总额（亿元）	发行数（只）
贵州	30.5	4
湖南	28.3	4
四川	23.8	3
河南	24.5	2
湖北	8	2
广西	10	1
浙江	6.9	1
山东	5	1
总　计	137	18

资料来源：中国债券信息网。

2019 年 11 月，民政部提出联合国家发改委等部门，继续推进医疗养老产业专项债券等工作，畅通企业融资渠道，降低成本，带动更多社会资本参与医养结合养老设施建设，同时加大对医养结合养老设施的支持力度，继续实施普惠医养专项行动，以医养结合等为重点，扩大农村医养服务供给。根据中国债券信息网，目前医疗养老产业专项债券的投资标的多为当地专门为老年人提供生活照料、康复护理等服务的机构。各地医养产业专项债发行情况如表8-6所示。

表8-6　各地医养产业专项债发行情况

序号	债券名称	发行时间	金额（亿元）	期限（年）	资金用途
1	2016年贵州黔东南州凯宏资产运营有限责任公司养老产业专项债券	2016.04.29	14	10	黔东南州养老大健康产业及配套设施建设项目
2	2016年湖南宁乡县城市建设投资集团有限公司养老项目专项债券	2016.06.02	10.3	10	宁乡阳光养老社区项目
3	2016年第一期汝城县城建开发有限责任公司养老产业专项公司债券	2016.06.28	7	7	5.6亿元用于郴州市汝城综合养老产业项目，1.4亿元用于补充营运资金
4	2016年湖南宜章县兴宜建设投资有限责任公司养老产业专项债券	2016.09.02	8	8	6亿元用于宜章县康复养老产业建设工程项目，剩余2亿元用于补充流动资金
5	2016年浙江淳安县新安江开发总公司养老产业专项债券	2016.11.04	6.9	7	5.4亿元拟用于千岛湖生态养老建设项目，另外1.5亿元拟用于补充发行人的流动资金
6	2016年第二期汝城县城建开发有限责任公司养老产业专项公司债券	2017.02.23	3	7	2.40亿元用于郴州市汝城综合养老产业项目，0.60亿元用于补充营运资金
7	2017年四川遂宁市天泰实业有限责任公司养老产业专项债券	2017.03.20	10	7	7亿元投资项目为川中养老康体休闲中心项目，3亿元用于补充营运资金
8	2017年贵州六盘水攀登开发投资贸易有限公司养老产业专项债券	2017.07.24	8	7	6亿元用于中国凉都六盘水月照养生养老基地项目，2亿元用于补充公司营运资金
9	2017年第一期秭归县投资公司养老产业专项债券	2017.08.14	6	10	3亿元主要用于秭归库区医养结合养老服务中心建设项目，3亿元拟用于补充发行人的营运资金

续表

序号	债券名称	发行时间	金额（亿元）	期限（年）	资金用途
10	2017 年许昌市投资总公司养老产业专项债券	2017.08.17	17 亿	7 年	8.5 亿元拟用于许昌市健康养老产业项目的建设，另8.5 亿元用于补充发行人经营性流动资金
11	2017 年第一期彭山发展控股有限责任公司养老产业专项债券	2017.09.05	8.8	7	6.12 亿元用于彭祖康养示范区建设项目，2.68 亿元用于补充营运资金
12	2017 年高密市城市建设投资集团有限公司养老产业专项债券	2017.09.18	5	7	全部用于高密市综合养老产业项目
13	2017 年第一期贵州省红果经济开发区开发有限责任公司养老产业专项债券	2017.11.24	5	7	2.5 亿元用于贵州红果经济开发区（两河新区）综合养老产业建设项目，2.5 亿元用于补充流动资金
14	2018 年贵州省红果经济开发区开发有限责任公司养老产业专项债券	2018.02.08	3.5	7	1.75 亿元用于贵州红果经济开发区（两河新区）综合养老产业建设项目，剩余1.75 亿元用于补充流动资金
15	2018 年第一期秭归县楚元投资有限责任公司养老产业专项债券	2018.02.12	2	10	秭归库区医养结合养老服务中心建设项目，补充营运资金
16	2019 年西峡县财和产业集聚区投资有限公司养老产业专项债券	2019.09.20	7.5	7	5.6 亿元用于康复养老中心，1.9 亿元用于补充流动资金
17	2020 年广西崇左市城市建设投资发展集团有限公司养老产业专项债券	2020.05.20	10	7	9 亿元用于崇左市康养中心项目，1 亿元用于补充营运资金

资料来源：中国债券信息网。

（2）专项债支持医养结合面临的问题及展望

地方政府发行的医养产业专项债面临以下问题：首先，大部分医养产业专项债被基础设施和房地产占用，真正市场化运作医养项目的企业很少能够通过专项债融资；其次，专项债信息披露透明度不够，缺乏社会与市场的监督，有效性不足，渠道建设有待进一步完善。

地方政府发行医养产业专项债，具备以下特点：首先，此类专项债属于国资委"加快和简化审核类"项目，审批程序较少，并且发债的城投公司不受国家发债指标的限制；其次，医养产业专项债融资成本低，融资风险小；最后，专项债还本付息周期符合医养服务设施建设运营的特点。因此，在中央限制地方政府扩大债务规模的大形势下，医养产业专项债将成为地方政府向社会募资发展医养产业的理想方式。

4. 国家开发银行的养老/医养结合项目专项贷款

（1）国家开发银行养老/医养专项贷款发放情况

2015 年 4 月 14 日，国家开发银行与民政部联合发布了《关于开发性金融支持社会养老服务体系建设的实施意见》，以低利率的长期资金的方式支持社区居家养老服务设施和居家养老服务网络建设，为养老企业提供了长期、低成本的资金来源，有利于推动地方养老产业发展。

根据公开资料，截至 2019 年 11 月底，国家开发银行累计向养老行业投放融资总额 360 亿元，覆盖了除西藏以外的省份。国家开发银行对养老项目的专项贷款期限最长为 15 年，利率由各分行视项目的情况而定，一般在基准利率水平。

国家开发银行支持的项目可以分为两大类。第一类是政府的项目，这类项目通常是公办的，如福利院、农村敬老院等，与当地政府合作，打包、批量地做，相对来说比较清晰。在目前的国家政策下，此类项目日渐减少，未来，国家开发银行会在居家、社区养老方面加强该类项目的合作。第二类是市场化运作的项目，这类项目数量很多。经过这几年的发展，盈利模式日渐明晰，随着越来越多的国企、央企进军养老产业，重资产投入的力度也在加大，国家开发银行目前也支持了较多此类项目。国家开发银行部分养老项目贷款情况如表 8 - 7 所示。

（2）国家开发银行支持养老/医养的问题及展望

医养产业普遍面临担保物有限、偿债能力弱、信用状况差、融资规模

表 8-7　国家开发银行养老项目贷款部分案例

序号	项目名称	贷款时间与金额	项目详情
1	洛阳逸康老年服务中心逸乐苑	2015 年 4 月，0.6 亿元	总投资 1.2 亿元，养老床位 600 余个，包含医疗机构洛阳逸康老年护理院，总建筑面积 8500 平方米，可提供心血管疾病、呼吸道疾病等多种老年人常见疾病的诊断、治疗服务
2	南宁市第二社会福利院	2016 年 11 月，2.3 亿元	广西首例大型养老服务 PPP 示范项目，总用地面积 243.63 亩，总投资 3.74 亿元，设计床位数 2000 张，建设内容主要有医疗康复综合楼、培训综合楼、社工楼及后勤保障房等
3	燕达国际健康城	2016 年，18 亿元	社会资本兴办的集医、教、研、康、养等功能于一体的重资产型"大健康"产业基地，为河北省重点发展项目
4	江西省抚州市金溪县医养服务提升工程	2017 年 8 月，4.4 亿元	包括 6 个子项目：金溪县人民医院，提供床位 600 张；金溪县疾病预防控制中心；金溪县妇幼保健计生服务中心，提供床位 100 张；金溪县乡镇卫生院，提供床位 874 张；金溪县福利综合服务中心，提供床位 600 张；金溪县乡镇敬老院，提供床位 715 张。项目总投资为 55494.40 万元
5	宁海县老年公寓工程项目	2017 年 10 月，3.27 亿元	总投资约为 4.5 亿元，项目占地面积达 141.7 亩，总建筑面积达 68750 平方米，设置床位数 1500 余张，其中自理老人床位数 980 余张、介护介助床位数 510 余张，为老年人、残疾人提供集专业护理、医疗卫生、康复保健、休闲娱乐、残疾人托养等为一体的综合性服务
6	武陟县医养一体化项目	2019 年 1 月，1.62 亿元	利用武陟县人民医院搬迁后形成的闲置资产建设 2500 张养老床位，为老年人提供专业的医养服务和量身定制的康复护理服务

小、财务规范性差、公司治理机制不完善等问题。建议政府相关部门推出更多解决措施，第一，为中小养老企业增信，或提供相应的风险补偿。如果政府能够为中小养老企业增信，或提供相应的风险补偿，银行发放贷款的积极性会有极大的提高，中小养老企业融资难、融资贵等问题将会得到一定程度的解决。第二，建议政府结合国内养老企业的基本情况、养老企业的资产现状等因素，出台相关规定，严格界定养老企业可用于抵押的资产，方便养老企业通过抵押获得银行贷款支持。第三，出台相关政策，解决闲置土地资源再利用问题。一直以来，在闲置资源再利用的过程中，存在诸多困难，如规

划、立项等环节的批复，施工许可的取得等。在此呼吁政府出台相关政策文件，打破部门界限，简化审批流程，切实解决此类问题，支持养老服务企业发展。

三 银行信贷支持医养结合服务业发展

1. 银行信贷支持医养产业现状

目前，我国金融体系的特点是以银行为主导，以间接融资为主要融资方式。因此，我国要发展医养金融，就无法忽视银行业的重要地位和作用。但是，银行信贷对医养服务的系统性支持仍处于起步阶段，实践中存在诸多政策性与现实性障碍。

国务院于2013年出台《关于加快发展养老服务业的若干意见》后，一些地方政府出台配套文件，甚至设定了银行针对养老服务企业的授信额度及年贷款总量。但总体而言，银行贷款发放仍需抵押物或提供担保，对发展仍处于初期的医养服务业企业而言压力很大，政策落地效果并不理想。2016年3月，国务院发布《关于金融支持养老服务业加快发展的指导意见》，鼓励银行业金融机构加快创新医养服务业贷款方式，有条件的地区在风险可控、不改变医养机构性质和用途的前提下，可探索医养服务机构其他资产抵押贷款的可行模式。

案例3 中国银行"床位贷"支持医养服务业

随着社会人口老龄化程度不断加深，中国银行北京市分行响应国家和北京市政府的号召，结合北京地区的人口年龄结构和老年人群特点，积极探索和创新医养金融服务模式，于2019年12月推出了中小型医养企业贷款产品"中银惠老通宝"（也称"床位贷"），为北京市属医养企业解了燃眉之急。"床位贷"根据医养服务机构与入住人员签订的合同，发放贷款用于医养服务机构日常经营、购买设备等支出，单笔贷款期限最长可达3年。

通过"床位贷"，中国银行北京分行成功地为医养企业解决了融资难题，有力地支持了医养企业的日常经营发展。这种模式的优势在于，作为借款人的医养服务机构无须向银行提供实物资产等作为抵押担保，融资门槛低、贷款期限长，同时还可以降低老人入住医养服务机构的成本，实现了一举多得。

2. 医养机构银行信贷问题及展望

目前，医养机构依然存在贷款难的问题，原因包括：①民办非营利机构的限制；②难以提供银行要求的抵押担保；③资质、权证等各种手续存在瑕疵；④经营和财务管理能力有限。简言之，目前绝大多数医养机构还够不到银行的门槛。要进一步推动银行支持医养服务业，首先，需要发改委、规划部门、国土资源部门、银保监会等多个主管部门进行协同办公，打通各项审批环节，破除政策上的障碍；其次，医养产业具有投资体量大、回报周期长、回报率低的特点，银行传统的信贷产品与医养机构的需求之间不匹配，需要进一步开发适合医养机构的中长期金融产品。

四　保险支持医养结合服务业发展

1. 养老机构综合责任保险

2014年2月，民政部、保监会、全国老龄办联合发布《关于推进养老机构责任保险工作的指导意见》，意在推进养老机构责任保险工作。推进养老机构的责任保险工作，是构建养老服务业风险分担机制的重要内容，是提升养老机构的责任意识和风险意识，强化养老机构的内部管理，降低运营风险，维护老年人合法权益的重要手段，也是加强服务环境建设，做好养老机构责任事故善后处理，维护社会和谐稳定大局的重要保障。2018年，全国养老机构共有2.9万个，投保综合责任险的有1.3万个，大约占全部养老机构的45%。从覆盖比例来看，养老机构综合责任险取得了显著成就，普遍受到老年人的欢迎。

2. 医养产业投资

（1）医养产业投资现状

2019年10月，国家卫生健康委等12个部门联合印发《关于深入推进医养结合发展的若干意见》，提出鼓励保险公司投资主体举办医养结合机构等，明确提出加大政府支持力度，简化保险公司兴办医养结合机构审批登记流程。2020 年 1 月，中国银保监会等 13 部门联合发布《关于促进社会服务领域商业保险发展的意见》，鼓励保险资金与其他社会资本合作，设立具备医养结合服务功能的养老机构，规范开展康养小镇等复合业态投资，增加多样化养老服务供给。目前，保险资金在医养产业投资的主要形式是兴建医养社区，少量为以股权或设立子公司/合资公司等形式投资其他医养领域。

①自建医养社区

医养社区指以满足老年人生理和心理需求为导向，配套适合老年人的各类公共服务设施和服务体系，为老年人提供日常看护、生活照料、康复治疗、健康管理、休闲娱乐等服务的老年人生活社区。截至 2018 年 12 月，包括泰康、人保、国寿在内的 10 多家保险公司已通过轻、重资产投资等多种模式布局医养社区。监管机构的数据显示，截至 2018 年底，国内保险公司计划投资的医养社区项目数超 30 个，占地面积超过 1000 万平方米，投资金额近 700 亿元，规划床位数超 4 万个。

案例 4　泰康之家

泰康于 2009 年获得中国保监会批准的投资养老社区试点资格，同年成立泰康之家投资有限公司。泰康之家作为险资企业在养老社区实体项目中成功运营的代表，始终坚持其连锁化、品牌化的"医养结合"养老社区布局，在医养领域形成了国内领先的产业投资及资产运营能力。目前，泰康已基本上完成了全国范围内的医养社区布局，在北上广深等 19 个重点城市，是国内已开业医养社区最多的保险公司。

泰康之家以医养结合、持续照护为核心，提供约 1.3 万户养老单元。目前，北京泰康之家燕园、上海泰康之家申园、广州泰康之家粤园、武汉泰康之家楚园、苏州泰康之家吴园和成都泰康之家蜀园养老社区已正式投入运营。

为了与泰康之家养老社区衔接，泰康推出了"幸福有约终身养老计划"（简称"幸福有约"计划）的保险产品。通过将传统的养老保险与现代的医养社区相结合，为客户提供涵盖养老财务规划和养老生活安排的一揽子解决方案。"幸福有约"计划的客户在享有保险利益的同时，还可以享受由泰康之家提供的保证入住医养社区资格的福利。保险合同产生的收益可用于支付社区每月的房屋租金和居家费用。在医养社区，客户将享受包括居住生活、餐饮、医疗护理、文化娱乐、健身运动等全方位、多层次的高品质养老生活。

②轻资产收购/购买私募基金

一方面，从构建医养社区生态共享体系的角度来看，自建医养社区是重资产投资，目前保险公司中除为数不多的大型企业有能力直接自建医养社区以外，广大中小保险公司无法独立开发或建设医养社区。另一方面，自建医养社区这种重资产模式投资金额较大，投资回报期限较长，不利于迅速扩张，而收购医养社区是轻资产模式，投资金额较小，收购优质的医养机构可以较快得到投资回报。因此，一些保险公司将收购并控股国内医疗养老院这一轻资产发展模式作为国内医养产业发展的主要模式。

除此之外，也有保险公司选择通过购买私募基金 LP 份额的方式参与医养产业投资。信达风投资管理有限公司于 2015 年 4 月成立了以医养结合的养老产业为主要投资目标的私募基金宁波达康怡生股权投资合伙企业（有限合伙），其中，幸福人寿保险股份有限公司作为基石投资人，从基金设立之初就认缴了基金份额，间接投资于医养产业。

案例5　中国人民保险集团入股颐家

2020 年 3 月，中国人民保险集团与颐家（上海）老年服务有限公司展开战略合作，人保集团以 21.26% 的股权比例入股颐家，双方在业务协同、资源共享等方面展开深度合作。颐家成立于 2013 年，是全国首个通过 JCI Home Care 认证的专业机构，立足"医、护、康、养"四个方面的服务内容，深耕社区，提供医护康养服务。目前，颐家的服务范围已覆盖长三角、珠三角地区，近三年业务规模年复合增长率超过 300%。人保集团与颐家合作打造的"政府—保险公司—护理机构"社区居家护理链条，是人保集团为应对老龄化挑战所进行的品牌化、连锁化、产品化的活力医养生态圈的重要布局。

（2）保险医养产业投资优势及展望

投资医养社区对保险机构来说可谓一举多得。首先，这一做法可以将购买保险和入住高端医养社区联系起来，打通"保险＋医养"上下游服务产业链，通过销售面向老年人的大额寿险保单，拉动保费大幅增长。其次，通过运营社区吸引老年客户入住，获得长期稳定的服务费收入。目前，由保险公司投资的医养社区与普通养老院不同，多是集养老、康养、医疗服务于一体的服务平台，主要面向高净值客户，定位"高端"。保险公司不但提供保险产品，还提供专业医养服务，大大增加了市场上医养服务的供给。

在泰康人寿等大型保险公司占据高端市场后，大量中小型保险公司要想实现在医养产业的快速布局，将寻求股权收购或通过参与基金的股权投资方式进行。

五 基金投资医养结合服务业

1. 公募基金

（1）公募基金投资养老/医养产业现状

目前，市场上共有 63 只养老相关公募基金。其中，56 只属于基金中的基金（FOF），7 只为投资于养老产业的基金（见表 8-8）。

表 8-8 投资养老产业的公募基金

基金名称	成立时间	管理人	规模（亿元）	累计净值（亿元）
长盛养老健康混合	2014-11-25	长盛基金	0.52	1.2950
鹏华养老产业股票	2014-12-02	鹏华基金	6.78	2.269
广发养老指数	2015-02-13	广发基金	17.2	1.9977
工银养老产业股票	2015-04-28	工银瑞信	8.04	0.9600
中欧养老混合	2016-05-13	中欧基金	7.43	1.7120
民生加银养老服务混合	2016-10-21	民生加银	0.39	1.4950
国寿安保中证养老产业指数增强型证券投资基金	2019-04-01	国寿安保	0.62	2.0732

注：①基金规模基于 2019 年年报数据；②累计净值为 2019 年 12 月 31 日数据。

翻阅上述基金 2019 年年报，可以看出各基金的前十大重仓股中，不乏贵州茅台、五粮液、中国平安、中国太保、格力电器、云南白药等常见的大盘蓝筹股，但是其和"养老产业"似乎关联不大。最关键的原因就是，目前 A 股市场上养老产业的上市公司很少，投资标的匮乏。

（2）公募基金投资养老/医养产业问题及展望

目前，由于养老产业投资标的匮乏，养老产业主题基金一般都将投资范围定义得比较宽泛。比如，在中欧养老混合基金的招募说明书（2020 年第 1 号）中，养老产业被界定为我国人口老龄化及人口年龄结构转变所催生的以服务老年人群为目标的相关产业，旨在提供以下服务：①满足老年人所需的家政服务，包括日常看护、疾病护理、心理开导等方向；②满足老年人所需的医疗保健服务，包括养生保健、监护诊断、治疗康复等方向；③满足老年人所需的衣食住行服务，包括养老地产、日常消费、金融保险等方向；④满足老年人所需的休闲娱乐服务，包括旅游娱乐、老年大学、老年健身等方向。

从上述定义可以看出，目前公募基金投资"养老"更多的意义在于营销概念。但是，随着人口老龄化趋势加剧，养老需求增加，未来会有越来越多的医养服务项目进入资本市场，公募基金在二级市场上对养老产业的投资，客观上将提高市场上养老产业上市公司股票的流动性，从而对养老机构走向资本市场起到促进作用。

2.私募基金

（1）私募基金支持医养产业现状

从市场化融资渠道来看，近年来关注医养服务业的私募基金和股权投资数量和金额都在不断增加，但真正在市场上进行投资的机构不多，投资金额也比较有限。

案例 6　信达风投资管理有限公司

信达风投资管理有限公司是一家市场化运作的专业投资公司，公司注册资本 1 亿元。目前，信达风设立专门投资于医疗和养老服务产业的产业基金，其发行规模超过百亿元，是国内 PE 机构中最早专注于投资大健康产业的。

信达风已在医养产业研究和医养产业投资中位居国内前列。近五年来，信达风深耕医养结合养老产业领域，在全国重点区域、核心城市投资 10 个项目，已投资床位 3 万余张，在医养产业的研究、尽调、估值、投资方面积累了丰富的专业经验。目前，信达风已完成长三角、珠三角、成渝及京津冀区域城区的医养产业投资布局，医养类投资先发优势明显，已投资医养项目包括浙江 XX 医养投资管理有限公司、无锡 XX 老年服务有限公司、苏州 XX 养老服务管理有限公司、成都 XX 医疗投资管理集团有限公司、重庆 XX 养老产业发展有限公司等 10 个。

（2）私募基金投资医养产业问题及展望

目前对医养产业有兴趣的私募基金有很多，但真正投的不多，其主要原因包括：首先，医养产业还处于早期发展阶段，投资标的有限；其次，医养机构普遍是民办非营利机构，要将民办非营利机构改成营利性企业实体较难，需要经过政府层层审批，可遵循的先例不多；最后，退出路径不清晰。一般而言，私募基金会选择上市或并购退出，但是医养机构普遍利润不高且不稳定，达到上市条件相当不容易，加之由此带来的财务处理问题，导致很多私募基金不敢轻易进入。

六　医养相关 REITs

REITs（Real Estate Investment Trust），是一种集合众多投资者资金，由专门机构操作的，从事房地产投资，并将投资收益按出资者比例分配的一种投资方式。REITs 因具有税收优惠性、较高流动性、投资者广泛性、投资专向性、较低风险、收益稳定、信息披露透明度高等特点，受到了市场和投资者的广泛欢迎。截至 2019 年底，全球 REITs 总市值约为 2 万亿美元，其中美国是 REITs 最大的市场，总市值达 1.3 万亿美元。

1. 美国医养 REITs 运营情况

美国医养 REITs 公司主要通过两种方式来运营旗下物业，一是净出租模式，二是委托经营模式。在净出租模式下，REITs 公司把医养物业租赁给运营商，每年收取固定租金费用，而所有直接运营费用、社区维护费用、税费、保险费等均由租赁方承担。因此，在净出租模式下，REITs 公司的毛利润率很高，而且几乎不承担任何经营风险，业绩也较少受到金融危机的影响。在委托经营模式下，REITs 公司将旗下物业托管给运营商，运营商每年收取相当于经营收入 5% ~ 6% 的管理费，但不承担经营亏损的风险，也不获取剩余收益；所有的经营收入都归 REITs 公司所有，所有的经营成本也由 REITs 公司负担，相应的，REITs 公司获取租金及经营剩余收益，承担大部分经营风险。

目前美国共有 9 家上市的医养 REITs 公司，其中 Welltower 公司市值最高，达到 233 亿美元①，公司主要在美国、加拿大和英国等发达市场进行医养房地产投资，业务范围包括老年人住房社区、护理设施、医疗办公楼、住院门诊医疗中心和生命科学设施。2019 年，Welltower 营业收入为 51.21 亿美元，净利润为 12.32 亿美元，每股股息为 2.61 美元。

2. 国内医养 REITs 展望

目前国内还没有医养 REITs 相关产品落地，主要原因在于：其一，国内医养机构的物业资产基础还不稳固，公立医养机构的物业产权不清晰，而民营医养机构一般规模较小，物业租赁较多，主营业务也不稳定，而 REITs 是需要承诺投资者稳定的现金流入的，投资标的的现状无法满足投资工具的需求；其二，REITs 法律体系不完善，并缺乏高度发达的金融市场做保证，REITs 是一种需要严格监管的、标准化的产品，需要发达的二级市场来保证其流动性。这些因素阻碍了我国医养 REITs 的落地。

我国医养地产发展前景好，随着人口老龄化和老年人追求高质量的医养服务，医养地产将成为未来发展势头迅猛的产业之一。医养地产的主要盈利

---

① 同花顺财经，截至 2020 年 6 月 11 日。

来自长期租金收入和资产升值，在开发和运营阶段均需要有稳定、长周期、低成本、大规模的资金做支持，这些特点与 REITs 的属性相契合。随着医养地产产权的规范和成熟，我国医养 REITs 未来可期。首先，引入 REITs 可以很好地解决国内医养地产的融资问题，引入社会资本打破以往以机构为主要投资人的模式，可满足医养机构巨大的资金需求；其次，可以引导企业向轻资产模式转变，促使医养产业向更加精细化、专业化的方向发展；再次，医养 REITs 可以让中小投资者有机会以较少资金参与医养地产投资，分享医养地产行业的发展红利，拓展投资者的投资渠道。

目前，国内越来越多的大型企业通过拿地、自建和运营医养机构的方式投资高端医养机构，已经能够产生稳定的正现金流，在土地性质和权属清晰的前提下，已经具备发行医养 REITs 基金的条件。2020 年 5 月，我国基础设施领域公募 REITs 试点正式起步，相信在未来随着法律法规的完善和我国金融市场的发展，REITs 会成为推动我国医养地产发展的重要力量。

综上所述，目前金融支持医养结合服务业的发展以政策性金融工具和保险资金为主，建议未来充分利用政策性工具，发挥财政资金的优势，撬动社会资本积极参与；结合医养行业的资金特点，通过政策支持的方式解决保险、银行、基金支持医养结合服务业的困难；完善 REITs 等金融工具，拓宽有利于医养服务企业发展的多元化融资渠道，推动我国综合性医养结合服务体系的建设。

第三节　金融支持医养结合项目案例分析

案例 7　浙江绿康医养结合的模式和特色

浙江绿康医养集团有限公司创立于 2006 年，是一家从事养老机构、残疾人养护机构、康复护理医疗机构投资，养老护理人才培养，老年科学技术研究，老年人产品研发，医养项目咨询的集团公司。经过 14 年实践和探索，独创了"公建民营、民办公助""医养结合、康复养老助残"的办院模式，形成了较为成熟的"养老院—医院—护理院"一体化发展格局，走在了医养结合服务行业前列。绿康医养集团在发展过程中受到了多家私募股权基金的青睐，2016年10月禹闳资本和信达风投资管理有限公司入股绿康医养，2019年6月银泰投资和和易瑞盛入股绿康医养。在社会资本的帮助下，绿康医养进一步发展成长，实现连锁性扩张。截至2020年4月，旗下已拥有18家康复护理医疗机构、12家养护机构、18家社区日间照料中心、1所介护职业培训学校、1所老年科学技术研究所和1所老年服务评估所，可以提供床位12000多张。

绿康医养结合服务不断发展的核心要素主要包括以下几个方面。

1. "公建民营"实现资源的有效配置和连锁化扩张

公办养老机构往往存在机制不灵活、与市场需求脱轨、经营管理不善等诸多问题，造成国有资产的闲置和浪费。而纯市场化的养老机构受制于资金实力弱、盈利能力低难以做强做大。绿康医养集团利用"公建民营"的模式实现了专业机构与政府民生工程的有机结合，在保证充足资金来源的情况下提高了养老机构的运营效率，实现了集团可持续发展的盈利模式，也帮助绿康医养集团实现了连锁化扩张。具体模式如图8-1所示。

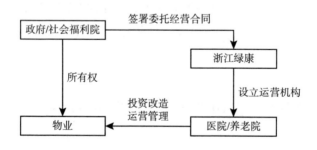

图8-1 绿康医养集团的"公建民营"模式

2. 系统化、一体化服务平台满足差异化的全方位医养服务需求

绿康医养集团根据机构具体情况因地制宜地打造集"养老、医疗、康复、护理、助残"为一体的养老服务平台，为广大老年人提供全方位的医养结合服务，以满足各种类型的医养结合差异化养老服务需要，主要包括以下五种基本模式。

（1）"养老院—医院—护理院"三位一体型。这种模式是绿康医养集团目前的核心模式，包括杭州滨江绿康阳光家园、南昌绿康国际养老城等，服务对象为需要全方位生活照护的健康和亚健康老人，提供基本医疗、康复护理和临终关怀等服务，同时提供老年大学、书画室、棋牌室、运动大厅、膳食间等综合活动中心。

（2）"养老院—医院"院中院型（嵌入型）。这种模式主要为在养老院内设医院，提供门诊和住院服务，提供集医疗、康复、养老为一体的医养服务，包括绍兴绿康老年人康复护理院、宁波余姚舜辰绿康护理院等，服务对象为脑中风偏瘫患者、老年慢性病患者、老年痴呆症患者、残疾人患者和临终关怀需求者。

（3）整合照料型。这种模式是建立为老年人提供医疗康复、心理康复、康复护理、长期照护及临终关怀等一体化服务的护理专科医院，包括嘉兴平湖绿康老年康复护理院、湖州绿康老年康复护理院等。

（4）居家社区型。在这种模式下，康复医师、治疗师、心理师、社工等服务人员上门为老年人提供医养护一体化服务，包括绿康原居养老服务有限公司。

（5）智慧医养型。通过App平台，老年人可以选择绿康"医养护康教娱餐"中的服务项目，由社区点位为老年人提供相应服务。同时，绿康通过智能系统建立智能化电子档案及评估系统，储存所有老人的信息档案，为老年人进行身体健康评估。家属可以通过系统及时查询到老人的信息，如老人的体检资料、健康状况、日常生活照片或视频、医疗人员的诊疗措施等。

3. 打造"绿康医养教育"，完善医养结合服务的产业链

绿康医养集团高度重视护理人才的培训，于2012年成立绿康介护职业培训学校，借鉴英国现代学徒制模式，以校企合作的模式培养护理员。同时，绿康与民政部远程培训中心协作，定期进行护理员工的远程培训。不仅满足了绿康医养集团自身的需求，还为医养行业输送了部分人才。

除此之外，绿康医养集团积极开展社会公益活动，于 2017 年发起"绿康时间银行"公益平台活动，招募志愿者参与助老助残志愿公益服务活动。绿康医养集团先后与日本元气村、喜乐苑及英国护盾等国外相关机构建立了合作关系，学习和引进国外先进医养理念和技术。

经过十多年的发展，绿康医养集团的连锁服务体系目前已经覆盖浙江省内杭州、宁波、金华、台州、嘉兴、湖州以及省外的江西南昌、陕西西安、江苏盐城等城市，未来将进一步推进"医养结合""公建民营"的模式，按照"居家—社区—机构"的整体布局全面提升医养服务质量，推进全国连锁服务体系建设进程。

第九章
医养结合运行机制发展现状与分析

第一节 医养结合平台建设情况

目前全国各地都在积极探索"医养结合"的具体模式和平台，例如在养老机构中设立医疗机构（老年科）、医院转型为医养结合服务机构以及整合医疗机构和养老机构等（见表9-1）。但本章认为，整合养老机构和医疗机构资源，建立良好的协作互动机制应该是今后"医养结合"发展的重点。

表9-1 我国常见的"医养结合"服务模式简介

类型	具体措施
养老机构中设立医疗机构（老年科）	养老机构内增设老年人健康咨询、就医指导、应急处置就医等医疗服务，保证养老机构内的老人等及时得到医疗救助，满足老年人多层次、多元化的医疗护理服务需求
基层医院转型为医养结合服务机构	通过对部分医院进行结构和功能调整，整合医疗资源，将医院转型为老年康复院、老年护理院等医养结合服务机构，以收住需要全面护理的患者为主，并按老年人常见病、多发病进行区域划分，如失智老人管理中心、褥疮治疗中心、临终关怀病房、ICU病房等
整合养老机构和医疗机构	整合养老机构和医疗机构资源，建立良好的协作互动机制 该模式是今后发展的重点

一 医疗平台引入养老服务

医疗平台引入护理、照护等服务，一般是指以医院为主体，本质上是从医疗机构往下游的养老护理领域延伸，主要面向刚需客户的模式。具体措施包括在医院内设置老年床位，以医疗机构为主成立养老机构，在医疗机构内成立专门科室以提供养老服务，将医疗机构转型成能够提供医疗服务和养老服务的康护和护理机构。

这种模式的优势显而易见，由于医疗机构的市场接受度普遍较高，因此较容易切入养老护理领域，但是也存在固有的问题。

一是老年人入住医院养老挤占了医疗资源，部分医院"压床现象"严重。一些患慢性病的老年人为了获得较好的医护服务，节省费用开支，长期住在医保定点的大医院，其主要目的是养病而不是诊治，相当于把医院当成了养老院。这些大医院老病号"压床患者"造成了医院的医疗资源浪费。现实中，很多医院都希望通过医养结合将"压床患者"分流到接续性医疗机构或者养老机构，以此提高床位周转率以及医院的经济效益和社会效益。

二是部分医院转型为康复医院、护理院面临掣肘。此前，一些地方探索将部分存在资源闲置的一级或二级综合医院进行结构和功能调整，将其转型为康复医院和护理院。但在这一过程中面临一些现实困难：首先，综合医院的医护人员大多不愿意放弃自己的科研以及看起来更有前景的临床学科，不愿意"舍本逐末"选择转为康复护理专业；其次，医保对康复护理床位的支付标准低于综合医院普通病床；最后，目前的护理收费定价标准过低，导致综合医院转型为康复医院、护理院后经济收益明显减少。业务主管部门和医院管理方希望通过医养结合来解决这些转型问题，发展接续性医疗机构，实现"急慢分治"。

三是医师外聘到养老机构执业面临风险。规模较小的养老机构大多不具备单独设立医疗机构的条件，为解决入住老年人的看病就医问题，这些机构通常聘请周边医院医师或已退休的医务人员上门开展医疗执业活动。这本是一个双赢的做法，但是一旦发生医疗事故，则可能导致医师承担在定点医疗机构外非法行医的风险。

二 养老机构平台引入医疗服务

这种平台一般是指规模较大的养老机构留出部分区域，用以配置护理院、门诊部或一级甚至二级综合性医院等医疗服务机构。最普遍的医养结合模式即在养老机构中设置老年病医院、康复医院、医务室以及护理院等医疗机构，例如北京市第一社会福利院、北京市朝阳区寸草春晖养老院。

这种模式的优势从需求端看，使老人的医疗需求得到满足；从供给端看，增加了养老机构的收入来源。由于现阶段单纯的养老项目存在盈利难度大、周期长等问题，通过医疗机构的设置，既可以增加养老项目对长者的健康保障，又可以拓宽项目收入渠道，缓解运营压力。

但这种模式也有固有的矛盾和问题。

一是养老机构老年人看病就医难。入住养老机构的老年人大多患有多种疾病，除了生活难以自理外，医疗服务需求也很强烈。尤其是一些常年患病的老年人，更希望在养老机构内随时进行病情的监测，遇到病情复发或其他紧急情况时能得到及时救治。与这种强烈需求相比，能够提供规范医疗服务的养老机构却为数不多。部分养老机构床位空置率高，这与其缺乏医疗服务有关。业务主管部门和养老机构管理方希望通过医养结合解决入住老年人的看病就医问题，从而提高入住率。

二是养老机构设立医疗机构面临较高门槛。在养老机构内部设立诊所、卫生所（室）、医务室、护理院、康复医院等医疗机构，是养老机构为入住老年人提供医疗服务的主要方式，但是设立医疗机构的准入门槛比较高。即使是设立简单的医务室，也需要一位执业医师、一位注册护士，面积不少于40平方米，设有诊室、治疗室、处置室，并配备基本医疗设备、急救设备及其他设备。这对于微利甚至不赢利的养老机构而言，无疑将导致支出压力巨大。另外，医养结合对一些硬件设置标准的要求较高，比如养老机构内如果设护理院，就应设置放射科。虽然这些设备的实际使用率可能并不太高，但巨大的投入无疑将导致养老机构的设备、场所、人员成本大幅上升。

三是养老机构的医疗服务绝大多数未能与医保衔接。一些养老机构的内设医疗机构尽管已经拿到卫生部门核发的医疗机构执业许可证，但仍未达到更为严格的申请医保定点医疗机构的条件，未能被纳入医保定点医疗机构，由此导致入住老年人的就医费用无法报销。

四是养老机构中医护人员缺乏，难以享受经费补贴。此前，养老机构内设医疗机构聘用的医护人员，在科研立项、继续教育、在职培训、职称评定等方面无法享受与医院医护人员同等的待遇，导致许多医护人员不愿意到养老机构工作。针对这一情况，目前相关政策规定，要做好职称评定、专业技术培训和继续教育等方面的制度衔接，对养老机构和医疗卫生机构中的医务人员同等对待。这一问题虽然由此得到一定程度的缓解，但是事实上的不平等待遇仍然存在。

三　医养结合的整合平台

结合上述两种模式的分析，本章提出的医养结合绝不是简单的医疗机构提供养老服务或者养老机构提供医疗服务，而是打造新的平台整合医养服务。目前，国家政策层面也较为认同此种做法，即不是简单的叠加。

自 2015 年国家层面的《关于推进医疗卫生与养老服务相结合的指导意见》出台后，相关政策不断完善，医养结合已被纳入健康中国、国家老龄事业发展、医药卫生体制改革、健康老龄化等国家战略和重要规划，针对护理院、护理中心、安宁疗护中心、康复医疗中心等的标准和规范陆续出台。

主管部门为了推进医养结合工作的开展，出台了《国家卫生计生委办公厅关于印发医养结合重点任务分工方案的通知》（国卫办家庭发〔2016〕340 号），将医养结合纳入各自督查工作的重点；发布了《关于印发〈智慧健康养老产业发展行动计划（2017—2020 年）〉的通知》（工信部联电子〔2017〕25 号）。相关试点工作深入推进，在全国遴选确定了 90 个城市（区）为国家级医养结合试点单位，22 个省级行政区设立了省级试点单位，形成了一批可持续、可复制的政策措施和创新成果。

实践中，在《关于推进医疗卫生与养老服务相结合的指导意见》出台之前，各地已经自发开展了各种形式的医养结合探索。大规模的国家试点行为的出现，则是以国家卫生计生委办公厅、民政部办公厅《关于确定第一批国家级医养结合试点单位的通知》（国卫办家庭函〔2016〕644 号）的出台为标志。目前，各地在试点中形成了以下两大类七小种模式。

第一类是机构层面的医养结合，主要有四种模式。

一是毗邻建设，即医疗机构与养老机构统一规划，统一建设，如养老机构紧邻街道社区卫生服务中心或医院，居家养老服务照料中心与村（社区）卫生服务中心、服务站点毗邻建设。这种模式主要适用于增量的新建机构。

二是机构对接，即通过协议合作、转诊合作、对口支援、合作共建、建立医疗养老联合体、远程医疗等多种形式，实现医疗机构与养老机构的业务对接和服务融合。

三是内设机构，即养老机构内设医疗机构，医疗机构开设长期护理床位或开设护理型养老机构。

四是纳入定点。这是长期护理保险试点地区出现的一种比较特殊的机构对接模式，主要做法是将符合条件的养老机构纳入长期护理保险定点机构，接收医疗机构转移的需要长期照护的失能、半失能老年人。

第二类是居家社区层面的医养结合，主要有三种模式。

一是家庭医生签约，即推广家庭医生服务，与有需求的老年居民签订服务协议，开展契约式服务，为签约老年居民建立规范的健康档案，为其提供预约转诊、健康查体、保健指导、疾病干预、家庭病床等基本医疗服务，基本公共卫生服务和个性化健康管理服务。

二是建设嵌入型小微机构，主要是通过发展社区嵌入式、小规模、专业化的医养护一体化"微机构"提供医养结合服务，比如嵌入护理康复型、嵌入照护型等小微型养老机构。这是一种类似于但不同于第一类"内设机构"的医养结合模式。

三是流动上门，即由轻资产运营的护理型居家养老服务机构提供上门服务，或者由医院负责运营并配备了医护人员和专业社工的流动服务车为失能、高龄等老年人提供诊疗、护理、精神慰藉等方面的巡回上门服务。

尽管以上模式在很多地方实践中都被归结为"医养结合"，但事实上如果加以严格区分，有些做法只是针对老年群体的医疗卫生服务提供模式的创新，比如家庭医生签约服务。只有在家庭医生签约团队中融入养老服务人员，或者家庭医生签约团队与养老服务人员联合向老年人提供服务，才可被归结为"医养结合"，否则就只是解决老年人方便看病就医问题，仍然属于

"医"的范畴。

"医养结合"类似于一些发达国家的"整合照料"，属于我国原创性概念。作为新生概念和仍处于试点探索期的工作实践，医养结合在理论认识和具体实践中存在一些亟须澄清的认识误区和亟待纠正的实践偏差。在实践中，需要把"医"与"养"的边界厘清。

对公共政策的讨论必须在核心概念的基本内涵和外延上达成一致，否则很难达成共识并形成清晰的工作思路。目前，在医养结合公共政策的研究和讨论中，各界对"医的边界"和"养的边界"认识各异，远未达成共识。

一方面，"医"的内涵和外延在不断拓展。生物—心理—社会医学模式已取代了生物医学模式。以该模式来划分，人的健康也有生理、心理、社会三个维度，从而超越了"医疗中心主义"的健康观。目前，国家按照大卫生、大健康的理念，实施了健康中国战略。在此背景下，由"医"向"康"转变成为必然。一些地方据此在"医养结合"的基础上提出了"康养结合"。

另一方面，"养"的内涵和外延极具弹性。不同于"医"的概念，"养"的概念既具有功能特性，也具有人群特性。在当前的养老政策语境中，老年人的养老需求有大、中、小三个层次。最宽泛意义上的"养"，对应老年人所需求的"颐养天年"的"养"，近似于"六个老有"。中观层次的"养"，对应"养老服务"，近似于《国务院关于加快发展养老服务业的若干意见》（国发〔2013〕35号）中对"养老服务"的界定，该概念的边界基本等同于"为老服务"，把老年健康服务作为"养老服务"的一个子领域。狭义的"养"，对应"照护服务"，近似于《国务院办公厅转发全国老龄办公室和发展改革委等部门关于加快发展养老服务业意见的通知》（国办发〔2006〕6号）中"养老服务"的概念，即为老年人提供的生活照料和护理服务。在这一语境中，护理服务是指区别于医疗护理的"社会性护理"。

从以上分析可以看出，"医"与"养"的内涵和外延都有各自不同的层次划分。各界关于医养结合的公共政策研究和讨论，在很多语境下选取了不同层次的内涵和外延，客观上形成了各方自说自话的局面，造成了认识上的差异和不必要的争论。

本章认为，从需求侧来看，"医"与"养"的结合必然是同一层次"需求"的结合。这里的"医"不应该包含"养"，而"养"也不应该包含"医"，否则只要其中一个概念即可，无须再提出"医养结合"这一概念。当然，从供给侧来看，提供医养结合服务的主体，可以是并行的主体，如联合提供服务、具有平等关系的养老机构与医疗机构；可以是具有内含关系或嵌入关系的主体，如内设医疗机构的养老机构；也可以是同一主体，比如包括养老护理员、社会工作师的家庭医生签约团队，甚至是同时提供医疗性护理、社会性护理和生活照料服务的"新型职业人员"。

医养结合重在服务体系的融合构建，而支持服务体系建设的最核心要素是资金保障。服务提供方的积极鞭策、服务需求方的有效需求培育以及供给与需求的精准匹配，都离不开两项关键制度——医保制度和长期护理保险制度——的完善和支持。

从医保制度来看，主要问题在于以疾病急性期支付为主，缺少对疾病稳定期、康复期支付标准的制定，也缺少对疾病不同时期、不同服务需求的评估，从而造成医养结合中"医学护理"与"社会护理"、"医学康复"与"社会康复"的范畴和界限不清楚。这客观导致部分地方的医保在购买服务时，要么出现支付范围过宽的不合理支付，从而给医保制度的可持续运行带来较大压力；要么出现范围过窄的补充不足现象，从而使患者的合理医学护理和康复需求得不到满足。

从发达国家的经验来看，长期护理保险制度的建立是实现整合照料的关键。对我国而言，建立相对独立于医保的长期护理保险制度，是实现医养结合的关键。目前，部分地方已经开展制度试点并取得了一些成效，但这些试点都不同程度地存在一些亟待解决的问题，如制度目标定位不准、购买服务的边界不清晰、筹资不具备可持续性、评估标准缺少客观有效性等。在国家层面，该项制度的缺失，使医养结合工作的推进缺乏最有力的顶层制度保障。

党的十九大做出了推进医养结合的战略部署。今后一个时期，推进医养结合工作要解决的问题有很多，比如政策制度的完善、工作机制的健全、人才队伍的建设、相关标准和规范的制定、评估机制的建立、服务监管能力的提升等。本章认为，破解医养结合难题的关键点在于以下几个方面。

1.清晰定义"医""养"定义和内涵

作为老龄事业发展的引领，"大卫生""大健康""大老龄""大养老"等理念本身是正确的，但医养结合要落地，其公共政策讨论的语境必然要具体化、清晰化，不能过于宽泛。

当前，学界对医养结合模式的理解主要有两种观点：第一种观点认为，医养结合模式是医疗服务与养老服务之间的平等融合；第二种观点认为，医养结合模式在基本养老服务网的基础上，着重强调老年人的医疗健康服务。

本章倾向于第一种观点，也比较认同"整合照料"的概念。即医是医，养是养，一定要让专业的人做专业的事情。"医"和"养"作为两套服务体系要实现结构分化和功能分化，在解决各自问题并获得充分发展的基础上，通过不同结构之间的功能耦合，实现"优势互补""整体大于部分之和"的有机整合。

具体而言，在医养结合的语境下，要缩小"养"的边界，将"养"限定为具有社会服务性质的"照护"，即老年人的生活照料，以及具有社会服务性质的康复与护理；而具有医学性质的康复和护理，应被纳入"医"的范畴。

2.明确划分医养服务节点

目前，无论是医疗服务还是养老服务，都强调连续性和整合性，都在拓展各自的业务边界。在此背景下，划分医养服务节点的操作性界定就比较重要。参照相关国家的经验和我国各地试点的情况，建议进行如下划分。

疾病发生期6个月以前提供的服务，即疾病高度急性期、急性期、亚急性期、稳定期以及护理型恢复期的服务，属于"医"的范畴，相关费用由医保支付；疾病发生 6 个月以后提供的服务，即生活照料及具有社会服务性质的康复、护理等服务，属于"养"的范畴，这类服务时间长，对专业性医疗技术的依赖程度低，相关费用由长期护理保险制度支付。

3. 完善制度和标准

在制度层面，一是根据疾病分期制定相应的医疗保险支付制度，支付内容应当划分为急性期医疗支付和非急性期医疗支付。非急性期医疗支付主要解决医疗性护理服务和康复服务的费用问题。二是采取社会保险筹资模式，建立独立于医保制度的长期护理保险制度，明确一些制度建设的基本原则。筹资方面，要强化个人缴费责任，以收定支，略有结余；保障标准方面，要坚持低水平起步，保障基本需要的满足；支出方面，要严格控制支付，按照床日或者年月定额打包付费等。

在标准层面，关键是建立全国统一并且卫生健康、民政、医保等部门共同认可的能力评估标准以及医养服务需求评估标准，准确划分医疗服务需求和养老服务需求类型；同时要制定清晰的养老服务清单，明确哪些服务属于"养"，从而将其纳入长期护理保险制度的支付范围。

4. 把握好发展方向

推进医养结合，要真正树立以老年人需求为中心的理念，按照实施全生命周期的健康老龄化战略的要求，以及遵循老年人由健康到患病、失能失智状态的发展规律，建立起各个环节有机衔接的整合型健康养老服务体系。

这一服务体系应当包括保健、预防、疾病急性期治疗、疾病慢性期治疗（医疗性康复与护理）、长期照护（生活照料、社会性康复与护理）、安宁疗护六个环节。只有在这一健康养老服务体系的框架下推进医养结合，方可走出各种认识误区和实践误区，避免方向性失误，因此规则十分关键。

第二节　医养结合规则

医养结合的规则非常重要，现实中很多研究集中在医养结合的规则和背后的政府管理体制机制问题这一领域。纪娇等[1]和辜胜阻等[2]提到，我国医养结合模式由于缺乏专一的管理部门，涉及的多个部门职能交织重叠，亟须政府进行碎片化整合。王浦劢等[3]借助博弈论的理论逻辑，不仅分析了医养结合的体制机制困境，而且透过表象困境探究了其深层原因。他们认为，在政府主导医养结合的过程中，传统的科层体制架构常常成为体制性掣肘。

一般而言，民政部是养老服务和养老机构的业务管理单位；卫健委负责医疗机构的设置审批、执业登记等；人社部负责核定养老金发放、医疗保险的准入和报销标准的制定；老龄委和老龄办是国务院中主管老龄工作的议事协调机构；发改委规划养老服务事业，制定相关政策；在诸如土地规划、特许经营、非营利性医养结合机构方面，还需要财政、住建、自然资源等部门统筹布局。尤其是在探索长期护理保险制度方面，需要人社部门牵头，民政、财政等部门配合。由于养老服务与医疗服务机构分别隶属于不同的政府部门，而这些政府部门又互不隶属，造成了权能分设、管理分割、资源分散的多头管理、分段式管理结构和体制。因此，基于博弈论的视角提出，政府相关职能部门从部门利益角度考虑医养结合问题，缺乏统筹协同的动力与观念，会出现搭便车行为。

此外，除政府职能部门之外的其他博弈主体，例如医养机构、老年群体，具有不同的利益诉求、约束条件、动力机制以及策略选择，这也造成了医疗与养老资源整合困难、医保支付对接困难。陈俊锋等[4]以合肥市为例，探究城市医养结合模式存在的问题并提出了解决路径。文章指出，合肥市养老机构要同时接受卫生、人社、民政、公安等多个部门管理，极易造成政策

---

[1] 纪娇、王高玲：《协同理念下医养结合机构创新模式研究》，《中国社会医学杂志》2014年第12期，第376~377页。

[2] 辜胜阻、吴华君、曹冬梅：《构建科学合理养老服务体系的战略思考与建议》，《人口研究》2017年第1期，第3~14页。

[3] 王浦劢、雷雨若、吕普生：《超越多重博弈的医养结合机制建构论析——我国医养结合型养老模式的困境与出路》，《国家行政学院学报》2018年第2期，第40~51页。

[4] 陈俊峰、王硕：《城市"医养结合"型养老存在的问题及其解决途径——以合肥市为例》，《城市问题》2016年第6期，第92~97页。

执行不统一、政策落实难等问题。并提出，应成立医养结合养老联合办公室，卫生、民政、人社和老龄等部门主要负责人或者分管领导作为主要成员，以打破条块分割，加强部门之间的横向联系。刘师洋等[①]也指出，在北京市的医养结合实践中因为管理部门林立、条块分割明显，医养结合各类政策衔接困难。尤其是养老机构在申请配套医疗机构的设置和医保定点单位的资质上存在瓶颈。由于养老机构本应由民政部门管理，但这些资质的审批需要与卫生部门、民政部门打交道，多部门管理容易导致衔接不当、责任推诿与管理断层问题的出现。邵德兴[②]认为，当前医养结合模式大多未能突破部门分割的行政体制限制，而上海市佘山镇的实践可资借鉴。佘山镇成立了镇委副书记领衔，分管副镇长负责，卫生、民政、人社、残联等部门领导参加的"佘山镇医养护一体化工作的联席会"，每月召开会议讨论研究新问题。这种做法在现行行政体制下，依靠镇政府倾力推动，打破行政壁垒，统筹医养护事业发展。但由于依然是多头管理体制，因此各职能部门很难开展统一行动。潘屹[③]探究了青岛市长期医疗护理保险的实践，认为此保险制度的建立离不开政府各部门的通力合作。

一　医养结合管理体制

医养结合管理体制即国家医养结合事业发展的宏观调控、资源配置和组织管理的制度安排，包括国家立法、政府规划、融资体制、生产组织和服务机构等。以美国为例，医养结合的管理体制为由联邦政府卫生与公共服务局、州政府老龄工作局和地方政府老龄工作处（包括隶属政府的机构、非营利机构）组成的网络型管理体制。在澳大利亚，由社会服务部制定规则；退役军人服务部和人权部负责定价，工会参与；卫生部负责建立管理网络平

---

① 刘诗洋、刘梦、桂玥等：《北京市医养结合养老机构的发展问题与对策》，《中国全科医学》2016年第19期，第4034~4038页。

② 邵德兴：《医养护一体化健康养老模式探析：以上海市佘山镇为例》，《浙江社会科学》2014年第6期，第87~92页。

③ 潘屹：《长期照护保障体系框架研究——以青岛市长期医疗护理保险为起点》，《山东社会科学》2017年第11期，第74~81页。

台，实现机构准入、信息分享、专业人员培训和资质信息的网络管理；工业部负责设计改革方案；地方政府贯彻实行和提供服务。

在中国，民政部是主管国家养老事业的行政部门，负责协调老龄事业和老龄产业与国家宏观经济和社会发展的关系，做好科学决策、监督管理和公共服务，既要充分调动和发挥各方面的积极性，又要拓宽听取意见和建议的渠道，充分借助社会的智慧和力量，推动养老服务体系建设。为此，民政部于 2014 年 3 月 11 日成立全国养老服务业专家委员会，聘请 39 名专家学者组成"智囊团"，为政府加快养老服务业发展提供决策咨询。专家委员会的主要任务包括对养老服务业的重大决策、重大战略、重大思路提供政策咨询、理论指导和技术支持；对养老服务业重要法律法规草案、重大政策措施、重点工作部署等提出意见和建议；分析预测我国人口老龄化形势和发展趋势，对关系长远发展的前瞻性、战略性、综合性问题进行调研和咨询等。同年 4 月 1 日成立的中民养老规划院，是民政部主管的以从事公益事业为目的的民办非企业机构，探索中国养老模式，优化养老产业布局，编制养老事业产业规划，创新养老机构运营模式，开发智慧养老，成为发展养老服务业的智库，推动养老服务的社会化、市场化。

但是，医养结合不仅需要民政系统，更需要卫生和医疗系统的投入。医养结合、保健结合的长期护理服务需求不断增长，卫健委的投入不可避免。原卫生部卫生发展研究中心医院改革与管理研究室调查估算显示，2011 年我国 65 岁及以上生活完全不能自理的老人约为 237.66 万人，还有 594.16 万人需要间断性护理，所需床位为 154.48 万张，2011 年仅有床位 15.7322 万张，满足率仅为 10%，尚有巨大供需空间。

在理想的体制中，一般性养老生活照料和短期护理可由家庭成员或社区服务人员完成，但是长期护理涉及健康诊断、慢病治疗、伤残康复、医疗保健、疾病预防、精神慰藉等一系列专业性服务。这需要在卫健委主管下，进行社会分工和培育专业机构及专业人员。

目前，我国日常养老服务的提供平台主要是社区服务中心。截至 2012 年底，全国共有各类社区服务机构 20.0 万个，社区服务机构覆盖率为

29.5%；全国各类养老服务机构 4.4 万个，比上年增加 3436 个，拥有床位 416.5 万张，比上年增长 12.8%（每千名老年人拥有养老床位 21.5 张，比上年增长 7.5%），年末收养老年人 293.6 万人，比上年增长 12.7%；社区留宿和日间照料床位 19.8 万张。与已进入老龄社会的日本相比，我国老年医疗和健康服务的发展还处于初级阶段，理论研究、服务体系建设、人才培养、经济政策等方面有待探索，特别是医疗服务体系和医疗保障体系还不够完善。城市医疗服务体系主要服务初诊病人，对恢复期、康复期和临终期病人的医疗照顾还不够。护理人员集中在公立医院和少部分私立医院，主要解决疾病治疗问题，很少涉及预防和康复方面。因此，亟须从社区建设、人才培养、用工制度、经费保障等方面统筹考虑，整体提高老年护理服务业水平，完善相关行业管理政策，在区域卫生规划中加入护理病床内容。

综合考虑各部门的功能，需要国务院建立信息共享平台和顶层设计体制，在民政部、老龄委、发改委、卫健委、财政部、住房和城乡建设部、人社部等部门之间建立联合预算和联合行动的联动机制，各部门要在总体规划下履行各自职责，并与省级地方政府和市县基层政府联动，形成科学决策和有效的网格式运行体制。

针对医养结合的体制建设，本章结合中国具体实践建议如下。

一是将医养结合体系建设纳入国家宏观经济调控范畴，强化领导的协调责任，纳入各级党政工作绩效考核，克服多龙治水和政策阻隔问题，形成支持医养事业的政策合力。

二是发挥老龄委的协调功能，建立统一的信息采集、统计分析和服务供给的信息平台，与居民身份和居住登记、健康档案和病历、社会保障参保登记和权益记录等信息系统对接，形成动态管理的大数据库，支持医养结合的科技发展和政策研究。

三是发挥老年研究会和老龄产业协会等专业机构和专家的作用，根据老年人的购买能力，从需求和供给两个方面出发，科学制定医养结合的养老服务体系整体发展规划和评估评价体系，有效整合与利用养老服务和医疗服务资源。

四是推进医疗机构与养老机构等加强合作。推动中医药与养老相结合，充分发挥中医药"治未病"和养生保健优势。建立健全医疗机构与养老机构之间的业务协作机制，鼓励开通养老机构与医疗机构的预约就诊绿色通道，协同做好老年人慢性病管理和康复护理。增强医疗机构为老年人提供便捷、优先优惠医疗服务的能力。支持有条件的医疗机构设置养老床位。推动二级及以上医院与老年病医院、老年护理院、康复疗养机构、养老机构内设医疗机构等之间的转诊与合作。在养老服务中充分融入健康理念，加强医疗卫生服务支撑。支持有条件的养老机构设置医疗机构。统筹医疗服务与养老服务资源，合理布局养老机构与老年病医院、老年护理院、康复疗养机构等，研究制定老年康复、护理服务体系专项规划，形成规模适宜、功能互补、安全便捷的健康养老服务网络。

五是坚持中西医并重方针，以积极、科学、合理、高效为原则，做好中医医疗服务资源配置。充分发挥中医医疗预防保健特色优势，不断完善由中医医疗机构、基层中医药服务提供机构和其他中医药服务提供机构共同组成的中医医疗服务体系，加快中医医疗机构建设与发展，鼓励综合医院、专科医院设置中医临床科室和中药房，增强中医科室服务能力。加强中西医临床协作，整合资源，强强联合，优势互补，协同协作，提高重大疑难病、急危重症临床疗效。统筹中西医两方面资源，提升基层西医和中医两种手段综合服务能力，到2020年，力争使所有社区卫生服务机构、乡镇卫生院和70%的村卫生室具备与其功能相适应的中医药服务能力。

六是坚持多元发展原则，加强社会办医疗机构与公立医疗卫生机构的协同发展，提高医疗卫生资源的整体利用效率。社会力量可以直接投资资源稀缺及满足多元需求的服务领域，也可以通过多种形式参与部分公立医院改制重组。鼓励公立医院与社会力量以合资合作的方式共同创办新的非营利性医疗机构，从而满足群众多层次医养结合的养老服务需求。鼓励社会力量创办中医类专科医院、康复医院、护理院（站），以及口腔疾病、老年病和慢性病等诊疗机构。鼓励药品经营企业开办中医坐堂医诊所，鼓励有资质的中医专业技术人员特别是名老中医开办中医诊所。允许医师多点执业。支持社会办医疗机构进行重点专科建设，引进和培养人才，提升学术地位，加快实现与医疗保障机构、公立医疗机构等信息系统的互联互通。

二　医养结合管理机制

体制建设之外，还需要在运行机制上提供有力支持。目前，行政分割的多头管理体制造成了分段式管理问题，主管部门交叉管理、职能重叠是当前医养结合机制上的另一重要问题。罗琼等[①]提出，天津市医养结合模式中存在主管部门职能重叠问题。医疗保险业务涉及的主管部门包括人社部门、民政部门、各级卫健委，医疗机构除了隶属于民政部门，还被置于卫生部门的管辖范围内。这种职权重叠造成办事效率低下、相互推诿。刁鹏飞等[②]提出，在上海市医养结合养老模式的实践中也存在多部门交叉管理问题，并建议将卫生部门的相关要求作为主导原则，指导养老机构的运营管理工作。

除了上述文献提到的制度执行中的混乱性问题，陈成文等[③]认为我国医养结合中的制度阻滞还表现为医疗保险制度与长期护理保险制度设计上的滞后性以及资源供给上的固化性。刘亚娜[④]认为，我国医养结合养老服务的主要困境在于没有厘清政策网络及运行机制。我国目前的模式虽然以医养护一体化为指向，但实际上是以卫生为主导的医养结合型养老模式，医疗渗透民政，卫生与民政相结合。陈宁[⑤]聚焦于中观层面地方政府公共产品医养结合服务供给问题，指出在基层社区医养结合实践中出现了养老机构碎片化、医

① 罗琼、臧学英：《天津医养结合养老创新的逻辑、瓶颈与对策》，《天津行政学院学报》2017 年第 3 期，第 43～48 页。
② 刁鹏飞、臧跃、李小永：《机构养老的现状、问题及对策——以上海市为例》，《城市发展研究》2019 年第 8 期，第 98～103 页。
③ 陈成文、黄利平、陈建平：《从"制度阻滞"看推动城市"医养结合"发展的制度建设方向》，《湖南社会科学》2018 年第 4 期，第 69～76 页。
④ 刘亚娜：《我国医养结合养老服务政策网络与耦合协同》，《中国行政管理》2018 年第 8 期，第 55～60 页。
⑤ 陈宁：《基层社区医养结合"原子化"：形成机制及破解路径》，《天津行政学院学报》2019 年第 4 期，第 52～58 页。

疗机构抱团拓疆式扩张的原子化困境。刘晓梅等[①]则以农村为例提出了医养结合运行机制的设想，认为要通过村委会等基层组织搭建医疗和养老资源整合平台，并设立专门监管评估中心，为农村居民提供一站式服务。

国内学者还从博弈论、协同论的视角研究医养结合的动力机制与协同发展机制。赵锡锋[②]认为，公办医疗机构动力不足是医养结合的难点。文章通过构建医养结合利益关系模型，分析医疗机构、养老机构以及老年人之间的博弈得出：政府激励水平、医养结合预期收益越高，"医"参与医养结合的动力就越大；合作成本越低，"医"参与医养结合的动力就越大；老年人的支付能力会影响医养结合的预期收益，从而影响"医"参与医养结合的动力。陈娜等[③]从协同论的视角，就促进医养结合供需耦合系统的协同发展做出了路径探索，并认为应当鼓励多元化的医养结合供给模式，以实现医养功能的深度契合，挖掘多样化的养老需求，提供针对性的服务，重视医养结合的环境因素，强化政府统筹协调。

综上所述，国内关于医养结合体制机制的既有研究聚焦于制度设计、资源供给与整合、运行机制、动力机制、协同发展机制中存在的问题，从博弈论视角分析造成问题的原因，并进行解决问题的路径探索。

三　医养结合管理体制和机制的政策建议

本章认为，应该根据医养结合服务可及性原则，建立由"家庭医生、社区服务、专科机构和综合医院"构成的医养结合的服务体系，满足"居家养老、社区养老和机构养老"的不同需求，具体政策建议如下。

（1）建立签约家庭医生制度，培育医养护理师职业队伍。例如，浙江省人民政府发布《关于推进责任医生签约服务工作的指导意见》，责任医生

---

① 刘晓梅、刘冰冰、成虹波：《农村医养结合运行机制构建研究》，《延边大学学报》（社会科学版）2019年第2期，第101~109、145页。

② 赵锡锋：《"医"参与医养结合的动力机制研究》，《卫生软科学》2020年第2期，第25~30页。

③ 陈娜、袁妮、王长青：《医养结合供需耦合系统协同发展机制》，《中国老年学杂志》2016年第24期，第6308~6310页。

负责公共卫生和基本医疗服务，到2020年实现基层诊疗比例达到60%以上，并将其列入省委对各级党政领导班子的实绩考核。目前，在杭州等地基层诊疗率达到65%。建议国家将国民居住登记、参保登记和签约医生三件事情一并管理，让城乡老年居民都拥有家庭医生和健康档案，从而提高医疗服务质量和降低成本，实现老年人居家养老的愿望。同时，借鉴英国经验和浙江省经验，健全家庭医生的补偿机制，费用由公共卫生资金、医保基金和个人支付，让家庭医生享有体面的收入，吸引更多人才参与进来。

（2）国家建立支持医养服务相结合的信息平台，组织行政的、技术的、法律的各类资源，支持社区医疗服务机构设立老年慢病区、临终舒缓病区、家庭病床等，或者支持社区设立小型老年康复和老年护理院，提供灵活多样的医养服务，如日托、家庭病床、机构床位等，实现老年人社区养老的愿望。

（3）大力发展老年病区。在专科和综合医疗机构内设立老年病区，承担起研究老年病临床路径和诊疗标准、培养人才及处理疑难杂症的职能。

（4）大力发展促进医养结合的科技和教育，推动远程服务、移动医疗、影像中心、电子病历、智能审核和电子药盒等实践，逐步丰富和完善服务内容及方式，做好上门巡诊等健康延伸服务。

（5）在医养领域大力发展社会企业，实现国家、企业和个人的团结，提高社会参与度。银色经济标志着暴利逐渐消失（局部的向外扩张除外），传统社区就业和社会组织即低端劳动力市场和低工资社会组织，20世纪80年代，为改变资源稀缺和劳动力成本上升的原有格局，社会企业逐渐取代了社区就业和部分社会组织。社会企业指企业化经营的，有微利而无股东和税负的，人员资质和薪酬水平适中的社会组织。社会企业在医疗服务和养老服务等老龄产业占主流，是带动银色经济就业的发动机，也是中国公立医院改革的必由之路。在美国，70%的医疗机构属于非营利的社会企业。经营有方的社会企业在微利积累到一定规模时，可以转化为股份制企业，放弃政府补贴并进行市场融资，为银色经济创造更多产值。多种原因决定我国尚缺乏非营利社会企业的生存发展条件，这对大力发展养老服务业非常不利。建议国家以发展医养服务为契机，通过政策支持、税收优惠、财政补贴、土地划拨、监督检查、评估评价、宣传教育、职业培训等一揽子综合措施，大力推动社会企业的发展，规范劳动关系，建立合理的薪酬机制。目前养老服务业平均月工资仅为2332.4元，很多机构尚没有为职工办理社会保险，因此不能吸引更多专业人才。

第三节　医养结合保障规则

前文提到的管理体制不顺还体现在保障和支付上。医疗机构的主管部门是卫健委，养老机构的主管部门是民政部，二者在财政投入和支付保障上缺乏协调，因此养老院内不能直接设立医疗机构，医疗机构内不能直接增设养老病床；目前医疗保险的主管部门是人社部，只报销在医疗机构发生的医疗服务费用，不报销在养老机构发生的医疗服务费用，所以必须考虑支付保障的问题。为了应对老年人医疗和护理费用特殊的问题，政府主办的医疗保险应该以多元付费方式的新组合代替按项目付费的旧主导方式。

新的付费方式有很多种，针对老年人医疗服务费的支付应该满足三个条件：一是医保机构对医疗机构采取预付制，有别于按项目付费的后付制；二是医保机构对医疗机构采取集团购买的行为，采用各种打包付费的机制；三是这些新付费机制均能在供方那里产生控制成本的内在激励机制。针对老年人门诊和住院费用的特点以及康复护理实践的特殊性等，新付费模式可以考虑为医疗机构提供一笔固定的费用，以实现医疗机构超支自理、结余归己。在这样的激励机制下，医疗机构只有通过强化成本控制的措施才能实现自身收益的最大化。由此，如果医保付费改革得力，费用控制必将成为医疗机构积极主动的行为，过度医疗的行为会因为"得不偿失"而"自动绝迹"。医保机构的工作重心将从费用稽核与控制转向医疗服务品质监督与保障。

这种从按项目付费的后付制向预付制付费方式的转变最早由美国商业医疗保险公司及其在大学的合作者提出并试验，然后由美国的公立医疗保险（Medicare 和 Medicaid）率先采用，最后在德国这样的发达社会保险国家逐步得到推行。从后付制到预付制，从按项目付费主导制转型为多元付费方式组合制，为美国以及很多其他国家的医疗服务体系带来极为深刻的变化。

当然，不同的付费方式各有各的长处和短处，其正常运行也有不同的支撑条件，适用于不同类型的医药服务，而且管理难易程度各异。但在许多国家和地区，比较成熟的经验是，对于老年人普通门诊服务以及更加广泛的初级卫生保健（Primary Care），一般采用"按人头付费＋按项目付费＋工资制"的组合方式，其中按人头付费为主；对于住院服务，一般以按病种付费为主，辅之以总额预付制、按服务天数付费和按服务人次付费等。在某些国家（例如德国和日本），医保机构对于普通门诊还常常使用俗称"点数法"的支付制度，实际上，这是一种在一个地区针对众多供方的、带有总额控制的、精细化的按项目付费制。由于世界上大多数国家门诊服务和初级卫生保健的提供者主要是全科医生，并实施家庭医生制度，医保付费常常分为两部分：对医生付费和对医院付费。换言之，医疗保障体系实行定点医生制度和定点医疗机构制度。

按人头付费的运行方式：付费者首先让参保者选定定点医疗机构，并在那里接受普通门诊服务，其中包括转院安排（相当于医疗服务咨询）；然后，医保机构依照预选设定的人头费，根据医疗机构所吸纳的人头数，向后者支付费用。按人头付费特别适合老年人这种门诊费用较高的情况。当然，人头费的设定不一定一刀切，可以依照年龄组、慢性疾病诊断组、性别组进行加权，学术界称之为"风险均等化"（Risk Equalization）。在很多国家和地区，按人头付费这一支付方式主要在初级卫生保健上得到广泛采用，其好处是在费用总额得到一定控制的前提下鼓励初级卫生保健提供者（尤其是家庭医生）为定点参保者提供性价比高的门诊服务和咨询服务。实际上，按人头付费是与健康守门人制度结合在一起的，只有两者联合发挥作用，才能使"预防第一"的原则在面向社区的初级卫生保健服务中得到落实，因此家庭医生们越注重预防，其实际收入越高。

按服务天数付费、按服务人次付费、总额预付制和按病种付费，是四种针对住院服务的常用费用支付方式，也就是针对医院（而不是家庭医生）

的供方支付方式。

按服务天数付费，顾名思义，就是按照住院床日数来付费，即医院收到的支付金额与住院病人数乘以住院天数有关。按服务人次付费又可称为按病例付费，即付费者就每一个住院病例设定一个固定的费用支付标准，因此医院收到的支付金额等于住院病人人次数乘以付费标准。总额预付制是付费者就一家医疗机构在一定时间内（一般是一年）的费用总额按照一个预先设定的标准来支付。

按服务人次付费是一个简便易行而且常用的新付费机制，即无论患者因患何种疾病住院，也无论其病情如何、住院时间长短，医保机构都只需为其支付一笔固定费用，而患者个人的自付也是一笔固定的金额。这种做法对于付费者来说固然简便易行，但其明显的弊端就是支付标准一刀切。针对不同的住院服务（譬如割阑尾和换骨髓），都支付一样的费用，这显然是不合理的。因此，如果采取这种付费方式，必须对患者进行分组，而最为合理的分组方式就是按疾病种类进行分组。因此，按服务人次付费后来演化为按病种付费。在国际上，按病种付费的全称是按疾病诊断组（Diagnosis-related Groups，DRGs）付费，即针对不同的疾病组确定不同的支付标准。在中国，比较流行的是单病种付费，即不考虑并发症的情形，这是一种简化版 DRG 付费方式。

现在，按疾病诊断组付费已经成为国际上最为流行的针对医院的医保付费方式，而且已经有公司开发了专门的支付软件。在这些软件中，疾病组的设置和编码都标准化了，针对不同疾病组的不同医疗服务路径（即所谓"临床诊疗路径"）也标准化了，而且技术因素被纳入支付标准的设定之中（即针对重病和难病的支付标准较高）。这样一来，医疗机构自然就有内在的动力在控制成本的基础上为病人提供成本效益比较高的医疗服务，与此同时，医疗机构也不会对患者挑三拣四，甚至拒收重病病人，因为医治重病病人可以因技术因子较高而获得较多的支付费用。

发明这几种供方支付方式的初衷，都是希望能对费用控制产生一定的效果，但是新供方付费方式究竟能否抑制供方诱导过度消费的情形，其效果各异。按服务天数付费显然会激励供方设法延长病人的住院时间，因此单纯使用这种付费方式对于费用控制来说基本上没有什么效果。与按项目付费相比，采用按服务天数付费的主要好处在于帮助付费者减少管理成本。如果采取按项目付费，那么付费者免不了要聘请专家对一些病例的诊疗与费用情况进行核查，即便抽查样本量不大，要做到有效核查也会成本不菲。但是，如果按服务天数来付费，就简单得多。为了抑制医疗机构有意延长病人住院时间以争取额外付费的行为，付费者也会设计一些简单的应对措施，例如以全国或所在地区的住院日平均水平为基准，对超出部分采取支付标准递减制，对低于基准的医疗机构给予奖励。

实际上，针对住院服务，常见而又相对来说比较简单的付费方式是按服务人次付费。但前文已述，这种支付方式的最大弊端是一刀切，因此在发达国家的医改实践中，按疾病诊断组付费是较为常用的付费方式。但这一精致付费方式的实施并不简便：首先，需要对疾病分组，使得同一组别中所有个例的实际成本差别不大（用学术术语来说是"费用离散度小"）；其次，要测算每一组别的支付标准，而这一支付标准必须是地方化的（例如同样是治疗普通阑尾炎，北京的支付标准和贵州的支付标准明显不同）。疾病分组的合理化以及支付标准的确定，是医保机构和医疗机构长期博弈的结果，从启动到成熟需要一定的时间。从国际经验来看，这需要 5 ~ 10 年的反复博弈。这一付费方法于 1983 年在美国诞生，首先在美国的公立和私立医疗保险中得到应用，后来在世界各主要发达国家（尤其是欧洲国家）得到普及。目前，除了美国自己开发的 DRG 版本之外，在国际上知名的还有澳大利亚和德国的 DRG 版本。

在上述若干种针对住院服务的新付费方式中，总额预付制是最容易操作的，因此行政管理的成本相对来说是最低的，也是老年人医疗服务负担最轻的一种付费方式。一般来说，付费者只要根据医疗机构过去一段时间（例如三年或五年）收取费用的历史记录，再考虑合理的费用增长率，就可以确定出一笔固定金额的预付款项。在总额预付制下，医院超支自理，结余归己，因此，这种付费方式很有可能会诱导供方尽量减少服务量以及降低服务质量。尽管如此，由于其简便性，总额预付制即便是在一些发达的国家和地区，例如加拿大，也得到广泛使用。相对来说，总额预付制比较适用于人口密度和流动性都不大、医疗机构数量比较少的地区，而加拿大的很多省份恰恰具有这样的特点。在总额预付制的实施中，为了对参保者负责，医保机构必须同医疗机构展开谈判，设计一整套针对医疗服务品质的监测指标，并且进行实时监测，对医疗机构可能降低服务品质的行为予以纠正惩罚。

总而言之，从"被动的埋单者"转型为"主动的团购者"，这一理念的转变对于医保事业的发展至关重要。在某种意义上，医保的付费环节比筹资环节更加重要，因为只有付费环节的服务水平有所提高，才能有效地推动筹资工作的开展。对于广大的参保者来说，参加医疗保险的最大期待是看病治病时能享受到合理的诊疗和用药服务，也就是性价比高的服务。如果医保机构能够代表他们的利益，促使医疗机构合理诊疗、合理用药，民众自然就会有极大的意愿参加医疗保险，参保缴费也就不再成为难事。在这样的情况下，基本医疗保险扩大覆盖面就会水到渠成。反之，如果医疗保障体系好不容易建起来了，但是辛辛苦苦筹集上来的医保基金没有"以聪明的方式"花出去，让医疗机构通过"过度医疗"的方式侵蚀了很大一部分，那么参保者怎会有信心继续参保呢？简言之，在基本医疗保障的覆盖面已经扩大到一定程度之后，医保付费模式的改革就成为全民医保改革的核心，也应该成为新医改的重点工作之一。

现实中，老年人医疗费用较高，但是往往更多的费用花在康复和护理上，而我国目前的医疗保障制度对医疗、康复和护理的区分还不够，而且没有建立全科医生的首诊制度，因此必须在这一方面加大工作力度。目前，一些地方已经做了初步尝试，需要将其不断总结提升为国家发展目标。以广州黄埔区红山街社区卫生服务中心（下文简称中心）及其统一经营管理的红山街双沙社区卫生服务站、穗东街庙头社区卫生服务站、红山街红荔社区卫生服务站四家医保定点医疗机构为例，其已经成为广州首批医保试点单位，在经过了半年多的准备工作后，2014 年 7 月 1 日试点正式启动。整个医保试点项目主要具有两个特点：一是门诊就医模式创新，组建红山"医联组"，实行家庭医生签约服务制度；二是建立老年护理医疗专区。红山街社区卫生服务中心调动所有力量对资源进行重组，使社区力量得以充分发挥。配合医保局做好门诊医保创新试点，实现"首诊在社区，转诊经社区"，特别是在老年护理医疗专区和慢病服务包方面取得了一定的改革效果。其工作可以总结为以下几方面。

一　逐步完善老年护理医疗专区

老年护理医疗专区针对社区老人的健康特点，在老年护理服务包的规范下，提供各种老年患者切身需要的服务，包括治疗各种慢性病和老年病、创伤恢复期功能康复训练、临终关怀等。建立老年护理医疗专区的意义在于，针对老年病人慢性病居多且行动不便的特点，采取由属地化街区基层医疗机构承接业务的模式。并且通过制定规范的护理服务包，规范诊疗行为，在保证医疗服务质量的情况下降低成本。为了有效控制部分老年病人突发重症的风险，"医联组"通过双向转诊服务，来解决疑难杂症和社区医院无法医治的突发重症。该社区根据《黄埔区红山街"医联组"医保就医管理创新和门诊医疗费总量控制结算改革试点工作方案》（穗医管报〔2014〕40号）文件要求，在老年护理医疗专区设立了60张病床，并配备了5名医生、13名护士为有需求的社区老人提供护理医疗服务。

目前，中心的老年护理专区已经逐步走向规范化。其一，中心专门设立了老年护理医疗专区专家小组，对入区病人和病情进行评估，并根据专区实际需求检验更新入区标准，上报医保局。其二，制定了5个老年护理医疗专区基础服务包。其三，制定了8个老年护理医疗专区单病种服务包。其四，对科室人员进行培训：①将医生送到中山大学附属第一医院东院进修，目前已有三名医生进修结束；②将一名护士送到三九脑科医院进修，一名护士送到中山大学附属第一医院东院进修，还有四名护士参加了造口学习班；③补充了两名康复医生，对在区患者进行康复指导和治疗。其五，针对专区特性和需求，开展了新项目：①开展了难治性压疮持续性负压治疗，配合骑跨椅训练；②对卧床患者进行综合训练（包括骑跨椅训练、体外排痰、关节松动训练等）；③对气管切开患者进行综合护理；④对老年胃造瘘、膀胱造瘘及其他各种瘘口的患者进行综合护理；⑤制定了临终关怀护理的各类表格、评估系统，并进行维护；⑥根据临床需要增加药品，最大限度满足临床需求，减少转院。其六，严格执行医疗费用。严格按照入区标准和出区标准，根据病情和患者本人、家属的要求，合理检查、合理治疗，实施的医疗护理项目全部按照服务包执行，达到出区标准后及时办理出区手续。截至 2014 年 12 月 31 日，老年护理医疗专区共收治符合入区标准的患者 45 人，其中病情好转 19 人，病情加重转院 6 人，死亡 9 人，现在区 11 人。

二 制定合理、科学的单病种服务包

在试点改革过程中，红山街社区卫生服务中心的"医联组"通过建立服务包，把诊疗规范、健康教育、健康指引、健康方式指导及随访整合为服务计划（方案）。中心按照《黄埔区红山街"医联组"医保就医管理创新和门诊医疗费总量控制结算改革试点工作方案》（穗医管报〔2014〕40 号）文件要求，遵照广州市医保局指示，依据单病种临床路径和社区的实际情况，结合医保、卫生领域相关领导的指示及相关专家顾问的指导，经过多次修改，并通过由广州市医保局组织的专家现场评审，制定了切实可行的单病种服务包。目前使用的有高血压服务包、糖尿病服务包、老年护理医疗服务包。以前是分散的单次诊疗，没有长期稳定关系；目前则通过服务包，根据患者的疾病和健康状况，提供预防、医疗、护理等服务，这些服务将贯穿整个签约期。超出责任医生组服务能力的就转诊，利用医疗关系，帮居民转诊、预约、介绍医生。这些跟医疗有关的非医疗服务，有时更吸引患者，从而提高居民的信任感，使陌生服务变成熟人、朋友间的服务。制定和采用服务包使得消费更加透明清楚，服务更具针对性，更重要的是将医生变成有限服务提供者。从医保角度来讲，服务包的使用便于我们对服务成本进行核算以及对医生的服务行为和服务质量进行考核、评价。对医生而言，医生确定服务包后，就有一个相应的工作计划，通过 HIS 系统就能了解服务项目和服务数量等信息。

三　建立健全培养机制，组建高素质团队

为了更好地推进项目工作，中心组建以全科医生、专科医生、社区护士、营养师、心理师及康复运动师为主体的责任医师团队，目前共组建14个责任医师团队。中心自2014年1月筹备此项工作以来，注重对员工理念转变的培训工作。2014年3月底，中心组建了家庭医生工作室，内设血压计、血糖仪、体质分析仪、能量测评仪等仪器，家庭医生工作室内有家庭医生助理、营养师、心理咨询师和中医师为签约居民服务。多次邀请全科专家对员工进行关于全科服务理念、签约服务关键点、如何维系与患者粉丝关系、良性沟通技巧、全科医生营销技能、社区护士服务能力提升等方面的培训工作。重点对全科医生团队进行小班场景模拟、案例分析。签约工作开始阶段，中心主任亲自带队，针对"就诊—全科医生现场沟通并有意愿签约—医生助理带领家庭医生工作室—营养师完成能量测评后出具营养处方—完成诊治"整个签约就诊流程进行现场查看，找出了其中存在的问题并提出了解决办法，为此项工作的顺利开展奠定了良好基础。

四　落实医保结算政策，有效控制医保费用

在整个试点项目运行过程中，中心在新机制下也出台了新的医保控费方案以配合医保试点工作和保证试点效果。第一，强化双向转诊制度。建立健全大中型医院与社区卫生服务机构对口帮扶制度和双向转诊制度，免除病人到大医院要重新挂号排队之劳役，大病、重病、疑难病到医院，小病、康复在社区，利用有限的卫生资源，方便群众，缓解看病难、看病贵的难题。第二，提供签约服务。红山"医联组"自主整合医疗资源，统计分析试点人群的实际医疗需求，合理组建责任医生组。责任医生组与选点参保人双向选择并签约建立家庭医生式服务关系。责任医生为选点参保人制定健康服务包。责任医生组按有关健康服务包规范的临床路径、服务种类和数量合理诊疗，通过事前控制服务项目来有效控制医疗费用发生额度。第三，建立有效的信息网络。对试点人群个人信息、服务计划、实施进度、医疗服务结果、

费用数据收集申报等信息进行记录、应用和规范管理，与参保人个人台账管理体系和计算机辅助审核系统整合，建立事中监督管理机制。利用信息网络收集试点人群信息、医疗服务结果、医保费用数据、各站点医保记账费用信息等，从而让财务部门做到事前控制、事中监督、事后有数。第四，积极向参保人宣传在红山"医联组"选点的好处，争取使患者首选该中心。在社区建立"医保服务专窗"提供医保政策咨询、个人医保就医信息查询和部分简易医保业务等服务，从简易信息查询角度做好医保的群众路线工作。中心与辖区内站点形成一体化管理，签订联合意向书，统一管理标准、统一培训，中心和站点资源共享，保证社区卫生服务站的服务质量。组建结算联合组的医疗方式对提高社区就诊率和社区首诊率有很大的帮助，同时便于对各项指标进行监控。

从 2014 年 7 月 1 日试点正式启动至 2014 年 12 月 31 日，中心门诊共签约 700 余人（并延伸至家庭），除已有的定点人员，"医联组"新增定点人数 3523 人次，门诊人次较上年同期增加了 8007 人次，上涨幅度达 13.4%，平均每天就增加了 45 人次，越来越多的社区居民愿意从上级医院回到中心就诊。老年护理医疗专区也获得了很好的口碑，以前在三级医院住院每天需要花费 3000 元左右的患者，回到中心老年护理医疗专区后，一天费用仅有 300 元左右，极大减轻了患者及家属的经济负担，也有效控制了医保基金的支出。在整个试点工作中，中心严格按照制定的健康服务包和老年护理医疗服务包操作，对标准流程重新改造并不断优化，一切以病人需求为导向，不断提高自身服务能力和服务水平。每一位医疗保险的参保人都关心自己能否通过缴纳保费获得所需的医疗服务。在医疗服务质量得到承诺的情况下，理性的参保人会选择便利的社区医院而不去人满为患的大医院。在此次改革中，红山模式一是扩大了参保人对定点医院的选择范围，通过"医联组"的模式，签约患者可就医的医疗机构范围扩大，有利于患者每次根据其就医需要选择合适的医疗机构，极大地方便了参保人就医；二是通过服务包、医生组以及绿色通道等制度提升了社区患者对社区基层医疗的信心。根据红山街居民的健康状况有针对性设计的健康服务包和老年护理医疗服务包可以有效地为患者提供其所需的医疗服务，提高了患者在社区医院可获得的医疗服务的质量，也增强了患者选择首诊进社区的信心。红山区的实践表明，我们需要细分老年人医疗服务的特点，精细划分医疗、护理和康复，医疗部分需要在专业医疗机构，其成本较高，占用较多资源，如果建立好双向转诊制度，则可以节省成本、优化资源配置，更加有助于老人康复，国家通过社区建设、财政补贴、税收优惠、医疗保险支付等政策，完全可以起到对这种模式的支持作用。

第四节　中央、地方流动机制

一　中央、地方财政责任划分

关于医养结合中央、地方财政责任划分，应该严格按照 2018 年国务院办公厅 67 号文件的要求，也就是自 2019 年 1 月 1 日起实施的国务院办公厅印发的《医疗卫生领域中央与地方财政事权和支出责任划分改革方案》（以下简称《方案》）。《方案》提出，人民健康是民族昌盛和国家富强的重要标志，医疗卫生是保障人民健康的重要民生事业。按照我国医疗卫生体制安排，医疗卫生领域财政事权主要包括公共卫生、医疗保障、计划生育、能力建设四个方面。

关于医养结合，《方案》指出，基本公共卫生服务包括健康教育、预防接种、重点人群健康管理等原基本公共卫生服务内容，以及原重大公共卫生服务和计划生育项目中的妇幼卫生、老年健康服务、医养结合、卫生应急、孕前检查等内容。也就是说，老年健康服务、基本医养结合服务属于基本公共卫生服务内容。

《方案》明确指出，基本公共卫生服务明确为中央与地方共同财政事权，由中央财政和地方财政共同承担支出责任。中央制定基本公共卫生服务人均经费国家基础标准，并根据经济社会发展情况逐步提高。基本公共卫生服务支出责任实行中央分档分担办法：第一档包括内蒙古、广西、重庆、四川、贵州、云南、西藏、陕西、甘肃、青海、宁夏、新疆 12 个省（自治区、直辖市），中央分担 80%；第二档包括河北、山西、吉林、黑龙江、安徽、江西、河南、湖北、湖南、海南 10 个省，中央分担 60%；第三档包括辽宁、福建、山东 3 个省，中央分担 50%；第四档包括天津、江苏、浙江、广东 4 个省（直辖市）和大连、宁波、厦门、青岛、深圳 5 个计划单列市，中央分担 30%；第五档包括北京、上海 2 个直辖市，中央分担 10%。

也就是说，对于老年健康服务、基本医养结合服务等，根据经济社会发展情况，各地有不同的分担比例，最高的是中央负担 80%，最低的是在北京、上海，中央只分担 10%。

二 中央、地方职责划分

2018 年国务院办公厅 67 号文件也对中央、地方政府职责划分做了详细说明，关于医养结合的相关职责划分主要包含四个方面。

1. 医疗卫生机构改革和发展建设

国家对医疗卫生机构改革和发展建设的补助，按照隶属关系分别明确为中央财政事权或地方财政事权，由同级财政承担支出责任。符合区域卫生规划的中央所属医疗卫生机构改革和发展建设明确为中央财政事权，由中央财政承担支出责任；中央所属医疗卫生机构承担地方政府委托的公共卫生、紧急救治、援外、支农、支边等任务的，由地方财政给予合理补助。符合区域卫生规划的地方所属医疗卫生机构改革和发展建设明确为地方财政事权，由地方财政承担支出责任；地方所属医疗卫生机构承担中央财政事权任务的，由中央财政给予合理补助。在深化医药卫生体制改革期间，中央财政对地方推进公立医院综合改革、实施国家基本药物制度、提升困难地区服务能力等按规定给予补助。加大对社会力量办医的支持力度，中央财政和地方财政按照规定落实对社会力量办医的补助政策。

2. 卫生健康能力提升

卫生健康能力提升主要包括卫生健康人才队伍建设、重点学科发展等。国家根据战略规划统一组织实施的卫生健康人才队伍建设、重点学科发展等项目明确为中央与地方共同财政事权，由中央财政和地方财政共同承担支出责任，中央财政根据工作任务量、补助标准、绩效考核情况等因素分配地方转移支付资金。地方自主实施的能力提升项目明确为地方财政事权，由地方财政承担支出责任。

3. 卫生健康管理事务

卫生健康管理事务主要包括战略规划、综合监管、宣传引导、健康促进、基本药物和短缺药品监测、重大健康危害因素和重大疾病监测、妇幼卫生监测等，按照承担职责的相关职能部门隶属关系分别明确为中央财政事权或地方财政事权，由同级财政承担支出责任。

4. 医疗保障能力建设

医疗保障能力建设主要包括战略规划、综合监管、宣传引导、经办服务能力提升、信息化建设、人才队伍建设等，按照承担职责的相关职能部门及其所属机构隶属关系分别明确为中央财政事权或地方财政事权，由同级财政承担支出责任。在深化医药卫生体制改革期间，中央财政对地方医疗保障能力建设按规定给予补助。

三　跨地区转移问题

1. 关于具体服务机构的问题

目前还没有跨地区全国统一的政策，但是部分地区已经开始试点。

比如，2019 年，为深入推进长三角区域养老一体化合作，上海、江苏、浙江、安徽的民政部门在沪签署"合作备忘录"，共同促进区域养老资源共享，激发养老服务市场活力。三省一市的 17 个地级区（市）被宣布为首批试点。

依据规划，沪、苏、浙、皖将加强养老机构的统一管理，在条件允许的区域范围内，统筹协调养老服务资源，提高利用效率，并建立区域统一的养老机构诚信系统与"黑名单"制度；将推进养老护理队伍的培训协作，互认养老护理员评价标准及资格认定标准；将建立统一的养老服务统计制度及统计标准；将统筹长三角区域养老服务资源，推动区域范围内的养老服务资源进社区、进家庭，推出"线上＋线下"养老服务地图，推广"社区养老顾问"，让老年人更便利地找到养老服务资源；将依托上海认知症社区的筛查标准、照护标准等，整体提升三省一市养老服务认知症照护专业能力。

三省一市还将统筹规划区域养老产业布局，制定区域内产业资本和品牌的市场指引，推进养老产业发展。尤其是在长三角区域内促进规模化、连锁化、品牌化养老机构的孵化。为此，三省一市已确定江苏省苏州市、南通市，浙江省嘉兴市、湖州市，安徽省芜湖市、池州市，以及上海的11个区为开展区域养老一体化的首批试点。

此外，三省一市还将在上海的青浦区、江苏的苏州市吴江区、浙江的嘉兴市嘉善县三地，试行涉及"养老服务设施规划、政策通关"等多领域的信息共享，落实"养老机构服务与管理"标准以及"老年照护评估"标准的互认互通。待条件成熟时，将逐步推广至长三角区域全境。

但是不得不看到，当前像长三角地区这样的跨地区合作还比较少，有待更多的政策试点和实践探索。

2. 关于保险基金支付的异地问题

目前，国家正在探索医保基金异地支付结算的制度，并且公布了第一批能够异地报销直接结算的医疗机构名单，因此医养结合的异地报销结算制度完全可以参考医疗保险异地报销结算的政策。

但是现实中，长期护理保险这样的政策还处于部分城市和地区试点阶段，要想实现异地支付还有难度。不过长三角地区目前已经开启养老服务一体化进程，其具体实施方案值得关注。

第五节　医养结合监管

一　行政监管

民政和卫健部门作为医疗行业和养老行业的主管部门，自然在监管中要加强行政监管。

政府监管的目的不是取代市场，而是为了矫正市场。世界各国经济社会发展的历史表明，政府监管是伴随市场化的，两者不是有你没我的二元对立关系。行政管理乃是在同一个行政体系内上级对下级所管辖事务的干预，只适用于某一行政体系内部。

因此在医养结合过程中，各部门还是要加强自己职权范围内的行政监管，尤其是行政机关对下属机关、企事业单位的有效监管，方式包括制定规章制度、敦促、禁止、限制行为等。

例如，卫健部门要严格按照 2017 年 2 月 3 日通过的《国家卫生计生委关于修改〈医疗机构管理条例实施细则〉的决定》拟订医疗机构监督管理工作计划；办理医疗机构监督员的审查、发证、换证业务；负责医疗机构登记、校验和有关监督管理工作的统计，并向同级卫生计生行政部门报告；负责群众对医疗机构的投诉等方面的监管工作。

同样的，民政部门也要完善对养老机构的相关监管。这里要注意的是，2018 年 12 月 29 日，第十三届全国人大常委会通过修改《老年人权益保障法》，正式取消了养老机构设立许可。但是民政部门依然进一步研究和完善养老机构建设和服务的标准体系。《行政许可法》规定，行业组织或者中介机构能够自律管理的可以不设许可，反过来理解这一规定，即加强监管可以从行业管理上做文章。应当在现有的《养老设施建筑设计规范》《养老机构服务质量基本规范》等国家标准的基础上，进一步丰富养老机构管理和服务的标准体系，细化标准内容，进一步树立标准执行的行业意识，确立良好的行业规范。

二　协同监管

当然，完善健全的医养结合体系不只有卫健和民政部门的简单行政监管，由于涉及财政投入和保障，因此还有发改、财政、国土、人社、银保监等部门和机构的监管，将来还会逐渐涉及医疗、养老、金融行业协会等机构。因此，医养结合体系涉及一个共同协调监管的问题。

1. 支付的协同监管

卫健和民政部门作为行政监管部门肯定要和主管医疗保险基金的部门协同监管。社会医疗保险应当覆盖医养结合的老年基本医疗服务。但是，医疗保险的协议医疗机构主要集中在三甲大型医疗机构，管理模式以控费为主、以事后监督为辅，定价机制不健全，监督手段不足，结算方式简单，不能支持医养结合事业的发展。从 2015 年开始，中国进入公共治理和社会治理的发展阶段，医疗保险遇到人口老龄化、科技进步和道德风险的挑战，也进入社会治理的深入发展阶段。人社部发〔2014〕54 号文件要求，高度重视医疗保险医疗服务监控系统建设，找到进入医疗机构和医务人员对话的途径，通过对日常就医行为和就医结算数据进行自动筛选和分析，实现对医疗服务行为的事先提示、事中监控预警和事后责任追溯的监督模式。这标志着中国医疗保险将发生实质性变化，从基金财务管理向基金精细化管理和效用管理发展。

2. 社会资本的协同监管

此外，还需要对社会资本准入进行协同监管，这需要发改、财政和国土等部门的协调。目前，社会资本的协同监管还处于制度建立的过程中。

2013 年，《国务院关于加快发展养老服务业的若干意见》提出，鼓励和引导民间资本、境外资本进入养老服务业。但是，对于民间资本投资养老医疗、护理等服务业要区分微利、较高利润（在养老服务业内没有暴利）和非营利。前两者由股东投资并参与利润分配；第三者不以营利为目标，一般由社会捐赠资金，经营管理人员可以有适当收入但没有企业分红或利润分配。三者性质不同，功能定位也不同，前两者适用于中高收入人群，第三者适用于低收入人群，因此在各项政策上应区别对待三者。

民办养老服务机构可以承接政府外包的项目，依据 2013 年发布的《国务院办公厅关于政府向社会力量购买服务的指导意见》（国办发〔2013〕96 号），具体分成以下两类。

（1）公办民营，是指各级政府将已经创办的公有制性质的养老机构，按照市场经济发展的客观要求进行改制、改组和创新，脱离行政主管部门

（主要是民政部门）的具体管理和经营，外包给民间组织或社会力量，实现多种管理和服务运营模式并存的发展局面。其目的是盘活存量，对已经办起来的公办养老机构进行改制改革，建立起全新的满足市场经济发展要求的管理和运行机制，满足不断增加的养老服务需要。

（2）公建民营，是指在新建养老服务机构时，各级政府要摒弃过去那种包办包管、高耗低效的管理体制和运行机制，按照办管分离的发展思路，由社会组织或服务团体去经办和管理运作，由政府出资并按照法律法规和标准规范负起行政管理和监督的责任。其目的是发展增量。政府投资新办的养老服务机构时应进行改革创新，转变投资方式，不再直接由政府部门建设和管理，而是遴选有能力的社会力量去经营管理，提高公共资源的利用效率。

为鼓励民间资本自筹资金投资建设非营利性养老医疗和护理机构，国家应该在用水、用电、用气、供暖价格上采用当地居民收费价格标准，实际承担集中养老服务职能的全托型社区托老所在运营期间也应享受同等政策。对于社会资本投资建设的非营利性养老机构，在运营期间，符合条件的可享受营业税、印花税、房产税、城镇土地使用税、企业所得税等税收优惠政策。此外，对于非营利性养老机构，应免征有关行政事业性收费。

对于由农村集体经济组织投资建设的养老机构，以及社会资本在采用农村集体土地流转方式获得的集体建设用地上投资建设的非营利性养老机构，符合法定建设程序的，参照社会资本投资建设的非营利性养老机构享受建设及运营期间的各项优惠扶持政策。例如，2013 年 10 月 31 日，北京市下发《关于加快本市养老机构建设实施办法的通知》（京政办发〔2013〕56 号），对社会资本投资建设的非营利性养老机构给予一次性建设资金支持。对新建、扩建具有护养功能的养老机构，由市政府固定资产投资给予每张新增床位 2.5 万元的支持；对新建、扩建具有普通功能的养老机构，由市政府固定资产投资给予每张新增床位 2 万元的支持。区（县）政府固定资产投资按1:1比例配套。对利用自有其他用途设施进行改建，且符合养老机构建设用地条件的社会办非营利性养老机构，按照改建投资总额30%的标准由市政府固定资产投资予以补助（按床位折算，每张床位补助不超过 2 万元）。区

（县）政府固定资产投资按1:1比例配套。但租用他人现有设施改造成养老机构的，不在建设资金支持范围内。

国家需要提高对社会资本投资建设非营利性养老机构的运营补贴标准。针对社会资本投资建设的非营利性养老机构接收生活能够自理的老年人，补贴标准由原来的200元/（人·月）提高至300元/（人·月）；针对接收生活不能完全自理的老年人，补贴标准由原来的300元/（人·月）提高至500元/（人·月）。对因提高补贴标准而产生的财政支出增量部分，由市级和区（县）财政按照1:1比例负担，同时鼓励区（县）政府对属地床位给予额外补贴。

养老服务投资者有三类，即政府、社会和企业；养老服务投资要素有三类，即土地、房产和硬件设施、服务和软件设施；由此决定养老服务购买有三类标的，即地租、房租、服务费加生活成本；养老服务购买者有五类，即无收入者、低收入者、中低收入者、中高收入者、高收入者。由于目前中低收入老龄人口占大多数，因此近期中国养老服务体系建设以政府划拨土地为主，以民间机构非营利服务为主，以中低档次的养老机构建设为主。

政府应当坚持"垫底和补缺"原则，引导民间资本进入，包括资金、房产和人力资本，建立养老服务投资体制，由此形成不同类型的经营模式，并在中国各地接受实践的考验。

第十章
国际比较：医养服务质量建设*

近年来，我国医养服务业快速发展，产业规模不断扩大，服务体系逐步完善，但仍面临供给结构不尽合理、市场潜力未充分释放、服务质量有待提高等问题。随着人口老龄化程度不断加深和人民生活水平逐步提高，老年群体多层次、多样化的服务需求持续增长，对扩大医养服务有效供给提出了更高层次的要求。提高供给质量是供给侧结构性改革的主攻方向，全面提高医养服务质量是医养服务供给体系的重要任务。提高医养服务质量应以满足老年人和其他相关方需求为根本出发点和落脚点，医养服务质量的保障与提升是培育养老消费市场的基础，是有效推动养老领域消费的动力，养老消费市场的扩大反过来促进行业的发展和壮大，使医养服务体系不断完善。

本章将从国家质量技术基础的角度出发，介绍在我国现有的质量体系下医养服务质量的状况，并与国外养老质量体系建设情况进行对比，为我国医养服务质量体系的构建提出建议意见。

第一节　国家质量技术基础（NQI）

一　国家质量技术基础概念

1. NQI 的形成背景、概念及内涵，质量的概念

联合国工业发展组织（UNIDO）和国际标准化组织（ISO）在总结质量

＊ 本章系四川省社科规划重大项目（SC20YJ024）的阶段性成果。

领域一百多年实践经验的基础上，提出由计量、标准、合格评定（检验检测、认证认可）共同构成国家质量技术基础（NQI），计量、标准、合格评定是未来世界经济可持续发展的三大支柱，是政府和企业提高生产力和质量、维护生命健康、保护消费者权利、保护环境、维护安全的重要技术手段，能够有效支撑国际贸易和可持续发展[①]。

国家质量技术基础关系如图 10-1 所示。计量是控制质的基础，标准是引领质量提升的依据，合格评定是控制质量并建立质量信任的手段，三者形成完整的技术链条，相互作用、相互促进，共同支撑质量的提高。

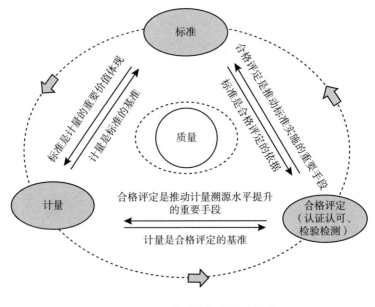

图 10-1 国家质量技术基础关系

NQI 支撑并服务于国民经济的各个领域，具有公共产品属性、技术性、专业性、系统性和国际性，不仅被国际公认为提升质量竞争力的基石，而且被视为保障国民经济有序运行的技术规则、促进科技创新的重要技术平台、

---

① 陈之莹、王静：《"养老服务质量与标准化"政策目标、实施效果与对策分析》，载许江萍主编《中国养老政策目标与路径》，中国市场出版社，2018，第 133～164 页。

提升竞争力的重要技术手段。

质量，按照《质量术语》（ISO8402—1994）中的定义，是反映实体满足明确或隐含需要能力的特征和特征的总和。根据国务院印发的《质量发展纲要（2011~2020年)》（国发〔2012〕9号）（以下简称《纲要》），质量发展是兴国之道、强国之策。质量反映一个国家的综合实力，是企业和产业核心竞争力的体现，也是国家文明程度的体现。质量问题是经济社会发展的战略问题，关系可持续发展、人民群众切身利益及国家形象。党和国家历来高度重视质量工作，国务院颁布实施《质量振兴纲要（1996~2010年)》以来，全民质量意识不断提高，质量发展的社会环境逐步改善，我国主要产业整体素质和企业质量管理水平有了较大的提高。

按照《纲要》的要求，在服务质量方面，2020年要全面实现服务质量的标准化、规范化和品牌化，服务业质量水平显著提升，建成一批国家级综合服务业标准化试点，骨干服务企业和重点服务项目的服务质量达到或接近国际先进水平，服务业品牌价值和效益大幅提升，推动实现服务业发展。

2. 计量、标准、合格评定在NQI中的作用和相互关系

根据NQI的具体含义，计量是标准和合格评定的基准；标准是合格评定的依据，是计量的重要价值体现；合格评定是推动计量溯源水平提升和标准实施的重要手段。计量解决准确测量的问题，质量中的量值要求由标准进行统一规范，标准执行的状况通过合格评定的检验检测和认证认可进行判定[1]。如医养服务范畴中经常使用的血压计，血压的单位是mmHg，那么1mmHg具体是多少以及如何定义这个单位是计量需要解决的问题；而按照计量要求出台的《血压计和血压表》（JJG 270—2008）这一标准是制造合格的血压计和血压表的重要依据；根据相关标准对制造血压计和血压表的生产线或厂家进行检验鉴定、管理系统的认证认可，是有效控制血压计和血压表产品质量的手段。

---

① 许增德：《国家质量基础：认证认可事业的发展》，《上海质量》2015年第12期。

3. 国际上其他国家 NQI 建设体系介绍

联合国工业发展组织认为，国家质量基础设施体系的典型立法包括标准法、计量法、法制计量法、认可法、技术法规框架法这几部分。世界主要发达国家高度重视 NQI，纷纷将其上升到国家战略层面并依据联合国工业发展组织推荐的模式建立国家质量基础设施体系。美国、德国等 44 个国家将计量写入宪法，可见发达国家对 NQI 的重视程度。

美国"创新战略"提出，为美国国家标准和技术研究院提供双倍经费支持，每年投入近 10 亿美元，主要支持基础性、公益性计量技术和标准研制。欧盟"地平线 2020 计划"投入 137.57 亿欧元资金，支持生物、信息通信、先进制造和加工技术等方面的研究、示范、标准化和认证。德国实施"工业 4.0"计划，将标准、计量、认证作为核心战略①。

二 合格评定

根据《合格评定 词汇和通用原则》（GB/T 27000—2006）中的定义，合格评定是指"与产品、过程、体系、人员或机构有关的规定要求得到满足的证实"。国际标准化组织和联合国工业发展组织联合出版的《合格评定建立信任》指出，商业顾客、消费者、用户和政府官员对产品和服务的质量、环保、安全性、经济、可靠性、兼容性、可操作性、效率和有效性等特征都有期望，证明这些特征符合标准、法规及其他规范要求的过程被称为合格评定②。

合格评定的本质属性是传递信任、服务发展，具备了市场化、国际化两个典型特征，是质量管理的"体检证"、市场经济的"信用证"、国际贸易的"通行证"，具有改善市场供给、服务市场监督、优化市场环境、促进市场开放四个突出作用。

合格评定具体包括了认证认可和检验检测两个大类。

---

① 国家质检总局科技司：《国际 NQI 蓬勃发展 中国由跟跑转为并跑》，《质量与认证》2016 年第 4 期。
② 全国认证认可标准化技术委员会编译《合格评定建立信任》，中国标准出版社，2011。

1. 认证认可

根据《合格评定　词汇和通用原则》中的定义，认证是指"与产品、过程、体系或人员有关的第三方证明"，如群众较为熟知的 ISO 9000 体系认证、绿色产品认证；认可是指"正式表明合格评定机构具备实施特定合格评定工作的能力的第三方证明"，如实验室能力认可等。

认证认可作为 NQI 的重要组成部分，对于加快建立具有中国特色的医养服务认证认可制度，推动我国医养服务行业的质量提升，促进医养服务业快速、有序、可持续发展具有重要意义。

按照相关法律法规的规定，认证分为强制性认证和自愿性认证，认证类别分为产品认证、服务认证和管理体系认证三个大类。根据《国家认监委关于自愿性认证领域目录和资质审批要求的公告》（国家认监委〔2016〕24号），在自愿性认证中，如果认证机构依据国家认监委会同国务院有关部门推行的认证制度，则该制度被称为国推认证制度。

目前，针对医养服务主要采用的是非国推自愿性一般服务认证认可制度。医养服务认证被纳入《国家认监委关于自愿性认证领域目录和资质审批要求的公告》中"服务认证"项目下的"卫生保健和社会福利服务"，该项包括了医疗、兽医、保健、养老、福利、社会救助等服务，医养服务认证未作为单独审批项。截至 2020 年 6 月，获得国家认监委许可开展养老服务认证的机构有 10 家，在认监委备案的认证依据标准有 6 个，认证规则有 12 个，涉及的认证标志有 6 个，预估平均每家认证机构的养老服务证书保有量不超过 3 张。

2. 检验检测

根据《合格评定　词汇和通用原则》中的定义，检测是指"按照程序确定合格评定对象的一个或多个特征的活动"；检验是指"审查产品设计、产品、过程或安装并确定其与特定要求的符合性，或根据专业判断确定其与通用要求的符合性的活动"，如对水质进行各项物理、化学检测等。

服务的无形性、异质性、同时性和非存储性基本特征，导致广义的产品类别中虽然包括了服务，狭义的产品却不包括服务，但通常包含服务的因素。因此，服务的检验检测与传统意义上产品的检验检测有一定的区别，通常包括对服务资源中硬件设施的检验检测和对提供的无形服务的体验式评测。例如，轮椅的静态稳定性测试、越障能力测试、阻燃性能测试等都属于对轮椅的检验检测范畴；而针对养老机构提供的服务进行的家属满意度调查、入园老人问卷调查、神秘客调查等，属于体验式评测。目前，对于医养服务的检验检测通常采用两者结合的方式。

第二节　国外医养结合服务质量体系

一　国际标准化组织

国际标准化组织是标准化领域中的一个国际性非政府组织，承担了当今世界上绝大部分领域的标准化职责。ISO 提出，标准化应"更好地体现人文精神、更注重保护消费者权益、达到提高生活与生命质量和促进人际交往的目的"。目前，ISO 共发布实施了包括《老年人优先座位》（ISO 7001：2007/CD Amd 26）等在内的十余项养老服务业的国际标准，与其他行业相比，养老服务业是 ISO 工作的新兴领域，标准数量相对较少。但作为全球范围内的通用标准，ISO 标准具有普适性，原则性较强，对我国标准的制定有很强的指导意义①。

二　美国

美国的老龄化社会经过 70 多年的发展，在应对人口老龄化问题、提供养老服务方面积累了丰富的经验，制定了一系列法律法规、政策文件，建立了完善的社会养老保障制度，是全世界养老保险最发达的国家之一。早在1997 年，美国政府就开始对所有提供终老服务的养老机构实行准入及标准化报告制度，用于获取顾客满意度和评价数据及检测照料机构的服务质量。

---

① 侯非、曹俐莉、张雨辰：《国外养老服务业标准化及认证现状与启示》，《标准科学》2014年第 12 期。

美国卫生部医疗保险和医疗救助中心发布实施了两项养老服务标准，分别规定了养老服务的传统和新兴评价指标，作为检查监督养老机构的手段和依据。但是美国发布实施的养老服务行业国家标准十分稀少，以各养老机构出台的服务标准为主。这是因为美国服务标准化工作多为民间行为，在协会、企业、机构层面有丰富的标准化实践经验。这为我国在国家、行业层面开展养老服务业标准化工作的同时，探索开展社会力量或第三方养老服务评测、服务机构认证等工作提供了良好借鉴。

经过多年的经验积累，美国各养老机构都制定了各自的服务标准，涉及服务流程、服务规范、服务技术、设施设备和质量监控等方面。美国医疗保险计划针对服务质量开展养老机构五星级评估工作，评估内容包括服务质量管理、从业人员、老年人健康检查等方面，根据评估结果对养老机构评等定级，并将其作为消费者选择养老机构的依据之一。

三　英国

英国是世界上老年人口比例最高的国家之一，也是世界上最早实行社会保障制度的国家。英国的社会保障及社区养老服务，因其去机构化、多样化、专业化、官办民助及以人为本等特点得到了广泛好评。在养老服务业标准化建设方面，主要由财政部等颁布家庭生活标准、居家服务机构指南、老年居家服务标准指南、残疾人居家服务标准指南、健康技术备忘录等规范性文件，但养老服务业国家标准并不多。主要内容涉及服务质量、服务机构要求、养老机构的评估规范等方面[①]。

四　德国、澳大利亚、日本

德国中央长期照料社会保险基金联合会和联邦长期照料服务机构联合会根据法律共同制定了养老服务的原则和标准，对服务质量、质量担保和措

---

① 王莉莉、吴子攀：《英国社会养老服务建设与管理的经验与借鉴》，《老龄科学研究》2014年第 7 期。

施、机构内服务质量管理制度等给出具体规定。管理体系标准和服务标准共同构成了德国养老服务业标准化工作的基础框架，从管理体系和服务提供两个维度对养老服务行业进行规范。

2008年，澳大利亚政府依据《老年人护理法》出台了《老年人能力评估标准》以及《养老机构评估标准》。澳大利亚健康与老年部指定的老年服务标准和认证代理有限公司专门从事养老机构资格评估工作，根据管理体系、人员配置、组织发展、健康和人员服务，老年人的居住生活方式，实际环境，安全系统4项标准共44项要求对养老机构进行评估[1]。

日本提倡国民选择居家养老和机构养老。为确保高质量的养老服务和规范养老服务市场，从19世纪80年代起日本就开始探索养老服务评估制度并将其推广到各社区和养老机构。

日本出台《关于养护老人院和特殊养护老人院及其运营基准》《老人院的机能及服务评估》《特殊养护老人院、老人保健设施服务评估基准》等多部文件，以推动服务评估。2000年，日本引入了第三方评估机制，重点对服务成本、服务过程、服务内容进行评价[2]。

各国的探索路径、优秀案例和经验，为我国医养服务质量建设提供了宝贵的参考价值。我国应发挥政府的保障和引导作用，不断提高服务专业化水平，实行规范化和标准化管理，推进执业的专业化，保证服务设施的专业化[3]。

第三节　国内医养服务质量建设现状

一　NQI 顶层设计

1. 主管部门、政策及法律法规

国家质量基础（NQI）服务于国民经济的各个领域，具有公共产品属

---

① 常卿哲：《国外养老服务业评估经验》，《质量与认证》2016年第3期。
② 张俊浦：《日本养老经验对我国社会养老服务体系建设的启示》，《改革与战略》2014年第8期。
③ 王桂云：《多元化社会养老服务体系建设对策研究》，《中国人口》2015年第12期。

性，技术性、专业性、系统性和国际性特征鲜明，不仅被国际公认作提升质量竞争力的基石，更被视为保障国民经济有序运行的技术规则、促进科技创新的重要技术平台、提升国际竞争力的重要技术手段。为推进我国 NQI 的科技创新，推动我国经济社会发展的质量提升，2016 年科学技术部会同认可与检验检测监督管理司等 13 个部门，启动了国家重点研发计划"国家质量基础的共性技术研究与应用"重点专项，围绕计量、标准、合格评定和典型示范应用 4 个方向进行了部署。其中，"服务认证关键技术研究与应用"项目主要由中国认证认可协会负责，始终围绕"以服务特性为基础，以消费者体验感知为核心，基于合格评定功能发展服务认证关键技术"这一主线进行研究。

在国家质量基础相关法律法规方面，现已出台了《中华人民共和国计量法》《中华人民共和国标准化法》《中华人民共和国认证认可条例》，法律支撑系统初步形成。

《中华人民共和国计量法》是为了加强计量监督管理，保障国家计量单位制的统一和量值的准确可靠，推动生产、贸易和科学技术的发展，适应社会主义现代化建设的需要，维护国家、人民的利益而制定的法律。

《中华人民共和国标准化法》是我国标准化工作的基本法，颁布于 1988 年，已实施 30 多年，对于提升产品和服务质量，促进科学技术进步，提高经济社会发展水平意义重大。

《中华人民共和国认证认可条例》指明，认证是指认证机构证明产品、服务、管理体系符合相关技术规范及其强制性要求或标准的合格评定活动，认可是指认可机构对认证机构、检查机构、实验室，以及从事评审、审核等认证活动的人员的能力和执业资格予以承认的合格评定活动。

我国现行的认证认可管理制度包括统一的认证认可监督管理制度、统一的认可制度、自愿性认证和强制性认证相结合的认证制度、认证机构的审批制度、认证从业人员注册管理制度、实验室和检查机构的资质认定制度、符合认证认可行业特点的法律责任制度及互利共赢的国际合作制度。

2. 国家顶层养老标准政策、标准框架设计

2014 年，民政部、国家标准委、商务部等联合印发《关于加强养老服务标准化工作的指导意见》（民发〔2014〕17 号），对加强养老服务标准化工作的基本原则、主要任务和保障措施提出了明确要求，部署了加快健全养老服务标准体系、加强养老服务标准化研究、抓好养老服务标准的贯彻实施、推进养老服务领域管理标准化、健全规范养老服务市场秩序五项任务，明确提出"要积极借鉴国际及其他行业经验做法，积极开展服务质量满意度测评。鼓励相关养老机构开展管理体系建设，并积极申请第三方认证，以逐步提高内部管理的规范性和透明度。要在养老机构等服务单位开展认证认可和检验检测活动。"

2017 年，民政部、公安部、国家卫生计生委、质检总局、国家标准委、全国老龄办联合印发《关于开展养老院服务质量建设专项行动的通知》（民发〔2017〕51 号），明确提出到 2017 年底全国统一的服务质量标准和评价体系初具雏形，到 2020 年底全国统一的养老服务质量标准和评价体系基本建立。

2017 年，民政部、国家标准委联合印发《养老服务标准体系建设指南》（民发〔2017〕145 号）（以下简称《指南》），鼓励养老服务机构和组织制定高于国家标准、具有竞争力的企业标准，应以规范服务行为、提高服务质量、提升行业管理水平、保障老年人权益为导向，立足养老服务行业需求，准确把握标准要素内在联系，遵循标准化工作规律，构建养老服务标准的总体框架，为标准化工作提供重要指引，推进养老服务质量明显提升。《指南》明确提出，应结合我国养老服务发展现状与趋势，从老年人自理能力、养老服务形式、服务、管理四个维度，确定养老服务标准体系因素，并制成养老服务标准体系构成因素图。

养老服务标准体系包括通用基础标准、服务提供标准、支撑保障标准三个子体系。其中，服务提供标准子体系涉及养老服务的具体内容和事项。整个养老服务标准体系已发布的国标、行标基本呈现碎片化状态，大部分属于支撑保障标准子体系，且集中于建筑和设施设备标准领域，而通用基础标准子体系和服务提供标准子体系内处于制定中和待制定状态的标准的占比较大。

现有医养结合相关养老服务标准体系一般是根据《服务业组织标准化工作指南》等系列国家标准进行搭建，基本包含通用基础标准、服务提供标准和支撑保障标准。其中，老年护理、陪同就医、医疗保障和精神慰藉等相关标准在现有服务提供标准子体系中出现的频率较高。

3. 国内各地区现有医养结合标准体系情况、纵向横向比较、存在问题及建议

目前，根据国家已出台相关政策和标准化建设工作的指导，部分地区在政策出台后根据本地区的实践经验和地方特色，通过制定地方标准推动医养结合养老服务的发展。

比较我国各地医养结合服务标准化概况可知，东北地区医养服务业标准化发展总体较中、东部地区晚。中部地区已逐步出台和实施医疗与养老相结合的服务规范。东部地区医养服务行业总体发展较早、经验较为丰富，现有省市级医养结合服务标准体系多分布于此地区。西部地区医养服务业发展及其标准化建设总体较其他地区落后，区域内发展也不平衡，但近几年处于不断探索的阶段①。

我国养老服务体系构建特别是医养结合领域集中发展阶段是近5年。从我国人口年龄构成来看，东北地区老龄化程度最高，东、中部地区次之，西部地区总体老龄化程度最低但很不均衡。东北地区中辽宁的老龄化程度为东北三省中最高，其医养服务标准化进程也是东北三省中最快的。东部地区中广东的老龄化程度最低，海南次之，二者在医养服务标准化领域特别是医养结合方面的发展相较于其他东部地区省份缓慢。中部地区整体发展较为均衡。

二　国内医养服务标准存在的问题

截至2020年6月，在国家标准（强制性标准及推荐性标准）层面，现

---

① 王桂云：《多元化社会养老服务体系建设对策研究》，《中国人口》2015年第12期。

有与医养结合直接相关的主要是民政部归口管理的 4 个国家标准：《养老机构服务安全基本规范》（GB 38600—2019）、《养老机构等级划分与评定》（GB/T 37276—2018）、《养老机构服务质量基本规范》（GB/T 35796—2017）、《养老机构基本规范》（GB/T 29353—2012）。其余与养老相关的国家标准主要是由全国社会保险标准化技术委员会归口管理的与养老保险相关的国家推荐性标准。由国标的情况可见，和传统生产性产业相比，养老行业国家标准缺口严重，且集中在养老机构一个类别，覆盖面窄，不足以对行业发展发挥足够的引导作用①。

具体存在的问题有以下四点。

（1）医养服务标准供给不足以满足行业发展的需要。在目前我国医养服务标准体系中，标准的数量、种类、精细化程度、动态调整等方面还有很大的发展空间，医养服务机构质量评价、老年人产品用品、医养结合、养老金融等方面的标准较为缺失，医养服务标准体系仅是初步建立，需要加快完善。

（2）各部门在标准化工作中的协同性尚有欠缺。部分标准由于主编部门、编写人员、发布时间等不同，一些关键指标、关键技术要求存在不统一或不兼容的现象，存在与市场、经济和社会发展不吻合的现象，医养服务标准的适应性和有效性有待进一步提高。

（3）医养服务质量与标准化人才能力建设亟须完善。人才是实施标准化战略的基础性支撑。但是目前部分医养服务机构负责人、管理人员、护理人员等不了解、不熟悉重要医养服务标准，学习医养服务标准的意识不强，不能在实际工作中很好地贯彻落实标准内容，影响标准的实施效果。

（4）医养服务标准的公开与共享不充分。虽然《推进国家标准公开工作实施方案》明确了标准的公开内容、公开方式、公开时限等内容，医养服务标准正按照实施方案分阶段公开，但目前仅公开了部分，一些重要的医养服务标准仍未公开。

---

① 方泳华、王娟、胡葳、黄诗琳：《我国医养结合养老服务标准体系概况及对比分析》，《标准科学》2020 年第 2 期。

三　国内养老、医养结合行业合格评定状况

1. 行政主管机构进行的业内评定状况

2019 年，民政部颁发了《民政部关于加快建立全国统一养老机构等级评定体系的指导意见》（民发〔2019〕137 号），为加快建立全国统一养老服务业质量标准和评价体系，健全养老机构质量和安全保障长效机制，加快建设居家社区机构相协调、医养康养相结合的养老服务体系，就实施《养老机构等级划分与评定》（GB/T 37276—2018）和推动建立全国统一养老机构等级评定体系提出了指导意见。要求到 2022 年，全国统一的养老机构等级评定体系基本建立；各省级民政部门须确定评定组织，加强业务培训，规范评定程序，细化评定标准，加强评定监督，实行动态监管；各省级民政部门结合具体实际制定实施方案，在 2020 年启动养老机构等级评定工作。

目前，上海市、河北省等地已发布相关实施方案，部分地区正在将地方标准与国家标准进行接轨、推广。以上海市印发的《2020 年养老机构服务质量建设专项行动实施方案》为例，专项行动的主要任务为统筹抓好养老机构疫情防控，深入推进养老机构标准化建设，建立健全养老机构等级评定机制，深入推进养老机构服务质量日常监测，提升养老机构医养结合服务能力，保障养老机构食堂食品安全，探索建立养老机构社会信用体系，全面加强养老机构综合监管，实施民办养老机构消防安全达标提升工程，深化养老机构人才队伍建设。

2. 第三方机构的人员队伍、项目开发和市场化状况

目前，医养服务认证未纳入国推认证的范围，因此未形成统一的认证依据及认证规范，现行的操作方式为认证机构自行制定的认证技术规范在国家认监委进行备案。

其中最为科学的技术规范是中国质量认证中心（CQC）的美好老龄服务质量评价体系，该评价体系是由 CQC 现代服务业评测中心研发的以社会和用户需求为导向的医养服务质量评价体系，该评价体系积极响应人口老龄化国家战略、完善促进医养服务消费机制、激发品质医养服务消费潜力。

CQC 现代服务业评测中心邀请百余位跨行业、跨学科的专家结合各学科在养老领域的最新研究成果，对标国际多项康养领域先进标准，形成了美好老龄服务质量评价体系。该体系以硬件设施为评测基石、以用户体验为评测导向、以组织绩效为评测重点、以数字化参与为评测手段；包括了建筑环境、医护康养和组织绩效三大模块；由《美好老龄服务质量评价技术规范》和《美好老龄服务质量评价实施规则》组成评测依据；以初级评测、申请与受理、初始评价、评价结果评定、获证后监督为基本评价环节；组建了覆盖国内外康养、医疗、管理、人力资源、社会福利、社会保障、标准、认证等行业权威人士的技术委员会，而且由具备丰富实操经验、照护医疗背景的评审专家组成评测专家团队；最终申请者可获得针对建筑环境、医护康养、组织绩效三个模块的"优选""精品""卓越"三种不同等级的证书。

3. 国内医养服务合格评定存在的问题及建议

在医养服务管理中，应充分发挥得到国际社会普遍认可的国家质量基础的作用，在国家"放管服"体制改革环境下改变政府对医养服务业组织的管理方式，提高管理效率，改变政府形象；同时各类医养服务组织通过有效监管提高社会公信度，改善服务质量。

医养服务认证认可制度的建立与完善，将对我国医养服务业的有效管理及医养服务业的未来发展起到良好的助推作用。现阶段，我国医养服务的认证制度虽然初步具备了基本政策依据，建立了认证认可基础框架，开展了少量的认证认可活动，但还没有充分发挥认证认可制度在医养服务业治理体系中应有的作用，没有充分发挥促进医养服务质量提升的推进作用，并存在以下问题。

第一，认证依据不统一。现行的养老认证制度中，认证依据是由各认证机构自行制定的，认证评价的医养服务指标体系及认证审查的方法和模式均不相同。这易造成各认证机构之间的认证结果不存在可比性，对后续消费者进行服务选择及政府对认证结果的采信带来较大影响，对社会效应和市场效应的作用和公信力也有一定影响，同时对医养服务行业认证制度的推广与落实带来不利影响，难以形成各方合力。

第二，认证人员能力要求不一致。现行的服务认证审查员资质注册制度是 A + B 人员能力确认方式，即一部分是服务认证通用能力，由中国认证认可协会进行确认，另一部分是服务认证专业能力，由认证机构进行培训与评定。医养服务认证审查员专业能力的培训和评定要求是由认证机构自行制定的，各个认证机构之间的要求不一致，将导致从事医养服务认证审查人员的能力具有较大差距，认证过程中认证人员的能力影响较大，进而将对认证结果应用的各相关方如行业主管部门、医养服务组织、消费者等有较大的影响。

第三，认证结果的采信机制尚未形成。依据相关政策文件要求，养老机构应每年提供综合评估和年度报告，目前第三方评估主要采取政府购买服务的形式来进行，仅在少数地区开展，未在全国范围内普遍推广。对于承担评估工作的第三方机构的要求也不尽相同，这使得现在实施的医养服务第三方评估机制在评估机构的独立性、公正性和权威性方面存在一定问题。医养服务方面，我国已建立基本的认证认可制度，具备开展医养服务认证的基本条件。但是在医养服务的监督管理机制方面，目前尚未将认证这种第三方评估方式作为医养服务行业的监管手段，医养服务认证结果未得到政府主管部门的采信与应用，也未能与政府购买服务、发放建设运营补贴等挂钩。这导致医养服务认证工作进展缓慢，并使得医养服务认证未能充分发挥其在促进医养服务质量提升方面应有的作用。

根据存在的问题提出以下建议。

将医养服务认证纳入国推认证制度。养老问题已成为当前我国关注的重点问题，医养服务业既是涉及亿万群众福祉的民生事业，也是具有巨大发展潜力的朝阳产业。近年来，我国医养服务业开始进入快速发展阶段，但面临结构不尽合理、市场潜力未充分释放、服务质量有待提高等诸多问题。随着人口老龄化不断加深和人民生活水平逐步提高，老年群体多层次、多样化的服务需求持续增长，对扩大医养服务有效供给和提高服务质量提出了更高的要求。认证认可作为国家质量技术基础之一，是有效提升质量的工具，建立并完善医养服务认证认可制度对于提升医养服务质量、助力医养服务业发展具有重要的现实意义。

我国现行医养服务认证认可只是自愿性认证中一般服务认证的一个专业领域，是以机构自身意愿为主的市场驱动型认证，认证的效果与机构规模、对认证制度的认知、对认证评价结果的运用有密切关系。建议各部门通力合作，将医养服务认证转变为自愿性认证中的国推认证项目，纳入国推认证制度进行管理。采用自上而下推动的方式，站在国家层面，采取认证评测的手段，加大对医养服务机构的引导和治理，完善我国医养服务机构的管理体系建设，进一步提升我国医养服务质量，以推动行业的整体发展。

建立医养服务认证的采信机制。医养服务认证制度的作用在于树立医养服务行业标杆，起到行业引领作用。因此建议医养服务认证结果采取分级认证的方式，将认证结果中的等级作为养老机构分类的指标，明确要求对认证结果进行社会公示。

建议由国家认监委协调相关部门共同推进医养服务认证结果采信有关制度的建立，将认证制度与医养服务政府采购、政府补贴、长期护理保险体系建设、医养服务行业信用建设等机制相协调，使医养服务认证制度得以切实有效实施。

第四节　国内医养服务质量建设的建议

根据我国医养服务质量建设存在的问题及国外提供的经验参考，主要提出以下建议。

一　政策引领，公众参与

面对新时期日益凸显的老龄化问题，我国应加大养老服务业标准体系的政策支持力度，丰富标准体系相关内容，健全服务标准，积极推广医养结合养老服务业标准体系在实践中的应用。加快制定医养服务标准体系中行业急需的标准，鼓励各级各类医养服务机构和第三方机构参与医养结合养老服务标准体系的建设和实施。通过将文本质量高、实施效果好的地方标准上升，引导市场主导的企业标准和团体标准制定等多种方式，加快标准研制进度，尽快填补行业空白。

二　统筹兼顾，突出重点

我国幅员辽阔，各地区经济差异较大，医养服务业发展不均衡现象明显，须统筹考虑不同地区医养服务业的工作开展模式，以"急用先立、重要先立、上层先立"为指导原则，切实推进医养服务业标准体系中各重点领域的标准制修订工作。同时建立并完善相关部门关于医养服务标准制修订的协同工作机制，组建医养服务标准化协调机构，统筹标准化重大改革，协同开展医养服务标准的制修订、宣贯、实施与监督，实施动态更新完善机制。通过这些操作使医养服务标准满足各部门、各地区的要求，提升医养服务标准化的管理效率。

三　人才储备，资金保障

加强医养服务业标准化人才队伍建设，将标准化列入医养服务业工作人员培训内容，培养一批既懂标准化又有医养服务专业知识的复合型人才。同时依托标准化技术组织、医养服务机构、高等院校等，通过专题培训、在职教育等多种方式，加快培养紧缺人才。建立医养服务业标准化工作专家库，组建覆盖面广、业务水平高的专家队伍。积极发挥公共财政资金保障功能，大力支持重点领域的标准体系构建、标准制修订和标准宣贯工作。

四　公开共享，共同培育

推进医养服务标准向社会公开，同时建立健全医养服务领域的认证认可制度。加强全国标准信息网络平台建设，提供标准信息的公益性服务，满足社会各界查阅医养服务类标准的迫切需求，促进医养服务行业研制和运用先进标准，提升整体服务质量。建立健全医养服务领域认证认可制度，着力打造高端品质认证服务，围绕医养服务供给侧改革，培育一批高端医养服务认证品牌，促进医养服务行业整体质量提升。

五　立足国情，放眼国际

医养服务业标准体系在实施过程中，应结合我国社会经济发展水平和医养服务业发展现状，引导我国医养服务业可持续快速发展，力争形成科学合理的医养服务业标准化工作运行机制。同时应立足国情、放眼国际，适当借鉴发达国家的成功经验，优化我国医养服务业标准体系的结构和内容，确保标准体系的先进性与有效性，推动我国医养服务业标准化建设工作快速健康发展[1]。

---

① 侯非、秦玉婷、张隋：《养老服务业标准体系构建策略与运行机制分析》，《中国标准化》2013 年第 2 期。

第十一章
荷兰医养结合模式

第一节　荷兰医疗体系架构和治理

荷兰是欧洲地区最发达的经济体之一，其主要的人口发展特征就是快速老龄化、人口增速减慢、人口结构中移民占比高及人口城镇化；而且荷兰的福利政策取向为将民众的健康照护权利视为与社会权一样的重要权利，所以和其他国家相比，荷兰注重建立一个"将全体民众视为社会保障对象"的全面、普遍、平等、充分的社会保障体系，确保所有被保人都能得到应有的医疗护理权利。

一　荷兰的医疗系统架构

荷兰的健康卫生医疗照护体系的明确目标是"优质医疗服务，平等医护权利和高效控制成本"。世卫组织和欧洲健康消费指数（Euro Health Consumer Index）数据[1]显示，荷兰一直保持着全欧洲最高的医疗照护水平和民众满意度。经过多次重大改革和有影响力的创新，荷兰现有的医疗照护保障体系组成和治理构架可被总结为五大保障法案和三大服务体系。五大保障法案分别为《医疗保障法》、《长期护理保险法》、《社会支持法》、《公共卫生法》及《未成年保障法》；从医疗健康照护需求和服务的角度看，荷兰的三大服务体系可以划分为卫生医疗体系、长期照护体系和公共卫生体系。三大服务体系组成一个强大的医护相融的网络，五大保障法案中医疗质量法

---

[1] "Euro Health Consumer Index 2018", Health Consumer Powerhouse, https://healthpowerhouse. com/media/EHCI－2018/EHCI－2018－report. pdf, 2020－5－10.

及投诉和纠纷法两大医疗照护管理法案辅助构成一个管理框架，允许保险人和服务提供者长期进行"有管理的竞争"（Regulated Competition），使被保人在各龄段、各健康情况下都能得到平等优质的医疗照护服务。

《医疗保障法》和《长期护理保险法》是荷兰医疗照护体系中最重要的两项法案，前者主要确保民众在发病期和康复期得到应有的医疗保障，后者则保证病患者在因为身体机能退化、机体伤残、精神障碍而失去自我照护能力并需要24小时照护的情况下得到保障。长期护理保险覆盖医疗保险之外的护理和照护范围，提供全龄段保障。除了这两项保障法案之外，《社会支持法》和《未成年保障法》提供社会支持服务以满足长期病患者的特定照护需求，提高其生活质量。《公共卫生法》由中央政府主导，地方政府参与执行，主要任务是疾病预防控制和保障全民健康。

二 医疗系统改革及其影响

荷兰的医疗照护体制形成当前的这种架构和治理机制之前经历过多次重大的变革，最有影响力的是2006年的医疗制度改革，其推动了现在正在运行的"有管理的竞争"机制。2015年的长期照护体制的完善，促使了医疗护理和社会照护的整合，有以下几点深远的影响。

第一，《医疗保障法》更注重全民性和普惠性，被保险人包括所有的合法居民，无论其是否拥有荷兰国籍，都有权利享受社会医疗服务，在有需要的时候获得健康治疗的权利。

第二，去中心化，按照市场竞争的机制运行，接受商业保险法律的监督和管理，原则上准入的保险公司自负盈亏并分配利润，但目前政府未允许此类行为，且准入的保险公司基本上都是民办非营利机构。

第三，推动医疗市场竞争，荷兰医疗体制由原来的供应导向发展成需求导向，推动"以治疗效果为纲的支付机制"的发展。

第四，重点关注慢病罹患者的照护需求和质量。2015年，荷兰政府把居家医疗照护服务项目从《特殊医疗费用支出法》划入《医疗保障法》的范畴，使其成为基础医疗的服务类型。《医疗保障法》涉及所有跟健康相关的医疗和照护项目，其目的是促进整合医疗照护的发展、保障重大疾病及慢病患者的照护需求。同年，《特殊医疗费用支出法》被终止，其原来覆盖的其他服务范围被划入2015年颁发的《长期护理保险法》。

三 政策的制定与执行

2006年的大医改后，政府在卫生医疗体系中的角色发生了重大改变：从管理者转变成游戏规则制定者。政府退出了卫生医疗体系的日常运行和管理，其职责和影响力主要表现为政策的研究、制定，即在筹资、医疗服务、待遇和支付各个方面和执行环节中规定标准和要求。

卫生医疗政策的制定和执行是一个非常复杂的过程，因为这个体系的治理架构由很多相对独立的政府职能部门和非政府机构构成，需要通过各种信息公布、民主评论、听证会和公众咨询，才能最终形成政策并由政府签署颁布。政府可以通过财政预算影响社会医疗保险的支付项目清单及最高指导价，通过立法约束保险公司把一部分利润存入储备金，用于补充医疗支出，从而降低医疗保险费用。政府负责每四年一轮的国家公共卫生报告，在这个过程中，政府会对医疗相关政策的可操作性、有效性及执行效果进行评估，对独立卫生医疗监督部门提交的稽查数据进行审核，综合各相关委员会提出的建议以决定政策、制度的修订和更新。

荷兰的卫生医疗体系的主要责任机构是卫生、福利和体育部，其接受议会的管理和监督并得到相关委员会的辅助，承担荷兰健康卫生医疗照护体系的主管、制定政策、立法等工作。健康保险局是体系内最重要的委员会，是在政府、参保人、保险人及服务提供者之外的独立机构，主要任务是针对各健康、照护保险基金及其预算提供咨询意见，针对政府的计划、保险政策、立法提供建议，接受服务提供者或机构的认证以及对其服务质量进行的核查。两家职能机构相互协作，确保荷兰全体居民享有平等的权利且能得到高质量的医疗服务。荷兰卫生服务管理局负责监督、控制医疗照护市场的有序运作，保障保险人、被保人和服务提供者的利益不受损。

四 "有管理的竞争"医疗照护系统治理机制

荷兰通过 2006 年的医改把医疗体系从由政府规划和管理的"供应侧主导"社会保障医疗体系变成由医疗服务需求驱动的"社会经济体"，医疗服务定价、服务能力规划及投资全部交给市场，在日常运行机制中，政府的参与程度降到最低。

目前的医疗系统要比之前更具有社会保障性和普惠性。这次医改把社会健康医疗保险和商业健康医疗保险整合成强制性基本医疗保险，而且国籍、个人收入水平及健康风险不作为医疗保险支出的标准。医疗保障法强制要求所有居住在荷兰的合法居民都必须购买基本医疗保险，但政府不限定医疗照护项目的价格或者每一位患者可以接受的服务项目数量（周期），全部由保险人、被保人、医疗服务提供者三个利益相关方按照自己的需求和接受能力进行协商约定。这个机制期望通过赋予三个利益相关者平等的自由选择权利来激发市场竞争，从而提高治疗效率和降低成本。保险人为了吸引更多的被保人就利用自身的市场影响力和专业能力与服务提供者谈判，争取性价比最高、保障最全面的医疗待遇。被保人有权利选择签约保险公司，其签约的服务提供者的服务能力和质量是被保人选择的重要指标，所以服务提供者需要不断提升服务能力来吸引被保人。医疗体系的信息透明度非常高，按照规定，保险公司每年公布账目，政府提供信息平台公布每个服务提供者的数据，如患者就诊等候时间、服务价格及质量指标等。为了保证充分的选择自由度，保险人与被保人的签约期限为一年，治疗效果好和持续满意是驱动整个机制发展的动力，政府希望通过这个治理机制不断提高医疗照护的效率，更有效地控制成本。

第二节　议价和支付机制

一 议价和支付

目前，大部分的专科医疗项目通过保险公司与医院谈判实现自由定价。

基于案例的诊断治疗组合系统（Case-based Diagnosis Treatment Combinations，DTC）指卫生、福利和体育部，保险公司，医疗专家针对每一个诊断设定治疗项目和相关费用标准，包括诊断费、住院费、专家费、临床护理费及设备使用费。医改之后，为了提高透明度，方便辨识，DTC（也称为医疗照护品目）不断被简化，数量已经从30000个缩减到现在的3000多个，这个数据库由荷兰卫生服务管理局进行维护和更新。DTC 是基于产出和结果的支付制度，是整个"有管理的竞争"治理机制的核心，也是撬动医院效率的杠杆。DTC 制度迫使医院公开从第一次门诊咨询到医疗干预再到最后一次回访整个疗程的费用明细。2015 年之后，保险公司不再分别与医院和专家谈判议价，而是只与医院商定价格，医生的薪酬也以 DTC 为计算基础，创造了一个基于产出和结果的机制。DTC 还涉及医疗设施的建设和大型医疗器械的购买，医改前这些全是由政府统一规划和批准，但现在保险公司通过付费方式和质量管理手段进行约束。

为了做好社区医疗和照护的保障工作，目前85%的基础医疗护理项目由政府限定最低价及最高价，100%的长期护理项目仍然由政府定价。全科医生与保险公司针对一般的临床护理和基础护理项目议价，由被保人自由选择服务商。荷兰卫生服务管理局管理长期护理基金预算，中央管理中心对服务提供者进行管理、资料记录及费用支付，具体服务体制运营和管理由各市政府组织。根据护理需求及其复杂性进行护理服务包归类，现行临床和基础护理有 10 个护理包，精神障碍照护有 14 个护理包，失能照护有 30 个护理包。但根据荷兰卫生服务管理局的规定，针对特殊疾病，例如认知症患者照护需要专科医疗、专业护理和社会照护医养结合方案，可根据实际需求定价、制定预算和协商服务内容。

二　医疗工作者的收费机制

1. 全科医生的收费

全科医生（General Practitioner，GP）服务的付费方式为荷兰基层医疗体系的核心。2006 年医改后，全科医生的部分收费项目也需要进入议价流程，但由于全科医生基本上是独立执业，所以单独与保险公司议价不占优势，但如果允许联合议价，那么被保人的利益将得不到保障，而且无法起到提高治疗效果的作用。2013 年，荷兰卫生部（Ministry of Health）和保险公司共同推动创新全科医生服务多层次支付制度，尝试激励医疗服务的协作，发展整合医疗照护。

全科医生收取的费用分为三类。第一个分类是基本费用，其中又包括三部分。第一部分是人头费，居民签约后要支付固定的费用，这个费用包含固定的服务项目。全科医生是基础医疗的第一联系人，也是整个医疗体系的守门人，所以每个居民都需要有签约的全科医生。第二部分是服务费，包含门诊咨询费和上门巡诊费，这类费用是在实际提供服务的基础上收取的，即便医生和病患之间没有签约，也可以按服务收费。第三部分是全科医生为社区护理提供咨询指导服务所收取的费用。

全科医生的第二个收费分类是"捆绑支付制"费用，是 2020 年为了刺激整合医疗照护（荷兰版的医养结合）而采用的。荷兰在糖尿病、慢性肺阻塞、哮喘和心脑血管 4 个指定疾病领域推行整合医疗照护制度，允许成立医疗照护集团（Care Group）并实行捆绑式支付制度。全荷兰 80% 的全科医生都加入这种团体[①]。医疗照护集团负责特定慢病的医疗和护理工作，与保险公司谈判协商每个慢病固定的费用，必须在签约的基础上进行打包式治疗。全科医生签约人头费不受这个部分影响，但涵盖在慢病打包治疗费里的相关门诊费和治疗费则不再另外计算。

第三个分类是基于"治疗效果"（pay for performance）的治疗费用。保险公司根据全科医生的处方、转诊的效率和对社区照护质量的评价进行考核并付费。这种创新支付方式是为了保证全科医生守好医疗体系的"门"，合

① Van Hassel, D., Korevaar, J., Batenburg, R., Schellevis, F., "De Toekomstvisie Huisartsenzorg 2022, Waar Staat de Huisartsenzorg Anno 2014?", http://www.nivel.nl/sites/default/files/bestanden/Kennissynthese_ Toekomstvisie_ Huisartsenzor_ 2022.pdf, 2020 - 06 - 08.

理用药和合理治疗，保证医疗服务的连续性①。

另外，荷兰全科医生也是紧急医疗系统的一个重要组成部分，"非工作时间合作制"（GP Out-of-hours Service，简称 GP post）协助分流处理紧急医疗，只有真正的紧急情况才会被分流到急救中心。全科医生签约这项服务，按照协议收取费用。

全科医生是基层医疗的核心服务者，而基层医疗支撑着整个医疗体系并且对整体医疗水平提高和体系高效运行有着举足轻重的作用。大部分的全科医生是自负盈亏的"创业者"，荷兰医疗体系鼓励全科医生在核定的服务范围内创新，并且可以把这些创新的服务项目作为"附加服务"通过协商销售给保险公司。根据荷兰全科医生注册管理局的数据，一位全科医生平均与14 家保险公司签约。

2. 专科医生

荷兰的专科医生的工作机制基本有两种，即医院的员工制或者独立于任何医院的合作制，比例基本是前者为 40%，后者为 60% ②。独立签约专科医生收取的费用以 DTC 为计算基础，在 2008～2015 年，保险公司分别与医院和专科医生就每个 DTC 的费用进行谈判。但 2015 年之后，因为推动"以治疗效果为纲的支付机制"的改革，保险公司只与医院就每个 DTC 议价，限定每个诊疗的费用。医生的费用由医生与医院谈判核定。大部分的专科医生已经加入了医生集团，由集团与医院谈判定价。

3. 执业药剂师

荷兰实行医、药分家制度，药店是私人设立的，大部分由执业药剂师开设，为避免恶性竞争，政府按照区域调控药店的数量，医生信息系统实现全国联网，医生开好处方之后由药店直接配送药物。2012 年的制度修改，促

---

① Kringos, D. S., Van Riet Paap, J., Boerma, W. G. W., "Building Primary Care in a Changing Europe", https://www.ncbi.nlm.nih.gov/books/NBK459018/, 2020 - 06 - 10.
② "Medisch specialisten. Rabobank Cijfers & Trends. Een visie op branches in het Nederlandse bedrijfsleven", Rabobank, https://www.rabobankcijfersentrends.nl/index.cfm? action = branche&branche = Medisch_ specialisten, 2020 - 07 - 02.

使药剂师与医生在用药安全和经济效益之间起到相互制衡的作用。荷兰卫生服务管理局规定，除了核对药物、发药外，药剂师还可以通过提供药学监护、用药指导、用药评估及送药上门收取费用，由保险公司支付。药剂师从安全、有效和经济三个维度评估药物消费的合理性。

第三节 荷兰医疗服务体系

荷兰的医疗服务分为两级，初级医疗服务和二级医疗服务。初级（基层）医疗服务由全科医生、社区护士、康复治疗师、牙医、助产师和药剂师等提供，二级医疗服务由综合医院和专科诊所提供。两级的服务范围由卫生、福利和体育部核定。

一 基层医疗

荷兰是全科医生体系最发达的国家之一，根据欧洲基层医疗成本和治疗数据[1]，荷兰全科医生服务体系比其他欧洲国家完善，只有芬兰和英国的体系具备可比性，而且运行机制非常接近。荷兰的医疗体系的设计目标是让医疗更接近患者，每个居民都签约全科医生，而且他们是居民医疗的第一联系人，负责为患者提供基本医疗服务。在荷兰，全科医生的可及性非常高，平均每个全科医生签约 2300 个客户，车程不超过 15 分钟且候诊时间不超过 2 天[2]。

全科医生是医疗体系的守门员，是医疗体系的核心，所有全科医疗服务无强制免保额度。除了紧急情况之外，在接受任何医疗服务之前，必须先由全科医生对病情进行诊断和初级治疗。如果患者需要专科治疗，必须由全科医生转诊二级医疗。荷兰全科医生主张"不干预"，数据显示，每年有近

---

① European Commission，"Quality and Cost of Primary Care in Europe（QUALICOPC）"，https：//cordis. europa. eu/project/id/242141/reporting，2020 – 06 – 20.

② Deuning，C. M.，"Reistijd（in minuten）Tot Dichtstbijzijnde Huisartsenpraktijk 2012. Huisartsen goed Bereikbaar. Nationale Atlas Volksgezondheid"，http：//www. zorgatlas. nl/zorg/eerstelijnszorg/huisartsenzorg/aanbod/reistijd – tot – dichtstbijzijnde – huisartsenpraktijk/，2020 – 06 – 22.

7%的患者被转诊到二级医疗，70%挂号看病的患者拿到处方①。

全科医生同时是紧急医疗的守门员，他们接受过紧急救援培训，而且都设有独立的紧急救援联系专线。患者在非工作时间出现紧急情况，可以联系GP post请求全科医生出诊处理紧急情况，只有在必要的情况下才转到二级紧急救援。

荷兰的医疗服务围绕患者展开，体现"以人为中心"的理念，系统的可持续性也很高。术后患者回到社区也需要由二级医疗机构与患者的签约全科医生进行转诊。全科医生通过信息系统掌握患者的治疗情况及需求，会为其制订居家康复计划，推荐康复照护资源并定期上门回访患者。其他基层医疗服务如社区护理网络也非常完善，其中全科护士、精神专科护士和社区护士发挥了重要的作用。

二　专科医疗和紧急医疗

基层医疗中的全科医生、牙医和助产师有转诊通道，把处理不了的患者转诊到二级医疗即专科医疗，例如综合医院、专科治疗中心和创伤治疗中心，其提供的服务包含门诊、住院和紧急医疗。

紧急医疗服务主要提供者为全科医生、医院急救中心和创伤治疗中心。创伤治疗中心主要处理事故造成的紧急治疗，病理性的紧急治疗由全科医生和医院急救中心处理。患者可以通过全科医生转诊，也可以自行联系急救中心或者急救热线。医院急救中心治疗团队由专科医生和专科护士组成。接受过良好医疗护理培训的急救助理作为患者的第一接触者，针对患者的情况进行分流。急救中心网络发达，只要是非岛屿地区，不超过45分钟车程就能到达急救设施。为了做好分流，急救中心和当地的全科医生合作，急救助理会通过评估情况，判断患者是否应该直接前往急救中心或者接受全科医生诊

① Prins, M. A., Hek, K., Verberne, L., Nielen, M., Opperhuizen, G., Verheij, R., "Zorg Door de Huisarts: Jaarcijfers 2014 en Trendcijfers 2010 – 2014", https://www.nivel.nl/nl/publicatie/zorg – door – de – huisarts – jaarcijfers – 2014 – en – trendcijfers – 2010 – 2014, 2020 – 06 – 02.

断和治疗。假设一个患者在周末急性阑尾炎发作，他的患者路径如下。

- 患者或者家属打电话联系 GP post，急救助理通过对话了解病情和诉求后，指导患者先到急救中心附属的 GP post 接受检查。
- 全科医生检查之后诊断其为急性阑尾炎，患者需要马上手术并办理手续，将患者转诊至急救中心。
- 患者被转到急救中心之后，专科护士就病情的紧急程度安排手术。
- 患者接受手术治疗。

有少数的患者对于需要全科医生检查诊断之后再转诊急救治疗感到不满意，但事实上，这样的路径能有效减少急救中心资源挤兑，缩短有紧急需求患者的等候时间，发挥紧急治疗资源的作用。

三 康复治疗

在荷兰，康复治疗被定义为中间医疗，因为它的作用是恢复功能或重建能力，属于医疗保险保障范围，如果病患的治疗需求比较复杂，康复服务包涉及多个学科，如理疗康复、作业康复和社工，那么病患需要到专业的康复中心或者医院的康复科室，在专科医生的监督指导下接受治疗。但如果需求是单一的，复杂性不高，那么病患可以在社区或者家里接受康复治疗。

政府提供了网站平台对全国的康复治疗进行测评，并且设有专门的老年康复治疗质量指标。2015 年之后，康复治疗的支付模式发生了改变，不以 DTC 支付，而是以治疗组合支付。治疗组合以一个治疗目标为导向，搭配相关治疗项目组合。视病患的治疗需求可同时使用多个组合。这项修改在 2019 年生效，目标是使康复治疗以效果为导向。

除了专业康复治疗之外，荷兰社区护士在老年专科医生指导下提供老年居家康复护理。这类康复护理一般包括老年患者骨折或者疾病导致失能后的康复护理。

在基层医疗体系里，社区护理及其他社区医护人员如助产师、康复师等是每个社区健康的“传感器”，他们如果发现其护理对象有健康问题就会规劝患者去咨询 GP，或者直接转诊 GP，而这一般就是非紧急医疗的开始，当然也有患者直接联系 GP。从下面这一老年患者髋关节置换案例可以看出，在荷兰非紧急医疗的患者路径管理非常完善。

- 这位患者到她已经签约的全科医生那里接受检查，全科医生开出置换手术的诊断书及转诊资料。
- 全科医生根据患者的需求和保险支付情况推荐最优选骨科专家。患者也可以自己选择医院和专科医生。她可以在政府组织的医疗信息网站（www. kiesbeter. nl）上进行比较和选择。卫生医疗监督机构会定期公布质量测评指标，如每个科室的经验、感染风险、与其他医疗服务提供者的合作程度和效果。医院在这个网站上需要自行公布候诊时间，根据医院、保险公司及患者协会的三方协议，候诊时间不得超过 4 周。
- 患者前往选定的医院门诊接受专科医生的临床检查，并预约手术时间。
- 等待手术期间，有全科医生继续治疗，主要是开处方。
- 患者如期进行手术，同时在医院接受必需的康复治疗。
- 患者出院，她的全科医生会接收她的出院小结及治疗档案，并承接接下来的跟踪随访治疗的工作。全科医生会根据需要出具康复方案，推荐社区康复治疗服务和社区护理服务，患者可以根据自己的情况进行选择。如果患者还有其他社会照护需求，可以联系第三方评估机构对其可及的正式和非正式照护资源进行全面评估和梳理。
- 大概六周后，患者回医院做复查。

四 长期护理服务

长期护理服务是针对身体退化、认知障碍、机体伤残、精神疾病提出的一项保障全民免于重大风险的社会保障制度。由于特殊医疗和改革前的医疗保障在支付项目上有重叠，且保障过于"慷慨"，人口老龄化使整个体系不堪重负。2015 年，荷兰通过立法的形式将长期护理服务以保险项目的方式整合起来，赋予民众在需要的时候获得服务的权利。

荷兰采用世卫组织的"功能、失能与健康国际分类标准"（ICF）来核定申请者的长期护理申请。第三方独立评估机构通过审查申请者的总体健康状况、疾病造成的失能程度、心理和社会功能、家庭和生活环境，判断其是否应得到以及继续得到正式和非正式护理服务。评估有效期限为一个月，如果事故造成的伤害不是永久性的，评估专业小组有权取消申请者的长期护理资格。

长期护理服务包含机构服务，日间护理，居家护理，家庭护理，特殊条件下的康复、门诊和精神疾病护理，心理治疗，失明和失聪护理，等等。在《社会支持法》的覆盖范围内，可以申请的服务包括辅助工具、居家改造和家政服务等。居家护理包括医疗护理、个人护理，由培训有素的医护人员到患者家中提供服务。日间护理由日间医院和成人日托中心提供，这种护理模式主要是为了让患者继续生活在社区里，可以与家人继续生活在一起。居家护理和日间护理是长期社区护理的主要模式。机构服务由养老院、临终关怀中心提供，优点在于能为患者提供高密度的护理服务，减轻家庭的照护负担，但与社区居家护理相比，缺乏个性化服务和管理。家庭护理也称为非正式照护，由家庭成员、邻居或朋友提供护理服务，优点是能让患者享受家庭关爱和亲情温暖，缺点是服务提供者专业技术不足，无法承担高密度技术护理工作，容易产生社会心理压力。

五　荷兰医疗体系面临的问题

综上所述，在荷兰的医疗照护链条上所有服务元素都很完善，支付、薪酬制度兼具了基本保障和激励效率的功能，可实现不同级别医疗、护理的协同合作和双向转诊，行业监督和管理非常注重医疗照护网络成员的系统作用，在全科医生这个"大管家"角色的疏导和黏合下，整个医疗体系的每一环节都结合得特别紧密，专科医疗、全科医疗、社区专业护理及社会照护的融合度极高，连续性医疗照护质量非常好，而且达到了较高的社会公平性，"无法满足的医疗需求"的发生率基本为零，这是全欧盟最优秀成绩[①]。

---

① "Country Health Profiles", OECD, https：//www. oecd－ilibrary. org/social－issues－migration－health/netherlands－country－health－profile－2019_ 9ac45ee0－en, 2020－06－27.

　　然而，荷兰建成高质量医疗体系的代价就是庞大的医疗费用。在医疗支出方面，长期以来全球的排名是"美国第一，荷兰第二"，直到2012年，荷兰的重大医改产生效果，费用得到控制并且平稳回落。2017年，荷兰年度医疗体系总成本是 GDP 的 10.1%，与以往 14% 的水平相比，有较明显改善，但仍不容乐观。从图 11-1 可看到，荷兰的医疗体系支付负担非常重，而且除了药品之外，所有项目支出都超出欧盟平均水平。长期护理负担较为严重，是荷兰长期以来的重大难题。在荷兰，因为失能而享受长期护理保险待遇的人口占比在全球居首，占总人口近5%，其中 65 岁及以上的老龄人口占 75%[①]，所以长期护理保险长期处于高压运行状态。人口老龄化无疑是长期护理支出最主要的压力因素，老龄化使荷兰 65 岁及以上的人口比例急速上升，从 2000 年的 15% 增长到 2017 年的 18.4%，预测 2030 年将超过 24%[②]。荷兰经济学者认为，如果长期护理开销得不到控制，将拖垮整个经济，他们甚至将"失能"称为"另类的荷兰疾病"。

　　人口老龄化给医疗体系的另一个冲击是慢性病和精神病（包含认知症）导致的高频率治疗需求。据统计，44% 的老龄人口患有一种或多种慢性病。据分析，52% 的慢病患者同时患有多种慢病，这个群体相较于单一慢病患者有更高的治疗、用药和住院需求，他们普遍生活质量低且寿命短。所以这个群体会给整个体系带来医疗开支和医疗资源使用的压力。"候诊时间"是荷兰医疗体系的薄弱环节，自 2000 年起"候诊目标时间"被设定为门诊 4 周，手术 7 周，但 2013 年之后整体不达标，而且上扬趋势明显。"候诊时间"偏长意味着医疗人才短缺，2019 年医疗岗位空缺高达 14 万个，基本上所有的医院、精神治疗机构、社区照护机构都有招人难的问题。全科医生的

---

① Van Ginneken, E., Kroneman, M., "Long-term Care Reform in the Netherlands: too Large to Handle?" https://apps.who.int/iris/bitstream/handle/10665/332759/Eurohealth-21-3-47-50-eng.pdf?sequence=1&isAllowed=y, 2020-06-20.

② "Central Bureau voor de Statistiek. Forecast: 18million inhabitants in 2029", https://www.cbs.nl/en-gb/news/2018/51/forecast-18-million-inhabitants-in-2029, 2020-06-25.

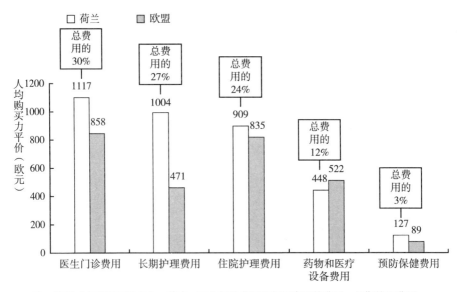

注：管理成本费用包括在内。其中，医生门诊费用包括居家照护费用；长期护理费用仅包括与健康相关的部分；住院护理费用包括在医院和其他场所的康复治疗费用；药物和医疗设备费用仅包括门诊费用。

图 11 - 1　荷兰各项医疗费用与欧盟平均水平比较

资料来源：State of Health in the EU, The Netherlands, Country Health Profile 2019。

空缺率从 2016 年的 6% 上升到 2018 年的 24%[1]。

由此可见，为了应对人口老龄化带来的医疗挑战，荷兰政府需要进行更多的准备和调整，积极探索新的解决方案。

第四节　整合照护

一　整合医疗的需求及目标

荷兰发展"整合照护"的动力源自政府孜孜不倦追求医疗资源优化，提高效益，如上所述，这更多来自人口老龄化给医疗体系带来的可预见的压

---

[1]　"Country Health Profiles", OECD, https：//www. oecd - ilibrary. org/social - issues - migration - health/netherlands - country - health - profile - 2019_ 9ac45ee0 - en, 2020 - 06 - 27.

力。"整合照护"在全球各个国家有多种不同的叫法，比较熟悉的有"共享照护"（shared care）、"协作照护"（coordinated care）、"跨越式照护"（transmural care），而服务传递则是基于多领域、专业的综合模式。世界卫生组织的描述是"将与诊断、治疗、照护、康复及健康教育相关的投入、服务传递、管理及组织合成一体的模式"，强调"以人为本"，健康治疗和社会照护的紧密结合及其效果。[①]以下几方面的因素促进了荷兰发展"整合照护"。

1.人口机构及需求的变化

人口老龄化程度的加深及罹患慢病人数的剧增迫使医疗体系的工作中心从急性医疗转向慢病照护。数据显示，近几十年来，由于居家护理及照护的普及性提高，有几个病种的患者住院的时间大幅度下降，可见居家护理在慢病管理中的显著作用。同时大部分的老龄人口更愿意就地养老，所以居家护理、疾病预防、社会照护及临终照护等服务之间的紧密结合越发重要。

2.多病共存的老龄人口增加

居民老年期疾病的发病率随着老龄化加速而日益攀升，大部分老年患者同时患有多种慢性疾病，病情复杂隐匿，并发症多，如果按常规治疗标准，需要分多个专科分诊疗，每一个治疗、护理和康复的环节只对独立的治疗目标负责，老龄患者需要自己对接多个不同的服务机构。在缺乏专业知识的情况下，患者非常难以精准选择，容易造成治疗不及时、不连续，拖延治疗和护理引发并发症。这种情况直接导致民众对医疗系统不满，同时治疗费用还会增加。在高额医疗费用和人员短缺的重压下，荷兰政府迫切寻求更高效的老年多种慢病共存处理的方案。

3.供方主导向需求主导的服务模式转变

传统医疗的方式基本都是供方主导，医疗专家决定了医疗服务的传递方式。但是荷兰的大医改把患者的权益放到了平等的位置，同时强调患者参与的重要性。慢病管理方面更是提倡并突出"自主管理"，每个患者都是自己

---

① Leichsenring, K., "Developing Integrated Health and Social Care Services for Older Persons in Europe 2004", https://www.ncbi.nlm.nih.gov/pmc/articles/PMC1393267/, 2020 - 06 - 12.

的健康负责人。另外，医改也改变了医疗人员的职业发展轨迹，专科医生和全科医生自创独立的护理组织非常普遍，通过协商和平衡利益的方式组合并打破原有界限，创造出适应市场需求的"个案管理师""照护协调员"等岗位，更好地为患者提供服务。

4. 整合照护的目标及核心元素

整合照护的目标是多层面的，首先是通过整合独立的"治疗和照护环节"，各级医疗机构如专科门诊、医院基层医疗、社区护理共同参与制定慢病长期治疗目标和协同策略，减少并最终解决传统医疗体系存在的服务相互不贯穿造成的医疗照护碎片化、责任重复或者缺失的问题，从而提高医疗效果、患者生命质量、满意度和医疗资源使用效率。

荷兰整合照护的发展同时肩负着"积极、健康老龄化"的使命。所以荷兰卫生、福利和体育部委托荷兰长期照护专业研究机构 Vilans 研究如何通过重新设计和组织已有的医疗照护服务提供方式，围绕患者的需求开展跨学科协作，探索个性化、积极的照护模式，兼顾预防、医疗、照护及社会支持的全方位模式，主要目标人群为慢病患者和老年人，目的是能够让这部分人群保留身体功能，最大限度保持生活自我管理能力，同时使慢病患者可以留在社区生活。Vilans 2018 提出深度发展整合照护的核心元素有以下四方面[①]：

- 患者是一个整体及"全人"照护理念；
- 医疗和照护围绕"患者"开展；
- 医疗和照护方式重新组织；
- 医疗和照护体系及其协作组织的治理。

二 慢病整合医疗照护模式与支付机制

荷兰的整合照护模式是在原来的"疾病管理"工作基础上进行评估、开发和突破。慢病的治疗是荷兰医疗费用高居不下的主要原因，研究高效、低成本的慢病医护模式是荷兰第三个"医改潮"（2000 年）的要点，马斯

---

① Minkman, M., Nies, H., "The Dutch Integration Story", 2018.

特里赫特大学受委托研发"疾病管理模式"（DMP）。1996 年，马斯特里赫特大学提出慢性疾病的有效干预和管理应该把专家治疗转向专科护士照护，把医院治疗导向全科医生。在马斯特里赫特大学"Matador"项目的基础上，荷兰政府相关机构首先推进了针对二型糖尿病个性化整合医疗照护试点，模式设计以"基层医疗照护为主，专科医疗为辅"，并以居家为主要照护场所，核心目标是通过提升医疗照护品质，使患者保持健康，减少入院治疗的时间。之后，这个项目增加了 COPD、哮喘和心脑血管。针对这四种疾病，由专业的机构如荷兰糖尿病联盟（Netherlands Diabetes Federation）开发疾病相关的照护标准，规范服务质量，推广试点范围。

在这个框架下，产生了新的整合医疗照护组织及治理模式——照护集团，一般由 4～150 名全科医生组成，参照照护标准设计服务范围和项目，与患者商讨照护目标及计划，根据计划搭建、组织"疾病医疗照护网络"，如专科护士、全科护士、康复师、药剂师。目前全荷兰范围已有 100 多家照护集团，大部分由全科医生主导。

为推动整合医疗照护的发展，荷兰政府于 2007 年启动针对上述四种慢病治疗管理范围使用的"捆绑式支付"方式，这种支付方式只针对参与整合医疗的基层医疗人员进行结算，专科医生的费用采用一次一付。医疗照护集团是服务的设计和组织者，需要与保险公司谈判签订"捆绑式支付"，包含所有与疾病相关的医疗、紧急医疗、护理、康复、饮食指导和照护的费用，确定好价格就不可再追加。该支付模式无硬性的定价标准，采用与疾病相关的医疗照护标准为服务执行准则，而服务评估结果为支付标准的谈判基础。

案例 1　慢病整合照护

Zio（Zorg in ontwikkeling）是马斯特里赫特大学慢病管理项目孵化的一家整合照护组织，为慢病患者组织医疗照护的专业机构。下面通过糖尿病整合照护展示 Zio 的模式。Zio 的糖尿病管理模式以专科护士为"核心照护者"，从全科医生和内分泌学家手里对接病人。签约 Zio 的患者会接受由全科医生和其他照护者组成的照护团队的照护，照护组会为每位患者协调并设定每一位患者的"共同照护目标"，并在这个基础上制订和执行照护计划。在整合照护体系内，全科医生仍然是基层医疗和二级医疗的守门员，所以全科医生是贯穿"患者旅程"的重要角色。捆绑式支付购买的是"一篮子"的照护组合，由专科护士指导、"监督"和护理患者。为了激发参与人员工作的积极性，参与的基层医疗工作人员除了收到按照行业标准的收入（见第二部分），还有附加"医疗效果达标"的绩效收入。

慢病患者的评估结果显示，Zio 糖尿病整合照护模式的效果比较显著，主要体现在以下几个指标：（1）提升照护质量减少并发症，患者的入院治疗费用减少54%；（2）患者"血糖管理"的依从性提高，"血糖值控制差"的情况下降15%；（3）患者自主管理血糖能力提高，"血糖控制在合理范围内"指标提高了40%，Zio 糖尿病整合照护模式在"质"方面提升了患者的"疾病自我管理"能力，主要体现在用药、营养摄入的依从性、血糖控制和脚部的检查。从整体上，糖尿病患者到全科医生和内分泌专家就诊的次数明显下降，日常的护理和医疗咨询都在专科护理这个层面解决。89%的患者表示满意并且向熟人推荐这个照护模式。[①]

2010 年，受荷兰健康研究和发展组织（Netherlands Organization for Health and Development）的委托，Zio 连续推出了 COPD、哮喘、心脑血管、精神疾病和老年人照护管理模式。2019 年，Zio 宣布，经实践证明，由于人口老龄化发展，整合照护的重点需要关注多慢病患者（Complex Chronic Patients，CCP），所以摒弃了单一疾病照护管理的模式，并在 2020 年启动多慢病共存的"整合照护"模式。

Zio 从十多年的实践中总结出"整合照护"可持续发展的重要元素。

（1）以单一入口的"包裹式"整体照护模式有效提高照护人员的工作效率和患者的照护质量，所以提升了工作人员的工作成就感和患者满意度。

---

① Raaijmakers, L. G. M., Kremers, S. P. J., Schaper, N. C. et al., " The Implementation of National Action Program Diabetes in the Netherlands: Lessons Learned ", https://bmchealthservres.biomedcentral.com/articles/10.1186/s12913 – 015 – 0883 – 3, 2020/06/12.

（2）个案管理师的角色很重要，照护团队间的紧密衔接大幅提高了患者接受"干预"的依从性。

（3）照护团队需要高频率地沟通、汇报、反馈，所以发达的信息系统支持收集、记录、传递信息、图片和报告非常重要。同时"循证护理"慢病管理特别是多种慢病共存的情况至关重要，因而数据分析很关键。

（4）患者参与和赋能是提高慢病管理的积极性的核心因素。Zio 信息系统包括用户终端，让患者了解自身的身体状况及应对方法，同时具备就医、用药、运动康复等提醒，赋予患者疾病自我管理的能力。

三 "介助型老年人"的整合照护模式的发展

既然多慢病老年人口在疾病性"整合照护"模式有效的运作下能留在社区生活，但这个群体中又出现了介于基层医疗和长期护理间不同的照护需求，所以把他们等同于国内的"介助型老年人"（frail elderly）。这些老人主要表现为体能下降、患有多种慢病的情况下伴有认知功能下降或精神疾病，但行动和自理能力方面并不需要长期照护。这些老年人口需要的照护要比一般的基层医疗能提供的范围和程度更复杂些，但又不需要长期照护那样高强度的照护，而且他们的精神需求也和长期护理的群体有区别。分析认为多慢病老年患者的生活目标和社会参与需求是照护要点，而以 GP 为主导的"整合照护"偏向于疾病治疗而且过于流程化，未能顾及此类需求。同时疾病导向的整合照护设计方案没有考虑老年人的生活习惯、照护方式选择的权利以及精神状态。[①]

荷兰国家认知症项目（National Dementia Program）开发"认知症整合照护试点"，同时又由老年照护项目采用多种方式激励机构和体系融合，跨

---

① Bogerd, M. et al., "From Protocolized to Person – centered Chronic Care in General Practice: Study Protocol of an Action – based Research Project（COPILOT）", https://www. cambridge. org/core/journals/primary – health – care – research – and – development/article/from – protocolized – to – personcentered – chronic – care – in – general – practice – study – protocol – of – an – actionbased – research – project – copilot/C438BA4BBBB0D761095A6C151C1B983E, 2020 – 06 – 28.

越现有组织、法规甚至财政的限制，开发适合"社区介助型老年人"的整合照护模式。"老年整合照护"的重点在于激发组织管理方面的创新，提高"介助型老年人"的照护效率和质量。

为了更好地激发老年整合照护的发展，荷兰政府又相继推出了适合老年照护的支付机制。2013年推行"人群基础支付"（Population-Based Payment）试点，包括共享医疗保险储蓄计划（Shared-Saving Program），希望打破碎片化疾病治疗管理，促进多疾病整合治疗。2015年试点基层医疗"三级支付"（3–tiers Payment System），包括的支付类别有"协调服务支付"（Pay-for-Coordination/Collaboration），绩效激励/创新激励（Pay-for-Performance/Innovation）。

案例2 社区整合照护——博组客

博组客（Buurtzorg 的音译，荷兰文翻译为"社区照护"）是社区老年照护的试点项目，并在"人群基础支付"中表现突出。博组客成立于2006年，以"社区护士为核心照护者"的创新组织模式开展社区照护，堪称荷兰老年整合照护的典范，也是多年来全球各地学习的样板。博组客的整合照护模式的要素有以下五点：

- 公司"以人为本"的整体管理理念
- 全面"懂"客户（患者）的照护需求
- 护士的照护技巧
- 信息沟通技术
- 护理团队"自我管理"模式

在老年护理方面，为了避免老年人对接不同的机构、不同的护士，博组客打破原有的"专病找专科护士"，采用"单入口"，由团队护理对接多慢病老年患者。每个团队不超过12名护士负责一个片，1500个团队共15000名护士组成一个庞大的服务网络。护士间互相支持，技能方面互相弥补，共同完成每位患者的护理目标。他们采用"从下而上"的整合照护模式，由护士团体签约GPs对接医疗需求。

博组客的信息交流系统（Information Communication Technology，ICT）是以支持护士自主管理、患者自主管理的理念建设的。信息交流系统包含日常照护需要的管理软件、操作手册及流程、大量专业培训及由10000多名护士组成的照护专家网络，随时支持照护团队。博组客全程照护使用信息化管理，整个团队随时随地可以查找记录，跟踪护理质量，并定期评估及调整计划，并与患者及家属共享信息，客户及家属也能通过系统了解自己的状况，与护理团队沟通自己的需求，甚至支持患者及家属自我照护。

博组客的宗旨是不关注疾病而关注作为一个整体的"人"。博组客不使用"患者"这个词，而用"客户"代替，让老年人享受"客户"的待遇，并且坚持用"整体照护"满足"客户"的需求。博组客认为只有真正懂客户，了解清楚客户本身的情况及社会关系才能评估他们的照护需求。博组客采用Omaha照护需求评估和记录系统，从生活环境、心理社会、生理及健康四个维度，根据病人过去的病史，现存的、潜在的问题和健康促进元素等去综合评估一个客户的需求，并通过数据循证匹配照护方案。

博组客的信念是"照护是一种关系"，而不只是服务，所以先从建立关系和信任开始。公司采用"小组织、小范围"社区照护模式，确保团队对每个客户如家人一样了解，充分掌握社区资源。如果说慢病整合医疗照护需要"疾病医疗照护网络"，那么老年整合照护，博组客是为每一位客户搭建"个人照护网络"，利用和发挥正式照护网络和非正式照护网络的作用，让客户尽早恢复自理能力。博组客的每个护理团队自主组织、自我管理，充分发挥护士团队的专业性和积极性，没有管理层的干预和经济管理指标，让团队专注于护理客户，为客户寻找各种符合需求的资源。如一位丧偶喉癌患者在治疗后回归社区康复，前期博组客护士每天上门观察和清洁造口。博组客的护士通过评估了解患者的邻居关系特别好，所以在情况稳定之后，护士把邻居和亲人召集起来对他们进行培训，由邻居帮助患者清洁造口，这样在节省护理费用的同时也不影响护理质量，还营造了邻里亲情照护，满足患者回归社区的情感需求。

2014年，荷兰卫生、福利和体育部委托毕马威事务所（KPMG）对博组客与其他居家照护机构进行比较研究，结果据显示，与大多数荷兰居家照护机构相比，博组客在成本及其他多项质量指标上的优势明显，其优秀的表现为照护质量提供了最好证明。结果表明，博组客能够在较低的成本水平上提供非常高质量的居家照护服务。平均居家健康护理成本比其他所有照护机构每人每年平均低20%，服务小时每人每年低35.7%。

第五节　借鉴启示

荷兰2006年医疗改革之后，医疗保障体系有了显著进步，即便候诊时间方面尚需改善，但医疗服务的可及性和延续性世界领先，医疗服务结果满意度甚高，且民众获得感良好，欧洲医疗体系消费者指数（2017）评价荷兰的医疗保障体系是个"无弱点"体系，代表了欧洲医疗体系最高水平。整合医疗照护在荷兰的发展尚处初期，但已取得较好成果，我国医养结合正处于研究和攻坚阶段，荷兰的一些做法对我国后续的推进工作有借鉴之处。

一　发展整合医疗照护的中坚力量——基层医疗

国际医学组织和学术界普遍认为基层医疗是整个卫生保健系统的基础，强大坚固的基层医疗是保证整个体系提供有效医疗照护服务的重要环节。大部分的疾病不需要到医院接受治疗，全科医生可以节约大量医疗资源，避免医院专科医疗资源的挤兑。

发展医养结合，还需要全面加快社区护士、全科护士的队伍建设和发展。在荷兰，社区护士、全科护士及专科护士在整合医疗、整合照护中是核心，除了成本的考虑之外，他们还是最贴近患者的医护人员，在促进患者保持健康的生活方式和恢复自理能力过程中起到很大作用。健康的生活方式不仅是改善人口健康指标的有效方式，也是控制整体医疗照护成本的关键环节。

我国全科医生和护士严重不足。国家已经在2011年提出全科医生工作制度，发展适合全居民基本医疗服务需求，但由于薪酬制度、职业规划等原因，三甲医院虹吸了社会最优秀的人力资源，基层找不到、留不住合适的人才的问题需要从制度和治理机制方面着手解决。

二　整合医疗照护网络的组织和监管

整合医疗照护需要破解医疗、照护碎片化的困境。护理机构和大部分社区居家照护和医疗不在同一个治理体制内，信息不互通，支付体制不同。根据国外的经验，医养结合模式中，"养"即医疗护理和社会照护的戏份非常重，通过"养"来减少医疗的需求。但国内的现状是大部分护理机构和医疗机构不在同一个治理体制内，接受不同的绩效指标考核，难以发挥医疗和护理资源的结合效应。同时监督管理部门的检查范围是单机构化，且评测的逻辑关注合规性，忽略了医、养的生态环境和双向协作。

荷兰经验可借鉴的是制度允许医护人员完全独立执业并自由"移动"，组合成医养结合的网络，而且监督部门在检查管理过程非常注重医疗路径的连续性和网络之间的协作，最大限度地促进整合。国内虽然已经推行医生和护士多点执业，但体系内"编制"的固化思维限制医护人员流动和人力资源的有效利用，同时也缺乏激励参与创新医疗照护模式建设的机制。

三　整合医疗照护的支付方式

整合医疗照护的发展需要整合支付方式的支撑。DRG/DTC，一次一付（FFS）和人头费适合单独机构服务，整合医疗照护需要多学科、多机构、多领域协作，所以需要融合度高的支付模式。荷兰2010年推行"捆绑式支付"允许特定慢病管理打包式支付，增进照护参与者之间的协作和自由分配照护工作。同时，为了激发老年整合照护的创新性和高效性，荷兰政府推出多种有针对性的支付机制。综合荷兰的经验，合理并具有激励性的支付体系是引导、刺激整合医疗照护服务体系发展的关键因素。

四　整合医疗照护的信息支撑

整合医疗照护的主要对象是多疾病的老年人口，他们的医疗照护旅程和转诊路径非常复杂，所以整合医疗照护的有效性需要信息技术系统的支撑。"以人为本"的整合医疗照护需要整合相关人群有基层医疗网络、专科医疗（二级医疗）网络、家庭和社交网络和生活支持网络；需要整合的信息非常广泛，如医疗照护领域的信息，根据疾病的不同可能会涉及专科医疗信息、全科医生治疗信息、居家照护信息、疾病相关的康复信息、用药信息等，医疗辅具及器械使用的信息及各个领域间信息的连接和共享，包括目前迅猛发展的智能化健康指标采集和跟踪信息，患者与各个机构之间互动、接触，紧急医疗的请求技术等都需要强大的技术支持。目前我国部门之间的数据并不共享，民营机构有功能强大的技术平台，但无法接入医疗体制内的信息系统，这些都是制约目前整合医疗发展的原因。

五　患者的权利和赋能

荷兰患者的权利（patient empowerment）保障法律法规非常全面，患者信息安全保护、信息透明度、患者选择权利、患者参与法规制定到投诉等措施极大地保障了患者的权利。但在整合医疗照护系统中，患者的权利更多体现在是否有提出诉求的途径和积极参与医疗照护计划的机会。患者不只是接受治疗和照护，他们享有平等参与治疗和照护方案制订的权利，而且疾病治疗和照护的结果需要与患者的目标贴合。因此，实现整合照护需要提高疾病、服务及社会支持体系的信息透明度和信息共享度，允许不同罹患群体及时获取疾病相关的知识、医护服务和社会服务等方面的信息，支持他们在选择治疗和照护方案时做出正确的决策。

整合医疗照护的首要目标是让患者保持或者恢复"自我管理"能力，所以需要有赋能的服务支撑体系（如让患者了解疾病本身、学习自我疾病管理照护的知识和技能）和信息系统（如就医、服药、运动提醒），健康指标跟踪系统允许患者在专业照护者的协助下主动管理自己的疾病。Zio 的实践调查显示，患者赋能明显提高患者的依从性，从而产生疾病管理效果的正面影响。

第十二章
美国整合照护模式与借鉴[*]

Programs of All-inclusive Care for the Elderly（PACE）是一项在 Medicare 和 Medicaid 体系下引导参保人在社区获得各项医疗服务的计划。在 PACE 计划下，无论是老年患者还是医疗救助，都可以在社区获得诊疗服务，而不必去护理院或其他医疗机构诊疗。参保人在社区就能够获得专业医疗团队整合型医疗服务。

第一节　以人为中心的照护服务体系

党的第十九届四中全会提出了建立"居家社区机构相协调、医养康养相结合"的养老服务体系，这一体系既强调了服务主体的衔接性，又强调了服务业态的连续性，是中国共产党在新时期对养老服务体系格局做出的最新要求与研判。类似的观点在世界卫生组织（WHO）的报告中同样有迹可循。世界卫生组织对健康老龄化服务体系的界定如图 12 - 1 所示，即将"连续协调"作为服务模式的突出特征。就健康水平的演变过程而言，健康水平的不断变化是服务体系提供不同服务的重要依据。在有效服务的干预下，人的健康水平将会发生改善或者减缓肌体与智能衰退。因此服务提供者有必要依据人的身体机能的新变化重新制定服务内容，以保证参与方的身体机能的持续改进，从而保持健康。①

　＊　本文系国家社会科学基金项目一般项目（18BZZ044）的阶段性成果；四川省科技项目（20RKX0748）的阶段性成果。
　①　世界卫生组织：《关于老龄化与健康的全球报告》，2015。

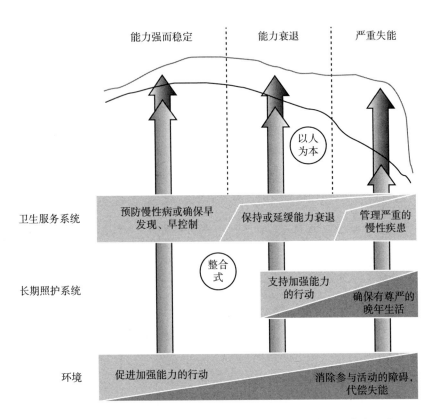

图 12 - 1　世界卫生组织倡导的健康老龄化服务体系的核心内容示意

　　因此，以人为中心的照护服务体系是指以创造照护服务价值为目标，通过资源整合、主体协调、业态融合等方式，满足服务客户需求的体系。这一体系将显著提升客户的满意度，提高照护服务可及性和覆盖率，从而降低服务成本。根据各个国家的实践经验比较得出，可以通过诸多途径建立"以人为中心的照护服务体系"。大致分为两种途径：第一种是通过顶层设计，建立起"服务体系"的运行机制，例如英国的 NHS；第二种是通过"项目制"的方式，以社区或机构为圈层，在某一圈层内进行资源整合和业态融合，进而通过外部性机制同其余圈层产生联动关系，例如美国的 PACE计划。

一 居家、社区和机构相衔接的连续性医养康护服务模式

1. 专业照护者/非正式照料者居家照护服务

居家社区养老服务（Home and Community-Based Services，HCBS）。为医疗补助受益人提供了在自己家中或社区接受服务的便捷，受益人无须前往机构或其他陌生的环境便能获得一切所需服务。这些方案服务于各种目标人群，例如，智力或发育障碍患者，身体残疾和/或精神疾病患者。2014 年，Medicaid 长期护理支出的 53% 用于家庭和社区服务。其中，HCBS 服务占 806 亿美元，其他服务占 712 亿美元。[①]

HCBS 于 1983 年首次在美国推出。并在 2005 年成为正式的医疗补助计划。根据宽泛的联邦指导方针，各州都可以自行开展居家社区养老服务，以满足那些希望在家中或社区，而不是在机构环境中获得长期护理服务和支持的人的需求。几乎所有州都通过 HCBS 豁免提供服务。目前，全美范围内有超过 300 个 HCBS 计划正在开展。[②]

服务人群可以通过年龄或诊断进行分类治疗，如孤独症、癫痫、脑瘫、创伤性脑损伤或艾滋病毒/艾滋病。符合条件的个人必须证明需要达到州级机构对服务的资格要求。

HCBS 计划可以提供标准医疗服务和非医疗服务的组合。标准医疗服务包括但不限于：案例管理（即支持和服务协调）、管家服务、家庭健康助手、个人护理、成人日间健康服务、适应训练（日间和住宿）以及临时护理。各州还可以提出其他类型的服务，这些服务可以帮助个人从机构环境转移到他们的家庭和社区。[③]

2. 日间照料中心综合照护服务

日间照料中心综合照护是社区养老服务的提供方式，在美国社区养老服务的主要计划是 PACE，该计划由项目制的 On Lok 发展而来，历经国家部门

---

① 2014 LTSS 支出报告。

② https：//www.npaonline.org/about-npa.

③ http：//www.360doc.com/content/18/0605/22/7296044_759977333.shtml.

和商业组织多次合作与推进，最终从项目制的机构演变成了一项惠及美国多数公民的医疗健康计划。

自 20 世纪 70 年代，联邦政府和州政府对社区服务的发展越来越重视。自那时起，联邦允许州政府对衰弱的老年人和残疾人开展收费服务，并制订了相关的实施计划。而其中一项计划是通过在旧金山老年健康服务中心（On Lok Senior Health）开发的示范项目，即 PACE 计划。1986 年，国会批准了 10 个类似的站点。到 1997 年，平衡预算法（BBA）将 PACE 确立为永久性医疗保险计划。

根据《美国老年人法案》（*The Older Americans Act*），国家机构对老龄工作全权负责，应为国家的老年人提供全面、协调的服务和制度保障。与之相一致的是，国家机构还应履行实施和监督重要的计划、转诊、病例管理和质量保证的职责。此外，国家机构负责管理国家长期护理监察员计划，以此来保障养老院和护理服务中的服务质量。

PACE 是一种创新模式，通过提供一系列综合性预防措施、急性护理和长期护理服务，管理衰弱老人复杂多变的医疗、功能和社会需求。PACE 的创建旨在为客户、家庭、护理人员和专业医疗服务提供者提供充分的灵活度，以满足客户的多元医疗保健需求，同时保证其继续在社区中安全生活。

PACE 计划的目的是提供预付费、全额支付、全面的医疗保健服务，旨在提高衰弱老年人的生活质量和自主性；在医疗资源和社区可行的情况下，最大限度地对老年人给予尊重和支持，让衰弱的老年人能够在家中和社区安享晚年生活，同时保留和支持老年人的家庭单位。

PACE 项目的参与者需要满足以下要求：PACE 的服务人群主要是 55 岁以上的本社区居民；居住在 PACE 组织的服务区域内；满足州政府评估符合入住养老院接受护理的资格；并能在加入时安全地居住在该社区中。选择参加 PACE 的合格受益人同意放弃其他常用的护理服务来源，而是通过 PACE 组织接受所有服务。PACE 不仅为参与者提供医疗保险（Medicare）和政府医疗补助（Medicaid）所涵盖的所有护理和服务，而且由跨学科团队（interdisciplinary team）授权后，PACE 亦可提供医疗保险和政府医疗补助未涵盖的其他必要医疗护理和服务。IDT 负责评估参与者的需求，并制订全面的护理计划，以 365 天每天 24 小时为基础计划的制订基础，通过多学科团队配合的模式全面满足计划参与者的医、护、康、养需求。社会和医疗服务主要在成人日间健康护理中心提供，必要时由家庭和转诊服务进行补充。[①]

所有 PACE 参与者的福利计划包括：初级保健、医院护理、医疗特色服务、处方药（包括医疗保险 D 部分药物）、护理院服务、护理服务、个人护理服务、紧急服务、家庭护理、物理治疗、职业治疗、成人日间保健、休闲疗法、膳食、牙科护理、营养咨询、社会服务、实验室/X 光、社会工作咨询、临终护理和交通服务。医院、护理院、家庭健康和其他专业服务通常根据合同酌情提供。在大多数情况下，综合服务包允许参与者继续在家中居住生活，而不需要入住机构。

3. 多形态长期照护机构（CCRC、护理院、辅助生活住宅、寄宿和照护之家）

多形态长期照护机构涉及形式多样的养老社区。譬如，供给健康老人的退休新镇（Retirement New Towns）、退休村（Retirement Villages）、退休住宅小区（Retirement Subdivisions）等，较为关注"乐龄"休闲生活的银发社区，以及考虑到居民年老体弱而提供的老年集体房屋（Congregate Housings），而持续照料退休社区（Continuing Care Retirement Community）则提供专业性医疗护理。

（1）集体房屋服务计划（Congregate Housing Service Program，CHSP）

集体房屋服务计划是由各州、地方政府、公共房屋部门（PHA）指定的住房实体（TDHES）和当地非营利性住房赞助商提供赠款，在联邦政府补贴的住房里，为衰弱的老年居民和残疾居民提供膳食和其他支持性服务的计划。这是一个基于项目而不是基于租户的计划。

该方案可避免衰弱老人、非老年的残疾人和暂时残疾的人群过早或不必要地住进养护机构（如养老院）。其采用创新方法，在利用现有服务计

---

① https：//www.npaonline.org/about－npa.

划的同时，提供膳食和非医疗支持服务，填补了现有服务体系的空白，为独立生活所需的膳食和其他资源提供资金支持。该项目援助的形式是赠款，覆盖服务包括每周至少提供一次7天的团体餐点，以及独立生活所需的其他辅助服务。

国家机构或当地政府单位可代表非营利或营利性的合格住房所有人申请该计划。申请人必须拥有无障碍的餐饮设施，对该计划有需求，且在老年人或非高龄人士的住房或服务方面有令人满意的管理能力，以及无歧视服务的良好记录。该服务可供衰弱的老年人（62岁及以上）、残疾人和暂时残疾的人士使用，他们应是联邦资助住房的居民，并且不能独立执行至少三项日常生活活动。

（2）持续照料退休社区（Continuing Care Retirement Community，CCRC）

持续照料退休社区是起源于美国教会创办的组织，至今已经有100多年的历史。CCRC是一种复合式的老年社区，通过为老年人提供自理、介护、介助一体化的居住设施和服务，使老年人在健康状况和自理能力发生变化时，依然可以在熟悉的环境中继续居住，并获得与身体状况相适应的照料服务。

CCRC通常坐落在距市中心50～100公里、1小时车程内交通便利的城市周边地区。退休社区以围墙封闭自成一体，配备安全监控、保安巡查等多种方式提供安全保障。社区配有大面积绿地、景观、花园、种植园区等绿化区域，为入住者提供优美的居住养生环境。从个人居所到服务场所、公共空间全部实现可通达的无障碍设计。社区提供丰富多样的生活配套设施：餐厅、超市、洗衣店、银行、邮局、美容美发及各种娱乐活动场所。在社区内入住的老年人可以便捷地解决一切生活需要。CCRC内设置的社区医院拥有经验丰富的各科医生，为入住老年人提供预防、医疗、护理和康复等多种专业化、快捷化、亲情化的医疗服务。入住老年人在身体状况和自理能力发生变化时，可以获得与其健康状况相对应的居住空间与关怀照料服务。同时，社区为老人提供充分的活动学习空间及各种相关设施。由于社区规模大，入住人员多，老人可以结交兴趣爱好相同的朋友，根据不同爱好自愿组成各种学习、活动小组，如书画、音乐、棋牌、球类、手工制作、电脑、养生等。CCRC 是美国养老最为我国国人熟知的模式，对于地产商而言也是容易复制并用以盈利的模式，典型例子是亚利桑那州太阳城项目。

二　筹资机制

当前美国整合照护模式的筹资支付机制主要分为三种：医疗保险、政府医疗补助和自费。

第一，医疗保险（Medicare）。美国老年人的医疗保险除了私人医疗保险或集体医疗保险外，主要是政府 1965 年实行的政府医疗保险方案和政府医疗补助方案[①]。Medicare 即政府医疗保险。其受益对象为 65 岁以上或者不到 65 岁但完全丧失工作能力的人群。根据美国统计局的数据，1990 年申请医疗保险的总人数是 340 万，其中老年人 310 万，残障者 33 万；到 2010 年这些数据分别达到 475 万、396 万和 79 万。第二，政府医疗补助（Medicaid）。是政府向收入低于贫困线的 65 岁以上老年人、残疾人和有幼儿的家庭提供医疗服务的救济措施。联邦政府提供一部分项目经费，各州根据本州居民的收入水平来确定获得医疗资助计划的资格、标准及保险的覆盖范围。现役军人、退伍军人及家属和少数民族印第安人享受免费医疗，这部分保险费用全部由联邦政府提供。第三，自费。用储蓄、投资或退休养老金来支付长期护理的花费。[②]

三　参与资格与监管手段

按照主体维度来划分，可以将整合照护参与者划分成为居家类、社区类和机构类。根据三种类别，本报告将介绍其参与资格和监管手段。

1. 专业照护者/非正式照料者居家照护服务

居家照护服务主要指的是 HCBS 计划，在该计划中，参与人群可以通过

---

① https：//www.medicaid.gov/.
② 刘亚娜、何达基：《美国长期照护服务与支持体系受益分析及对中国的启示——从美国医疗补助视角考察》，《理论月刊》2015 年第 12 期，第 173～179 页。

年龄或诊断获得相应治疗，如孤独症、癫痫、脑瘫、创伤性脑损伤或艾滋病毒/艾滋病。符合条件的个人必须证明自身需求达到州级机构对服务的资格要求。这意味着不论任何年龄、任何疾病，都可以通过该计划申请专业照护者或非正式照料者提供的居家照护服务。

2. 日间照料中心综合照护服务

日间照料中心综合照护服务主要指的是 PACE 计划，在该计划中，参加者须年满 55 岁、居住在 PACE 组织的服务区域内，满足州政府评估符合入住养老院接受护理的资格，并能在加入时安全地居住在该社区中。选择参加 PACE 的合格受益人同意放弃其他常用的护理服务来源，而是通过 PACE 组织接受所有服务。这说明 PACE 计划也对参与者做出了相应限制。

3. 多形态长期照护机构（CCRC、护理院、辅助生活住宅、寄宿和照护之家）

（1）持续照料退休社区（CCRC）

持续照料退休社区是为所有具有支付能力的、自理半自理老人提供的一种养老服务体系，通过为老年人提供自理、介护、介助一体化的居住设施和服务，使老年人在健康状况和自理能力变化时，依然可以在熟悉的环境中继续居住生活，并获得与身体状况相对应的照料服务。入住 CCRC 的老年人，其生活基本能够自理且身体健康。申请入住生活自理单元时，机构会要求出示申请者生活能够自理的健康证明。通常，首次入住的老年人都是搬进生活自理单元。当老年人自理能力下降，社区做出相关评估后，需要至少一种 ADL 协助的老年人会搬去生活协助单元，由该生活单元的照护者提供照护，评估后需要全天专业护理及相关医疗护理的老年人就搬去特殊护理单元生活。

（2）护理院

护理院是为长期卧床患者、晚期姑息治疗患者、慢性病患者、生活不能自理的老年人以及其他需要长期护理服务的患者提供医疗护理、康复促进、临终关怀等服务的医疗机构。其服务重点在于医疗保健，适用于需要每日不间断监管和医疗服务的老人。护理院的房间通常为独立单间或者共享房间，由于入住老人对医疗护理的高度需求并且患有严重疾病生活无法自理，所以只有介护区。部分护理院有针对老年痴呆患者的特殊护理区。入住居住的老年人大部分年龄在 85 岁以上，极少部分在 65 岁以下。80％ 以上的老年人需要 3 种以上的 ADL 协助，能够行走的老年人中 90％ 需要他人监管，一半以上的老年人患有失禁，超过 1/3 的人有听力或视力障碍。护理院中 50％ ~ 70％ 的老年人受痴呆症影响，存在记忆问题或在做出日常决策时存在困难。部分短时间入住的老年人是为了接受出院后的康复服务或临终服务。

（3）辅助生活住宅

辅助生活住宅设计的重点是为半失能、失能老人提供便利。运营者可以是营利性公司、非营利组织或政府。辅助生活住宅中居住的老年人仅需要日常护理，其中，40％ 的居民需要至少三种日常生活活动帮助，包括吃饭、如厕、洗澡等服务。房间能容纳轮椅通行，各州的住宅设计都应符合本地老年人护理的相关法规。辅助生活住宅和寄宿照护之家的服务对象相同。两个机构的照护对象都被认为至少需要一种 ADL 的服务介助。入住前，都有专家对入住者所需护理水平进行评估，并匹配与其生活能力相适应的辅助设施。也有部分因疾病、受伤或手术恢复而暂时居住的老年人，他们通常在康复后离开。

（4）寄宿和照护之家

寄宿和照护之家在美国没有一个标准称呼，各地区略有不同，如成人家庭住宅（adult family home）、集体住宅（group homes）等，总的来说，它是开设在普通住宅区内，对少数老人提供长期照护服务的小型养老机构，其服务水平低于护理院，与辅助生活住宅提供的服务相同，仅提供 ADL 协助。二者不同之处在于照护规模的大小，寄宿和照护之家的入住人数在 20 人及以下。加利福尼亚州允许的最小照护规模为 6 名老年人，意味着该州的寄宿和照护之家至少拥有 6 名照护对象才能够开展照护服务。

从监管方式来看，美国已经形成了较为完善的医养结合服务的监管体系。形成了健全的法律法规体系、统一的老年人能力评估体系、专业的质量和认证机构、严密的机构监管系统。

一是健全的法律法规体系。美国《养老院改革法》（*Nursing Home Reform*

Act）作为《1987 年综合预算调节法》（*The Omnibus Budget Reconciliation Act of 1987*）的一部分，是改善养老院和护理服务的里程碑。此法律旨在确保养老院的入住老年人享有高质量的服务，提高或维持他们最好的身体、精神和社会功能。《养老院改革法》规定，每个养老院均须提供一定的服务并达到一定的质量要求，且入住老年人必须享有一定的基本权利。只有养老院切实达到相关服务质量要求，美国联邦医疗保险和医疗救助服务中心（U. S. Centers for Medicare & Medicaid Services，CMS）才会对接受长期护理老年人的养老院进行资金补助。《养老院改革法》明确每个养老院必须提供的服务种类和质量标准，包括定期评估、个性化综合照护计划、护理服务、社会服务、康复服务、医药服务、餐饮服务等，以及如果床位达到 120 张以上，必须配备一个全职社会工作者的规定。同时，《养老院改革法》规定，所有养老院必须接受监督管理，每 15 个月至少有 1 次现场检查，现场检查包括与入住老年人的访谈，重点关注入住老年人的权利、服务质量、生命质量、服务提供等，同时如果有投诉将会开展投诉调查，如果养老院违反《养老院改革法》，将根据实际情况受到不同程度的惩罚，包括：现场监控；民事罚款；整改计划；拒付员工在职定向培训、新入住老年人和入住老年人的资金补助；暂时接管；撤销养老院；等等。

二是统一的老年人能力评估体系。美国社会保障制度中的老年人能力评估通过 Inter RAI 评估体系实现 1987 年颁布的《养老院改革法》，要求所有养老机构必须对老年人进行标准化的统一评估，且养老机构每个月须把老年人评估信息上传至各州信息中心。Inter RAI 评估体系起初是由一些大学教授和实务工作者根据老年人评估情况制定的，目前已在美国、英国、比利时、芬兰、以色列、新西兰等国家通过政府立法的形式获得全面推行。InterRAI 评估体系包括机构养老、社区养老和居家养老等多个模块。单个模块一般包括数据收集表单、评估范式、状态评价及分级照护计划等部分。养老机构或社区居家养老服务商甚至医疗机构均可使用最小数据量表（Minimum Data Set，MDS）收集老年人的各项数据，并结合老年人评测范式（RAPs/CAPs）评估老年人的身体、心理和社会状况，进而做出判断并制订合适的照护计划。评估包括初次评估、季度评估、年度评估和有突发情况时的评估，整个过程都是由统一的评估信息系统进行支撑。针对具有失智症、精神错乱、营养不良、抑郁等问题的老年人，安排相应的护理团队进行照护，在实施之后再进行评估，评判原先的评估结果和照护计划。MDS 可以长期跟踪老年人的身体状况，制订持续的照护计划，进一步提高护理质量。同时，收集老年人的数据后，可以计算质量指标，对不同的养老机构进行比较。通过数据分析可以促进养老机构改进照护服务、控制成本、促进行业监督、辅助政府决策。收集的数据成为服务筛选、老年人分类、质量指标、养老院比较等方面重要的依据。并且，评估工具收集的数据可多次使用，并兼容不同的卫生健康系统。

三是专业的质量和认证机构。美国健康和公共服务部下设社区生活管理局（Administration on Community Living）。2012 年，老龄管理局、残疾人办公室和发展性残疾管理局合并成立该局。之后，瘫痪资源中心和国家残疾、独立生活和康复中心以及肢体丧失资源中心陆续并入其中。国家卫生保险支持计划、国家独立生活和辅助技术项目、创伤性脑损伤项目也陆续并入。社区生活管理局的宗旨是为老年人、全年龄段的残疾人和功能受限群体提供居家和社区支持和服务，确保他们融入社会。社区生活管理局目前下设：老龄管理局，残疾人管理局，国家残疾、独立生活和康复中心，整合项目中心，管理预算中心和政策评估中心。其中，老龄管理局（Administration on Aging）向老年人提供居家和社区服务项目，提高老年人的福利和独立性，同时向各州提供支持性资金。老龄管理局主要下设支持照护者服务部、营养健康促进部、老年权益成人保护部、美国土著老年人项目部、长期照护监察部。同时，社区生活管理局也下设多个地方支持中心，配合当地政府具体负责区域性相关事务的执行和管理工作。此外，根据 1965 年《美国老年人法案》，美国联邦医疗保险和医疗补助服务中心（CMS）成立，负责医疗保险和医疗补助的拨付工作。

四是严密的机构监管系统。美国的养老服务监管起源于养老机构虐老事件。1980 年，政府出资建立了从联邦到地方的长期照护监察员项目，通过外部监管约束养老机构行为。《养老院改革法》明确规定，要从能力评估、服务质量、护理服务、膳食服务、医疗服务、康复服务、口腔服务、物理环境、养老护理员培训和登记等多个方面改进养老服务质量。自 2008 年起，美国联邦医疗保险和医疗补助服务中心（CMS）采用五星级服务质量评估体系评估和比较养老院服务质量，通过对卫生检查、人员配比、质量措施、消防安全检查等内容进行评估，形成综合评估等级，各项综合评估等级均在官方网站予以公布。养老服务的评价体系从早期主要聚焦于服务内容和过程指标，转为更关注服务结果和消费者意见。服务质量评估数据来源于 CMS 健康检查数据库、全国入住对象临床评估数据库（MDS）和 CMS 投诉数据。

第二节　PACE（老年人全面照护计划）的模式与特征

一　PACE 发展沿革、核心与外延

1. 历史沿革

PACE 是由非营利组织 On Lok 高级健康服务机构开发的，该机构于 20 世纪 70 年代初在加利福尼亚州旧金山的唐人街北海滩地区成立。当时旧金山的唐人街北海滩社区中的老年人大多从意大利、中国和菲律宾移民而来，这些老年人和其家庭对长期护理服务的需求非常迫切。公卫医生威廉·吉博士（William Gee）在 1971 年领导成立了一个委员会，该委员会雇用玛丽 - 路易丝·安萨克女士（Marie-Louise Ansak）来寻求解决社区内移民老人的在地养老护理解决方案。他们和其他社区领袖一起，成立了一个名为 On Lok 的老年健康服务非营利组织，以创建一个基于社区的护理体系为使命。On Lok 在粤语中的意思是"安宁、快乐之家"。PACE 的发展历程见表 12 - 1。

2. PACE 核心——PACE 的服务

老年人全面照护计划（PACE）的福利包括但不限于所有医疗补助和医疗保险覆盖的服务：成人日托、牙科、紧急服务、家庭护理、医院护理、实

表 12 - 1　PACE 发展的历程

年份	发展历程
1971 年	威廉·吉(William Gee)、DDS 和另外两人成立非营利性的唐人街北海滩医疗保健规划和发展公司(后更名为 On Lok 老年医疗服务公司),聘请玛丽 - 路易丝·安萨克女士(Marie-Louise Ansak)研究在社区建立疗养院的可行性。她发现疗养院在经济上不可行,在文化上也不符合当地老年人的期待。同期,她获得了与加州大学旧金山分校合作培训卫生保健工作者的资金支持。她研发出了一个基于英国日间医院模式的综合护理系统,该系统结合了住房和所有必要的医疗和社会服务
1973 年	On Lok 在旧金山开设了全国第一个成人日间照料中心
1974 年	On Lok 开始接受成人日间医疗服务的医疗补助
1975 年	On Lok 增加了一个社会日托中心,并在其项目中包括家庭护理、家庭送餐和住房援助
1978 年	On Lok 护理模式扩展到包括对符合养老院入住条件的老年人的全面医疗护理和社会支持
1979 年	On Lok 从卫生与公众服务部获得一笔为期四年的赠款,用于开发一种综合模式,为有长期护理需求的人提供护理
1983 年	On Lok 测试新的融资体系,该体系每月为项目中的每个参与人支付固定金额服务费
1986 年	联邦立法扩展了新的融资体系,并允许另外 10 个组织在全国其他地区复制 On Lok 的服务交付和融资模式
1987 年	罗伯特·伍德·约翰逊基金会、约翰·哈特福德基金会和退休研究基金会为 On Lok 和第一批复制 On Lok 模式的站点提供资金支持
1990 年	第一个老年人全面照护计划获得医疗保险和医疗补助豁免
1994 年	在 On Lok 的支持下,成立了全国 PACE 教学协会 11 个 PACE 行动伙伴关系组织在 9 个州开展业务
1996 年	21 个 PACE 行动计划在 15 个州实施
1997 年	1997 年《平衡预算法案》将 PACE 行动伙伴关系模式确立为医疗保险和医疗补助计划下永久认可的提供者类型
1999 年	PACE 暂行条例于 11 月公布 30 个 PACE 行动计划在 19 个州实施
2000 年	罗伯特·伍德·约翰逊基金会和约翰·哈特福德基金会资助了 PACE 行动计划扩展倡议,以帮助新组织机构将 PACE 行动计划护理模式的效益扩展到更多有需要的家庭
2001 年	圣路易斯的 Alexian 兄弟社区服务公司成为第一个医疗保险和医疗补助计划完全、永久认可的 PACE 提供者
2006 年	PACE 最终条例于 11 月公布 国会向 15 个组织拨款 50 万美元,用于农村地区的 PACE 行动伙伴关系扩展
2014 年	107 个 PACE 行动计划在 32 个州实施
2015 年	《PACE 行动计划创新法案》由国会通过,并由奥巴马总统签署成为法律 116 个 PACE 行动计划在 32 个州实施
2018 年	123 个 PACE 行动伙伴关系方案在 31 个州运作,为大约 45534 名参与者提供服务
2019 年	PACE 最终规则发布 130 个 PACE 行动伙伴关系组织在 31 个州运作,为 50000 多名参与者提供服务

资料来源：根据 PACE 官方网站整理。

验室/X 射线服务、膳食、专业医疗服务、居家护理、营养咨询、职业治疗、物理治疗、处方药、初级护理（包括医生和护理服务）、休闲治疗、社会服务、社会工作咨询、交通等。PACE 还包括由卫生专业人员团队确定为改善和维持个人健康所需的所有其他服务。PACE 计划主要在成人日间健康中心提供服务，并根据参保人的需要提供家庭和转诊服务作为补充。由于为 PACE 参与者提供了全面的护理，需要临终护理的个人将得到适当的医疗、药物和心理社会服务。如果个人想选择临终关怀福利，他们必须自愿退出 PACE 计划。简言之，所有 PACE 参与者的福利计划包括：初级保健、医院护理、医疗特色服务、处方药（包括医疗保险 D 部分药物）、护理院服务、护理服务、个人护理服务、紧急服务、家庭护理、物理治疗、职业治疗、成人日保健、休闲疗法、膳食、牙科护理、营养咨询、社会服务、实验室/X 光、社会工作咨询、临终护理和交通等。医院，护理院，家庭健康和其他专业服务通常根据合同酌情提供。在大多数情况下，综合服务包允许参与者继续在家中居住生活，而不需要入住机构。PACE 计划所涵盖的服务内容如图 12-2 所示。

3. PACE 的外延——PACE 模式

PACE 外延是围绕 PACE 为核心的服务，所展开的一系列有关服务项目的交互工作。主要包括 PACE 的管理要求、市场范围、参与者权利与约束政策、服务项目、服务传递设计、支付机制、组织监督与审计、质量监督与持续绩效改进、进入与退出、豁免程序、病例文件管理、组织与卫生保健提供者的关系等多模块的管理服务模式[①]。图 12-3 为 PACE 管理服务模式的示意图。

PACE 管理服务模式具有创新性，因为它提供持续的护理和服务，为符合资格接受养老院护理的个人提供连续社区照护与持续生活的选择。因为这些医疗费用传统上是由医疗保险和医疗补助计划支付的，而且资金主要由公民个人负担，所以通常不可能获得包括预防、初级、急性和长期护理在内的

---

① PACE, *Programs of All-Inclusive Care for the Elderly* (*PACE*), Chapter 6 – Services.

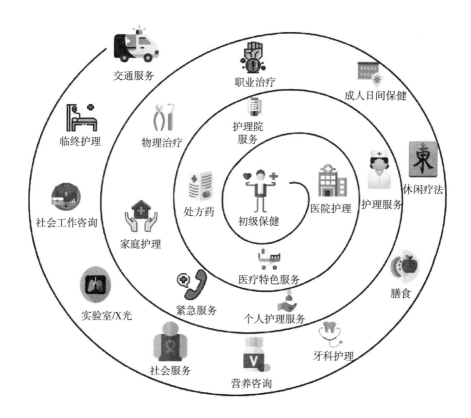

图 12 - 2　PACE 涵盖的服务内容示意

综合医疗服务体系。PACE 模式的一个关键是将来自不同资金流的资金组合起来，以提供一套关注个人健康和福祉的综合服务。

　　由于 PACE 提供的护理不同于传统的长期护理提供者，很难理解该计划的所有要素是如何协同工作的。例如，公众可能知道 PACE 项目的货车为 PACE 参与者提供交通工具。政策制定者可能将 PACE 视为一项整合了联邦医疗保险和长期护理资金的计划，在节省纳税人资金的同时提供更有效的护理。PACE 学员和他们的家庭成员可能会把他们参加的 PACE 中心视为项目的中心部分。但是，正是 PACE 模式的不同组成部分的结合，包括跨学科团队的工作，才使得护理和服务能够满足每一位 PACE 参与者的个人需求。

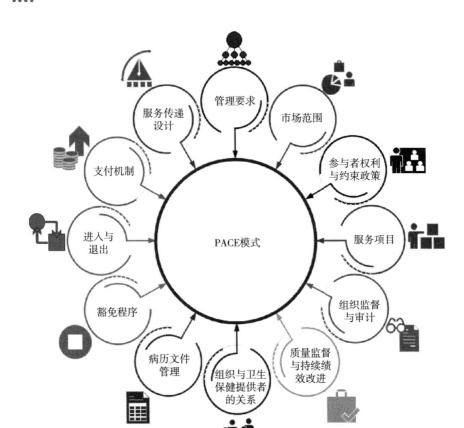

图 12 - 3 PACE 管理服务模式

二 PACE 跨学科团队与服务效率

1. PACE 的跨学科团队

PACE 服务团队是由专业人员和非专业人员共同组成的跨学科团队，评估参与者的需求、制订护理计划，并提供参与者需要的一切服务，包括急症护理服务和必要时的护理设施服务①。服务团队成员主要包括：注册护士、

---

① National PACE Association. Who, What and Where is PACE［EB/OL］. ［2015 - 09 - 04］. http：//www. npaonline. org/website/article. asp？id = 12&title = Who, What and - Where - Is - PACE.

物理治疗师、社会工作硕士、初级保健提供者、职业治疗师、个人护理服务员、家庭护理协调员、司机、娱乐治疗师、营养师、PACE 中心主任等。这一跨学科团队通过定时沟通机制确保每个参与者的综合医疗和社会需求都能得到满足。团队通常每天开会讨论参与者的现有状态并相应调整服务计划①。单个 PACE 团队普遍接受的服务对象上限是120～150 人②，以社区为基础，提供预防和健康促进为主的干预措施，明显降低了 PACE 的运行成本和财务风险，确保老年人尤其是罹患多种慢性病老年人的短期医疗和长期照护需求得到及时、全面、有效的满足。PACE 跨学科团队包含的成员及在团队中的功能地位如图12－4所示。

2. PACE 的服务效率

整合型照护不同于以往的部门区隔和科室官僚制特征，转向以公众需要为导向的组织流程再造，并提出了整合型照护的四种整合机制：组织之间的管理整合、内部服务的协调整合、信息整合和资金整合③。PACE 的发展正是反映了此种整合机制。最初由民间非营利组织 On Lok 开发，及时响应了民众对社区养老的迫切需求，且增加了服务的多样性。PACE 的发展壮大除了实现资金整合，也离不开多元主体之间的参与协作和信息技术的支持。具体体现在如下方面：第一，PACE 的筹资主要是医疗保险和医疗救助资金，也有罗伯特伍德约翰逊基金会、约翰哈特福德基金等慈善基金会的捐款支持；第二，PACE 提供的服务多数是管理型照护服务，一方面需要医疗救助、医疗保险、卫生保健等部门的协作，另一方面政府也需要与非营利组织合作，政府筹集资金、民间组织提供服务的公私合作模式发挥了各自的比较优势；第三，随着医疗服务临床信息系统和管理信息系统的发展，多学科

---

① Hirth, V., Baskins, J., Dever-Bumba, M., "Program of All-Inclusive Care (PACE): Past, Present, and Future", *JAMD* 10 (3), 2009, pp. 155－160.

② Gross, D. L., Temkin-Greener, H., Kunitz, S., et al., "The Growing Pains of Integrated Health Care for the Elderly: Lessons from the Expansion of PACE", *Milbank Quarterly* 82 (2), 2010, pp. 257－282.

③ 夏艳玲、钟雨珊：《美国 PACE 整合型照护模式的特征及借鉴》，《卫生经济研究》2019 年第 4 期，第 55～58 页。

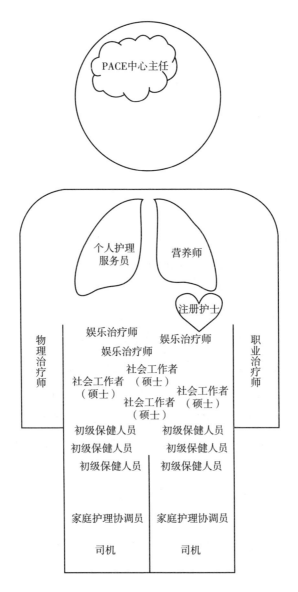

图 12－4　PACE 跨学科团队包含的成员、功能地位结构

专业团队全面掌控治疗计划并监管外包服务，突破了传统的单一学科主导的弊端，有利于全方位关爱照护老年人，积极实现老年人综合性预防保健；第四，服务过程加入了参与者的满意度评估和医疗收支情况的调查等

环节，为项目提供了强有力的数据支撑。同时，医疗保险、医疗救助和
PACE 协会的官方网站也提升了系统的开放性，便于公民了解和参与计划①
（见图 12 − 5）。

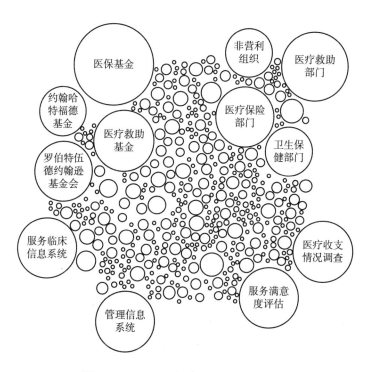

图 12 − 5　PACE 计划整合服务效率示意

案例 1　典型服务商

On Lok——服务美国老年人 40 余年的 PACE 模式开创者

On Lok 是一个以社区为基础的非营利性组织，其宗旨是不懈地追求提
升老年人及其家属的生活质量和护理质量。目前服务足迹已经遍及美国多地
的 On Lok 初期也是从一个简单的想法起步。1971 年，牙医威廉·吉博士和
社会工作者 Marie-Louise Ansak 女士发现，旧金山的传统保健模式已无法满
足社区中老年人的多元化健康养老需求。于是他们二人在旧金山北海滩和下

① PACE, *Care That Works*：*Program of All-Inclusive Care for the Elderly*（*PACE*）. 2018.

诺布山社区唐人街创建了一家长者日间健康中心，白天为老年人提供热食、保健服务、社会服务及监护服务，傍晚时分老人们可以重返家园休息。这就是美国早期长者日间照料中心的雏形之一。两位创始人非常认同老人普遍希望居住在家中养老的诉求，而实现这一目标必须有相对充分的医疗和社会支持。为了满足老人的居家养老需求，Ansak 女士根据英国日间医院模式设计了一套全面的健康和社会护理系统，使人们能够在家中接受护理。从这些基本理念出发，Ansak 女士和威廉·吉博士创立了 On Lok，粤语的意思是"安宁，快乐之家"。

从一开始，On Lok 就一直致力于开拓创新照顾年老体弱老人的方法。组织创始人不遗余力地推广家庭护理的理念，并在社区筹集资金。整个 20 世纪 70 年代中期，日间中心模式不断发展，增加了居家支持服务、初级保健服务、急慢性病保健服务和病例管理服务，以帮助衰弱慢病老人继续在社区中生活。1979 年医疗保险资助示范项目之后，1983 年，Medicare 计划和 Medicaid 计划对 On Lok 模式进行了豁免。On Lok 的创新精神为长期护理引入了一种新的融资方法，从而换取 Medicare 和 Medicaid 为每个参保人每月支付固定的服务费用。On Lok 负责提供全面的健康和长期护理服务，包括医院和疗养院护理并承担全部财务风险。1986 年国会立法通过了 On Lok 的豁免，并授权复制该模式的社区组织类似的豁免。遵循这些重要的里程碑，On Lok 开始吸引主流基金会和组织的支持，以测试该模型是否可以在其他社区中复制。On Lok 开创的计划被称为"老年人全面照护计划"（PACE）。基于 On Lok 创始人的远见和辛勤努力，PACE 扩展为全国可复制的计划。

随着海湾地区老年人在地养老需求的增长，On Lok 服务点的数量也随之增加。1995 年，第 30 街长者中心成为 On Lok 长者服务连锁的一分子，为旧金山活力老年人提供多种语言和多元文化的服务。由于 On Lok 致力于为海湾地区的老年人服务，因此 PACE 计划也不断扩展新的服务中心，首先成立于旧金山，随后拓展到东部和南部海湾。2006 年，On Lok 的 PACE 计划采用了一个全新品牌——On Lok Lifeways。40 年前，On Lok 最初是一个为老年人服务的高尚创意，如今已成长壮大为以社区为基础的非营利组织，其宗旨仍然是使老年人在其熟悉的社区中保持高品质生活，让他们可以独立、积极地实现在地养老的愿望。

案例2　参与者自述：我参与PACE项目前后的生活状态

克拉伦斯·塞姆斯先生一直是PACE行动伙伴关系的参与者。在加入PACE计划之前，由于失去养老金，他不但面临财务不稳定的压力，还在与包括糖尿病和肾衰竭在内的多种慢性病作长期斗争。"成为PACE行动伙伴关系的参与者之前，我不太确定明天会发生什么。我没有资格享受医疗保险，所以我没有任何保险保障。有些时候我非常需要去医院接受治疗，却无法就医，只能自行忍受病痛折磨，那真是非常可怕的困局。"

作为一名收入有限、患有多种慢性疾病的老年人，塞姆斯高度赞扬了PACE的综合护理模式："便捷的交通让你能够按时得到必要照护，这让我的健康状况得到极大改善。特别是对于在家居住的人来说，他们可以去到日间中心，参与日常社交互动活动。中心每天开展各种各样的活动。关于PACE计划，我的确不知道该用哪些恭维的语言来形容。PACE的行动伙伴关系是我的救星。"

成为参与者四周后，塞姆斯接受了胃肠手术。PACE的护理团队帮助塞姆斯找到了一名外科医生，并确保他从医院顺利过渡到康复机构，最终回到家中休养。"我必须每周去医院做三次透析。他们来到康复中心接我并确保我能按时接受透析。在康复治疗的六个月结束时，我搬回了我的公寓。""他们还协助处理一些生活小事，比如保障我每个季节都有合适的衣服穿。PACE团队所思所虑总是比我领先一步，让我除了安心康复之外什么也不用操心。以前，我非常担心其他事情无法顺利进行，从而影响康复治疗的效果。"

资料来源：*Care That Works*：*Program of All-Inclusive Care for the Elderly*（*PACE*）。

第三节　整合照护体系搭建核心要素

一　通过治理机制（绩效管理）实现高效整合模型

在党中央的推动以及各地方政府"摸着石头过河"的实践中，我国对医养结合整合照护服务模式的具体形态和方式也开始逐步从以往的国家"包揽型"治理向业态"嵌入型"治理转变。"嵌入型"概念最早由波兰尼提出，用以研究市场与社会的关系。经由格兰诺维特进一步研究，认为一切经济行为都嵌入在与他人互动所形成的关系网络之中，并将嵌入分为关系嵌入和结构嵌入。此后，更多不同学科背景的研究者对嵌入性问题展开研究，并切分出不同类型的嵌入类型或分析框架。本报告认为对于迈向现代化的医养整合服务而言，只有将医、护、康、养中不同的服务业态加以融合，才能更好地获得支持和发展。

如何通过治理机制的建设，实现我国医养照护体系的高效整合呢？最关键的工作是识别出照护体系的关键部分并构建整合照护的绩效治理机制。照护体系的关键部分分为三项基本原则、四个关键要素和一个大环境。

三项基本原则。（1）系统性地衡量照护服务体系的绩效，以及在提供其照护服务过程中的必要成本，根据产出的绩效和成本的比值确定照护服务体系的价值。（2）细分客户群体以及这些客户与该群体相关的服务的绩效和成本。（3）针对具体群体制定详细的整合照护服务内容和干预措施，提高每个细分老年群体的价值。

四个关键要素。整合照护服务体系的四个关键要素支持并促进了整合照护服务体系围绕着三个基本原则重新定位。这些关键要素的不统一阻碍了当前整合照护的发展，如果能够统一关键要素，将会显著提升整合照护的运行水平。四个关键要素主要包括：（1）支付：无论是 PACE 模式，HCSP 模式，还是中国的医疗保险计划，支付的作用是在利益上将整合照护服务主体间的关系进行协调。（2）战略一致的照护提供者：即整合照护服务涉及的各个主体应当在战略目标上保持一致——以顾客的健康为最终归宿。（3）对标分析和研究：即树立标杆性质的整合照护服务模式，各个照护服务机构针对其工作方法、管理制度、服务内容进行对标学习，对绩效结果进行指标归因。（4）数字化：实现每个老年人细分群体的信息采集、即时监控，对照护资源和服务内容实施精准分配（见图 12 - 6）。

　　一个大环境。公共政策能够影响照护服务体系价值的其他所有要素，因此变得尤为重要，塑造照护服务监管、法律和政策体系，有可能阻碍整合照护服务体系的短期发展，但是这一行动可以促进整合照护服务机构进行重组，使得主体协调和服务整合，促进照护服务的真正转型。

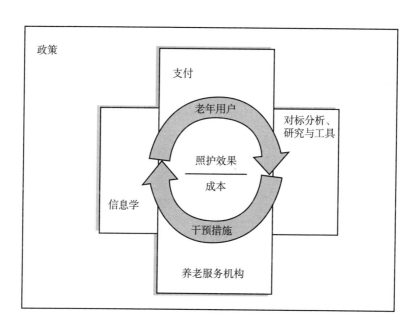

图 12 - 6　整合照护体系关键要素示意

二　对完善中国医养结合长期照护体系的启示

1. 医养结合的养老服务应当是多业态融合、多主体协调的服务体系

"医养结合"是对传统养老服务概念的延伸和拓展，是在人口老龄化加

剧和疾病谱改变的新时期，重新审视和思考养老服务内容之间的关系，并进行适时调整的需要。不仅考虑传统上老年人的基本生活需求的保障和生理层面上的照料，而且对老年人的医疗和养老给予了极高的重视，这是进入老龄化社会并发展到一定阶段后，自然融合的客观需要，也是当前人类不断追求的医疗保健服务和养老照料服务相结合的新型养老模式，医养结合能够有效整合现有医疗和养老资源，为老年人提供健康教育、生活照护、医疗保健康复、体育锻炼、文化娱乐等服务，涵盖生活保障、精神心理、价值实现，体现老有所养、老有所医、老有所乐。更为重要的是在老年人日常生活、医疗需求、慢病管理、康复锻炼、健康体检及临终关怀服务中实现一站式服务。

在人口结构快速转变与社会经济发展变迁交互进程中，中国老年群体的需求日益多元化，尤其是随着人类疾病谱的变化，老年人的生活自理能力下降与慢性病患病并发现象日益凸显，老龄化形势日益复杂。当前，中国已经构建起以居家养老为基础、社区养老为依托、机构养老为补充养老服务体系，老年人可以根据其行动能力状况与服务资源的可获得性自由选择合适的养老服务形式。即通过行动能力与服务资源可获得性两个维度界定较为合适的养老服务形式。以此作为养老服务体系"医养、康养"服务方式选择的判断基础。

2. 医养结合社区养老服务要做好资金的整合和服务的衔接

目前涉及低收入失能老年人的医养结合政策繁多，在资金的整合上，低收入失能老年人养老涉及医疗保险、医疗救助、大病医疗保险、养老保险、高龄津贴、养老服务补贴、最低生活保障等多项资金，涵盖民政、人社、老龄办等多个部门，需要确保资金的及时足额发放。在服务的衔接上，近年开始为低收入失能老年人提供政府购买服务，但各地给付标准不统一，给付水平较低（平均每月约200元），另外，经济落后地区既无社会组织提供服务，社区服务设施也难以辐射到偏远村镇。从提供的服务内容看，老年人健康档案尚未完全建立，服务内容单一，医疗护理服务内容偏少且专业程度不足。因此，社区层面的医养结合养老服务仍有很大发展空间，需加强服务主体之间的协调和服务内容的扩充①。

3. 政府主导下各相关主体协同治理

低收入失能老年人通常是需要较多短期医疗服务和长期照护服务的"高成本"群体，需要多主体共同协作，提供医、护、康、养相结合的服务。为改变目前主管部门责任边界不明晰、机构定位模糊等问题，应借鉴美国 PACE 整合照护模式经验，通过整合资源、资金、政策和信息技术等手段，实现多学科、多部门、多主体之间的沟通协作与协同治理。一方面，应理顺管理体制，打破相关主管部门之间的壁垒，明确职责范围，加强协同合作；另一方面，政府、社会、家庭、个人等相关主体应相互协调、良性互动。政府应为低收入失能老年人提供兜底服务、为普通老年人提供适度普惠的养老服务，激发养老服务供给市场活力，积极回应老年人长期照护需求，在治理中处于中心位置，积极推动医养结合养老服务模式的发展，主动协调多方主体，加大资金筹集力度，激发社会力量参与；社会组织要提高自主能力，灵活创新地提供多样化照护服务②。

---

① 肖云芳、何宇、杨小丽：《医养结合发展热潮的冷思考》，《卫生经济研究》2017 年第 8 期，第 22 ~ 24 页。
② 羊晨、张雪琴、黄康妹等：《质量链管理视角下新型医养结合养老服务体系的构建》，《卫生经济研究》2017 年第 10 期，第 24 ~ 26 页。

第十三章
英国医养结合服务模式的探讨

医养结合的模式不仅仅在中国，在西方发达国家也是非常有意义的创新性的话题。就英国而言，虽然医疗服务是全部免费的，但是近二十年来，由于老年人口的迅速增长和医疗服务成本的日益增高，英国的很多老年人无法及时获得所需的医疗和照护服务。[1] 调查数据显示，一个英国全科医生的预约号往往意味着少则一个星期多则三四个星期的等待时间。如果老年人要看专科门诊，那么预约的时间可能会更长，有时候甚至要等待几个月。[2] 老年群体普遍的身体状况要比青年群体弱，而且很大一部分都患有慢性病或者需要定期检查和走访医生。[3] 如此漫长的等待意味着很多小病慢慢拖成大病、轻症拖成重症，导致医生治疗起来更麻烦。英国所倡导的医养结合模式，其根本目的是在不增加医疗费用的基础上，使老年人的医疗护理需求得到满足。[4]要达到这个目的，很重要的一点是如何利用社区层面的医疗护理资源对老年人提供疾病预防、治疗和管理方面的医疗护理服务，从而减轻二、三级综合医院的就诊压力，并且解决英国老年人的"看病难，照护难"的

---

[1] Care Quality Commission, *The State of Health Care and Adult Social Care in England 2018/2019* (the Controller of Her Majesty's Stationery Office, 2019), p. 5.

[2] Baird, B., Charles, A., Honeyman, M., Maguire, D., & Das, P., : Understanding Pressures in General Practice: , 2016, https://www.kingsfund.org.uk/sites/default/files/field/field_publication_file/Understanding – GP – pressures – Kings – Fund – May – 2016. pdf.

[3] World Health Organization, 2015, : "World Report on Ageing and Health", https://apps.who.int/iris/handle/10665/186463.

[4] National Health Service, "Breaking down Barriers to Better Health and Care: How Health and Care Improve When the NHS, Councils and Communities All Work Together", 2019, https://www.england.nhs.uk/publication/breaking – down – barriers – to – better – health – and – care/.

问题。

本文对英国的国家医疗系统和长期照护系统进行介绍，并在此基础上就医养结合模式进行讨论。通过对英国模式的讨论，本文将对我国的医养结合改革提出一些建设性的政策提议。

第一节 英国国家医疗系统和长期照护系统简介

英国国家医疗服务体系（National Health Service，NHS），一直承担着保障英国全民公费医疗保健的重任。这个体系遵循救济贫民的选择性原则，并提倡普遍性原则。[①]。从 1948 年建立以来，这个体系已有超过 70 年的历史。英国境内的所有居民，无论男女老少看病都是免费的。支持这一庞大的免费医疗体系的资金来源主要是各项税收[②]。NHS 每年大约有 98% 的资金来自税收，另外有 2% 左右的资金来自统一的社会保险（National Insurance）[③]。NHS 体系分为两大层次。第一层次是以社区为主的基层医疗服务，例如全科医生（General Practitioner，GP）[④]。英国的全科医生提供治疗服务全部都是免费的，每一个英国居民都必须在家或者工作单位附近的一个 GP 诊所注册，看病首先约见 GP。任何进一步的治疗都必须经由全科医生帮忙转诊，这也就意味着全科医生在英国的医疗体系里起着举足轻重的作用。从 2015 年开始，英国同区域的全科医生诊所形成所谓的地区内全科医生组织（Clinical Commissioning Group）。这个组织的作用和力量非常强大，它们有

① Greengross, P., Grant, K., & Collini, E., : The History and Development of the UK NHS 1948 – 1999", 1999, https：//assets. publishing. service. gov. uk/media/57a08d91e5274a31e000192c/The – history – and – development – of – the – UK – NHS. pdf.

② Sheard, S., "A Creature of Its Time：The Critical History of the Creation of the British NHS", *Michael Quarterly*, 8, (2011), pp. 428 – 441.

③ The King's Fund, "How the NHS is Funded", 2019, https：//www. kingsfund. org. uk/projects/nhs – in – a – nutshell/how – nhs – funded.

④ Baird, B., Charles, A., Honeyman, M., Maguire, D., & Das, P., "Understanding Pressures in General Practice", 2016, https://www. kingsfund. org. uk/sites/default/files/field/field _ publication_ file/Understanding – GP – pressures – Kings – Fund – May – 2016. pdf.

自己的运营资金，并且可以决定是否要在地区内进行医疗干预等①。除了日常的全科医生门诊服务外，该组织可以根据本地区的人口结构等信息来制订专门针对地区内人群的医疗计划。NHS 体系的第二层次以医院为主，包括急症、专科门诊及检查、手术治疗和住院护理等。近几年来，NHS 的二、三级综合医院面临非常大的资金缺口。由于人口迅速老龄化，而 NHS 资金的增长幅度又远远赶不上老龄化的速度，很多有就医需求的人往往要等上好几个月才能够去综合医院接受检查和治疗。据报道，截至 2019 年 9 月，有 442 万人在 NHS 的等待名单上，而其中 16% 的人等待的时间已超过 18 周；有 23% 的癌症患者为接受第一次治疗已等待超过 2 个月的时间；有 16% 的急诊患者在急诊室等待超过 4 小时才得到救治②。这一系列的数据表明，NHS 已经处于风口浪尖，目前综合医院的医护资源完全无法满足英国国民的健康需求。

英国的长期照护系统和英国的 NHS 系统采用了完全不一样的保障标准。NHS 国家医疗保健服务系统为英国居民提供全面的医疗保障，包括日常医疗、疾病预防、母婴保健、疾病护理等绝大多数生活中需要的医疗服务。长期照护系统更像很多国家的低保系统，只对特别贫困的老年人提供保障。换句话说，有长期照护需求的老年人，除非他们非常贫穷，否则他们无法享受到免费的照护服务。目前英国的政府把免费享受政府照护服务的标准定在家庭资产（包括房产）在 23250 英镑（折合人民币为 20.5 万元）以下的高需求老人③。而绝大多数的英国老人的资产（包括房产）是远远超过这个标准的。这就导致了英国的长期照护服务存在非常大的公平性的问题：最穷的和最富有的老年人不用为照护服务担心，而绝大多数的中产老年人一旦失能，将会面临无法负担高昂的养老院费用的问题。

---

① NHS, "Clinical Commissioning Groups, 2020", https：//www.england.nhs.uk/ccgs/.

② NHS, "Urgent and Emergency Care", 2019, https：//www.england.nhs.uk/urgent – emergency – care/.

③ NHS, "When the Council Might Pay for Your Care", 2020, https：//www.nhs.uk/conditions/social – care – and – support – guide/money – work – and – benefits/when – the – council – might – pay – for – your – care/.

除了正式的养老院或者政府提供的正式照护服务外，英国政府非常提倡非正式照护服务，也就是说由家庭成员、亲戚朋友为失能老人提供照护服务。英国政府也有相关政策可以直接给这些非正式照护者发工资[①]。虽然这是一个很好的解决照护需求的方法，但是也给非正式照护者提供了无形的压力。在 2016 年的一项欧盟关于长期照护的调查中，有11%的英国非正式照护者表示他们想要减少照护的时长[②]。英国政府除了每年会对高龄和失能老年人做各方面的调查外，还会对正式照护者和非正式照护者进行调查，以关注他们的身心健康。

综上所述，英国开展医养结合模式意义非常重大。医养结合通过发挥社区的作用，帮助综合医院减轻医疗负担，也能为长期照护系统减少照护的负担。同时医养结合也能给老年人提供更好的医疗照护服务，让他们能够更好地进行健康管理和疾病管理。

第二节　当前英国医养结合服务模式

自 2015 年 1 月起，英格兰有 50 个地区率先探索新型医养结合模式，推动国家医疗护理服务的发展，英国政府也在此过程中吸取经验教训，对整个健康和护理系统重新进行规划设计。总的来说，这些尝试可以分为以下五种模式[③]。

一　整合社区医疗和住院医疗系统（PACS）

自 2015 年 3 月起，英格兰有 9 个地区被选中开发 PACS（Primary and Acute Care Systems）模式。该模式将医院、社区和精神健康服务的资源整合

---

① Beesley, L., *Informal Care in England*, (King's Fund, 2006), p. 7.

② Brimblecombe, N., Fernandez, J. - L., Knapp, M., Rehill, A., & Wittenberg, R., "Unpaid Care in England: Future Patterns and Potential Support Strategies", 2018, http://www.lse.ac.uk/pssru.

③ NHS, "Models of Care", 2020, https://www.england.nhs.uk/new - care - models/about/.

在了一起，其目的是提高当地居民的健康水平。PACS 模式的成功建立至少需要几年的时间。根据当前这些地区的经验，该模式的成功需要满足四个前提条件。第一，围绕当地居民的共同愿景，建立合作系统。这意味着让社区工作人员和服务提供者包括所有当地的社区医生共同探讨并对提供服务达成一致。第二，组建一支专人负责 PACS 模式执行的团队。团队中要包含管理、护理以及第一线的医护人员。该团队可以激发医护人员的主观能动性，并赋予他们推动整合医疗改革的动力。第三，PACS 模式必须立足于当地居民的需求，制定详细的医疗护理模式、执行模式和筹资模式等。此外，PACS 还需建立独立的账户，以确保获得明确的投资回报。第四，PACS 模式需因地制宜逐步开展，从小处着手，从局部地区开始来测试服务模式的有效性，并据此有效地调整服务。

具体来看，PACS 模式根据当地人群的需求分为四个等级。①

1. 预防医疗与全民健康管理

PACS 需要实施人口健康管理，这就意味着整个系统应建立一个能够将医疗层面和护理层面病人信息对接的共享系统。这个共享系统是整个 PACS 模式的基石，并可以用于医疗和护理服务的实时数据收集。此共享系统有助于专业护理人员或者社区医疗工作者收集信息，并且由此来给患者提供安全、个性化的医疗护理服务。具体实例有 Healthy Wirral 共享系统。该系统将患者的医院治疗记录及其心理健康、社会护理信息相结合，这样患者在就医的时候就不需要向不同的专业人员重复提供信息，而且还能方便社区医生迅速识别有恶化风险的患者，做好预防工作。另外，在 2009 年推出的 Salford 医养结合系统（SIR）也是一个很好的例子。SIR 系统能够整合患者在全科医生、医院、心理健康和社会护理等多方面的信息，使这些信息无缝衔接，并自动和其他人口数据进行匹配。这些信息能够使得社区医生和临床医生轻松地抽调病人的数据和病例，分析人口层面的健康和护理需求，筛查

---

① NHS England, "Integrated Primary and Acute Care Systems（PACS）: Describing the Care Model and the Business Model", 2016, https：//www.england.nhs.uk/wp－content/uploads/2016/09/pacs－framework.pdf.

有患病风险的人群。

2. 对急诊病例迅速做出反应

针对日益增长的急症需求，PACS 模式将侧重于预测和预防。当急诊病例出现的时候，以社区医疗为基础迅速做出反应，避免患者情况恶化，并且提供紧急护理。当患者需要急诊或者紧急护理时，PACS 模式将给患者提供以社区医疗为基础的替代方案，以避免不必要的急诊医疗。例如，诺丁汉中部的 Better Together 组织提供的"呼叫护理"服务，用一个单一的号码来呼叫当地的救护服务。当患者需要急诊的时候，该呼叫将被转移到患者注册的全科医生那里，他将在第一时间提供在初级医疗层面的医疗和护理服务，这样可以减少不必要的救护车或急救人员的出勤次数和患者住院次数，由此减少二、三级医院急诊部门的压力。

3. 加强初级和社区护理服务以应对日益增长的持续医疗护理需求（Ongoing care）

对于老年人和那些有长期照护服务需求的人来说，持续医疗是指有针对性的以人为本的医疗护理服务，在生理和心理上提供支持和护理服务，使人们保持日常生活所需的基本能力。因此，该模式需要药剂师、社会工作者、心理健康专业人员和医院顾问等多方面的投入，以更好地管理复杂的需求。例如，Salford Together 组织通过对药房的大量投资，扩大初级医疗服务的范围。同时利用社区中的药房和药剂师来加强与初级医疗团队的联系，解决体弱的人及老年人的药物需求。此外，高端科技正在重新定义传统门诊服务的提供方式，让年轻人看病更加便捷。医生可以通过远程医疗系统看病，PACS 模式也在测试各种远程医疗系统，以便让社区医生和患者能够在网上寻求专家的意见。例如，Newcambe Bay 的 Millom 社区为社区内的老年失能人群提供远程医院咨询服务，在实行这一远程系统之后，住院人数减少了23%[①]。在英格兰的 Harrogate 地区，骨关节炎医疗小组为患者提供电话寻

----

① NHS England, "Integrated Primary and Acute Care Systems（PACS）: Describing the Care Model and the Business Model", 2016, https://www.england.nhs.uk/wp-content/uploads/2016/09/pacs-framework.pdf.

诊，减少其不必要的到医院就诊的次数，给患者就医提供方便。

4.加强社区和医治机构的协调来帮助高需求患者（patients with complex needs）

在 PACS 模式中，对于长期受多种疾病困扰有更复杂需求的患者，PACS 模式疏通社区和医院，召集专家们围绕患者的需求讨论并制订个性化的治疗方法和服务方案。PACS 模式专门设有临床医生来处理复杂需求的病例，并在医院和社区之间对患者进行跟踪和观察，以便更好地为他们提供服务。例如，South Somerset 地区的 Symphony 组织建立了针对高需求患者的医疗中心，该中心有医护人员为患者制订有效治疗方案，减缓或者避免其病情恶化，并减少患者不必要的急诊和住院医疗，对已住院患者进行有效治疗以促进其尽早出院。社区护理人员也可以在第一时间及时获得专家指定的方法和护理计划。这一项案例的早期结果表明，急诊入院率确实下降了30%，住院时间也缩短了。[①]。

案例1　South Somerset 地区的 Symphony 组织

英国威尔士西部的 South Somerset 地区在近几年创立了以 PACS 模式为导向的医养结合整合医疗组织——The Symphony Programme。这个项目是由19个当地的全科医生诊所、2个当地的综合医院以及当地政府一起组织。这个组织的工作包括把二、三级综合医院的数据和全科医生在社区层面的患者数据整合起来并共享，开发新型的个性化的医养结合模式，并且集中专业的力量来辅助和指导社区层面和初级医疗层面的服务。

在人口健康管理层面，该组织发展了52个健康管理师。这些健康管理师的职责是和那些有慢性病或者需要持续医疗护理的患者进行定期沟通，帮助他们制定个性化的医疗和护理方案，帮助他们预约所需要的医疗服务等，以减少这些需要持续医疗的病人使用不必要的全科医生和综合医院的资源。

---

① NHS England, "Integrated Primary and Acute Care Systems（PACS）: Describing the Care Model and the Business Model", 2016, https: //www. england. nhs. uk/wp－content/uploads/2016/09/pacs－framework. pdf.

该组织比较成功的项目还有远程糖尿病控制项目。这个项目主要是由在综合医院的医生定期和全科社区医生远程讨论并制定对复杂糖尿病案例的治疗和护理建议。这样一来，省去了患者去综合医院的麻烦。这些患者的病情完全可以在全科医生的诊所里进行治疗，并且享受到所需的综合医院的服务。

资料来源：http：//www.symphonyintegratedhealthcare.com/about－symphony/。

二　创建社区层面的医疗护理专业团队（MCP）

英国医养结合整合医疗的第二种模式是在社区层面建立一支具有医疗专业性的团队。在英格兰有 14 个地区正在采用这种医疗护理专业团队带领的社区专业护理，致力于发展以人口为基础的卫生和社会护理模式（NHS England，2016c）。MCP（Multispecialty Community Provider）模式和 PACS 模式在内容上很相像，但是 MCP 模式主要由全科医生和社区层面的医护工作者来领导，而 PACS 主要是由地区内的二、三级医院领导的。MCP 模式有如下服务。

1. 针对全部人群的预防服务

预防是 MCP 模式的基石，社区的医生和工作人员从社区入手，管理居民健康。英格兰的 Sunderland 地区创立了 All Together Better Sunderland 的 MCP 模式组织。这个组织录用了 1.8 万多名志愿者成为社区卫生倡导者，对该地区的 10.4 万人口实施大规模的健康管理计划，并且针对特定患者群体提供个性化的健康管理计划。

2. 针对急诊病例：反应迅速的紧急医疗护理服务

对于患者和医护人员来说，病人看完急诊以后，还需要对他们的身体状况和康复情况进行追踪，但很多时候，全科医生、护理人员和患者常常感到服务缺少连贯性，开发 MCP 是解决此问题的一种方法。MCP 模式可以协调医生、社区药房和急诊，利用共享数据为制订护理和医疗计划提供基础，并鼓励患者通过网络来预订预约医护服务。很大一部分的 MCP 组织通过一些临床中心来提供紧急护理服务，患者可通过拨打电话或单点访问立即就医。这意味着 MCP 能够适当地将一部分潜在的紧急患者从二、三级医院的急诊转移出去。南诺丁汉郡的 Principia Partners in Health 就是 MCP 模式的一个很好的例子。在这里，每一个病人都有一个临床和护理记录系统。医生、急诊室医护人员、急救救护车的医护人员，甚至每个护理点都可以查看这些病人的记录，从而为临床医生提供尽可能全面的信息，以提供更高效、更好的服务。这样的紧急医护服务可以帮助医生给患者提供更及时有效的急救医疗和护理服务，同时节省二级和三级医院的医疗资源。

3. 针对持续医疗护理需求：整合初级医疗和社区护理服务

MCP 模式的核心是整合初级医疗和社区护理。MCP 旨在拓宽医疗服务的涵盖范围（如整合初级、社区、心理健康、社会和紧急护理服务），加深初级医疗服务的深度（如提供门诊范围内的服务）。MCP 的核心是跨学科专业团队。这个团队不仅为存在住院高风险的患者提供医疗护理支持，还提供社区内的住院服务，以确保患者离开二、三级医院以后依然能够得到很好的照顾。MCP 旨在将初级医疗和社区护理完全融合在一起，提供包括健康管理（包括预防跌倒、药物管理、监测恶化情况）、康复和复健（包括病后或手术后的康复）、专科护理（包括根据患者病情制订社区医护方案）在内的一系列医疗护理服务。

4. 针对高需求的患者：扩大医疗护理范围

第四个等级是针对复杂病例并且容易发生高昂医疗费用的一小部分患者。许多地区推出了扩大医疗护理范围的模式，其目的都是减少不必要的住院和再入院、缩短住院时间。例如，Fylde Coast 地区为有较高护理需求的患者提供更多项目，扩大医疗护理范围。该项目以患者个人的需求为导向，旨在解决患者涵盖医疗、护理和心理健康各个方面的问题。它汇集了当地社区的全部资源，侧重于早期干预和积极预防。经患者同意，临床服务从以主治医生为主转移到广义医疗护理模式上。由老年医学顾问或医生领导、跨学科团队支持的广义医疗护理服务团队可以根据患者的自身情况，提供专门的健康顾问，帮他们确定健康目标，为他们提供特定的疾病医疗服务和护理服务。

需要指出的是，尽管 MCP 和 PACS 都是以人口为基础的新型医养结合模式，目的是改善当地居民的身体、心理和社会健康，但它们在范围与规模上都有所差异。就范围而言，这两种模式都包括初级、社区、精神卫生和社会护理服务，PACS 主要侧重的是本地医院的医疗服务，MCP 主要侧重的是社区和初级医疗团队领导的护理服务，并可以提供一些目前在医院中提供的服务，包括门诊服务以及扩展社区中的紧急护理服务。这两种模式都有潜力改变传统医院服务的提供地点和方式。各个社区可以根据本地区的情况来选择适合的模式。比如，如果一个社区的全科医生资源匮乏，无法做到和二、三级医院的整合工作，那么选择 MCP 模式会更适合。就规模而言，MCP 覆盖的人口在 10 万以上，而 PACS 可以覆盖 25 万以上的人口。

案例 2　Local Health Economy 组织

Local Health Economy 是 Fylde Coast 地区主导的医养结合模式，主要覆盖两大地区的人口。一个地区是海岸沿线，这个地区的人群大多非常贫穷，其平均寿命远远低于英格兰富裕地区的人群平均寿命；另一个地区是农村，这个地区的人口老龄化严重，很多居住在该地区的老年人都患有多种慢性疾病。这两个地区的人口结构和社会结构决定了当地的居民有比较高的医疗和护理需求，并且这些人群很可能会给政府和社会带来高昂的医疗和护理费用。因此 Local Health Economy 在那些有高需求的患者层面，针对 60 岁以上并且患有两种或以上慢性病的老年人制订详细的个性化的医疗和护理计划。老人首先会被邀请到全科医生的诊所进行全面的检查，然后根据检查的结果，专科医生、全科医生、护理人员、照护人员等一起讨论制订详细的个性化的医疗和护理的计划。在这个计划确定实施以后，老人会定期和自己的健康管理师见面，讨论治疗方案的实施效果等。对那些需要进行康复治疗的老年人，健康管理师还会给他们设置阶段性的目标，督促他们进行康复治疗。

资料来源：https：//www.lscft.nhs.uk/fylde-coast-local-health-economy/。

三　为养老院的老年人提供更好的医疗、护理和康复服务（EHCH）

完善养老院服务在医养结合整合医疗中起着非常重要的作用。在英格兰，有6个地区推行 EHCH（Enhanced Health in Care Homes）模式，致力于改善生活在养老院的人们的健康、生活质量、医疗护理服务。在这6个地区，养老院与 NHS、地方当局、志愿部门、医疗护理人员和家庭密切合作，以优化老年人的健康状况。EHCH 护理模型与 MCP 和 PACS 新护理模型紧密合作，提供全民医疗护理服务[1]。

根据实践经验，EHCH 模式有七大核心要素，以促进该模式的良性发展。第一，加强提供初级护理服务。EHCH 从传统的护理模式转向以居民、其家人和家庭护理人员的需求为中心的护理模式。这种模式需要通过完整的系统有条不紊的协作来实现。具体目标是为居民提供持续的护理、及时的药物复查和营养支持，并简化转诊的过程。第二，加强专业医疗团队支持。专业医疗团队可为有医疗护理需求的患者在其需要时提供正确的医疗护理。团队通过充分利用来自多个专业医疗团队的知识和技能来满足患者复杂的需求，包括初级护理、社区健康服务、紧急护理以及其他专家建议。该团队还确保有复杂需求的居民能够获得专家建议。第三，注重康复工作，以提升患者自理生活能力。注重康复工作，可以促进患者在家独立生活的能力、缩短患者住院时间、降低重新入院的风险。第四，提供高质量的临终关怀服务和针对痴呆症患者的服务。就临终关怀而言，EHCH 应确保它不仅满足个人本身的需要，而且满足其家庭、照料者和社区的需要。养老院的工作人员还会得到专业技能培训，以更好地照料临终的老年人。就照料痴呆症患者而言，共享护理计划对于提供高质量、个性化的护理计划和生活计划，以及确保及时获得二级护理和专业的精神健康护理起着重要的作用。第五，加强医疗与社会服务之间的合作。为了确保护理质量，养老院工作人员需要与社会

---

① NHS England, "New Care Models: The Framework for Enhanced Health in Care Homes", 2016, https://www.england.nhs.uk/wp-content/uploads/2016/09/ehch-framework-v2.pdf.

护理服务提供者紧密合作，建立网络化的护理之家，共享信息。通过协作，在现有合同的基础上加以改进，以推进该模式的实施。第六，注重员工队伍发展。EHCH 模式成功的基础是一群擅于合作、技能熟练且自信的员工。经常学习和培训员工，可以让员工获得宝贵的培训和发展机会，同时也能确保养老院患者在院中得到最好的护理。第七，患者数据共享。一个可以共享的数字化系统是完全实现 EHCH 模式的重中之重。这个系统用以访问患者健康数据、医疗护理记录，并支持在护理院中使用辅助技术和远程医疗。

案例 3 Nottingham City 全科医生团队与当地养老院的合作

英格兰诺丁汉地区的全科医生团队和当地的养老院和长期照护组织达成了紧密合作关系。例如，全科医生建立了一支老年痴呆症医疗护理队伍。这支队伍深入诺丁汉地区的各个养老机构对机构内的护工以及其他工作人员进行定期的培训。并且对机构内的患有老年痴呆的患者进行寻医问诊。这支全科医生的团队同时也对养老院的复杂病例进行定期寻访，制订医疗护理计划，从而使有高需求的养老院的老人们能够得到高质量的服务。

另外，诺丁汉的全科医生团队还开发了患者谈心项目。医生定期去养老院和患者进行一对一的谈心，了解患者对目前治疗和护理服务的满意度，就不满意的情况向养老院的相关人员进行反映。也使养老院的高度失能的老人得到了很好的治疗和照顾。

四 提升协调能力和减轻急诊室压力（UEC）

在上文提到的几个模式中，我们已经详细阐述了如何通过整合医疗服务和资源来减轻急症室的压力。从 2015 年 8 月起，英格兰有 8 个地区推行 UEC（Urgent and Emergency Care）模式，下面我们就着重介绍两个急症医疗护理的案例。

案例4 急诊医疗和护理在英格兰各地的实施

第一个例证。在西约克郡，NHS 和照护系统形成了新型医疗照护站，专门针对患病严重或有较高医疗需求的患者提供专业服务及设备，以保证高风险患者可以迅速得到专业的护理。在这个站点内，有各类的专科和护理的专家，这些专家和急诊科的医生合作，尽力为有医疗需求的急诊患者提供最好、最及时的治疗，并且尽力把治疗放在站点内进行而不是送到二、三级综合医院的急诊科。在 6 个月内，西约克郡的新型医疗照护站已经接收了 2000 多个患者，其中包括 636 例急症患者。

第二个例证。白金汉郡、牛津郡、贝克郡以及汉普郡的救护车医疗队成立了专门应对老年人摔倒的团队。这个团队结合社区的医护人员，给摔倒但无大碍的老年人提供及时的社区寻访服务而非救护车服务。如果遇到老人摔倒叫救护车的情况，社区的医护人员会立即前去摔倒的老人的家中，查看他们的状况，确定老人是否骨折或者肢体的损伤情况。对有局部小损伤的老年人，社区医护人员会对其进行及时的治疗护理。这个团队在一年内接到并且及时处理了 65000 个因为摔倒而打急救的电话。经过社区的医护人员的迅速巡诊，3/4 的老人都能在社区层面解决因摔倒而产生的医疗和护理的需求。

资料来源：https：//www. england. nhs. uk/integratedcare/case – studies/integrated – care – in – action – urgent – care/。

五 地区性的医院合作（ACC）

自 2015 年 9 月起，英国有 13 个地区尝试 ACC（Acute Care Collaborations）模式，旨在促进邻近地区医院的合作，并提供高质量的医疗护理服务。[①] ACC 模式是一个多元化的团体，其服务范围、合作伙伴数量、地理规模、

① NHS England，"No Hospital is An Island：Learning from the Acute Care Collaboration Vanguards New Care Models"，2018，https：//www. england. nhs. uk/publication/no – hospital – is – an – island – learning – from – the – acute – care – collaboratives/.

运营模式和组织形式各不相同。就服务范围而言，可大致分为三类：第一类是医院团体，若干个医院在单一的组织结构下工作；第二类是多服务团体，服务提供者在一系列临床和非临床领域展开合作；第三类是单一专科服务团体，指的是提供特定专科服务的专科临床医生组成的团体，比如神经科医生团体、骨科医生团体等。

尽管 ACC 有不同的种类，但其提供护理的质量并保持可持续性的准则都是相似的，主要分为以下四点。

第一，实施标准化的临床实践。所有的团队都在共同努力，以提高医疗护理质量。这样的协作要求医护人员充分利用各个医院的专业资源，汇集临床专业知识。这包括将各个医院的专科临床医生召集在一起，共同制订和实施针对老年人疾病的最佳医疗护理方案。与此同时，通过创建新数据库，对这些方法进行评估，以此提高服务质量。

第二，优化各医院的床位分配。各大三级医院之间的合作为更好地提供临床服务创造了机会。比如，现在病人们无须在同一家医院等待影像学和病理学等检查服务。有需求的病人可以跨医院接受影像和病例学的检查。例如 The Mental Health Alliance for Excellence, Resilience, Innovation and Training，是精神病医院之间的合作网络。这个网络中有四个医院正在开发床位协调管理系统，用以查看每个医院的病床的使用情况。这样使得管理人员能够实时查看所有四个机构的病床使用情况，并及时将有需要的病人进行安置。

第三，建立医疗外部合作关系。ACC 可以利用自己的规模、品牌和影响力与公共、私营和慈善机构建立合作关系。例如，Foundation Healthcare Group 与 Roald Dahl（著名儿童作家）的 Marvelous Children's Charity 的合作关系吸引了很多慈善资金的捐助。这些捐助资助了癫痫病护理专家，为肯特郡 300 个有癫痫病儿童的家庭提供了支持，减少了儿童前往伦敦就医的需要。

第四，支持与其他医疗服务系统合作。许多组织正在与社区和初级护理服务系统合作，通过整合初级、社区和本地医疗服务资源，支持个人过健康的生活。例如，柴郡和默西塞德郡的医生通过合作，重新设计了头痛、癫痫和背痛的初级医疗护理路径，从而提高了治疗的质量并减少了不必要的转诊。自试点以来，该护理路径有效减少了6%的患者转诊到三级医院①。

案例5 神经科医疗网络系统

英国的神经科医疗网络系统（Neuro Network Vanguard）是由英国的沃顿医院发起的，该医院是治疗神经类疾病的专科医院。该医院召集英国各大综合医院的神经科的医生共同为长期患有神经功能疾病和脊椎疾病的患者制订新的有效的治疗方案，并且在这个基础上进行治疗方法创新。这个医疗网络的初衷是使英国的神经系统患者不管在哪儿都能得到统一的、高质量的服务，并且能够随时得到专家的治疗。这个系统的神经专科医生每周花3~4天的时间去英国的各大综合医院进行专科门诊。他们还用远程视频的方法给没有专科力量的综合医院进行培训。另外，这个网络还对全科医生进行培训，确保他们知道如何在初级医疗和社区的层面来治疗和护理有神经性疾病的患者。这个系统同时还培训了可以在社区提供治疗和护理神经科的专科护士，使护士能够更好地为患者服务。

资料来源：https：//www. thewaltoncentre. nhs. uk/News/291/vanguard – project – receives – funding – to – improve – care – for – neurology – and – back – pain – patients. html。

第三节　结语

英国在医养结合和整合医疗方面采取了不少卓有成效的举措，有一些可以为我国所借鉴和使用，而有一些则可能并不适合我国的国情。本文提出以

---

① NHS England，" No Hospital is An Island：Learning from the Acute Care Collaboration Vanguards New Care Models"，2018，https：//www. england. nhs. uk/publication/no – hospital – is – an – island – learning – from – the – acute – care – collaboratives/.

下几点政策建议。

第一，我国的医养结合需要更多地发展全科医生和社区医院的主观能动性和专科力量。在英国的几个模式里，我们可以看到，综合医院和社区层面的医疗护理团队有很紧密的联系。在前述多个案例中，综合医院带动了社区层面的全科医生和医疗护理团队，完成了对患者的治疗和医疗护理服务。我国可以加大对社区医生的培训力度，创造更多的培训机会，完善医疗团队的内部沟通和学习机制，比如，为每个医疗团队设置一个团队助理，也可以加强不同医疗团队之间的协作，尤其在分诊上将病症和医疗团队进行精准匹配。

第二，健康管理和预防至关重要。在文中的几个例子里，我们都可以看到，英国的医养结合模式会特别关注很多高需求或者需要持续医疗护理的患者。好几个医养结合的组织都有专门的健康管理师或者相关人员对有需求的患者进行定期的巡诊。而这些患者如果有医疗护理需求，他们不用等待太久就能联系到相关的服务供应者，很大程度上降低了轻症转重症的可能性。我国也应该充分发挥社区的作用，做好群众健康档案管理工作，提前筛查高风险患病人群，宣传预防保健知识，尽可能降低患病率。

第三，信息共享非常关键。病人的病例信息如果能够在综合医院、全科医生、社区医院、护理院或者养老院共享，会对提升治疗效率及效果起到极大的作用。信息共享可以让医生知道病人接受了什么治疗、吃了什么药、有什么具体症状，让医护人员有充足的信息提供及时有效的服务。具体来说，我国应建立健全相关法律法规，保护病人的隐私，同时医院可与华为等国内大型科技公司合作，构建一个"市、区、社区"三级医疗机构共享的信息共享平台。首先，社区居民可以与社区的家庭医生签约，而后，社区医生会对其进行首诊，并根据首诊情况由社区医生开出相应的处方，给出转诊以及健康管理等建议，转诊回来后仍由社区医院进行延续治疗。

第四，医养结合需要各地政府出资建立详细的计划、专项资金以及专门的团队来完成。英国所有的医养结合的模式都是在中央政府或者地方政府的投资下依靠专项团队制订详细计划完成的，这样才能保证各种模式有充足的资金进行运转。在政府强有力的领导与充足的资金保障下，专业团队才有可能以人为本，制订并落实详细且科学的计划保证医养结合模式的推广，切实保障人民日益增长的健康需求。

第十四章
浅谈日本老年护理服务产业

第一节　日本老年护理行业的发展现状

　　根据日本内阁府《2019 年版高龄社会白皮书》的数据，截至 2018 年 10 月 1 日，日本的总人口达到了 12644 万人。其中，65 岁以上人口为 3558 万人，占总人口的 28.1%。同时，1947 ~ 1949 年 "婴儿潮" 期间出生的人到 2025 年将全部进入 75 岁，在日本，75 岁以上的老人被称为 "后期高龄者"。再者，预计到 2040 年，1974 年前出生的 "婴儿潮二代" 也会全部踏入 65 岁的门槛，成为高龄者（在日本，65 岁以上老年人被称为高龄者），这在今后也会引起普遍关注。届时，护理、医疗、社会保障相关领域的人手不足、含护理费在内的社会保障费用激增等问题将会更加突出。日本正进入一个前所未有的超高龄社会，面临着一系列的新挑战。为了实现安倍政府在 2015 年 9 月提出的 "一亿总活跃社会" 蓝图，被誉为 "三支箭" 中的一支的 "带来安心的社会保障"[①] 也就提上了日程。其中，护理产业将来的发展引起了产业界、学术界和政界的广泛讨论。特别是为了应对以城市为中心激增的护理需求，如何既确保护理人才供给，又切实朝着提高效率的方向行进，已成为重要的政策课题。而且，在迎接 "婴儿潮" 高龄化的同时，也要求提供多样化和专业化的护理服务。其解决办法

---

① "安倍经济学" 的 "新三支箭"：第一支是 "孕育希望的强大经济"，第二支是 "构筑梦想的育儿支援"，第三支是 "带来安心的社会保障"。具体来说，经济目标让 GDP 从 2014 年的 490 万亿日元增至 600 万亿日元。在育儿支援方面，对养育孩子的家庭给予更多支持，将生育率由 2013 年的 1.43 提高至 1.8，杜绝因家庭护理而放弃工作的现象发生。

有引入护理机器人、重新评估护理费用、紧急应对护工的人手不足或改善待遇等。

以下将就日本护理产业面临的主要问题做详细介绍。

一 护理制度与资金匹配不平衡

日本公共护理保险制度从 2000 年开始施行以来，已经 20 余年了。其财源的 50% 是投保者缴纳的保险费，另外 50% 通过税金支付。税金部分的明细为：国家占 25%、都道府县占 12.5%、市町村占 12.5%。使用护理服务时，自己负担部分为 1~3 成，剩余的 7~9 成则通过这个财源来支付。实际上，2000 年创立护理保险制度的主要原因在于，当时社会福祉行政推出的政策把此前受限制的护理服务市场向民间开放，使护理服务的供给量迅速增加。该举措取使过重的家庭护理逐渐社会化了。但是，作为公费被投入的税财源，会引起保险费率变低、个体负担率变低等问题，导致价格出现扭曲。价格扭曲会对保险产生过大需求，从而损害市场效率。

我们来梳理一下护理服务的需求是怎样扩大的。

首先，护理保险服务的需求对象以及使用者的人数发生了变化。据日本厚生劳动省的统计数据显示，65 岁以上的被保险人从 2000 年 4 月的 2165 万人增加到 2018 年 4 月的 3488 万人，18 年间增加了 61%。同时，需要护理和支援的认定者数量增加了 1.94 倍（从 218 万人到 641 万人）、服务使用者数量扩大了 2.71 倍（从 149 万人上升到 553 万人），这个增长速度远远超过了老年人的增长速度。

其次，护理费用在这 18 年间的推移情况。护理业的规模从 2000 年的 3.63 兆日元增长到 2018 年的 10.22 兆日元，增加了 1.82 倍。目前，护理保险财政的可持续问题令人担忧，其应对方法便是继续实行财政抑制改革。改革手段主要有：①减少护理报酬；②限制有支援需求者的使用；③规定护理机构的总量；④强化行政的管理、监督、规定等"非市场手段"。后续还会讨论其他财政抑制政策。

二　护工人员匮乏且工资低

护理产业人才不足也是一个大问题。根据厚生劳动省的统计，到 2025 年，相较于 245 万人的需求，护理人才供给只有 211 万人，存在 30 万人以上的供给缺口。

现有的人才保障政策有实行资格制度的重新评估或是增加外国劳动力等。这些政策的实施，使从事护工工作的人数逐年增加，但人才不足的问题尚未解决。

护理人才不足的原因，除了少子高龄化的社会大背景以外，护工的工资低、离职率高、劳动环境严苛等也是重要因素。

根据《公司四季报　业界地图 2018》，对日本 63 类产业的收入待遇进行排序，护工职位处于最下游。另外，根据厚生劳动省在 2018 年发布的调查报告，护工的平均月工资是 297450 日元，比全产业平均的 408000 日元低了约 10 万日元。因此，政府决定实施"连续工作 10 年以上，护理福祉薪金月工资平均提高 8 万日元"的政策，并为此预算 1000 亿日元的财源。但是，由于 8 万日元的支付金额是交给所属的护理事业单位承担，护工本人领取的金额随工作单位不同而有所差异。因此，能否有效地高护工本人工资还不得而知，此政策的效果还有待观察和评估。

另外，关于离职率情况，据公益财团法人介护劳动安定中心的调查显示，护工在 1 年间的离职率是 16.7%。就比例而言，每年每 5 人或每 6 人中就有 1 个护工离职。离职的主要原因是职场的人际关系。人际关系上的问题主要有：工作部门变化少、有人用高压态度对待部下和同事、沟通交流不足，等等。

再者，护工工作有被称为 3k（严苛 kitui、肮脏 kitanai、危险 kiken）的普遍负面印象，这也成为人才录用困难的一个因素。

针对上述关于日本护理产业的人才保障问题，提出以下几条对策建议。

（1）政府应该制定国策，提升护工职业形象。

（2）以降低护工离职率为目标，改善适合护工工作的劳动环境，引入

IT 或机器人系统等。

（3）通过引入和活用外国人才来弥补国内人才不足。

三　社会保障财源紧张

社会保障财源是由社会保险费和公费构成。但是随着社会保障费支出的增加，社会保险费收入已很难满足，接近一半的费用需要由公费支付。随着日本社会少子高龄化的加剧，养老金、医疗护理等社会保障费用急速增加，消耗了国家和地方财政的大部分经费。

在 2019 年政府经济财政咨询会议上，相关人员展示了一个预算：比起 2018 年的费用，2040 年度的社会保障供给费用将增加约 60%。因为 2018 年的社会保障供给费用是 121 亿日元，2040 年会增加到 188 亿 ~ 190 亿日元，具体明细为：养老金 73 兆日元，医疗费用 68 兆日元，护理费用 24 兆日元，保育费用 13 兆日元等。与 2018 年相比，养老金增加 30%，医疗费用增加 20%，护理费用增加 1.4 倍，保育费用增加 60%。另外，根据内阁府《2019 年版高龄社会白皮书》的数据，1950 年 1 个 65 岁以上老人有 12.1 个工作人群（15 ~ 64 岁的人）支撑，2015 年 1 个 65 岁以上老人则仅由 2.3 个工作人群支撑。随着高龄化率上升，工作人群的比例下降，到 2065 年 1 个 65 岁以上老人只有 1.3 个工作人群支撑。

换言之，以前 1 个老年人靠 12.1 个工作人群来支撑，但到 2065 年，预计 1 个老年人只能依靠 1.3 个工作人群来支撑。很多人担心社会保障会崩溃。现在为了支撑高龄者一代，已经花费了庞大的护理费用，可以预想将来的状况会更加严峻。

另外，人们普遍认为日本的财政赤字很大一部分源于为了应对高龄化带来的社会保障费用增加而不断增加的政府支出，与此同时，供给财源的税收却不足。财政健全化与社会保障制度的可持续性是一体的。笔者提出如下对策：（1）为了应对支撑老年人的工作人群减少，实行提高整体经济潜在增长率的结构性改革①；（2）实行社会保障、税收一体化改革，确保社会保障的税收财源；（3）抑制社会保障的增长。

四　护理服务质量问题被忽略

如上所述，护理劳动市场中的人才不足问题、护理保险的财源保障问题一直广受关注，如何提高护理服务的供给量成了政策课题。然而，关于护理服务质量的问题却被忽视。关于老年人希望获得什么样的服务、他们的需求函数如何等基础信息，相关的实证研究相对不足。

考虑护理服务质量的时候，有两种视角。② 一个是服务提供方的视角。这个视角首先看提供的护理服务是不是与支持日本护理保险制度理念的"自立支援"或"使用者为主"的设定相关。其次，护工们是否按照当初为了提高使用者的生活品质而制订的护理计划来提供服务。最后，吸引民间营利机构加入，根据市场化方式运作。

第二个是使用者的视角。护理服务是不是符合使用者的期待，根据使用者的不同，服务方式也会有很大差异，可以说服务质量具有多面、多意的属性。

护理服务中，服务使用者本人或家属、服务提供者、保险人地区居民等存在各种各样的利害关系，根据当事者不同，护理服务质量的评价方法或评价结果是不一样的。关于护理的量的问题的研究较为丰富，然而对于护理质量的相关研究，特别是对使用者服务偏好的定量分析很有限。

五　长期护理保险的功与罪

日本政府 2000 年通过创设护理保险制度，消除了国民的不安感，把患

---

① "安倍经济学"的"旧三支箭"。第一支是金融政策，第二支是财政政策，第三支是结构性改革政策。安倍政府希望通过结构性改革，逐渐建立以新兴产业为核心的高端制造业发展新模式。其中，以新能源汽车为代表的汽车产业、以机器人技术为核心的高端装备制造业，以及符合日本老龄化社会基本国情的医疗产业等，成为这一新模式的三大支柱。

② Kaneko, S., Kawata, K., & Ting, Y., "Estimating Family Preferences for Home Elder-care Services: Large-scale Conjoint Survey Experiment in Japan", *Research Institute of Economy, Trade and Industry* (RIETI) Discussion Paper 19 – E –092, 2019, pp. 1 –24.

者家属从"护理地狱"的过重护理负担中解放了出来，同时推动护理服务社会化。客观地说，这种尝试在刚开始的确取得了成功。但是，之后通过"非市场"的财政抑制政策，却使情况发生了变化。进一步的财政抑制政策的实施很可能让制度创立时的努力和成功付诸东流。为了摆脱财政抑制的负面影响，有必要从经济学的视角来探讨。

从经济学的观点来看，导入公共护理保险的目的是解决民间护理保险市场的痛点，通过强制加入保险制度来应对国民的护理风险。从效率的观点来看，市场可以做的事，就交给市场做，即使政府介入，也要尽量避免产生市场扭曲，这是保险应遵循的原则。日本的护理保险制度引入了"保险原理""市场原理"的观点，实行了与以往的社会保险制度完全不同的新制度设计。换言之，就是使民间事业机构可以自由进入居家护理领域，遵循成本收益原则设定保险费用以及负担额度，各保险者拥有某种程度的决策权，自行运营保险业务的一种制度。① 于是，以居家护理领域为中心的护理服务的供给量急速扩大，使用者也大幅增加。但是，其中有些设计欠合理性。例如，设计了基于现收现付的征税方式的短期保险，或者实施从保险原理来说无论如何也难以容许的超过五成的高额公费投入。

在社会进入超少子高龄化的日本，这样的制度设计使财政方面很快陷入僵局。而且，和其他的社会保险制度一样，不合理的各年代间的所得再分配也会发生。另外，护理机构领域存在的进入规制、护理报酬的价格规制、禁止对家属进行现金支付等②，也扭曲了护理服务市场，造成

---

① 日本介护保险制度将居住在日本的40岁以上者纳为筹资对象，其中65岁以上为第一被保险者，40~65岁为第二被保险者。介护保险筹资主要包含两部分，一部分是国家税收支付50%，另外50%由个人支付，全部保险金由各个市町根据自身的经济财源制定。如果市町税源较充实，可以提高介护保险金的水平，提高税收所占的比例。目前日本介护保险的特别之处就在于缴费上采取"税收＋保险金"的形式，以此来保证介护保险财源的稳定。保险制度的根本目的是希望保证65岁以上的人能够得到保险的服务。从缴费机制上看，大部分的缴费是直接从养老金或社会保险中抵扣的，因此不直接涉及收费，除了10%的低收入人口需要直接缴费。

② 作为一种支援家庭护理的政策，给家属支付现金补贴。但是这与提倡护理社会化的保险制度背道而驰，所以这个政策在日本还存有争议，且反对意见很大。

了"待机高龄者"问题、护理劳动力不足、改善护理状态的动力不足等诸多问题。

六　护理服务产业改革趋势

如何对护理服务产业进行根本性的改革？在少子高龄化的情况下，应实施可维持的财政支持政策，修正超过五成的异常高额的公费投入率；把保险的运营交给民间保险公司；为了让市场机制发挥作用，护理服务价格应逐步市场化。可以考虑八代尚宏①或铃木亘②提出的"混合护理"。所谓"混合护理"制度，就是护理给付费用支付 9 成的护理报酬，实际的护理服务价格可以由事业单位决定。

第二节　日本老年护理服务行业改革调研情况

一　护理服务行业的调研方法

首先，阐述调查的方法、目的、特点和过程。

这部分将介绍笔者所在单位——独立行政法人经济产业研究所于 2018 年 10 月实施的 2018 年度"关于居家护理需求的网络调查"。笔者作为项目负责人开展了一个名为"关于日本与中国的护理产业更进一步发展的经济分析"项目，本调查是其中一环。

本调查的目的是把日本潜在的需要护理的人群（设定为 40 ~ 59 岁）对护理服务的需求以及对服务项目的定价明朗化。具体来说，运用完全随机联

---

① 八代尚宏：《シルバー民主主義—高齢者優遇をどう克服するか》，中央公論新社，2016。

② 铃木亘：《だまされないための年金・医療・介護入門—社会保障改革の正しい見方・考え方》，東洋経済新報社，2009；铃木亘：「社会保障改革の視点（上）「混合介護」で労働力確保を特養の統治改革急げ高齢者の地方移住を促進」日本経済新聞朝刊『経済教室』，2015；铃木亘：「介護保険施行 15 年の経験と展望：福祉回帰か、市場原理の徹底か」，*Research Institute of Economy, Trade and Industry*（RIETI）Discussion Paper 16 – P –014, 2016, pp. 1 –47.

合实验（Full-randomized Conjoint Experiments）对受访者提示假想的护理服务，让其选择更喜欢的服务。通过这种办法，使假想的居家护理、访问护理有无使用意义就变得明确，同时也能为将来的政策制定提供基础依据。

与医疗服务等的需求调查相比，护理服务的需求调查在全球都较少。其中一个原因是护理服务具有提供服务的内容或价格设定等多种属性，需求构造的推定比较困难。关于护理的量的问题的相关研究较多，但关于护理的质的相关研究，特别是使用者喜欢的服务的理想状态的定量分析非常有限。

考察关于护理服务质量的问题，实际上也牵涉数量问题，二者具有包含关系。比如，为了解决护工不足的问题，希望引入外国护工积极参与，但是护理工作中要求与人沟通交流，许多日本人排斥语言文化有差异的外国护工。

基于上述问题，本调查通过假想实验法实施网络调查，调查护理的质量问题，特别是使用者的家属对服务的喜好问题。本次采用了联合实验法或被称为假想实验法的研究方法。该方法经常运用于经营学、政治经济学领域，近年来也被广泛用于环境经济学。另外，在开发某种商品时，需要事前调查市场现状、商品价格或消费者喜好等，该方法都会被频繁使用。但是，联合实验法在护理领域使用还很新颖，所以此项研究具有创新性。笔者认为这种研究方法对于不断寻求服务创新的护理市场来说是适用的。

在联合实验法中，各种属性值的设定方法很重要。本调查使用了Hainmueller、Hopkins 和 Yamamoto[1]倡导的实验设计以及数据的解析手法。[2]

该方法的优点是通过随机设定服务的各项属性的值，以正确推定属性间的因果关系。而且，采用这种分析方法还有以下优点：首先，通过完全随机设定服务费用，即使不设立理论假定，也可以推断需求函数；其次，依照变

---

[1] Hainmueller, J., Hopkins, D. J., & Yamamoto, T., "Causal Inference in Conjoint Analysis: Understanding Multidimensional Choices via Stated Preference Experiments", *Political Analysis*, 22 (1), 2014, pp. 1 – 30.

[2] Kawata, K., & Ting, Y., "Estimating Family Preferences for Elder-care Services: A Conjoint-Survey Experiment in Japan", *Research Institute of Economy, Trade and Industry* (RIETI) Discussion Paper 18 – E – 082, 2018, pp. 1 – 22.

化服务内容，可以明确需求是如何变化的；最后，根据使用的需求函数可以推断提供某种护理服务产生的消费者剩余。

本次调查，不仅收集、积累、构建数据，在此基础上也明确各属性与需求的因果关系，导入实证的福利分析手法，进行消费者剩余或补助金的分析。本次调查无参数推定，只有一个假定，即设立价格上涨后需求减少这个假定。调查结果不仅用联合实验法获得，同时也整合相关经济学模型计算得出。

二　护理服务行业供需调研情况

本次调查将开始缴纳护理保险费、关心护理的40~59岁的年龄段人群作为调查对象，对他们实行网络问卷调查。首先对回答者多次提示可提供假想服务的护理机构，通过让其回答想要使用哪一个机构，推断出关于服务的需求构造。举个例子，表14-1中提示有机构A和机构B，每个机构有3种属性（使用费用、饮食、医疗服务）。关于饮食，分为普通饮食和有机食材饮食，让受访者回答将来自己的父母有护理需求时，想使用哪一个机构。

表 14-1　属性表

属性	护理机构 A	护理机构 B
使用费用	15 万日元	20 万日元
饮食	普通	有机食材
医疗服务	24 小时护士常驻	普通

另外，本次调查在研究护理质量时，调查了并非本人而是家属的喜好。其理由是家属自身也是潜在的未来使用者。另外在老年人有必要护理的情况下，并非本人而是家属选择护理服务的情况较多。特别在以中国或日本为代表的亚洲文化圈中，普遍认为比起服务使用者本人选择，家族成员一起商量的案例更多。本次调查将家属会进行怎样的选择作为关注点，我们在问卷上写明"你自己或者是配偶的父母"，调查"不是自己的将来，而是自己父母

的情况要怎么考虑"的问题。如果今后有足够的调查费用，项目将直接询问服务使用者本人，但是我们认为对于入住了护理机构的老年人进行网络调查存在困难。

三 护理服务的调研结论

基于以上调查得到如下主要结论。

首先，关于入住房间的条件。房间的费用、单间还是合住房等条件是影响消费者剩余的最大影响的因素。关于家到护理机构的距离，结果显示，中距离的需求最高。距离延长到30~90分钟的话，需求减少7%左右（见图14-1）。

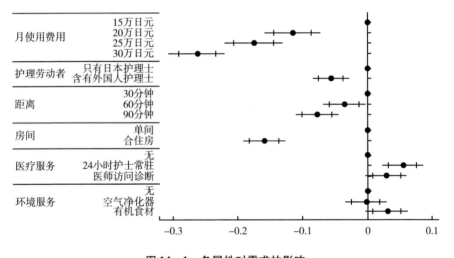

图 14-1 各属性对需求的影响

另外，对于提供访问诊断等追加健康服务的护理机构，应该考虑补助金的正确使用。这是本次调研结果给我们的启示。关于这一点，通过计算支付意愿，分析了补助金以及消费者剩余的效果。

使用者本人重视的部分，可以预想是访问诊断等追加医疗服务，或者饮食是否为有机食材等环境服务。不过本次调查的受访者是家属，关注的是价格和房间条件。对于使用者家属来说，比起医疗服务和环境服务，房间条件更加重要，他们对合住房非常敏感。

第三节　启示与展望

此项研究结果有一个重要启示，即制定政策时应明确对象。例如，使用者本人是受访者的话，从护理机构到家的距离并没有那么重要，医疗服务或环境服务可能更重要，使用者可能会更喜欢远离闹市的静谧之地。

本次的问卷调查受访者是 40～59 岁年龄段的人群，他们更加重视隐私，有偏向单间的喜好。但是那些潜在的使用者在成为实际的使用者后，喜好可能也会有一些变化。人在上了年纪后，不安感会增加，可能会更加重视医疗服务的充实度，但是也可能保持偏向单间的喜好。本次的调查结果显示，拥有单间喜好的人非常多。因此，我们认为在制定关于护理机构的政策时，有必要考虑这些因素。

另外，从护理服务的量和质并立的观点来看，护工国籍带来的影响非常重要。护工中若有外国人，需求会降低 5% 左右。与其他属性相比，虽不能说是特别大的影响，但仍不能忽视外国护工的存在会减少需求这个事实。目前有些护理机构聘用外国护工以解决护工人手不足的问题。但从本次调查来看，护工是在沟通能力和护理技术两方面都应有较高技能的工种，不少日本人对语言文化有差异的外国人有排斥感。如果要引进外国护工，需要提升护工的语言沟通能力，提供护理技能的官方保证，并进行配套宣传，让使用者更了解相关制度。

图书在版编目（CIP）数据

积极应对人口老龄化研究报告.2020：聚焦医养结合 / 中国老年学和老年医学学会主编. –– 北京：社会科学文献出版社，2020.10

ISBN 978 – 7 – 5201 – 7478 – 7

Ⅰ.①积⋯ Ⅱ.①中⋯ Ⅲ.①人口老龄化 – 研究报告 – 中国 – 2020 Ⅳ.①C924.24

中国版本图书馆 CIP 数据核字（2020）第 204763 号

积极应对人口老龄化研究报告（2020）
——聚焦医养结合

主　　编 / 中国老年学和老年医学学会
著　　者 / 杨一帆　张劲松 等

出 版 人 / 谢寿光
组稿编辑 / 恽　薇
责任编辑 / 高　雁 等
文稿编辑 / 胡　楠　蔡莎莎

出　　版 / 社会科学文献出版社 · 经济与管理分社（010）59367226
　　　　　 地址：北京市北三环中路甲 29 号院华龙大厦　邮编：100029
　　　　　 网址：www.ssap.com.cn
发　　行 / 市场营销中心（010）59367081　59367083
印　　装 / 三河市龙林印务有限公司

规　　格 / 开　本：787mm × 1092mm　1/16
　　　　　 印　张：23.75　字　数：361 千字
版　　次 / 2020 年 10 月第 1 版　2020 年 10 月第 1 次印刷
书　　号 / ISBN 978 – 7 – 5201 – 7478 – 7
定　　价 / 98.00 元